高齢者医療と介護看護

——住まいと地域ケア——

小 磯 明著

御茶の水書房

はしがき

　本書は、2005 年 11 月のフランス、ドイツ、デンマーク調査時の論考（第八章）以外は、筆者が学位論文を法政大学に提出した後に、学会誌等に投稿した論文・論考と雑誌に投稿した総説、そして書き下ろしで構成されています。

　フランス、ドイツ、デンマーク調査のときに、最も驚いたことは、これらの国の社会保障政策の中心に住宅が位置付いていたことでした。特にデンマークは、調査当時には施設ケアから脱却し、住宅とケアが分離していました。ケアが必要になった住民には、当然の権利として住宅が用意されます。住宅なので住人は家賃を支払います。そしてケアはコームーネ（自治体）が提供します。このようなシステムはとても当たり前にみえました。

　日本でも施設から地域への政策転換が行われ、有料老人ホームが介護保険制度の中に組み込まれるなど、制度の変更が行われました。小規模多機能が流行となり、大きいものではなく小さなものをコミュニティの中につくっていく方向が打ち出されました。そして現在では、サービス付き高齢者向け住宅が急増中です。日本でも住まいとケアの分離が行われたかのような気がします。しかし現実は中々そううまくいきません。本書では触れられなかったことのひとつに、サービス付き高齢者向け住宅の質の評価の問題があります。住宅建設が先行しても、ケアサービスの量が追いついていかない実態や、ケアの質の問題、さらには担い手の介護士不足問題など、課題は山積みです。空き家が増加しつつある中で、サービス付き高齢者向け住宅の空室率が高いことも問題です。

　筆者の研究分野は医療福祉政策です。本書の中には、高齢者医療政策のように歴史的に論述した論文もあれば、政策の"今"を切り取った論考もあります。しかしよく読んでいただければ、高齢者医療政策からサービス付き高齢者向け住宅、そして高齢者の尊厳の問題まで、厚生行政の大きな流れの中で、高齢者の医療と介護看護の政策の推移を読み取れると考えます。そして、施設から地域への政策転換がどのように行われ、現在の住まいと地域ケア政策に至るかが理解できると

思います。

　本書が医療福祉の研究者や高齢者ケアに携わる実務者に役立ち、そして何より高齢者と住民が何かの行動を起こすヒントになるならば、著者として望外の喜びです。

　　2016年5月

小　磯　　明

高齢者医療と介護看護

目　次

目　次

はしがき　iii

序　章　本書の研究課題と概要 …………………………………… 3

　　第1節　研究の背景　3
　　　　1　一人暮らし高齢者世帯の急増　3　　2　人口減社会　4
　　　　3　世帯構造の変化　9　　4　在宅支援　13
　　第2節　研究の方法と課題　17
　　　　1　研究の方法　17　　2　研究の課題　18
　　　　3　本研究の限定　19
　　第3節　本書の概要　19

I　高齢者医療と介護看護

第一章　日本の高齢者医療の歴史的展開
　　　　――高齢者医療の政治経済学―― ………………………… 27

　　第1節　戦後の医療保険制度の歴史的展開と高齢者医療　27
　　　　1　医療保険制度の再建・確立期（終戦～皆保険まで）　27
　　　　2　医療保険制度の発展期（皆保険～1970年代まで）　28
　　　　3　医療保険制度の見直し期（1980年代）　30
　　第2節　保険者間の財政調整に関する政策形成　39
　　　　1　本節の目的　39　　2　老人保健法制定の立法過程　40
　　　　3　考察　73
　　第3節　後期高齢者医療制度の創設　75
　　　　1　制度創設の背景　75　　2　制度の仕組み　84　　3　保険料を払えない高齢者への対応　90　　4　医療機関と診療報酬の問題　91

5　後期高齢者医療制度の基本的な視点　93
　第4節　高齢者医療制度の現状と課題　94
　　　1　高齢者医療制度の現状　94　　2　現行制度の考え方　96
　　　3　社会保障制度改革推進法　97　　4　社会保障制度改革国民会議　97

第二章　在宅訪問介護看護の展開
　　　──2000～2014年までの訪問介護看護制度等の変遷── ……… 105
　第1節　訪問看護制度（2000～2010年の動向）　105
　　　1　訪問看護制度　105　　2　訪問看護ステーションの概況　107
　　　3　訪問看護サービスの偏在　112　　4　退院前訪問、退院日訪問　114　　5　衛生材料の円滑な供給体制　114　　6　2006（平成18）年度の訪問看護関係診療報酬改定　115　　7　訪問看護ステーションの現状と課題　116　　8　訪問看護の活性化に向けてのアクションプラン　116　　9　2009（平成21）年度訪問看護関係介護報酬改定　118　　10　2010（平成22）年度訪問看護関係診療報酬改定　119
　第2節　介護保険制度改革と短時間巡回訪問介護看護　121
　　　1　問題の背景と所在　121　　2　2012年4月介護報酬改定　128
　　　3　新生メディカルの短時間巡回訪問介護方式・岐阜県方式　136
　　　4　介護保険制度改革と短時間巡回訪問介護看護の考察　144
　第3節　横浜市定期巡回・随時対応型訪問介護看護　152
　　　1　介護保険制度を取り巻く状況　152　　2　横浜市の24時間サービス　154　　3　横浜市の取り組みとこれからの展開──介護保険制度をどう見直すか　159
　第4節　地域包括ケアシステムと訪問看護（2010～2014年）　163
　　　1　増大する訪問看護の役割　163　　2　訪問看護ステーションの規模別状況　165　　3　訪問看護職員の処遇　167　　4　小規模事業者の休廃止　168　　5　機能強化型訪問看護事業所　169
　　　6　地域包括ケアシステムと訪問看護の役割　172

第三章　高齢者介護の地域格差
　　　　──首都圏・中部地方・大都市の介護力指数の比較──　………189

　　第1節　問題の所在　189
　　　　1　介護サービスの基盤整備　189　　2　介護サービスの地域格差　190　　3　研究目的　191
　　第2節　高齢者介護の地域格差の研究方法　191
　　　　1　研究範囲の限定　191　　2　分析データ　192　　3　分析方法　193
　　第3節　高齢者介護の地域格差の分析結果　195
　　　　1　介護サービスの地域格差の確認　195　　2　在宅介護力の地域格差　196　　3　在宅介護力指数の分布図比較　198　　4　介護施設の地域格差　199
　　第4節　高齢者介護の地域格差の考察　204
　　　　1　介護サービスの地域格差　204　　2　人口密度と在宅介護力指数　205　　3　在宅介護力を指標とした地域差　207　　4　介護施設の地域格差　208　　5　結論　209　　6　今後の課題　211

II　高齢者の住まいと地域ケア

第四章　施設から地域への政策転換
　　　　──地域密着分散・小規模・多機能型ケアという戦略──　………217

　　第1節　研究の目的と問題の所在　217
　　　　1　研究の目的　217　　2　問題の所在　218
　　第2節　政策転換の分析結果　222
　　　　1　介護事業所数の変化　222　　2　小規模多機能ホーム薬師堂の経験　222
　　第3節　政策転換の考察　230
　　　　1　施設不足の現実　230　　2　小規模ケアの特徴　231

　　　　　3　多機能とは何か　232
　　　第4節　政策転換の結論　233

第五章　高齢者の住まいと医療福祉
　　　　——有料老人ホームの制度等の変遷と
　　　　　経済的入居条件の考察——………………………………235

　　　第1節　問題の所在　235
　　　　　1　高齢者が安心して住める住まいの充実　235　2　在宅医療の
　　　　　基盤整備の遅れ　237　3　有料老人ホームという選択肢　238
　　　第2節　高齢者の住まいと医療福祉の研究方法　240
　　　　　1　研究範囲の限定　240　2　分析データ　240
　　　　　3　分析方法　241
　　　第3節　高齢者の住まいと医療福祉の分析結果　241
　　　　　1　有料老人ホームにかかわる制度の変遷　241　2　有料老人ホ
　　　　　ームと老人福祉施設の推移　251　3　有料老人ホームの入居一
　　　　　時金及び月例標準費用　254
　　　第4節　高齢者の住まいと医療福祉の考察　257
　　　　　1　有料老人ホームの歴史と課題　257　2　全国で増加する都
　　　　　市、農山村の有料老人ホーム　258　3　未だ高額な有料老人ホ
　　　　　ーム　260　4　結論　262　5　今後の課題　262

第六章　有料老人ホームが終のすみかとなる可能性
　　　　——東京都内ホームの経済的入居条件と保健医療の考察——……271

　　　第1節　本章の目的　271
　　　　　1　問題の背景　271　2　研究の目的　272
　　　第2節　有料老人ホームが終のすみかとなる可能性の研究方法　273
　　　　　1　分析データ　273　2　分析方法　274
　　　第3節　有料老人ホームが終のすみかとなる可能性の分析結果　274
　　　　　1　東京都の高齢者　274　2　東京都の保健・福祉政策　275
　　　　　3　施設整備状況　276

4　有料老人ホーム調査結果の基本統計　278
            5　月額費用最低額と個人住民税負担額の相関関係　280
        第4節　有料老人ホームが終のすみかとなる可能性の考察　281
            1　施設整備状況と高齢者の住み替え　281　　2　入居条件と地域格差　283　　3　認知症への対応と保健医療体制　287
            4　結論　288

　第七章　高齢者住宅への政策転換
　　　　　──サービス付き高齢者向け住宅の考察──……………………299

        第1節　問題の所在　299
            1　高齢者住まい法の改正に至った背景　299　　2　高齢者住まい法等の改正概要　301　　3　高齢者住まい法に関する法制度の課題　301
        第2節　高齢者の住まい法改正とサービス付き高齢者向け住宅　303
            1　サービス付き高齢者向け住宅の登録状況　303　　2　サービス付き高齢者向け住宅制度　307　　3　サービス付き高齢者向け住宅の分析　309　　4　まとめ　312
        第3節　東京都のサービス付き高齢者向け住宅に対する取り組み　315
            1　東京都における高齢者の状況　315　　2　都内高齢者の住まいの状況　319　　3　質の確保とケアの充実に向けて　327
        第4節　高齢者住宅・介護施設への住み替え　328
            1　足立区の高齢化の実際　328　　2　高齢者の住まい　329
            3　サービス付き高齢者向け住宅　335　　4　住まいで生活はどう変わるのか　344

　第八章　在宅ケアの限界点をいかに高めるか
　　　　　──欧州の地域ケア調査からの示唆──……………………………349

        第1節　フランスの24時間在宅ケアシステム　349
            1　フランスの在宅ケアシステム　350　　2　パリ公立病院協会所属在宅入院連盟　351　　3　在宅看護・介護事業所の活動　354

　　　　　4　日本の在宅ケアへの示唆　358
　第2節　ドイツの在宅ケアと介護保険改革　360
　　　　　1　苦悩するドイツの介護保険　361　2　ミュンヘン・カリタス・ゾチアルスタチオンの事業　370　3　ドイツにおける介護保険改革構想　377　4　日本の在宅ケアへの示唆　384
　第3節　デンマークの高齢者福祉　385
　　　　　1　デンマークの高齢者福祉政策　386　2　リュンビュー・トーベック・コムーネのプライエム・バウネホイ併設ホームケアセッティングのケア　389　3　日本の在宅ケアへの示唆　393

終　章　医療・介護一体改革と住まい・地域ケア
　　　　——地域で自分らしく安心して暮らすために——……………397

　第1節　医療と介護の一体改革　397
　　　　　1　矢継ぎ早に進められる医療政策　397
　　　　　2　国の医療改革　400　3　今後の行方　403
　第2節　「エイジング・イン・プレイス（地域居住）」という考え方　407
　　　　　1　エイジング・イン・プレイス　407　2　デュアリズムとユニタリズム　410　3　高齢者住宅とケア政策　411
　第3節　日本の住まいの実状と住宅政策のひずみ　414
　　　　　1　高齢者の住まいの状況　414
　　　　　2　日本の住宅政策のひずみ　415　3　住まいとケア政策　416
　第4節　地域の中で自分らしく安心して暮らすために　418

あとがき　429
初出一覧　432
索引（人名・事項）　437

高齢者医療と介護看護

――住まいと地域ケア――

序章　本書の研究課題と概要

第 1 節　研究の背景

1．一人暮らし高齢者世帯の急増

　国立社会保障・人口問題研究所は、2014（平成 26）年 4 月 11 日、2010（平成 22）年の国勢調査に基づく 2035（平成 47）年までの都道府県別世帯数の推計結果を公表した（日本の世帯数の将来推計）[1]。一人暮らし世帯の割合が全世帯の 3 割を超える都道府県が、2010 年には 16 都道府県だったが、2035 年には山形を除く 46 都道府県に広がる。未婚率の上昇や若年世代の晩婚化などが原因である。同研究所は一人暮らし世帯の増加で、さらに少子高齢化が進む悪循環を招く懸念があるとしている[2]。

　2010 年の時点で、一人暮らし世帯の割合が高いのは、東京都（45.8％）や大阪府（35.8％）など大都市圏が中心である。しかし、2035 年の推計では、全都道府県で一人暮らしの割合が増加し、地方にも波及する傾向がはっきりと表れている。全国平均は、2010 年の 32.4％から 2035 年は 37.2％に増加する（**表序-1**）。

　全世帯を「一人暮らし」のほかに「夫婦のみ」や「夫婦と子」、「一人親と子」「その他の一般世帯」の 5 つに分けると、「一人暮らし」は 2010 年に 28 都道府県で最多であったが、2025 年には全都道府県で最も多くなる。

　2035 年の推計で唯一、「一人暮らし」が 3 割以下にとどまった山形県は、3 世代同居世帯を含む「その他の一般世帯」の割合が全国で最高の 17.1％である。同研究所は「西日本に比べて東日本は核家族が少なく、3 世代同居が多い傾向があ

る」と述べている[1]。

　65歳以上の高齢者の一人暮らしに限ると、全国平均は2010年の9.6％から2035年には15.4％へと5.8ポイント増加し、介護などの社会保障費の増大が深刻化しそうである。

　全国の総世帯数は、人口減少を反映し、2010年は5,184万世帯であったが、2035年には4.4％減の4,955万世帯になる。2010年から2015年の5年間で世帯数が減少するのは15県だが、出生率が高い沖縄県を除く46都道府県で2035年までに減少が始まる。1世帯当たりの平均人数は全都道府県で減少し、2010年の2.42人から2035年には2.20人になる。

　厚生労働省によると、2012年現在、1人の女性が生涯に産む子供の数を示す合計特殊出生率は1.41である。一人暮らしが増加することで、さらに女性が子供を産む機会が減り、出生率が低下する恐れもある。

　一人暮らしが増える要因は、核家族化や晩婚化が進んでいることに加え、結婚していない人が高齢者でも増えていることが挙げられる。

　ほぼ全都道府県で一人暮らし世帯が3割超というのは非常に高い数値であり、家族で支え合うシステムの崩壊を意味しており、公的な介護などの社会保障費がさらに増加することも予測される。国を挙げた少子化対策が必要だとの指摘も最もののように思われる。

2. 人口減社会

（1）人口減少のインパクト

　2060年代初めの日本の総人口は約8,500万人に減り、65歳以上の高齢化率は40％になると推計される。社会の活力を維持するためには、高齢者の活躍が欠かせない。元気な高齢者が働いて税金や保険料を納めれば、現役世代の負担軽減にもつながる。

　経済財政諮問会議専門調査会「選択する未来」委員会の報告によると、「これまで地方圏で人口減少と高齢化が先行してきたが、今後は大都市圏、特に東京圏においても人口減少や高齢化が急速に進行していく」と指摘する。また、地方圏以上に出生率が低い東京圏への人口流入は、人口急減・超高齢化の進行に拍車をかけていく。やがて50年後、地方圏では、超高齢化が避けられず、グローバル

表序-1 全世帯に占める一人暮らしの割合（2035年推計値降順）

(％)

No.	都道府県	2010年	2035年（推計）	増加率
1	東京都	45.8	46.0	0.2
2	大阪府	35.8	40.8	5.0
3	北海道	34.8	39.8	5.0
4	京都府	35.8	39.8	4.0
5	鹿児島県	33.4	39.2	5.8
6	福岡県	35.0	39.1	4.1
7	高知県	33.8	39.0	5.2
8	広島県	32.8	38.0	5.2
9	神奈川県	33.8	37.7	3.9
	全　国	**32.4**	**37.2**	**4.8**
10	愛媛県	31.0	36.9	5.9
11	兵庫県	30.2	36.7	6.5
12	山口県	30.6	36.5	5.9
13	大分県	30.9	36.3	5.4
14	愛知県	31.5	36.2	4.7
15	宮崎県	29.8	36.2	6.4
16	千葉県	30.3	35.7	5.9
17	長崎県	29.4	35.4	6.0
18	岡山県	30.0	35.2	5.2
19	宮城県	31.2	35.1	3.9
20	徳島県	29.0	34.9	5.9
21	香川県	28.8	34.8	6.0
22	沖縄県	29.4	34.8	5.4
23	和歌山県	27.4	34.7	7.3
24	石川県	29.6	34.5	4.9
25	熊本県	28.8	34.5	5.7
26	埼玉県	28.4	34.2	5.4
27	青森県	27.6	33.5	5.9
28	三重県	26.9	33.2	6.3
29	山梨県	27.5	33.1	5.6
30	滋賀県	27.2	33.1	5.9
31	島根県	27.6	33.1	5.5
32	岩手県	27.4	33.0	5.6
33	栃木県	27.3	33.0	5.6
34	鳥取県	27.0	32.8	5.8
35	静岡県	26.8	32.6	5.8
36	群馬県	26.2	32.3	5.5
37	福島県	26.2	32.0	5.8
38	長野県	25.7	31.7	6.0
39	茨城県	25.7	31.6	5.9
40	奈良県	23.7	31.6	7.9
41	新潟県	25.7	31.5	5.8
42	秋田県	24.6	31.0	6.4
43	佐賀県	24.7	30.9	6.2
44	福井県	24.5	30.6	6.1
45	富山県	24.2	30.4	6.2
46	岐阜県	23.6	30.4	6.8
47	山形県	23.2	29.4	6.2

（資料）国立社会保障・人口問題研究所「2010年の国勢調査に基づく2035年までの都道府県別世帯数の推計結果」2014年4月11日。

都市としての活力を喪失し、所得や資産はあっても医療・介護が受けられない医療・介護難民が多数出現する」(経済財政諮問会議専門調査会『未来への選択』)。つまり、報告書は4分の1以上の地方自治体は消滅可能性があり、東京の超高齢化が進むと警告している[3]。

また、民間の有識者らでつくる「日本創生会議」は、全国の半数に当たる896市町村で20〜39歳の女性が5割以上減り、人口減少の加速によって現在の教育・福祉など幅広い行政サービスの維持が難しくなる可能性があるとする独自の人口推計を公表した(日本創成会議・人口問題検討分科会、2014年5月8日)[4]。報告書は、今後の対応のあり方を5つの論点にまとめている。第1の論点は、「少子化対策は早ければ早いほど効果がある」ということである。第2の論点は「国の出生水準は、社会経済環境によって決定される要素が強く、政策展開によって変りえる」ということ、第3に、「日本において出生率を向上させるためには、『子育て支援』だけでなく、『結婚・出産の早期化』や『多子世帯の支援』、更には『人の流れを変えること』が必要」であること。第4に、「都市部も、地方があってこそ持続的に発展する。『東京一極集中』は、欧米の『地域分散構造』に比べても特異であり、唯一の成長モデルではない」こと。そして第5に、「出生率に不足分をカバーするような大規模な移民は現実的な政策ではない。出生率を改善することこそが、人口減少に歯止めをかける道である」と強調している。政府が「出生率目標」を決めることは、子供がいない男女への「圧力」となり、いつ何人の子供を産むかを選択する権利の侵害と考えられる。結婚・出産・子育てを願っても、それを妨げる日本社会のゆがみを正し、男女とも人間らしく働き、子供を産み育てる安心の環境づくりが最も重要と考える。

2011年の内閣府調査によると、60歳以上の3人に1人が「望ましい退職年齢」を70歳以上と考えており、欧米諸国と比べて高い。ところが働く意欲は十分に生かされていない。原則的に65歳まで働ける仕組みの導入が企業に義務付けられた2006年以降、60歳代前半の就業率は53%から59%(2013年)に6ポイント上昇した。しかし、70歳代前半では23%にすぎない。

「壁」は年功序列など硬直化した雇用慣行である。ある電機メーカーの幹部は「雇うなら賃金の高い高齢者よりも安い若者がいい。年上の部下を持つのも面倒だ」という[5]。

金沢市の食品メーカー「オハラ」は昨秋、人手不足を解消するため、60歳以上限定の社員募集を試みた。予想を上回る約20人が応募し9人を採用した。勤務時間は原則午前5時から9時半まで。自由な働き方も魅力的だったようである。
　「高齢者は戦力。活用しなければ宝の持ち腐れだ」。小原社長は協調する[5]。
　ニートと呼ばれる若者無業者も可能性を秘めている。15〜34歳では13年で60万人を数える。慶應義塾大学の若新雄純(わかしんゆうじゅん)特任助教は2013年、30歳前後のニート約170人と、情報処理技術などの特技やアイディアを生かす株式会社を設立した。6,000円を出し合い、上下関係を打破したいと全員が取締役である。奇想天外な発想には、社会からはみ出した若者に居場所を提供し、意欲を引き出す狙いがある。若新氏は「怠惰だからニートになるわけではない。場所さえあれば積極的に働ける」と訴える。
　働く条件が整わず、経済成長も見込めなければ、労働力人口は2013年の6,577万人が2020年には6,190万人に減少する。高齢者やニートといった「眠れる財産」を生かせれば、6,495万人に踏みとどまるとの試算もある。世界に例のない人口減・超高齢化が進む日本。少ない人材が力を発揮できる場所と仕組みをどうつくっていくのか。団塊世代が70歳以上となる2020年までに残された時間は多くない[5]。
　読売新聞社は人口減少に関する全国世論調査（面接方式）を実施した（調査は、2014年2月22〜23日）。日本の総人口が2,808万をピークに減少することへの対策に「政府は速やかに取り組むべきだ」と答えた人は76％に達した。人口減少は「マイナスの影響が大きい」と思う人は79％を占め、危機感を募らせ、政府に早急な対応を求める国民意識が明らかになった。
　人口減少によって、「生活の質を重視した成熟した社会になる」と考える人は18％にとどまり、「経済成長を望めず衰退した社会になる」が74％に上った。
　人口が減少する日本の将来について不安に思うこと（複数回答）は「社会保障の負担が重くなる」ことが69％で最も多く、「労働力が減り経済活動が停滞する」57％、「社会全体の活力が失われる」55％、「過疎化が深刻になる」50％などが続いた。
　今後の社会保障については「水準が低下しても税金や保険料が高くならないようにすべきだ」34％、「水準を維持するためには税金や保険料が高くなっても構

わない」27％、「どちらとも言えない」37％であった。増大する社会保障費の負担は「高齢、現役世代ともに増やす」60％、「現役世代を増やす」15％、「高齢世代を増やす」10％であった。

人口が減り続ける中で労働力を確保するため「働く女性の比率を増やすべきだ」も77％に上った。外国人労働者を「もっと受け入れるべきだ」と思う人は37％で、「そうは思わない」54％が最も多かった。「もっと受け入れるべきだ」と答えた人に、どのように受け入れるのがよいかを聞くと「専門的な技術や技能を持った人を受け入れる」43％、「単純労働者を受け入れる」10％であった。

(2) 生産年齢人口の減少

総務省が2014年4月15日発表した2013（平成25）年10月1日時点の人口推計によると、外国人を含む総人口は前年に比べ21万7千人減の1億2,729万8千人で、3年連続の減少となった。65歳以上の高齢者が4人に1人に増える一方、労働力の中核となる15〜64歳の「生産年齢人口」は32年ぶりに8千万人を割り込んだ（総務省統計局「人口推計　2013年10月1日現在」2014年4月15日）。

65歳以上は110万5千人増の3,189万8千人で、全体の25.1％に達した。1947〜49年頃の第1次ベビーブームに生まれた団塊の世代が続々と65歳を超え、高齢化が進んだ。

生産年齢人口は前年比116万5千人減の7,901万人で、全体の62.1％。14歳以下の年少人口は12.9％で、過去最低を更新した。

日本人だけをみると、1年間の死亡者が出生者を大きく上回り、全体では25万3千人減った。外国人は景気回復を背景に入国者が出国者を3万7千人上回った。

都道府県別では、長野など39都道府県で人口が減った。減少率が最も大きかったのは秋田の1.18％で、青森が1.04％、山形が0.90％と続いた。長野は0.48％減少した。人口が増えたのは8都県で、増加率の最大は東京の0.53％、沖縄0.44％と続いた。埼玉が4位、神奈川が5位になり、増加のペースは前年推計を上回った。愛知、宮城、滋賀、福岡も増加した。前回トップだった沖縄の増加率は2位に後退した。

人口減少となった39道府県の7割以上は前年推計より減少率が拡大した。実

数では北海道2万9千人、新潟1万7千人、福島1万6千人の減少が目立った。大都市がある大阪、兵庫、京都、広島なども減った。

　出生と死亡の差による「自然動態」は、長野など42道府県が軒並み減少する中、東京や神奈川はプラスとなった。子供を産み育てる若い世代の家族が、東京周辺に集まっている状況が裏付けられた格好である。

　年齢別人口では、全都道府県で65歳以上の高齢者の割合が増加した。過半数の道府県で、高齢者の人口が0～14歳の年少人口の2倍以上となった。若者が多様な仕事を求めて、企業の本社が集まる東京に移り住んだ結果ではないかとの総務省担当者の指摘は正しいように思われる。

　少子高齢化の流れの中、生産年齢人口の減少は人口全体の縮小に先行して進んでいる。労働力不足は経済活動の停滞に加え、税収減で年金や医療といった社会保障制度が立ち行かない事態を招く懸念がある。働き手確保に向けて、これまでの発想にとらわれず、女性やシニア世代の力を生かす抜本策が求められる。

　高齢化に伴い、社会保障費は毎年1兆円規模で増える見通しである。財務省の試算では、「2012年は高齢者1人を支える現役世代は2.4人だったが、50年には1.2人となり負担が増す。制度全般の改革や社会保障費の抑制は待ったなしである。また税収減は老朽インフラの管理など、行政サービスにも深刻な影響を及ぼしかねない」。このような論調で政府は危機感を煽っている。

　女性や高齢者の就業を促進するには、多様な働き方を可能とする社会システムをつくる必要がある。安心して働くことができるよう保育や介護サービスの強化も重要である。こうした施策は出生率の向上にもつながる。若者の雇用対策も大切である。

　外国人労働者の受け入れ拡大は賛否が分かれているが、人口減少の現状から目をそらすべきではない。受け入れのメリット、デメリットを本格的に議論する時期に入ったといえる。

3. 世帯構造の変化

(1) 世帯構造及び世帯類型の状況

　厚生労働省の「国民生活基礎調査」によると、2012（平成24）年6月7日現在における全国の世帯総数（福島県を除く）は4,817万世帯となっている。世帯

構造別にみると、「夫婦と未婚の子のみの世帯」が1,466万8千世帯（全世帯の30.5％）で最も多く、次いで「単独世帯」が1,216万世帯（同25.2％）、「夫婦のみの世帯」が1,097万7千世帯（同22.8％）となっている。世帯類型別にみると、「高齢者世帯」は1,024万1千世帯（全世帯の21.3％）、「母子世帯」は70万3千世帯（同1.5％）である。

　65歳以上の者のいる世帯（福島県を除く）は2,093万世帯（全世帯の43.4％）である。世帯構造別にみると、「夫婦のみの世帯」が633万2千世帯（65歳以上の者のいる世帯の30.3％）で最も多く、次いで「単独世帯」が486万8千世帯（同23.3％）、「親と未婚の子のみの世帯」が411万世帯（同19.6％）である。

　65歳以上の者のいる世帯のうち、高齢者世帯（福島県を除く）を世帯構造別にみると、「夫婦のみの世帯」が501万7千世帯（高齢者世帯の49.0％）、「単独世帯」が486万8千世帯（同47.5％）である。「単独世帯」を性・年齢階級別にみると、男は「65～69歳」が30.4％、女は「75～79歳」が24.1％で最も多い。

　65歳以上の者（福島県を除く）は3,026万6千人である。家族形態別にみると、「子と同居」の者が1,280万8千人（65歳以上の者の42.3％）で最も多く、次いで「夫婦のみの世帯」（夫婦の両方または一方が65歳以上）の者が1,134万9千人（同37.5％）、「単独世帯」の者が486万8千人（同16.1％）である。これを年齢階級別にみると、「75歳以上」の者は「65～74歳」の者に比べ、「単独世帯」「子夫婦と同居」の割合が高くなっている。

　児童のいる世帯（福島県を除く）は1,200万3千世帯（全世帯の24.9％）である。児童数別にみると、児童が「2人」いる世帯は全世帯の10.9％、「1人」いる世帯は10.8％である。世帯構造別にみると、「夫婦と未婚の子のみの世帯」が863万2千世帯（児童のいる世帯の71.9％）で最も多く、次いで「三世代世帯」が215万6千世帯（同18.0％）となっている。

　児童のいる世帯（福島県を除く）における母の仕事の有無をみると、「仕事あり」は63.7％であり、未婚の年齢階級別にみると、未婚の年齢が高くなるにしたがって「非正規の職員・従業員」の母の割合が高くなる傾向にある。

　15歳以上の者（福島県を除く）の仕事の有無を性・年齢階級別にみると、男は「25～29歳」から「55～59歳」までの「仕事あり」の割合がほぼ9割を超える台形型となっている。女は「30～34歳」「35～39歳」を谷とするM字型である。

仕事ありの者（福島県を除く）のうち、役員以外の雇用者をみると、「正規の職員・従業員」の割合が61.1％、「非正規の職員・従業員」の割合が38.9％である。性・年齢階級別にみると、男は「30～34歳」から「55～59歳」までの「正規の職員・従業員」の割合が8割を超えている。女は「20～24歳」から「30～34歳」までの「正規の職員・従業員」の割合が5割を超えており、それ以外の年齢階級では「非正規の職員・従業員」の割合が5割を超えている。

役員以外の雇用者（福島県を除く）を性・年齢階級、学歴別にみると、男は「50～59歳」を除き、学歴が高くなるにしたがって「正規の職員・従業員」の割合が高くなる。女はすべての年齢階級で学歴が高くなるにしたがって、「正規の職員・従業員」の割合が高くなる。また、「専門学校・短大・高専卒」の「50～59歳」を除き、年齢が高くなるにしたがって「非正規の職員・従業員」の割合が高くなる。

(2) 世帯の所得等の状況

2012（平成24）年6月7日現在における全国の世帯総数（福島県を除く）は4,817万世帯である。世帯構造別にみると、「夫婦と未婚の子のみの世帯」が1,466万8千世帯（全世帯の30.5％）で最も多く、次いで「単独世帯」が1,216万世帯（同25.2％）、「夫婦のみの世帯」が1,097万7千世帯（同22.8％）である。世帯類型別にみると、「高齢者世帯」は1,024万1千世帯（全世帯の21.3％）、「母子世帯」は70万3千世帯（同1.5％）である。

65歳以上の者のいる世帯（福島県を除く）は2,093万世帯（全世帯の43.4％）である。世帯構造別にみると、「夫婦のみの世帯」が633万2千世帯（65歳以上の者のいる世帯の30.3％）で最も多く、次いで「単独世帯」が486万8千世帯（同23.3％）、「親と未婚の子のみの世帯」が411万世帯（同19.6％）である。

65歳以上の者のいる世帯のうち、高齢者世帯（福島県を除く）を世帯構造別にみると、「夫婦のみの世帯」が501万7千世帯（高齢者世帯の49.0％）、「単独世帯」が486万8千世帯（同47.5％）である。「単独世帯」を性・年齢階級別にみると、男は「65～69歳」が30.4％、女は「75～79歳」が24.1％で最も多くなっている。

65歳以上の者（福島県を除く）は3,026万6千人である。家族形態別にみると、

「子と同居」の者が1,280万8千人（65歳以上の者の42.3％）で最も多く、次いで「夫婦のみの世帯」（夫婦の両方または一方が65歳以上）の者が1,134万9千人（同37.5％）、「単独世帯」の者が486万8千人（同16.1％）である。これを年齢階級別にみると、「75歳以上」の者は「65～74歳」の者に比べ、「単独世帯」「子夫婦と同居」の割合が高くなっている。

児童のいる世帯（福島県を除く）は1,200万3千世帯（全世帯の24.9％）である。児童数別にみると、児童が「2人」いる世帯は全世帯の10.9％、「1人」いる世帯は10.8％である。

世帯構造別にみると、「夫婦と未婚の子のみの世帯」が863万2千世帯（児童のいる世帯の71.9％）で最も多く、次いで「三世代世帯」が215万6千世帯（同18.0％）となっている。

児童のいる世帯（福島県を除く）における母の仕事の有無をみると、「仕事あり」は63.7％である。未婚の年齢階級別にみると、未婚の年齢が高くなるにしたがって、「非正規の職員・従業員」の母の割合が高くなる傾向にある。

(3) 各種世帯の所得等の状況

2011（平成23）年の1世帯当たり平均所得金額（福島県を除く）は、「全世帯」が548万2千円である。また、「高齢者世帯」が303万6千円、「児童のいる世帯」が697万円である。

所得金額階級別に世帯数（福島県を除く）の相対度数分布をみると、「300～400万円未満」が13.4％、「100～200万円未満」が13.0％と多くなっている。中央値（所得を低いものから高いものへと順に並べて2等分する境界値）は432万円であり、平均所得金額（548万2千円）以下の割合は62.3％となっている。

各種世帯（福島県を除く）について、平均所得金額（548万2千円）以下の割合をみると、「高齢者世帯」が91.9％、「児童のいる世帯」が41.9％となっている。

世帯主の年齢階級別に1世帯当たり平均所得金額（福島県を除く）をみると、「50～59歳」が764万3千円で最も高く、次いで「40～49歳」、「30～39歳」となっており、最も低いのは「29歳以下」の314万6千円となっている。世帯人員1人当たり平均所得金額をみると、「50～59歳」が254万8千円で最も高く、最も低いのは「29歳以下」の171万6千円である。

所得の種類別に1世帯当たり平均所得金額(福島県を除く)の構成割合をみると、全世帯では「稼働所得」が74.7％、「公的年金・恩給」が18.4％であるが、高齢者世帯では「公的年金・恩給」が69.1％、「稼働所得」が19.5％である。

15歳以上の役員以外の雇用者1人当たり平均稼働所得金額(福島県を除く)をみると、「正規の職員・従業員」が423万5千円、「非正規の職員・従業員」が125万1千円である。性別にみると、「正規の職員・従業員」「非正規の職員・従業員」ともに、男が女に比べ1人当たり平均稼働所得金額が高くなっている。

生活意識別に世帯数(福島県を除く)の構成割合をみると、「苦しい」(「大変苦しい」と「やや苦しい」)と答えた世帯の割合は、「全世帯」が60.4％である。また、「児童のいる世帯」が65.3％、「高齢者世帯」が54.0％である。

4. 在宅支援

(1) 在宅支援の拡充が不可欠

厚生労働省の調査で明らかになった特別養護老人ホームの入居待機者の数は52万4千人である(厚生労働省「特別養護老人ホームの入所申込者の状況」2014年3月25日)[6]。4年前の調査より10万人以上増えた(厚生労働省「特別養護老人ホームの入所申込者の状況」2009年12月22日)[7]。そのうち17万8千人は「要介護1・2」の人である。これらの人は虐待被害者など一部の例外を除いて対象外となり、待機者枠からも除外されてしまう。待機者の解消に力を注がねばならないことは言わずもがなである。これは財務省の財政制度等審議会が2013年、国の社会保障費を抑制するため、介護保険の対象を「要介護3以上に重点化」することを提言したことによる。2015年度の介護保険法の改正はこれを実行に移していくものであった。

政府は「サービス付き高齢者向け住宅」などを受け皿にするというが、月15万〜25万円の負担が必要である。特養ホーム申請者の多数は貧困・低年金であり、受け皿にはなり得ない。

待機者数は、全国の特養ホームの総定員数、つまり入居者数とほぼ同じである。定員は増えているが、高齢化に伴う需要増に供給が追いついていないのが現状である。特に問題なのは、要介護4、5の重度者でありながら、自宅で待機している人が8.7万人にも達していることである。

政府は2014年2月12日、医療と介護保険制度を見直す「地域における医療及び介護の総合的な確保を推進するための関係法律の整備等に関する法律案」を閣議決定した。政府は、2015年度から特養の入居要件を要介護3以上に限定する介護保険法改正案を2014年通常国会に提出した。入居の必要性が高い人に対象を絞り込むのは、やむを得ないとの意見もある。特養は24時間介護が受けられる上、有料老人ホームなどに比べて低料金であるため、入居希望者が多い。低所得の要介護者が入れる施設は、特養にほぼ限られる。

　だが、介護保険の対象サービスの中でも特養の費用は割高で、国や自治体の財政負担は重い。多額の建設費が必要なこともあり、整備はなかなか進まない。特に、地価が高い大都市部では、用地取得が困難で、特養の新設はより難しい。首都圏などに待機者が多いゆえんである。

　統廃合された学校の跡地利用や、マンションの一部フロアでの開設など、自治体は、特養向けの用地や建物の確保に知恵を絞るべきとの意見もある。

　2015（平成27）年11月26日の一億総活躍国民会議は、「高齢者の利用ニーズに対応した介護サービス基盤の確保」において、「用地確保が困難な都市部等において、賃料減額といった国有地の更なる活用や用地確保に係る負担を軽減するための支援を充実させ、併せて施設に係る規制を緩和することにより介護施設等の整備を促進する。複数の介護サービス基盤の合築等による規模の効率性を働かせた施設整備や既存資源を有効活用するための建物の改修を支援する。【特に緊急対応】」と述べた（一億総活躍社会の実現に向けて緊急に実施すべき対策）[8]。特養の大幅な増設が容易でないことを考えれば、受け皿となる在宅介護サービスの充実が、ますます重要な課題となろう。

　住み慣れた地域で暮らし続けたいと願う高齢者は多い。施設頼みを脱し、在宅生活を安心して続けられる環境整備が求められる。具体的には、医療・介護サービスが夜間も含め、一体的に提供される体制が必要である。厚労省と自治体は、24時間対応の訪問介護・看護や在宅医療の拡充を進めなければならない。

　在宅生活を支えるには、見守りや配食、買い物などの生活支援も不可欠である。費用を抑えつつ適切なサービスが提供されるよう、自治体はボランティアやNPO、民間企業などの活用に、積極的に取り組むべきであろう。介護の担い手確保も懸案となっている。介護職員の賃金は、責任の重さや厳しい労働条件の割に

は低水準で、早期の離職者が多い。処遇改善が急務である。

制度発足以来1割負担だった介護保険制度に初めて2割負担を導入する。高齢者全体の20％にのぼる「所得160万円以上」の人から対象となる。

在宅では要介護1の人が7,700円から1万5,400円になるなど軒並み倍化する。特養ホームでも、要介護1の人をのぞいて入所者すべてが負担上限額（3万7,200円）に達する。「これまで使えたサービスを減らさないといけない」「いずれ全員が2割にされる」との批判の声が挙がることは当然である。

現在収入の少ない人が介護施設に入所した場合、食費・居住費の負担を低く抑える仕組み（補足給付）があり、103万人もの人が利用している。ところが、預貯金が一定額を超える場合や、世帯分離をしている配偶者が課税となっている場合は、「補足給付」を打ち切り、月2万～7万円の負担増を求めるとしている。月6万円の国民年金しか収入がない人が、月12万円もの施設利用料を請求されるなどの事態が起こっている。

「補足給付」は2005年、それまで保険給付だった施設の食費・居住費を「全額自己負担」にしたとき、「低所得者を施設から排除しない」ためにつくられたものである。これでは約束違反だといわれても仕方ない。

病気になって入院しても、早期退院を迫られる。社会問題となっている患者追い出しに拍車を掛けるのが病床の大幅削減である。安倍内閣は、高齢化のピークとされる2025年までに202万床が必要なのに、43万床も減らす計画である。

特に看護師の人員配置が最も手厚い「7対1病床」（患者7人に看護師1人、36万床）は半減させる計画で、2014年度から2年間で9万床を減らそうとしている。

法案には都道府県に各病院の「病床再編計画」をつくらせ、都道府県主導でベッド削減を推し進める仕組みまで盛り込んだ。病院に「病床削減」や「増床中止」を勧告する権限を知事に与え、従わない場合はペナルティまで科して在宅に押し戻そうということである。

政府は、2014年度の診療報酬改定で、重症患者を治療する病床の削減と入院日数の制限、「在宅復帰」の実績が低い病院に対する報酬の削減など「入院の短期化」に向けた制度改正を行った。

患者を早く退院させて在宅復帰させないと収入が減ってしまうため、患者追い

出しが強まる。法制度と診療報酬の両面から患者追い出しを進める計画である。しかし厚労省の調べでも、入院日数が短くなると逆に「治癒」割合が下がっているのが実態である。安心して入院ができなくなる、今でも早く退院を迫られているのに、行き場がなくなるとの声が上がることは避けられない。

(2) 地域包括ケア

　政府は、病院や施設から追い出されても地域で医療や介護が受けられる「地域包括ケア」を市町村が中心になってつくるという。しかし、市町村に要支援者向けサービスを行わせることについても、全国515の保険者（市町村や広域連合）の31.4％が、「不可能」だと回答している（中央社会保障推進協議会調べ）。

　現在、訪問看護の看護師は全体の2％、3万人しかおらず、介護職員は100万人も不足している。「地域包括ケア」の目玉である「定期巡回サービス」を実施している自治体はわずか1割しかない。

　国の予算ありきで在宅に押し戻していけば、だれもが必要な医療・介護サービスを受けられる保障はない。地域包括ケアは「絵に描いたもち」になる可能性も高く、「市町村任せにせず国が責任を果たすべきだ」との声が上がっても当然である。

　入院患者を強引に「在宅化」させ、在宅介護サービスを後退させ、施設にも入れさせない、このようなことが起きれば、誰もが「住み慣れた地域で尊厳をもって暮らし続ける」（地域包括ケア方針）ことはできない。「医療・介護難民」「漂流高齢者」は増え続けるばかりである。

　要介護の家族を抱えながら働いている人は890万人にのぼっている。介護を理由にした離職は年間10万人（総務省『就業構造基本調査』）である。「独居老人」や「老老介護世帯」も急増する中、高齢者はもちろん、現役世代の中で、介護が重大な不安要素となっている。公的介護保険制度は、予算削減のために対象をせばめるだけではなく、抜本的な立て直しが求められている。

　介護保険で「要支援1・2」を認定された人は160万人である。介護保険サービスを受ける人の8割がヘルパーによる「訪問介護」、デイサービスなどの「通所介護」を利用している。安倍内閣が国会に提出し、衆議院で審議が始まった医療・介護総合法案が通り、要支援者はこの2つのサービスを保険給付では受けら

れなくなった。

　そのかわり、市町村がボランティアや民間企業に委託して「見守り」「配食」などの代替サービスを提供する。しかし、このサービスは予算に上限がつけられ、市町村は国から給付費削減を義務付けられる。サービスが後退することは明らかである。

　再び家族で介護するのであれば、症状が悪化し、かえって給付費が増えるのではないかとの批判は免れない。さらに介護サービスを申請する際、市町村などの窓口で代替サービスが適当と判断されると、要介護認定を行わなくてもよくなる。そうなれば「要支援者」とも呼ばれず、保険対象外（非該当）の人と同じ扱いになってしまう。

　厚生労働省はこれまでもヘルパーの回数を制限したり、介護を受けられる時間を「1回＝45分」に短縮するなどサービスを切り縮めることを繰り返してきた。今回の改正では「要支援者」を丸ごと保険制度から追い出していくという、かつてない内容となっている。

第2節　研究の方法と課題

1．研究の方法

　本書の研究方法は、現地調査、聴き取り調査、行政文書、統計資料の活用と分析である。現地視察と聴き取り調査は国内外である。現地調査、聴き取り調査の主なところを挙げると、岐阜県大垣市の新生メディカル、東京都福祉保健局、横浜市健康福祉局、横浜市定期巡回・随時対応型訪問介護看護事業者連絡協議会、全国訪問看護事業協会、全国有料老人ホーム協会、足立区等から聴き取りをしている。多くの現地調査と聴き取り調査は、筆者が勤務する日本文化厚生連の業務の一環として行った現地調査と聴き取り調査であるが、有料老人ホームに関する調査は筆者の興味から独自に行ったものであり、サービス付き高齢者向け住宅の調査は、東京都消費生活調査員としての調査結果から記述したものである。調査のために、足立区内の複数のサ付住宅を訪問し聴き取りした。そして、フランス、ドイツ、デンマークの現地調査は2005年11月に、在宅ケアを中心として、日本

訪問看護振興財団の後援のもとに行った調査である。その後、2013年にドイツのフライブルク、2015年にはデンマークのドラワー市とコペンハーゲンの調査を独自に行っているが、本書には反映していない。

行政文書や統計資料の活用と分析は、インターネットでのダウンロードと現地で入手したものはすべて資料として活用している。また、首都圏の介護事業所の調査、中部地方の介護事業所の調査は実査と聴き取り調査を複数回行っており、ケアプランの統計データの分析にはSPSSを活用して統計解析を行った。その他の統計データの解析も同様の手法で行った。

本研究が対象とする主な期間とテーマは、2000年から2015年までの期間であり、大きなテーマとして、高齢者医療と介護と看護に関する研究である。特に、日本における高齢者医療の展開、そして高齢者の住まいとケアという、2つのテーマを設定している。さらに第八章では、フランス、ドイツ、デンマークの24時間在宅ケアを含む地域ケアに関する2005年調査の結果についても述べている。その意味では、主に在宅ケアを中心として述べながら、後半は住まいと地域ケアにテーマを移して医療と介護看護政策について論述している。

トピック的なテーマでいうと、高齢者医療の無料化から老人保健制度、そして後期高齢者医療制度が挙げられる。在宅医療介護では、訪問看護と訪問介護がテーマである。そして、有料老人ホームとサービス付き高齢者向け住宅も大きなトピック的テーマとして取り上げている。

2. 研究の課題

2009年に出版した『地域と高齢者の医療福祉』は、医療と介護のサービスを受療・利用する高齢者を対象として考察したものであり、2013年に出版した『医療機能分化と連携』は、前著での考察の上に立って、患者に最適医療を提供できるようにするために、「医療機能」をキーワードに、わが国の医療施設機能の集中と分化の問題を複数の事例から分析し、医療連携政策の現時点での評価を行うことを目的とした研究書であった。そして本書は、『医療機能分化と連携』が医療提供サイドからのアプローチであったのに対し、地域ケアという在宅でのケアに対してのサービス提供のあり方について論述した研究である。とりわけ高齢者を対象としているのは、在宅ケアサービスの受け手が主として高齢者であるため

である。そのために、高齢者医療の歴史的展開について詳しく述べている。そして同様の理由から、訪問介護看護サービスの展開についても詳しく述べている。

『医療機能分化と連携』では「地域住民にどのような医療を提供すべきか」について、医療機能分化と連携政策を分析し考察したが、本書も「地域住民にどのような医療と介護を地域・在宅で提供すべきか」がその視点である。そのような意味で、『地域と高齢者の医療福祉』と『医療機能分化と連携』と本書は、「地域住民にどのような医療・介護サービスを提供できるのか」という点において、目的は一緒である。

したがって本書の研究課題は、これまでの2冊の拙著同様に、「地域住民にどのような医療・介護サービスを提供できるのか」という点において、国民が安心して受療・利用できる医療・介護サービス提供システムの構築を目指すことを重視し、課題としている。

3. 本研究の限定

本研究は、高齢者の医療と介護看護と、住まいと地域ケアに関する研究である。主に2000年から2015年間の政策の変化を追いながら、論述を展開している。本来なら、現在大きなテーマとなっている地域包括ケアシステムについても論述すべきと考えるが、地域包括ケアシステムについては一部で論述しているが、積極的に取り上げてはいない。理由は、筆者の研究が追いついていないことによるが、地域包括ケアシステムについては、まだよく理解できないところがあり、本書で大きく取り上げるほどのデータや事例の収集、現地調査ができていないことも理由である。このような理由から、地域包括ケアシステムについては、今後の研究課題である。

したがって本書は、高齢者の医療と介護看護と、住まいと地域ケアに関する研究に限定している。

第3節　本書の概要

序章は、第1節で「研究の背景」について述べている。第2節では「研究の方法と課題」について述べ、第3節は本書の概要を各章ごとに述べている。

第一章の「日本の高齢者医療の歴史的展開——高齢者医療の政治経済学——」は、人口の高齢化や医療保険制度の充実、さらには国民皆保険と裏腹の関係ともいえる多剤投与、乱診乱療等による医療費の無駄が指摘される中で、医療保険財政は膨張し、政管健保財政は皆保険の1962年には崩れ始め、また、市町村国保財政もきわめて厳しい事態に立ち至った。そして、国民皆保険の堅持という命題のもとに、幾多の制度・法律改正等を経て現在の医療保険制度ができ上がっている。本章は、老人医療費無料化前夜から老人保健制度創設までの歴史的経過について改めて確認することを目的とした。そして、2008年4月から実施された新たな高齢者医療制度に関しても、わが国の高齢者医療提供の本来的あり方についての知見を得ることを目的とした。

　第二章の「在宅訪問介護看護の展開——2000～2014年までの訪問介護看護制度等の変遷——」は、第1節の2000年から2010年までの訪問看護制度から始まり、第2節では、新生メディカルの事例を総説として取り上げ、介護保険制度改革と短時間巡回訪問介護看護について論述している。第3節では横浜市の定期巡回・随時対応型訪問介護看護（24時間サービス）の取り組みを事例として取り上げている。第4節は、地域包括ケアシステムと訪問看護について、2010年から2014年までの期間を中心として述べている。第1節と第4節を比較すると、2010年以降、診療報酬・介護報酬等の追い風を受けながら、訪問看護が事業所数、利用者数とも増大していることがわかる。そしてきわめ付けは地域包括ケアシステムであり、病院完結型医療から地域完結型医療へシフトする中で、訪問看護の役割が大きくなっていることを述べている。

　第三章の「高齢者介護の地域格差——首都圏・中部地方・大都市の介護力指数の比較——」は、高齢者介護の地域格差についての研究である。対象地域を首都圏、中部地方、大都市とし、介護力指数を比較している。結論として、第1に、介護サービスの地域格差の存在が明らかになった。第2に、人口密度で有意な地域間格差がある地方の比較から、在宅介護力の地域格差が存在した。第3に、人口密度と在宅介護力との相関分析では、人口密度が高い地域は在宅介護力指数が高く、一方、人口密度が低い地域は在宅介護力指数も低いという、一般的な通説を確認できた。第4に、大都市と市町村の在宅介護力は一定程度保持されており、中部地方の在宅介護力は東京を除く首都圏の在宅介護力より低かった。第5に、

高齢者数に対する施設設置状況は、大都市では施設定員率は圧倒的に小さく、過疎地域ほど施設設置率は大きかった。第六に、都市部では在宅介護サービスは基盤整備されているが、施設介護は不十分である。一方、農村部では施設介護サービスは基盤整備されているが、在宅介護サービスは不十分であるという一般通説はおおむね支持できた。

　第四章の「施設から地域への政策転換——地域密着分散・小規模・多機能型ケアという戦略——」は、日本の高齢者介護が施設から地域へ転換したことを、地域密着分散・小規模・多機能型ケアという戦略の視点から述べることを目的としている。評価の指標として「介護保険施設」と「地域密着型サービス」の施設量と、地域密着型サービスの中で最も重要で中心となる「小規模多機能型居宅介護事業所」を取り上げた。また実際の事例として、東京都練馬区で事業を展開する小規模多機能ホーム薬師堂の取り組みを紹介した。

　第五章の「高齢者の住まいと医療福祉——有料老人ホームの制度等の変遷と経済的入居条件の考察——」は、政府が現在、施設から在宅へ介護政策を転換している中で、高齢者が安心して住める住まいの充実は滞り、在宅医療の基盤整備の遅れも加わって、多くの高齢者が将来への健康不安を強めていることを指摘している。一方、有料老人ホームは2000年の介護保険制度施行以来急増し、高齢者の多くが有料老人ホームの介護機能への期待を強めている。このような中で本書では、有料老人ホームの制度等の変遷と経済的入居条件を中心に考察し、高齢者の住まいとケアについて、高齢者が要介護状態になる前の早めの住み替えの可能性を検討した。

　結論として、厚生年金受給者であることと預貯金をもっていることが、有料老人ホームへの入居可能条件となっていた。この結果は、高齢者の誰でもが有料老人ホームを終のすみかとすることはできず、ある程度の所得者である必要があるという、これまでの一般的な通説を支持する結果となった。そして、わが国の場合、北欧諸国で実施している早目の住み替えは、人それぞれであり一概にいえないが、身体能力の衰えを感じたときと公的年金受給の時期が関係あると推測された。

　第六章の「有料老人ホームが終のすみかとなる可能性——東京都内ホームの経済的入居条件と保健医療の考察——」では、わが国の有料老人ホームは2000年の介護保険制度施行後急増し、2006年4月の老人福祉法の改正により有料老人

ホームの対象が拡大されたため、執筆当時で 3,600 以上の有料老人ホームがあることを指摘している。本研究は、東京都のデータ等を再構成し、東京都の有料老人ホームの現状と政策、入居条件と介護・医療体制等について分析した。

本研究の目的は、わが国の増え続ける要介護高齢者に対し、急増する有料老人ホームは入居者が利用しやすい実態となっているかどうかを、入居条件面と介護・医療面から分析し、有料老人ホームが、現在減らされつつある介護療養病床の部分的受け皿となることや高齢者の"終のすみか"となることがどこまで可能か、について考察することであった。

本研究は、都内の有料老人ホームへ入居することは、平均的な年金暮らしの高齢者にとって容易な選択肢ではないことを明らかにした。また、都区内と多摩地域には有料老人ホームに関する格差があることも証明した。結論として、都内に住む高齢者の行き場は入居待ちの特養老人ホームや病院ではなく、在宅という選択肢が有力であることを示唆した。

第七章の「高齢者住宅への政策転換――サービス付き高齢者向け住宅の考察――」は、第四章の「施設から地域への政策転換」で展開したように、高齢者介護が施設から地域へ政策転換したことを受け、第五章、六章で公的住宅の増設が進まない中で有料老人ホームの役割が大きくなったことを述べた上で、高齢者住宅への政策転換が行われたことを述べている。高齢者住まい法の改正に至った経過を踏まえ、サービス付き高齢者向け住宅が増加している事実を上げるとともに、現状分析を行った。その上で、東京都のサービス付き高齢者向け住宅に対する取り組みについて述べた。さらに足立区を調査対象として、サービス付き高齢者向け住宅とはどのようなものかを、調査した結果を詳細に論述した。住まいで生活はどう変わるのか、現実的な対応を検討することの重要性を強調した。

第八章の「在宅ケアの限界点をいかに高めるか――欧州の地域ケア調査からの示唆――」は、第1節でフランスの24時間在宅ケアシステムについて述べた。パリ公立病院協会所属在宅入院連盟の活動と在宅看護・介護事業所の活動について事例として紹介した。そして、日本の在宅ケアへの示唆は何かを述べた。第2節の「ドイツの在宅ケアと介護保険改革」では、「苦悩するドイツの介護保険」は、2005年11月のドイツ・バイエルン州MDK視察、及び、日本で開催された日独社会保障シンポジウムを通して、最近のドイツ介護保険の課題について筆者の考

えを述べている。「ドイツにおける介護保険改革構想」は、ドイツの介護保険の現在の課題と今後の改革構想について、ドイツ保健省 EU タスクフォース全欧州保険政策企画部長 Ortwin Schulte 氏の講演概要と、ドイツでの人材養成の動向について報告し、日本の福祉人材確保についての筆者の考えを述べている。

第3節の「デンマークの高齢者福祉」では、「デンマークの 24 時間在宅ケアシステムにおける看護師の役割」について述べている。2005 年 11 月のデンマークの在宅ケア視察時に、リュンビュー・トーベック・コムーネのプライエム・バウネホイ併設ホームケアセッティングの活動を学ぶ機会があった。そのときデンマークで取り組まれていた 24 時間在宅ケアシステムの中で、看護師の役割が特に大事となっていることを総説として紹介している。

終章の「医療・介護一体改革と住まい・地域ケア」は、第1節で医療と介護の一体改革の内容について述べ、第2節はエイジング・イン・プレイス（地域居住）という考え方を提示した。その上で第3節は、日本の住まいの実状と住宅政策のひずみについて指摘し、第4節では地域の中で自分らしく安心して暮らすために何が必要かを問題提起した。

●注・文献

1) 国立社会保障・人口問題研究所「日本の世帯数の将来推計（全国推計）——2010（平成 22）年〜2035（平成 47）年——」2013 年 1 月推計。
2) 「独居 46 都道府県 3 割超」『読売新聞』2014 年 4 月 12 日。
3) 地方圏から大都市圏への人口移動が現状のまま推移する場合、2040 年に 20〜30 代の女性人口が対 2010 年対比で 5 割以上減少する自治体が 896 市町村（全体の 49.8％）、うち 2040 年に自治体の総人口が 1 万人未満となる自治体が 523 市町村（全体の 29.3％）となり、これら自治体は「消滅可能性」が危惧される（経済財政諮問会議専門調査会『未来への選択』2014 年 5 月、p.3）。
4) 日本創成会議・人口問題検討分科会『成長を続ける 21 世紀のために「ストップ少子化・地方元気戦略」』2014 年 5 月 8 日、pp.7-8。
5) 大津和夫「高齢者、ニート 眠れる宝」『読売新聞』2014 年 4 月 12 日。
6) 厚生労働省「特別養護老人ホームの入所申込者の状況」2014 年 3 月 25 日。
7) 厚生労働省「特別養護老人ホームの入所申込者の状況」2009 年 12 月 22 日。
8) 一億総活躍国民会議「一億総活躍社会の実現に向けて緊急に実施すべき対策——成長と分配の好循環の形成に向けて——」2015 年 11 月 26 日。

I 高齢者医療と介護看護

第一章　日本の高齢者医療の歴史的展開

――高齢者医療の政治経済学――

　本章は、第1節で戦後の医療保険制度の歴史的展開と高齢者医療制度について、概括的に述べる。第2節では、老人医療費の無料化から有料化への過程を財政調整政策の形成として述べる。そして第3節は、後期高齢者医療制度の創設の経過について述べ、第4節でその現状と課題について述べる。

第1節　戦後の医療保険制度の歴史的展開と高齢者医療

1. 医療保険制度の再建・確立期（終戦～皆保険まで）

　敗戦により、医療保険制度もまた壊滅的な打撃を受けた。その後の再建から現在に至る医療保険制度の歩みは、大きく次の四つの時期に区分できよう。

　第1期は、終戦から皆保険までの時期であり、医療保険制度の再建・確立期と位置付けることができる。この時期は、新憲法の下、生活保護法や労働基準法、労働災害補償保険法が確立され、生活保護制度としての医療扶助や労働災害保険制度との機能分化が図られた。また、1948（昭和23）年には国保の市町村公営原則の確立、1953（昭和28）年の国民健康保険税制度の創設、1953（昭和28）年度予算では国保の療養給付費（医療費）に対する国庫補助導入、1957（昭和32）年の政管健保の医療給付費に対する国庫負担導入といった医療保険制度再建のための基盤整備が行われ、ついには1958（昭和33）年に成立した（新）国民健康保険法制定により、1961（昭和36）年から皆保険が実施されることになった。

ここでは、この時期の制度改正に関する若干の留意点を指摘しておこう。すなわち、前述の通り皆保険の制度的な骨格は戦時中に確立されていたこと、皆保険といっても、これはそれまでつくり上げられた制度骨格に普遍性、強制性を付与することによって実現されたものであること、貧困からの脱出が国民的課題であった当時の医療保険制度の課題は給付水準の引き上げであり、このため、制度の自立性の確保よりも国家による結果平等の実現を主眼としてきたこと、そして戦時中に構築された統制的色彩の強い制度構築は、この結果平等指向に適合していたこと、それ故にこそそのような制度構築が現在まで引き継がれているということである。

2. 医療保険制度の発展期（皆保険〜1970年代まで）

第2期は、皆保険以降1970年代までの時期であり、医療保険制度の発展期と位置付けられる。

(1) 給付の改善と抜本改正論議

1961（昭和36）年の国民皆保険達成以降、わが国の医療保険制度は給付率の引き上げとそれに伴う財政対策に追われることになった。翌年には国民健康保険法が改正され、療養給付費に対する国庫負担率が2割から2.5割に引き上げられた。さらに1963（昭和38）年には、従来は3年間限りの療養の給付の期間制限の撤廃や国民健康保険の世帯主の7割給付実現などを内容とする改正が行われた。その後、1968（昭和43）年には、国保の世帯員の給付率が5割から7割に引き上げられ、同時に国庫負担も定率4割に引き上げられている。

他方、健康保険の状況をみると、1942（昭和17）年の改正により家族給付が法定給付化されて以来、被保険者本人は原則10割、被扶養者は5割という給付水準が維持されてきたが、再三にわたる診療報酬の引き上げ、昭和30年代後半に行われたいわゆる制限診療の撤廃などの影響により、昭和40年代に入るとその財政は悪化の一途をたどった。このため、健保は国鉄、米とともに三K赤字の1つとして大きな政治問題となり、昭和40年代前半は、一部負担や保険料の引き下げを中心とした短期的な財政対策のための改正が中心となった。これらの改正と平行して、医療保険制度の抜本改正に関する論議が盛んに行われたのも、こ

の時期の特徴である。

　なお、1973（昭和48）年には、福祉元年の追い風の下、被用者保険の被扶養者の7割給付の実施、医療費の自己負担が一定額を超える場合に、その超える部分を被保険者に償還する高額療養費制度の創設、政管健保の保険料率の引き上げ等の改正が実現した。

（2）老人医療費の無料化

　昭和40年代になると、高齢者の医療費問題が一躍注目を浴びるようになる。高度成長の下、国民の生活水準が向上する中で、衛生水準の向上や医学医術の進歩などとあいまって平均寿命は伸長し、老後の生活保障が大きな課題となりつつあった。特に、退職した高齢者の場合には、被用者保険の被扶養者5割給付か、国民健康保険の被保険者7割給付のいずれかにならざるを得ず、皆年金間もない当時の年金水準の低さもあって、病気になった場合に高齢者が医療費の負担に耐えられないことが大きな社会問題となった。このような中で、1969（昭和44）年秋田県及び東京都が単独事業として高齢者の医療費一部を肩代わりする老人医療の無料化制度を実施したことがきっかけとなり、多くの地方自治体で同様の制度が実施されるようになった。

　ここに至って、国も高齢者の医療費負担を軽減するための制度の創設に踏み切り、1972（昭和47）年に、医療保険各法の改正によってではなく、老人福祉法の改正により、福祉の措置の一環として、70歳以上の高齢者の自己負担分については公費でこれを肩代わりするという、老人医療費無料化制度を1973（昭和48）年から実施することとした。さらに、1980（昭和55）年の健康保険法改正では、被用者保険の被扶養者の入院時給付を7割から8割に引き上げる等の改正が行われた[1]。

　このように、この時期は給費率の引き上げとそのための財源対策に追われた時期であるが、マクロ的にみれば、給付水準の引き上げによる保険料・国庫負担の上昇は、おおむね高度経済成長による国民経済の拡大の中で吸収されてきた。1972（昭和47）年に創設された老人医療費無料化制度は、医療保険制度の枠外の老人福祉法上の措置として行われたものではあるが、給付水準の引き上げという観点からは、この時期における究極の目標を達成するものであった。しかし、

皮肉なことに、この老人医療費無料化制度の実施による医療費の急騰が、わが国の医療保険制度を新たな制度間調整の時代へと導く契機となったのである。すなわち、老人医療費の無料化が実施されたばかりの1973（昭和48）年秋、第1次オイルショックが勃発し、わが国の高度経済成長路線は終焉を告げることになった。医療保険制度においては、老人医療費無料化制度の実施による老人医療費の大幅な上昇と経済の低迷による保険料・租税収入の伸びの減少という複合現象として現れ、その後の老人保健制度創設の前提事実をつくり出すとともに、国民所得の伸びと医療費の伸びとの比較を基軸とする、現在まで続く医療費国民負担論議の底流が形成されることになる。

3. 医療保険制度の見直し期（1980年代）

第3期は、医療保険制度の見直し期ともいうべきものであろう。1980年代に入ると、安定成長路線が定着する中で、人口高齢化の確実な実感を背景に、社会保障制度全般にわたる見直しが始まる。医療保険制度においても、1982（昭和57）年の老人保健法制定、1984（昭和59）年の健康保険法等改正、1986（昭和61）年の老人保健法改正、1988（昭和63）年の国民健康保険法改正と間断なく制度改正が行われることになるが、これらの改正のいずれもが、既存の分立した制度を前提とした制度間調整を目的としており、調整の範囲方法は、医療保険制度全体（老人保健制度）、被用者保険と国保（退職者医療制度）、さらには一般行政主体たる地方公共団体と国保（高医療費市町村に係る運営の安定化措置等）というように多様化していく。以下、この時期の主な制度改正を概観する。

(1) 老人保健法の制定——わが国初の制度間調整

第1次オイルショックを契機として、わが国経済は低成長期へと転換せざるを得なくなったが、医療費はこれに反比例するかのように急激な増加を示した。特に、老人医療費の伸びは著しく、老人医療費の無料化が実施された翌年の1974（昭和49）年度には対前年度比55％、翌75（昭和50）年度には30％と大幅な伸びを示し、国民負担という観点からも無視し得ないものとなりつつあった。「病院のサロン化」という言葉に象徴されるような高齢者多受診・乱受診や、医療機関の過剰投薬・過剰診療による弊害が問題とされ始めたのもこの頃である。この

ような問題に対応するため、1982（昭和 57）年に老人保健法が制定された。その主な内容は、次の3点に要約できる。

①保健事業の実施

40歳以上の住民を対象として健康教育、健康診査、機能訓練などを行う老人保健事業（ヘルス事業）を創設し、予防から治療、リハビリテーションに至る一貫した保健サービスを提供する。

②医療の実施と一部負担の導入

70歳以上の者及び65歳以上70歳未満の寝たきり老人等に対して医療の給付を行うとともに、老人医療費の全額無料をやめ、老人にも定額の一部負担〔外来1カ月400円、入院1日300円（2カ月限度）〕を導入する。これにより、健康への自覚を高め、適正受診ひいては医療資源の効率的使用を図るとともに、若い世代と高齢世代の間の負担の公平を図る。

③老人医療費の共同負担

老人医療費を医療保険各制度が共同で負担する方式を導入し、分立した医療保険制度間の老人の加入割合の不均衡、その結果としての老人医療費負担の不公平を是正し、老人医療費の公平な負担を図る。具体的には、医療保険各保険者間の老人加入率の違いを公平に調整する「加入者按分率」の考え方を導入し、老人医療費のうち50％については、この加入者按分率によって負担の調整を行うこととした。また、老人医療費の30％は、国20％、都道府県5％、市町村5％の公費による負担とした。

この老人保健法の第1の特色は、保健事業の創設により、従来の治療中心の制度から、疾病の予防、機能訓練を含めた総合的な保健医療サービスの提供へと制度目的の転換を図ったことにある。

また、老人医療費の共同負担制度の導入は、分立した制度を前提に、実質的には医療保険間の財政調整的機能を果たすものであり、制度間調整の先駆けとしてわが国の社会保障制度史上画期的な意義を有していた。その基本的考え方は、分立した制度構成によって生じる制度間の不公平、この場合には老人加入率の不均衡による老人医療費負担の不公平を、既存の制度の枠組みを維持しつつ調整しようとすることにある。具体的な調整方法としては、老人保健制度の加入者は、国保や健保といった、従来の医療保険制度に加入しつつ老人保健制度にも加入す

るという二重加入方式をとり、いわば従来の医療保険制度という土台の上に、老人医療を行う老人保健制度を上乗せし、これに要する費用を各保険者が共同で負担するという仕組みをとっている。この意味で、老人保健制度は制度間の財政調整ではなく、医療保険者間の共同事業であると位置付けられている[2]。

(2) 1984年の健康保険法等改正——給付と負担の公平化と制度間調整

老人保健制度の創設以後も国家財政は逼迫の度を強め、1983（昭和58）年度からは「増税なき財政再建」の下、いわゆるマイナス・シーリング方式による予算編成が行われ、特に国庫負担額が大きい国保を中心とした医療保険制度のあり方が問われることとなった。1983（昭和58）年に出された臨時最終答申でも、医療費の適正化、軽費な医療についての受益者負担の強化、補助率の引き下げ等の改革が求められていた。このような状況の中で1984（昭和59）年に行われた健康保険法等の改正は、受益者負担の強化と制度間調整の実施によりその課題に応えようとするものであった。その主な改正内容は、次のとおりである。

①被用者保険本人への定率一部負担の導入

被用者保険本人の給付率を、従来の10割給付から、国会の承認を受ければ8割、それまでの間は本人1割負担の9割給付とする。

②高額療養費制度の改善

高額療養費制度について、新たに一定額以上の医療費の世帯合算、高額療養費多数該当世帯の負担軽減、長期高額疾病患者の負担軽減の制度を導入し、家計における医療費負担の軽減を図る。

③退職者医療制度の導入

被用者保険に原則20年以上加入し高齢退職者が退職後国保に加入した場合には、その給付率を7割から退職者本人は入院・外来ともに8割、その被扶養者は入院8割、外来7割に引き上げる。これに要する費用は、退職者本人及びその被扶養者の保険料並びに被用者保険が拠出する拠出金によって賄う。

④国保の国庫補助の合理化

退職者医療制度の創設等の影響を勘案し、市町村国保に対する国庫補助割合を医療費の45％から医療給付費（医療費から一部負担を除いたもの）の50％（医療費ベースでは38.5％）へと改める。

⑤5人未満事業所への健康保険の適用拡大

従来健保が適用されていなかった法人の事業所であって5人未満の従業員を使用するものに、健康保険の適用を拡大する。

⑥日雇労働者健康保険法を廃止し、健康保険体系へ組み入れる。

⑦特定療養費制度の創設等

この改正では、給付の公平化の観点から、改正法附則63条で8割給付が目指すべき給付水準であることを明確に打ち出しつつ、当面は被用者保険本人の給付率を10割から9割に引き下げ（改正内容①）、患者の高額な自己負担については高額療養費制度の改善（改正内容②）によって対応しようとした。また、自営業者等を対象とする国保とサラリーマンOBの医療費を負担するという不合理を退職者医療制度という制度区分をより徹底しつつ（改正内容⑤）、制度の分立から生じる制度間の負担の不公平、すなわち退職したサラリーマンが国保に加入することにより国保の若い世代がサラリーマンOBの医療費を負担するという不合理を退職者医療制度という制度間調整によって是正し（改正内容③）、これによって生じる国保制度の負担軽減相当分について国庫負担を減額しようとした（改正内容④）。しかも、退職者医療制度により国保に対して相当額を拠出することとなる被用者保険制度については、被用者本人への一割負担の導入（改正内容①）による医療費の伸びの抑制により、保険料負担の著しい増大を招かないようにするという工夫がなされていた。

なお、退職者医療制度の基本的考え方は、国保の被保険者のうち、サラリーマンOB及びその被扶養者は被用者保険として位置付けようとするものであり[3]、したがってその医療に要する費用は退職者自身の保険料及び現役サラリーマンの拠出金によって賄うことになる。この意味で、同じ制度間調整の機能を果たす老人保健制度は、各保険者の共同事業として、被用者、非被用者の区別なく老人医療費を公平に負担しようとするものであることから、対照的な考え方に基づいているといえよう。

なお、この改正に際しては医療保険制度の一元化が大きな争点となり、医療保険制度を通じる給付と負担の公平化が課題として残されることになった。

(3) 1986年の老人保健法改正——制度間調整の徹底と老人保健施設の創設

1986（昭和61）年に、老人保健法が改正された。これは、老人保健法制定の際にその附則で定められた拠出金算定方法の3年以内の見直し規定を踏まえたものであり、その主な内容は次のとおりである。

①一部負担金の改定

老人の一部負担を外来1カ月800円、入院1日400円（限度撤廃）に引き上げる。

②加入者按分率の引き上げ

加入者按分率を、1986（昭和61）年度80％、1987（昭和62）年度から1989（平成元）年度90％、1990（平成2）年度以降100％に引き上げる。

③老人保健施設の創設

寝たきり等の要介護老人に対して医療サービスと日常生活（介護）サービスを併せて提供する施設として、老人保健施設を創設する。その入所に要する費用は、老人保健制度から給付される老人保健施設療養費と利用者の利用料で賄う。

②の加入者按分率の引き上げは、老人医療費負担に係る制度間調整をより徹底しようとするものである。また、③の老人保健施設の創設により、医療（care）と介護（cure）の両方を必要とする寝たきり等の要介護老人の特性に対応した、医療と福祉の中間に位置する施設（中間施設）が誕生することになった。この施設では入院している高齢者の家庭復帰が可能となるようリハビリも行うこととされており、病院と家庭の中間に位置するという意味でも中間施設と呼ばれている。

老人保健施設は、医療法人のみならず、社会福祉法人、市町村等も設置でき、設置主体の面でも医療・福祉横断的性格を有している。

(4) 1988年の国民健康保険法改正——地方負担の導入

1988（昭和63）年には、医療保険制度における国と地方の役割分担という観点からみて、新たな意義を有する国保制度の改正が行われた。主な改正内容は、次のとおりである。

①基準超過医療費共同負担制度の創設

市町村ごとの被保険者の年齢構成の相違を補正し、地域の特別な事情を考慮してもなお医療費が著しく高いとして指定された市町村は、国保事業の運営の安定化に関する計画（「安定化計画」）を作成し、医療費の適正化等その運営の安定

のために必要な措置を講じなければならない。この運営の安定化に関する措置を講じても、なお全国の基準医療費よりも著しく高い医療費（具体的には、全国平均の1.2倍を超える医療費）を支出している市町村については、その超える医療給付費の一部を、国庫に代わって当該市町村（6分の1）及び都道府県（6分の1）が共同で負担する。

②保険基盤安定制度の創設

国保には、従来から一定所得以下の世帯に対して保険料を軽減する保険料軽減制度があったが、この改正により軽減保険料相当額を国（2分の1）、都道府県（4分の1）及び市町村（4分の1）が公費で負担するという保険基盤安定制度が創設された。低所得者が負担できない保険料相当分については公費で代わりに負担し、低所得者が多いという国保の構造的問題に対応しようとするものである。

③高額医療費共同事業の強化・充実

高額な医療費に係る保険料負担を都道府県単位で再保険するため、1983（昭和58）年度から補助できることが法律上明定され、これに必要な財源は地方財政措置で手当てされることになった。

このように、この改正は、地域保険としての国保の特性に着目し、都道府県及び市町村の一般会計からの負担を制度化した点に特色がある。この地方負担については、基準超過医療費共同負担制度を除き、地方財政措置によって手当てされるものの、地方負担が制度的に医療保険制度に導入されたという意義は大きく、医療保険における都道府県及び市町村の役割を改めて問い直す契機となった。

（5）医療保険制度の再構築期（1990年代）

第4期は医療保険制度の再構築期であり、保健・医療・福祉の連携・総合化と機能分化が主要なテーマとして登場する。その先鞭をつけたのは、1990（平成2）年の福祉八法改正であり、その前提としての「高齢者保健福祉推進十か年戦略」（ゴールドプラン）の策定であった。福祉八法改正では、老人保健福祉計画の策定という形で高齢者に関する保健・福祉サービスの計画化・総合化が法制度的にビルト・インされ、また、ゴールドプランで新たに創設された在宅介護支援センターは、その運営及び財源の両面において福祉と医療の間の制度的横断的性格——財源面では福祉から医療へと片面的ではあるが——を備えている。このよ

な制度的性格を有した最初のものは、1986（昭和61）年に創設された老人保健施設であるが、1991（平成3）年の老人保健法改正で創設された老人訪問看護制度も同様の制度的横断的性格――財源面では、逆に医療から福祉への片面的横断的性格しかないが――を有している。このように、この時期になると保健・医療・福祉の総合化が財源面を含め制度的に展開され始めるが、このような動きは、高齢社会における最大の課題である介護問題への本格的対応のための序章として位置付けられる。

（ア）1991年の老人保健法改正――老人訪問看護制度の創設

1991（平成3）年には、次のような老人保健法の改正が行われている。この改正では、医療保険制度において「介護」が正面から取り上げられており、老人訪問看護制度の創設のほか、老人医療費のうちの介護に着目した部分に係る公費負担割合の5割への引き上げが行われた。

①老人訪問看護制度の創設

在宅の寝たきり老人等を看護婦等が訪問し、看護サービスを提供する老人訪問看護制度を創設する。老人訪問看護に要する費用は、老人保健制度の負担（老人訪問看護療養費）と利用者の利用料によって賄う。

②一部負担の改定

老人の一部負担を、段階的に外来1カ月千円、入院1日700円に引き上げる。また、一部負担金について、物価スライドにより改定する仕組みを導入し、1995（平成7）年度から実施する。

③公費負担割合の引き上げ

老人医療費のうちの介護的要素の強い部分について、公費の負担割合を3割から5割に引き上げる。

④初老期痴呆の状態にある者の老人保健施設での受け入れ

老人訪問看護制度は、医療保険において在宅ケアを制度的に支援するという意義を有するとともに、その実施主体たる指定老人訪問看護事業者（老人訪問看護ステーション）には医療法人のみならず、社会福祉法人、地方公共団体等もなりうるという意味で、老人保健施設と同様、医療と福祉の制度横断的性格を有している。さらに、この制度は、看護の「独自性」を強化したという意味で、わが国の看護の歴史に新たな一歩を刻むものであった。

(イ) 1992年の健康保険法改正

1992（平成4）年には次のような健康保険法の改正が行われた。

①政管健保における中期的財政運営の導入

政管健保に中期的な財政運営を導入し、おおむね5年を通じて財政の均衡を保つことができるよう保険料率を設定するとともに、国庫補助率を16.4％から13％に引き下げる。

②医療保険審議会の創設等

①は、従来短期保険として位置付けられていた医療保険制度の基本的性格を変更するという側面を有するものであり、他の医療保険制度への影響が注目される。また、医療保険審議会の創設は、従来からの課題となっていた医療保険制度の一元化問題等に関する関係者の議論の場の設定という意味をもっていた。

(ウ) 1994年の健康保険法等改正

1994（平成6）年には、1984（昭和59）年以来10年ぶりに大きな健康保険法等の改正が行われ、医療保険制度におけるサービスの質と患者負担の問題が正面から取り上げられた。具体的には、患者ニーズの多様性に対応するため、入院時の食事に係る保険給付を自由度の高い入院時食事療養費構成に改めるとともに、家庭でも要する程度の定額の一部負担を導入し、入院患者と在宅患者の負担の公平を図った。併せて、それによって生じた財源を付添看護の解消、在宅医療の推進及び入院時の食事の改善に充て、給付の重点化を図ることとした。

①「療養の給付」の内容の見直し

付添看護の解消を図る観点から、入院時の看護・介護は保険医療機関たる病院が自ら提供するものとし、また、在宅医療の位置付けを法律上も明確にした。併せて「収容」という古い用語を「入院」に変えた。

②付添看護の解消

付添看護を、原則として1995（平成7）年度末までに解消し、付添に係る患者の差額負担を解消する。このため、第1に、入院時の看護・介護すなわち「入院及びその療養に伴う世話その他の看護」は医療機関が自ら提供するよう法律上明確に位置付け、第2に、患者が付添婦を雇った場合に保険者から支給される付添看護療養費は、原則として、1995年（平成7）度末までの間に限り支給できるものとした。

③在宅医療の推進
　(a) 在宅医療の法律上の位置付けの明確化
　医療保険各法の「療養の給付」に関する規定の中に、「居宅における療養上の管理及びその療養に伴う世話その他の看護」という規定を設けた。
　(b) 訪問看護事業の拡大
　1992（平成4）年4月から実施されている老人訪問看護事業を、老人以外の一般の被保険者たる在宅療養患者にも拡大する。
④入院時食事療養費の創設
　患者ニーズの多様化に対応するため、入院時の食事に関する部分を「療養の給付」から切り離して入院時食事療養という個別の保険給付を創設するとともに、入院時の食事に係る負担については、入院患者と在宅療養患者との負担の公平という観点から、平均的な家計における食費を勘案した各制度共通の定額負担を導入する。入院時療養費という法律構成により、医療機関は標準的なメニューだけでなく、患者の選択と負担により質の高い選択メニューを提供できるようになった。
　患者の負担額は、1994（平成6）年10月から1996（平成8）年9月までの間は経過的に、一般の被保険者は入院1日当たり600円、市町村民税非課税世帯等については、入院3カ月までは1日当たり450円、4カ月目以降は300円、市町村民税非課税世帯等の老齢福祉年金受給権者は1日当たり200円とする。
⑤出産・育児の支援
　(a) 出産育児一時金の創設
　従来の分娩費（24万円）と育児手当金（2千円）を出産育児一時金（30万円）に統合する。
　(b) 育児休業中の保険料免除
　従来、育児休業法による育児休業期間中は収入がなくても保険料を負担しなければならなかったが、新たに健康保険の被保険者分の保険料負担を免除する。
⑥医療保険に関するその他の改正
　(a) 保険福祉事業の充実
　(b) 移送費の支給
　移送について、療養の給付から移送費の支給という現金給付方式に改める。

(c) 国民健康保険医等の保険医等への統合

　国民健康保険法の国民健康保険医、療養取扱機関等の制度を健康保険法の保険医、保険医療機関等に統合する。

　なお、この制度改正は、法律改正と診療報酬改定が一体となっている点で特色があり、付添看護の解消、在宅医療の推進及び入院時に食事に係る給付の見直しという改正は、これを実質的に裏付けるための診療報酬改定があって初めて実現する。このため、改正法の施行時期と同じ1994（平成6）年10月に、これらの法改正事項を実質的に裏付けるための診療報酬改定が行われた。

第2節　保険者間の財政調整に関する政策形成

1. 本節の目的

　わが国の総人口は、2008（平成20）年10月1日現在、1億2,769万人で、2007（平成19）年（1億2,777万人：2007年10月1日現在推計人口）に比べて約8万人の減少となった。65歳以上人口は、過去最高の2,822万人（前年2,746万人）となり、総人口に占める割合（高齢化率）は22.1％（前年21.5％）であり、22％を超える結果となった（『平成21年版 高齢社会白書』p.2）。

　2007年現在の日本人の平均寿命は女性85.99歳、男性79.19歳であり、女性は世界一、男性もアイスランド、香港に続き世界第3位の長寿国となった。また、日常生活を自立して元気に過ごせる健康寿命も女性77.7歳、男性72.3歳と、世界一の水準を享受している（前掲書pp.5-6）。

　戦後の高度経済成長に伴う生活水準の向上、社会保障制度の充実が今日の「長寿日本」に大きく貢献している。このうち高水準の医療を国民に等しく提供する機能を果たしてきたのが、1961（昭和36）年に達成された「国民皆保険制度」であり、すべての国民が医療保険制度に加入する制度である。世界に冠たるこの国民皆保険の堅持は、わが国の医療保険政策の一貫した基本でもあり、今後とも医療の安定供給と各医療保険制度の安定的持続性が求められている。

　国民皆保険達成により、医療は全国津々浦々に普及した。1961（昭和36）年度の国民医療費は前年度の4,095億円から5,130億円に一挙に25.3％増加し、以

降昭和40年代に入っても、医療費は毎年10％前後の高い伸び率で推移することとなった（ただし、保険医総辞退の1971年度を除く）。

人口の高齢化や医療保険制度の充実、さらには国民皆保険と裏腹の関係ともいえる多剤投与、乱診乱療等による医療費の無駄が指摘される中で、医療保険財政は膨張し、政管健保財政は皆保険の1962（昭和37）年には崩れ始め、また、市町村国保財政もきわめて厳しい事態に立ち至った。そして、国民皆保険の堅持という命題のもとに、幾多の制度・法律改正等を経て現在の医療保険制度ができ上がっている。

以上の認識の上に立って、本節は、老人医療費無料化前夜から老人保健制度創設までの歴史的経過について、改めて確認することを目的としている。そしてこの作業は、2008（平成20）年4月から実施された新たな高齢者医療制度に関しても、わが国の高齢者医療提供の本来的あり方についての知見を得るための作業である。

2. 老人保健法制定の立法過程

まず、老人保健制度の立法過程に立ち入る前に、政府サイドからみた立法過程の一般的なプロセスについて述べておく必要がある。いったい立法過程とはどのような過程をいうのか、当時の自民党政権下の立法過程一般についてまとめておこう[4]。

(1) 立法過程の一般

国会に提出される法律案の大部分は、政府（各省）が閣議決定を経て提出する法律案である。議員立法は少数にすぎない。そこで、以下、渡邉芳樹「老人保健法制定の立法過程」[5] を参考にしながら、政府提出案を例にとり、各省庁の内部段階からの手続きを概観しておく。

毎年夏の概算要求時には、翌年度予算の骨格を各省内で固める。そして、この作業と並行して年末に召集され、実際には1月下旬から実質審議がなされる通常国会に提出する法律案のおおよその目処を立てることになる。具体的には、秋口から年末の予算編成作業の中で、採るべき政策を固め、必要な予算措置を概算要求に盛り込み、予算編成の中で実現をみた上で、政府提出の予算が国会に出され

　　　　　　　　　　　　　　　　　第一章　日本の高齢者医療の歴史的展開

る1月下旬に、各省がその通常国会に提出する予定の法律案を件名及び要旨を閣議決定の上、国会に報告する。この報告は、官房長官が出席した議会運営委員会に報告するという形式をとっている。

　提出予算法案には、新年度（4月）の予算執行に直接かかわる予算関連法案と、かかわらない予算非関連法案がある。これらのうち、前者は、2月中旬頃が提出期限であり、後者は厳格とはいえないが、一応3月中旬が期限とされている。

　こうした法案の提出を端緒として、各省は必要な審議会への諮問、答申手続きを踏みながら、内閣法制局の詳細な審査を受け、しかもその間他省庁との協議を延々と続ける中で、法律案の内容上の目途をつけて、閣議決定に至る。ただし、閣議決定の前に、与党（自民党・当時）の審査を受けることになっている。時期的には2月から3月にかけてであるが、厚生省（当時。以下、同様）の場合、自民党社会部会が法案の審査権を有していた。審議においては、部会員及びそれ以外の者（部会員以外でも出席・発言が許される）との質疑応答が行われ、最終的には、部会長が了承を取り付けるという形をとる。こうした手続きは、軽易な法案の場合は、ごく形式的に行われるのが通例である。それに対し、重要法案の場合、1回では了承を取り付けられず、何週間もかかることもある。

　社会部会をクリアすると、次に、政務調査会審議会（政審）において、各省提出予定法案につき、各部会長から説明を行い、質疑応答の後、了承を与えるという手続きを経ることになる。この際、省庁側も、担当局長及び官房長クラスが同席して質疑に答えるということが行われる。

　この後、さらに与党（自民党・当時）の場合、総務会において、党幹事長・幹事長代理、衆・参両院国対委員長、衆議院議員会長など、党役員も出席の下、ここでも担当部会長から説明を行い、質疑応答の後、事務次官会議を経て、法案はようやく閣議に諮られることになる。

　なお、閣議決定されても、厳密には与党審査と呼べないものの、もう一段の手続きを受けなければならない。すなわち、与党の国会対策委員会が、閣議日の朝に開かれ、その際、各省庁の政務次官が出席して案件の報告を行い、速やかに法案の通過に向けた協力をお願いする。

　また、こうした段階に至るまでの間に、与野党の担当常任委員会の委員長・理事及び国会対策委員会の幹部とも相談し、果たして参院に提出するのか、ある

いは衆議院に提出するのかを決定する。かなり重要な法案の場合や、予算関連法案の場合、衆議院に提出するのは慣例のようになっているが、予算関連法案であっても、参議院に提出されたケースがある。

以上、各省庁の内部作業段階から、国会提出に至るまでのプロセスを辿った。こうした作業の進行を第一戦で管理するのが、各省庁の官房長、官房総務課長らである。

国会では、順調に進んだ場合、参議院における予算総括審議が終了するのは3月下旬である。ここに至り、初めて各常任委員会において、審議が開始される。その場合にも、まず各大臣の所信表明演説から始まる等の手続きを経るため、実際に法律案の審議に入ることができるのは、一般には、早くても4月上旬になる。そうすると、会期末が5月下旬（1992年から国会改革で会期末は6月下旬となった）であり、さらにその間にゴールデンウィークが入ることから、実質的に約6週間で何本もの法律案を両院の各常任委員会及び本会議で処理しなければならないことになる。

1992年の国会から、厚生省関連法案は、厚生委員会で処理されることになった。昭和20年代後半以来、厚生労働委員会として合体されていた2委員会が、再び分離されたためである。これにより、従来週1日と限られていた審議日が増え、審議の促進が図られることが期待された。

次に、野党側の対応についていえば、一般に1月下旬から2月にかけ、各省提出予定法案の件名に基づき、法案に対する態度（重点項目の設定）を決定する。そして、それと相前後して、野党各議員は、政府サイドから法案の説明、意見聴取を始め、法案の処理に関する節目でさらに詳細な政府の対応を見極めながら、最終的態度を固めていくという過程が進行する。また、予算案の審議につき、各野党から闘争方針や政策大綱が出されるが、これらは後に提出する予定の法律案における政策論との関係からも重要であるため、予めそれらの作成段階で各党とよく話し合い、政府の考え方に対する理解を得るように努力することもある。

国会質疑において、政府提出法案及びその運用に対する影響を確保する手法として、一つには確認質疑がある。これは、議事録上区別はつかないが、重要法案の場合によく用いられる手法であり、委員会採決直前に行われる。野党の主張に対する政府の約束を明確化させるために、答弁内容の一言一句を事前に協議した

第一章　日本の高齢者医療の歴史的展開

上で答弁するという手法である。また、付帯決議という手法もある。これは、採決の後、多くの場合与党委員から提出され、それを採決することにより当該委員会の決議とするものである。この付帯決議については、近年、ややマンネリ化・形式化しつつあるのでないかとの評価があった。さらに、最も重要な手法として、法案そのものの修正がある。これから述べる老人保健法についても、衆議院・参議院で各一度ずつ、異例のことであったが、かなり大きな修正が加えられている。

（2）老人保健制度前史——老人医療費支給制度の発足

昭和40年代前半は、今日とは異なり年金制度の成熟度が未だきわめて低く、大多数の老人が福祉年金を受給していた時代である。こうした状況下で、最大の課題は、いかにして国民健康保険の下で3割自己負担となる老人の医療費負担を軽減し、受診率を高めるかという点であった。近年、老人医療費の高騰にいかに対処するかが重要な政策課題となっていることからすれば、大きな隔たりがあった。

表1-1は、有岡二郎『戦後医療の50年』[6]から作成したものである。以下順次、老人医療費無料化までの歴史的経過を簡潔に追ってみよう。

①老人医療費無料化前史——沢内村村長の英断

老人医療費の無料化は東北の山村、岩手県の和賀郡沢内村で、1960（昭和35）年12月に、乳児と60歳以上の老人の外来診療と入院医療の大部分の無料化を初めて行ったことが最初であった[7]。

沢内村は、周りを奥羽山脈の山に囲まれた盆地にある。東京都23区のほぼ半分の広さに当たる288平方キロメートルに、当時は約6千人が住んでいた。岩手県の中でも貧しいことで知られ、人々は貧しい食事と重労働で健康を害した。

1957（昭和32）年に当選した深澤晟雄村長は、住民の健康対策として保健活動に力を注いだ。まず、乳幼児死亡率を下げるために乳幼児の健康診断を進めた。しかし、住民は貧しく、医療に金をかけようとしなかった。働くのに忙しくて、幼い子供を医者にみせる時間を惜しむ空気もあった[8]。村には、国保制度による村営の沢内病院があったが、不便な土地のために医者が居つかなかった。

深澤晟雄村長は東北大学に医師の派遣を要請し、1960（昭和35）年に加藤邦

表 1-1　老人医療費無料化までの歴史

年	月	事　柄
1957（昭和 32）年	1	政府、国民皆保険を 4 年計画で達成と閣議決定
1960（昭和 35）年	12	岩手県沢内村で無料化実施
1961（昭和 36）年	4	国民皆保険達成 • 健康保険……本人 10 割（小額の定額負担あり） 　　　　　　　家族 5 割給付 • 国　　保……5 割給付
1963（昭和 38）年	8	老人福祉法施行 • 65 歳以上に毎年健康診断を実施 • 必要に応じ養護老人ホーム、特別養護老人ホーム収容
	10	国保の世帯主 7 割給付に
1966（昭和 41）年	9	「敬老の日」制定
1967（昭和 42）年	9	健保特例法施行
1968（昭和 43）年	1	横浜市が 80 歳以上の国保被保険者を 9 割給付に（70 年から 75 歳以上無料化） 国保の世帯員も 7 割給付に
	12	園田厚相、70 歳以上の医療費の自己負担について一定額以上は公費負担との構想を発表
1969（昭和 44）年	4	秋田県が 80 歳以上を無料化
	12	東京都が 70 歳以上を無料化
1971（昭和 46）年	7	日本医師会が保険医総辞退
	9	沖縄祖国復帰実現
1972（昭和 47）年	5	日中国交回復
1973（昭和 48）年	1	老人医療無料化実現
	7	東京都、65 歳以上を無料化
	10	国も、寝たきり状態は 65 歳以上を無料化にする

（出所）有岡二郎『戦後医療の 50 年』p.315、表 7 より作成。

夫医師が赴任した。深澤村長と加藤院長が話し合って、村が老人の患者自己負担分を負担して、無料化を断行する、との方針を決めた。無料化は、65 歳以上の高齢者を対象に、国保の患者負担分を村費で負担するという方式で実施された。当時の国保は患者負担が医療費の 5 割である。

　老人を対象にしたのは、お金の心配をせずに医者にかかり、健康のありがたさを理解してもらい、そのことを通じて、家族にも健康管理の意識をもってもらおうという考えであった。老人の多くは家庭内で「若い者に迷惑をかけたくない」という厄介者意識をもち、医者にかかる現金ももっていなかった。

　この時期は、国が 1961（昭和 36）年までの 4 カ年計画で、国民皆保険体制を整備している最中であった。国民皆保険実現のためには、住民が国保に加入して

保険料を納めてくれなくてはならない。医療のありがたさを感じてもらうためにも老人の医療費を無料にしよう、という発想も沢内村の決断にあった。

　岩手県国保課は当初、沢内村の方針に反対した。「国保は医療費の 50％は患者が払うと決めており、それに違反する」という理由である。しかし村長の熱意に負けて、「保健活動の一貫であり、その延長でたまたま治療がおこなわれる」という説明を受け入れた。

　この時期の日本経済は 1955（昭和 30）年に不況から脱して、輸出が大幅に伸び、1957（昭和 32）年まで続く「神武景気」を経験する。農村も 1955 年には大豊作であった。日本は戦後初めて米の自給体制に入る。景気は一度後退したが、1959（昭和 34）年から再び上昇に転じて、1961（昭和 36）年まで続く「岩戸景気」となる。日本経済は、高度経済成長への離陸を始めていた。この経済成長が沢内村の老人医療無料化を可能にしたもう一つの背景である。

　沢内村で始まった老人医療無料化は、同じように住民が貧しく、国保の保険料収納率も低い東北の町村に、5、6 年の間に少しずつ広まっていった。当時はまだ高かった乳幼児の死亡率を下げる狙いから、乳児医療の自己負担無料化を実施する市町村も多かった。

②老人医療費無料化までの政府の動向

a）園田構想

　発端となったのは、1968（昭和 43）年、当時の園田直厚生大臣によって発表された「園田構想」であった。この構想は、1969（昭和 44）年度概算要求の柱として出された老人の医療費負担軽減対策であり、「一定の所得制限のもとに、70 歳以上の医療費は入院月 2,000 円、通院月 1,000 円を超える分は公費（国 8、地方 2 の割合で負担）でみる」との構想を発表して予算を要求した。これは、とりわけ国家財政との関連においては重大な内容を含むものであり、大蔵省の反対で直ちに実現に結び付くものではなかった。ただし、厚生省としては、国民に対して、老人の医療費負担にかかわる何らかの軽減対策の必要性を打ち出したわけである。

b）老齢保険制度構想と中央社会福祉審議会答申

　1969 年 8 月、1970（昭和 45）年度概算要求にあたり、医療保険の抜本的改正

を社会保障制度審議会及び社会保険審議会に諮問する際、厚生省は試案として示したのが、「老齢保険制度構想」といわれるものである。この構想は、70歳以上の国民を対象として（ただし、被用者保険の被保険者を除く）、国（社会保険庁）が、被用者保険の給付率に準じて、従来以上の保険給付（在宅診療につき10割。ただし自己負担あり）を行うというものであった。費用負担については、国民健康保険及び被用者保険の経営主体が、4分の3を一定の方法で負担し、残りの4分の1を国が負担するものとされた。当時、この構想については、後述するように、余り好意的な反応はなかった。ただ、振り返ってみた場合、この昭和44年度構想が、老人保健制度における医療部分の骨格にやや近いところを有しており、実際、法案を策定する過程においても、ある程度意識されていった面があった。

1970（昭和45）年には、中央社会福祉審議会から「老人問題に関する総合的諸施策について」と題する答申が出された。ここでは、医療保険ではなく、いわば社会福祉サイドから、老人の医療費負担軽減が緊急な課題であることが打ち出されている。

c）地方公共団体の動き——老人医療費無料化制度

老人医療費無料化制度の引き金となったのは、1969（昭和44）年に園田直厚生大臣が打ち出した「70歳以上で一定所得以下の人については、保険の自己負担の一定額を超える部分を公費負担とする」構想であった。この園田構想がその当時から始まっていた地方自治体の単独事業に拍車をかけることになった。こうした厚生省レベルでの動きとは別に、この時期における地方公共団体の動きをみておこう。

昭和40年代前半頃から、単独事業として老人医療費自己負担分の一部あるいは全部を公費で負担する地方自治体が続出した。社会党代議士から市長となった飛鳥田一雄横浜市長は、1968（昭和43）年1月から、80歳以上の国民健康保険の加入者の給付率（7割）を、9割に引き上げるという単独事業を開始した。国保の給付率は、世帯主に続いて、横浜市では1968年1月から世帯員も7割に引上げられたばかりであった。その患者負担の3割のうち2割を横浜市で負担するという施策であった。

園田構想の挫折をみて、1969（昭和44）年4月から、都道府県レベルで初めて秋田県（小畑勇二郎知事）が老人医療費無料化に踏み切った。秋田では、80

歳以上の老人を対象に、医療保険の自己負担のうち一定額（外来月 1,000 円、入院月 2,000 円）を超える部分について公費を支給する制度を始めたのである。また、同年 12 月、美濃部亮吉知事も「国がやらないのなら、東京都が単独でやる」と、1969（昭和 44）年 1 月に老人医療費無料化計画を発表した。提案は 3 月の都議会で、超党派で可決された。都の提案は、70 歳以上の老齢福祉年金受給者を対象に資格証明書を発行し、窓口で証明書を出せば、患者負担分を無料にするというものであった。都内の 70 歳以上の老人 30 万 7 千人のうち、11 万人近くが対象となった。こうして、美濃部都政の下で、東京都が 70 歳以上の高齢者を対象として、一定の所得制限の下、医療保険の自己負担分を全額公費負担としたのである。しかも、秋田県の場合とは異なり、都が医療機関に対して支給するため、患者本人は窓口で自己負担分を払う必要がなくなった。これは、医療の「現物給付」化と呼ばれ、後に国の制度となる老人医療費無料化制度を先取りしたものであった。しかし、老人医療費の急騰、受診患者の増加等により、後に「美濃部都政のバラマキ福祉」という批判も浴びることになった。

ともあれ、1971（昭和 46）年 8 月現在、老人医療費の公費負担実施は 11 都道府県、同年 4 月現在の市町村医療費助成は、全国 3,279 市町村が実施するに至った。その後、1972（昭和 47）年 1 月までの間に、37 都道府県と 6 つの政令指定都市に広がり、4 月には 7 県が新たに実施に踏み切った。地方単独事業として何らかの老人の医療費負担軽減措置を導入していない県は、わずか 2 県となった[9]。こうして、地方レベルにおいては、老人の医療費負担の軽減ないし無料化がかなり普及し、さらに国のレベルでも、こうした措置を採るべきだとの要求が高まっていったのである。しかし、自治体の無料化政策の中身は様々であった。対象年齢は「65 歳以上」から「80 歳以上」までまちまちで、所得制限も「老人福祉年金受給者か同程度の所得以下」という自治体が多かった。被用者保険は対象外で、国保の被保険者だけを対象としている自治体も少なくなかった。このため、国の統一的な実施を要求する世論が大きくなった。

このような状況下で、前述の「老齢保険制度」構想は一旦立ち消え、老人医療費の軽減・無料化政策にシフトしていった。国会審議等でも、地方自治体の状況を踏まえ、「国としても老人医療費の無料化に取り組むべき」とする要望が相次いだ。

d）1972年度概算要求と社会保障制度審議会答申

こうした動きの中で、1971（昭和46）年には、厚生省内に設置された老齢者対策プロジェクトチームから報告書が出され、各医療保険の自己負担相当額を公費で負担し、これにより老人の受診を促進するとの当面の医療費対策に関する方向性が打ち出された。また、同年夏、厚生省は1972年度概算要求にあたり、70歳以上の者の自己負担分を公費で負担する案を盛り込んで大蔵省に要求を行った。さらに、与党自民党内部においても、老人対策特別委員会が「老人対策大綱」を打ち出し、老人医療費無料化の動きに弾みをつけていた。

1971年9月、医療保険の抜本改革の諮問に基づき、社会保障制度審議会から答申が出された。しかし、この答申では、厚生省サイドと考え方が一致せず、医療保険の自己負担分を公費で賄うとの方式につき、所得により適用除外者が出るという点で問題があるとして、これを退けている。この他、医療保険から切り離し全額公費で賄う方法、反対に、各医療保険制度からの拠出金をもとに全額医療保険で賄う方法も挙げられたが、結局、答申では、現在の保険制度は活用するものの、各保険制度内の老人数に応じて国庫補助の追加により、老人に対する給付率を高めるとの案を提唱した。

e）社会保険審議会答申と老人福祉法改正案

他方、1971（昭和46）年10月、厚生省内におかれた社会保険審議会から出された答申では、老人医療については、公費負担により医療の無料化を実施すべきであるとし、基本的には医療保険の自己負担分を公費負担とすべきという、先の概算要求に盛り込まれた考え方を支持している。

こうした答申を踏まえて、1972（昭和47）年度予算編成にあたり、医療保険プラス公費負担方式による老人医療費無料化制度が実施された。方式としては、老人福祉法という福祉立法を一部改正し、公費を医療保険の自己負担分に充てる方法を採用した。1972年2月、社会保障制度審議会から、諮問された老人福祉法改正案に対する答申が出された。答申ではこうした方法が、暫定的な措置としてやむを得ないものと認めた。以後、法案は国会提出に向かうことになる。ただし、それに加えて、答申ではなるべく速やかに社会保障制度審議会案の線に沿った方策を採るよう、異例の要望を行っている。

f）老人医療費無料化制度の実施

「国が無料化を実施しろ」という世論の高まりの中で、厚生省や大蔵省（当時。以下、同様）は「医療費をただにすれば入院患者が増えて病院のベッドをふさいでしまう」として、老人医療費無料化に反対した。厚生省は、無料化の代わりに、高齢者を対象とする特別の制度をつくり、高齢者の医療費負担を軽減するという考え方をとろうとした。

厚生省は1969（昭和44）年8月26日、医療保険制度の抜本改正の一環として、70歳以上を対象とした老人保健制度の構想を発表した。①被用者保険の被保険者を除く70歳以上の国民を対象にする。②運営は市町村の協力を得て、社会保険庁がする。③在宅、通院診療は10割給付とするが、被用者保険に準じて患者一部負担を設ける。入院医療は7割給付として、患者負担を3割とする。④入院医療は費用の4分の3は国保と被用者保険の運営主体が負担し、4分の1を国が負担する。ほかに国保の負担金の2分の1を国が補助する、という内容であった。しかし、世論の反応は芳しくなかった。

世論に押されるかっこうで1970（昭和45）年9月には、内田常雄厚相の発案による「豊かな老後のための国民会議」が開催され、老人医療無料化を提言した。11月には中央社会福祉審議会も「老人医療費の軽減は緊急な問題」という答申を内田厚相に提出した。

世論の高まりや関係審議会などの意見を聞いて、厚生省は1971（昭和46）年暮れの予算編成で、70歳以上の所得税を払っていない高齢者を対象に自己負担分を無料にするとの提案をまとめて、予算要求した。大蔵省は、無料にすると医者にかかる高齢者が増えて財政負担が大きくなると反対した。しかし結局、世論に押し切られる形で、1973（昭和48）年1月から実施することで予算を計上し、そのための老人福祉法改正案を提出することが決まった。1972（昭和47）年の通常国会は佐藤栄作内閣の最後の国会であった。重要法案が軒並み審議未了、廃案に追い込まれる中で、老人福祉法改正案だけは衆参両院とも全会一致で可決された。改正法は6月に公布されて、1973（昭和48）年1月から無料化が実施された。

国の無料化実施を受けて、東京都は1973年7月から、国の制度の対象外となった65歳以上70歳未満の高齢者の医療費も無料化した。国の実施によってゆとりが出た財源で対象年齢の拡大を図ったもので、追随する自治体が相次いだ。政府

は1973年10月から、寝たきり状態の高齢者に限って、65歳以上も対象とすることにした。

このように、法案の内容が、公費で自己負担を解消するという内容のものであったため、国会審議はスムーズに進んだ。1973年1月1日から、老人医療費支給（無料化）制度がスタートした。当時は、いわゆる福祉元年と呼ばれ、石油ショック前の政策形成であったこともあり、立法過程も、社会保障制度審議会の答申を除き、かなりスムーズに進んだようである。

③高齢者医療制度の原型としての自民党「国民医療対策大綱」

このように、高齢者医療制度が議論され始めたのが、昭和40年代前半である。背景には、いうまでもなく人口の高齢化、高齢社会の到来がある。昭和40年代半ばのわが国の平均寿命は女性75歳、男性69歳とすでに長寿国の仲間入りをし、しかも他国に例のないスピードで現在の高齢社会となることが見通されていた。このため、長い老後の生活保障、医療保障は国民生活にとって大きな課題となってきた。

具体的には、1969（昭和44）年4月に自民党がまとめた「国民医療対策大綱」があり、これを受けて同年8月に厚生省が示した「医療保険制度改革要綱試案」の中で、「老齢保険制度」という名称で登場した。この老齢保険制度構想は、1973（昭和48）年1月からの老人医療費支給制度、俗にいう老人医療費の無料化で一時頓挫したが、その後の1983（昭和58）年2月からの老人保健制度、そして2008（平成20）年4月にスタートした後期高齢者医療制度の原型とみることもできる。

1969（昭和44）年の自民党「国民医療対策大綱」は、高齢者医療制度の必要性を次のように説明し、今日の状況を的確に想定している。

「10年、15年先（昭和55～60年）には、老齢人口の増加数は青壮年人口の増加数を追い抜き、わが国ではかつて見られなかった重大な人口構成の逆転期を迎える。今後の出生率低下と相まって、やがて青壮年層に比べ常に数倍の有病率を示してきた中高年齢層人口によって21世紀を生き抜き、かつ繁栄を続けていかなければならないこととなる。このためには、まず、わが国民一人一人が従前にも増して、心身ともに健全な生き生きとした国民であることが絶対の要請であり、

これなくして21世紀につながる民族の繁栄はもちろん、国民経済の一層の進展も、国民生活の向上も期待することができない」（要約）。

このために打ち出されたのが、基本構想としての国民保険制度、勤労者保険制度、老齢保険制度の創設である。その老齢保険は、①対象者＝70歳以上（勤労者保険の被保険者を除く）、②運営＝社会保険庁、③給付＝在宅診療10割、入院診療7割、④費用＝国民保険、勤労者保険の拠出金4分の3、国庫負担4分の1とされた。同大綱を全面的に取り入れた厚生省の改革要綱試案は、関係審議会で審議されたものの、労使代表をはじめとする多くの審議会委員の声は、「特別な老齢保険を創設するより、公費負担、医療保険、老齢者福祉対策などの総合的施策により対応する必要がある」「65歳以上のすべての老人は、公費負担による医療とする」など、公費負担医療を求めるものが強かった。

時あたかも、いざなぎ景気、高度経済成長時代の真っ只中にあり、1972（昭和47）年に発足した田中角栄内閣は、1973（昭和48）年度予算において公共事業はもちろんのこと、社会保障について積極予算を編成した。

厚生省は、省内に設置したプロジェクトチームで検討を重ね、1971（昭和46）年5月に自民党老人対策小委員会に「老齢者対策検討状況の中間報告」を提出した。

老人医療対策として、A案＝医療保険の自己負担分を公費で負担する。B案＝自己負担分を市町村及び都道府県が負担し、その一部を国が補助する。C案＝老人医療保険を創設する、その場合に全額公費か一部保険財政の繰り入れの方式が考えられる。D案＝医療保険制度で老人の給付率を10割に引き上げる、の4案を説明した。そして、基本的方向として70歳以上老人医療費の無料化・10割給付の方向を示した。

その後の4案の検討において、D案の医療保険制度の改正も議論されたが、その年に武見太郎日本医師会が起こした保険医総辞退という未曾有の混乱への対応・収拾もあって、当時の斉藤昇厚生大臣は「保険局にそういう作業（医療保険法改正）をさせるのは大変だ。社会局で老人福祉法の一部改正で対応するように」〔当時の政策責任者の談（『週刊社会保障』No.2500、p.10）〕と指示し、A案の医療保険の一部負担について公費負担とする「老人福祉法の一部を改正する法律案」として1972（昭和47）年の通常国会に提出、同年6月に成立、翌年1月1日から70歳以上老人医療費の無料化が実施された。

同制度は、①国保加入者、被用者保険家族のうち70歳以上の者について医療保険の自己負担分を老人医療費として支給する。ただし、老人または扶養義務者の前年の所得が一定額以上であるときは支給しない、②老人医療費の支給は市町村を通じて行うものとし、支給に要する費用は国が6分の1負担、③実施主体は市町村長という内容である。この老人医療費の無料化は、当時の70歳以上老人470万人のうち86.7％をカバーした。

老人医療費の無料化が、受診率を押し上げ医療費の増加、保険財政への圧迫につながることは、当初から懸念されていた。大蔵省では、医療費増嵩の歯止め策の必要性を主張したが、老人医療費の無料化という世の中全体の流れ、社会的ムードが行きわたる中で、政治的判断が優先された。

事実、当時の厚生省政策責任者は、「5年、10年経って老人医療費が増嵩し大変だということになれば、その段階で必ず何らかの歯止めを考える」ことを念頭においていた。

(3) 老人医療費支給制度見直しへの動き

①老人医療費の急増と財政事情の悪化

老人医療費無料化制度が実施されて以後、老人の受診率は大幅に上昇した[10]。とりわけ、1973（昭和48）年の制度実施以後、1975年代初頭にかけて、大きな変化がみられた。これにより、制度導入にかかる当初の目的は、一応達成されたということができる。しかしその半面、老人医療費の急増が、自営業者及び退職者を主たる加入者とする国民健康保険（国保）財政を直撃するという結果を招くことになった[11]。加入者たる老人数の増加に加え、自己負担分の無料化により受診率が高まったため、医療費支出が急増し[12]、ひいては公費負担の担い手である市町村財政を圧迫するに至ったのである（**図1-1**参照）。

国保に老人加入者が多いのは、被用者人口の増加や若年層の農村から都市への流出が大きな原因であるが、政管健保や組合健保に加入していた被用者が退職してから国保に加入するという退職者の逆流現象も1つの原因であった。

こういったことから老人医療費の保険制度間の不均衡が指摘されるようになり、国保関係者から現状のまま放置すれば老人医療費の負担によって国保制度が崩壊しかねないとして、国保に対する国庫負担を大幅に増加するか、老人医療を国保

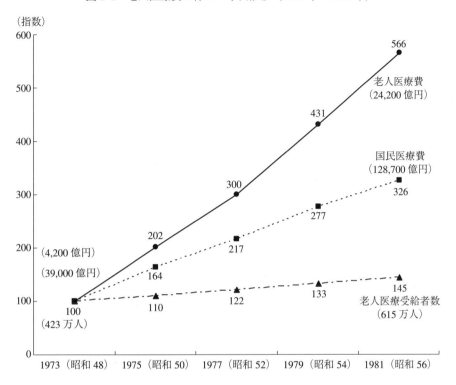

図1-1 老人医療費の伸びの年次推移（1973年〜1981年）

から切り離して国の責任において実施すべきことを求める声が強くなった。

こうした状況にあって、国庫としても各市町村財政の苦境を救うべく、老人医療対策臨時調整補助金（老人臨調）制度を1973（昭和48）年にスタートさせた。このとき同時に、高額療養費支給制度の発足に伴う対策として療養給付改善特別補助金（当初7億円）もスタートした。後に両者は、1974（昭和49）年度以降臨時財政調整交付金として統合された。

この補助金制度の下で、国庫から財政的に急迫した市町村国保に対する支援が進められたわけであるが、その額は当初は34億円であったものが、老人医療費がさらに膨張していく中にあって、1976（昭和51）年には、1,545億円（臨時財政調整交付金としての額）にまで達した。総需要抑制政策、オイルショックなど、国庫の全般的財政事情も厳しい時期を迎えていたことから、こうした補助金の急

増は、地方財政のみならず国庫も老人医療費の財政負担に苦しむ、という状況を現出していった。

②社会保障長期計画懇談会意見書と大蔵省の一部負担導入の内示

　こうした状況下で、厚生省内でもすでに1975（昭和50）年8月には、厚生大臣の私的諮問機関として設置された社会保障長期計画懇談会の意見書「今後の社会保障制度のあり方について」において、「自分の健康に対する責任感を促す見地からある程度の一部負担を設けることも検討に値する」という見解が出されている。財政方式については、結論には至らなかったものの、各医療保険制度から公平な拠出を求め、これに対して国及び地方公共団体が応分の負担を行うとの方式が最初に挙げられている。また、他にも、西ドイツのように、年金制度から拠出する方式もありうるのではないか、といった幾つかの選択肢が挙げられている。こうして、厚生省でも、この時期には軌道修正の方策を模索し始めたのである。

　老人医療費無料化の見直しの機運は、厚生省内部にとどまらず、各方面で高まった。例えば、先の意見書提出と相前後して（1975年7月）、国民健康保険の各保険者の中央団体である国民健康保険中央会内部の研究会により、老齢者保険特別制度構想と呼ばれる案が出されている。これは、保健サービスからリハビリに至る包括的サービスの他、老人医療費については医療保険から分離し、全額国及び地方自治体により賄うべきとの案であった。

　また、1976（昭和51）年度予算編成に際して、大蔵省は老人医療費への一部負担の導入を内示した。そこで、大蔵・厚生両大臣による折衝がなされた。このときは、結局、三木武夫総理大臣の裁断により見送られたが、大蔵省は、以後毎年のようにこうした提案を行うことになる。

　なお、1979年、総務庁（当時）により、「老人医療費の急増に関する実情調査」という観点から、行政監察がなされている。それによれば、69歳から70歳に達すると、つまり老人医療費無料化制度が適用されるに至ると、受診日数が60％も急増し、医療費に至っては2倍になるという実態が明らかにされている。こうした事態は、必ずしも老人医療費無料化のみが原因というわけではなく、診療報酬の仕組みその他様々な要因もからんで引き起こされたものである。だが、これらの「病院のサロン化」あるいは「はしご受診」と呼ばれる現象の中にあって、

老人保健医療政策全般の見直しが不可避であるという機運が、政府全体を通じて高まったことは事実である。

③老人保健医療問題懇談会意見書と「いわゆる14項目」

　1976（昭和51）年度予算編成に当たっていた大蔵省が、一部負担を課す有料化路線を打ち出したこともあり、再び老人医療費の有料化議論が活発化していった。ついで、厚生大臣の私的諮問機関として新たに設置された、老人保健医療問題懇談会（座長・山田雄三）から1977（昭和52）年10月、意見書が出された。

　厚生省が1976（昭和51）年2月に老人保健医療対策のあり方全体について根本的見直しを行うため、検討の場として設置した老人保健医療問題懇談会は、22回に及ぶ議論の末、1977年10月に「今後の老人保健医療対策のあり方について」意見書を提出した。同意見書は、老人医療の対象年齢、所得限度は現行通りとしたが、財源については「一部公費で負担し、残りを住民や事業主など国民が拠出を求める」とともに、老人にも「適正な一部負担を求める」内容であった。

　それは、従来の議論を踏まえ、ヘルスからリハビリまで総合的包括的制度の確立、現行制度の改善とあわせた適正な費用負担（一部負担）、財政方式として公費プラス住民・事業主による拠出といった骨格からなっている。②で述べた社会保障長期計画懇談会の意見書「今後の社会保障制度のあり方について」と比べた場合、ある程度明確な一定の方向性を打ち出している点が特徴的である。このうち、財政制度については、他にも様々な方式が検討されている。まず、現行制度のままで保険者間の財政調整（財政的に豊かな保険者から逼迫した保険者へ）を行う方式については、関係者の合意が得にくいとしている。これに対し、老人を対象とする新しい制度を創設するとした場合、費用を全額負担した上での残余部分を年金給付費で賄う方式は、年金制度がまだ未成熟なため難しい、同じく費用の一部を公費負担した上で残余部分を各医療保険制度から拠出金で賄う方式（後に、老人保健制度として実現をみた方式）は、関係者の合意が得にくいとして、いずれも退けている。その上で、先に挙げたように、費用の一部を公費負担した上で残余部分を住民・事業主の拠出で賄う方式が、具体的な検討に値するとして、意見書で採択されたのである。

　この意見書を踏まえて、当時、国会に上程されていた健康保険法改正案の審議

過程において、1977（昭和52）年11月、厚生省は、「医療保険制度改革の基本的考え方について」と題する14項目の約束（いわゆる14項目）を、参議院社会労働委員会において行った。その主な柱として、立法時期・実施時期ともに1979（昭和54）年度以降における老人保健医療制度の整備を挙げている。

以上のように、1977年にかけての老人医療費支給制度見直し時期においては、現在の高齢者医療制度前の老人保健医療制度とは異なった構想がなされていたということができる。

(4) 老人保健制度への助走
①老人保健医療制度準備室の設置と小沢構想

1973（昭和48）年12月、当時の小沢辰夫厚生大臣の下で、いわゆる「小沢構想」と呼ばれる構想が発表された。この意見書を受けた厚生省は、新制度の骨格を具体化するために、1977（昭和52）年12月、厚生省社会局に老人保健医療制度準備室が設置された。同準備室では、意見書において具体的検討に値するとされた「別建――住民・事業主拠出方式」について制度化のための検討作業を開始した。老人保健医療制度準備室は、大臣官房審議官（企画担当）を室長とし、社会局老人保健課長及び老人福祉課長を次長に、室員数名で構成された[13]。

検討は、関係団体等との折衝に困難を極めたが、当時の小沢辰夫厚生大臣は1978（昭和53）年12月、その打開策として私案の形で①65歳から予防給付、70歳から療養給付を行う、②費用は、「現行の公費負担割合を変更しない」ことを基調に、国45％、都道府県と市町村が各5％、住民・被保険者30％、事業主15％とする、③一部負担は重くならない範囲で所得者に課す、といった構想を発表した。それによれば、市町村を実施主体として、健康教育から機能回復訓練に至る包括的な医療保健サービスを提供し、その一部門として、療養の給付（医療給付）を位置付けるものとされた。この療養給付については、対象者は70歳以上の者及び65歳以上70歳未満の寝たきり老人等、取扱機関は老人保健医療機関という新しい名称の機関、一部負担は入院・入院外ともに定額（ただし、低所得者免除あり）、診療報酬は厚生大臣が定める旨、それぞれ定められた。また、費用負担については、まず住民の拠出金と地方公共団体の負担金を充てることとし、その割合は、住民は総費用の3割、地方公共団体は同一割合に設定された。そし

て、残余部分を、国の一般会計負担及び事業主の拠出金が、3対1の割合で補填するものとされた。

　小沢構想に対する各界の反応としては、まず日本医師会は、老人医療の診療報酬を別建てにすることに対して、老人の切り捨てであり、老人の低医療費政策につながるとして大反対した。また、財政当局及び経済界も、住民と地方公共団体が一部（4割）負担した残りの部分をすべて負担しなければならないことから、大反対した。こうして、小沢構想は、検討の中断を余儀なくされた。このことは、先に老人保健医療問題懇談会が検討に値するとして取り上げた財政方式（住民・事業主拠出方式）が、大きな打撃を受けたことを意味した。

②サマーレビューでの大蔵省三案と橋本構想

　1978（昭和53）年12月に、小沢厚生大臣の試案発表後、橋本龍太郎が厚生大臣となった。厚生省においては、小沢構想に代わるものをいろいろと模索していたが、財政当局は昭和55年度予算編成を控えた1979（昭和54）年8月、いわゆるサマーレビューの結果として老人保健医療制度に関し、大蔵省三案と呼ばれる3つの案を提示してきた。

　サマーレビューとは、現在の概算要求基準設定方式（シーリング予算）が実施される以前にあって、概算要求に先立ち、大蔵省が、財政上大きな問題となりそうな事項につき、予めその方針を明らかにしておくというものである。この三案のうち、まずA案は別建てで、先の住民・事業主拠出方式を基礎として、併せて診療報酬支払い方式に関し、総額請負方式あるいはイギリスのNHSにみられるような登録人頭払い制を導入するというものであった。ついでB案は、やはり別建てで、医療保険の保険者拠出方式をとって、A案同様総額請負制または登録人頭払い制を導入した診療報酬制度をセットにするものであった。最後にC案では、A・B案と異なり、別建て制度とはせず、診療報酬支払い方式も現行通りとし、加入者数に応じた各保険者の制度間財政調整を実施しようという、いわゆる財政調整方式を提唱した。大蔵省としては、このC案を推すとの立場であった。これは、小沢構想に関する問題点を踏まえ、別建てにするのであれば診療報酬支払方式を見直すべきであり、それができなければ別建てはやめて制度間財政調整により対応するしかないという基本的認識に立つものであったといえよう。

こうしたプロセスを経て、厚生省内での検討の後、1979（昭和54）年10月に新聞発表されたのが、小沢厚相からバトンを引き継いだ橋本龍太郎厚生大臣による、中高年保健事業と老人医療費の財政調整を組み合わせた、いわゆる「橋本構想」と呼ばれる老人医療費の財政調整案であった。本構想は、国が行う事業で、国保を含めた医療保険制度の全保険者が対象とされた。調整方式としては、70歳以上の老人医療費の一部を各保険者の加入者数で按分するか、もしくは別案として、加入者数での按分と併せて、被用者保険者間で財政力に応じた調整を行う。その結果、各保険者が負担することとなる老人医療費に対しては、制度ごとの従前の負担率で国庫負担を行うものとされた。また、こうした財政調整と併せて、市町村が実施主体となり、40歳以上の住民を対象とした中高年者の保健事業を行うとの構想を立てた。つまり橋本私案は、①国保を含めた全保険者を対象に3割財政調整を行う＝70歳以上医療費の一部を各保険者の加入者数で按分する、②中高年者の保健事業は40歳以上の住民を対象とするというものであった。

　この構想は、小沢構想が制度を別建てにするという点において主として保険者の意向を念頭においた構想であったのに対し、診療団体の反対を緩和し、財政当局の支持を得ようとする立場に立ったという意味で、別建制度の代わりに制度間の財政調整方式を採ることにより、従来の検討の流れとは異なる系譜に属するものということができる。

　このように橋本構想は、老人福祉法に基づく老人医療費無料化制度は温存する、すなわち一部負担は導入しないとの基本的考え方に立つものであった。また、既存の診療報酬には手をつけないこととされた。したがって、一部負担導入による老人受診率の低下を危惧し、不利な診療報酬の設定を恐れていた医師会側は、それほど反対はしなかった。財政当局は、これを積極的に評価し、その年の12月、1980（昭和55）年度予算編成において橋本構想に一部負担導入を加えた形で内示してきたのである。つまり、橋本私案との違いは、財政調整幅を7割に拡げ、自己負担の導入を加えた点であった。

　このような動向の中で、財政制度審議会（蔵相の諮問機関）は、80年度予算編成にあたり同年11月12日第2特別部会を開き、老人医療費無料化制度、児童手当制度、結核公費負担制度の3問題について審議した。その結果、(1)老人医療については、国民健康保険を通じた公費負担の増加を抑えるため、各保険間で

財政調整するほか、患者の一部負担を導入する、(2) 結核は公費優先負担を一般の保険医療に切りかえる、(3) 児童手当制度は廃止も含めて再検討し、存続させる場合は費用負担のあり方を改めるなど、制度の変更や受益者負担の導入を提唱し財政負担の軽減をとなえる大蔵省の主張を支持する意向を明らかにした。

③ 1980(昭和 55)年度予算編成と政府・与党覚書、各野党・関係団体の構想

こうして橋本構想は、一部団体の反対を受けた。しかしながら、同構想は、小沢構想ほどラディカルな内容のものでなかったため、議論は年末の 1980(昭和 55)年度予算編成作業まで持ち込まれた。大蔵省の内示では、橋本構想に老人医療費への本人一部負担を付加すべきことが要求された。つまり 1980 年度の予算原案で老人医療費の有料化(老人保健制度の実施)、児童手当の所得制限の拡大等を厚生省に提示し 1980 年度実施を主張した。ところが厚生省は、大臣折衝で 1981(昭和 56)年度実施を主張したため、厚生・大蔵両省の間での協議は難航し、結局、与党三役立会いのもとで 12 月 28 日、野呂恭一厚生大臣と竹下登大蔵の両大臣及び内閣官房の六者間で「56 年度実施」が確認され覚書が交わされた。それは、老人保健医療制度については、財政調整、受益者負担の導入、保健事業の拡充等を含め、その基本的見直しを進め、1981(昭和 56)年度に所要の制度改正の実施を図る、このためできるだけ早い機会に関係審議会に諮問するとの内容であった[14]。この覚書は、その後の立法作業の大前提となったものである。

ところで、この時期にかけて、各野党及び関係団体からも、それぞれ構想が打ち出されている(**表1-2・表1-3**)。このうち、特徴的なものを挙げると、まず各野党のうち、社会党は 1980(昭和 55)年 10 月、「高齢者保健医療制度」として、別建ての制度を設け、全面的に公費で賄うイギリス流の方式を提案した。公明党は、社会党に先立ち 1980(昭和 55)年 4 月、別建てで保険者の共同拠出という形をとる「老人医療保健制度」を打ち出した。民社党も、同様の案を打ち出している。結果的には、公明・民社両党による提案の方に収斂していくことになる。

各関係団体のうち、日本医師会は、「老齢保険制度」を提唱した。特徴的なのは、財源につき、25 歳から財源を積み立てるいわゆる積立方式を採用した点であった。給付内容は、各種保険を統合して地域保険と産業保険に二分し、地域保険の中で老齢保険制度を設けることとされている。支払方式については、70 歳になると

表1-2 各党の老人保健医療に関する構想

区分	社会党 1980(昭和55)年10月	公明党 1980(昭和55)年4月	民社党 1981(昭和56)年2月	共産党 1979(昭和54)年3月	新自由クラブ 1981(昭和56)年2月
名称	高齢者保健医療制度	老人医療保健制度	老人医療保健制度	老人保健医療制度	老人医療制度
制度の建て方	別建・公費サービス方式	別建・共同拠出方式	別建・共同拠出方式	別建・公費サービス方式	別建・共同拠出方式
保健サービス	35歳以上の健康管理(健康手帳、健康教育、健康診査)、地域生活サービス訪問システム	60歳以上(健康診断・健康管理等)	65歳以上(健康教育、健康相談、保健指導、健康診査、巡回診療機能訓練等)	65歳以上(健康指導、予防、リハビリテーション)	65歳以上(健康管理、治療、リハビリテーションに至る一貫した保健サービス)
医療	65歳以上ホームドクターシステム(責任担当医制)	70歳以上	65歳以上(埋葬料の給付を含む)		70歳以上
実施主体	市町村	市町村	市町村	市町村(保健所)	地方自治体
一部負担	なし	外来 円、入院 円(長期療養者は特別の配慮)	なし	なし(高額所得者は例外)	定額(低所得者は免除)
財源 保健サービス	公費(国3分の2、都道府県6分の1、市町村6分の1)・国の財源は事業主負担を中心とする目的税(高齢者扶養税)・地域サービスは一般財源	公費(市町村)	公費	公費(大企業、高額所得者に社会保障特別税を賦課)	公費
財源 医療					医療保険から拠出を主として、一部公費を導入
支払方式	登録人頭払〜医師の経験年数等を考慮	外来、入院別に件数払(1日当たり定額)〜特定診療は出来高払を加味			適正な支払方式の検討が必要
その他	・65歳までは退職者継続医療、保健所の機能強化ナーシングホーム等		・定年退職者継続医療制度の創設・40歳から健診等を予防給付化	退職者継続給付健康管理給付の新設	

(出所)渡邉芳樹「老人保健法制定の立法過程」『北大法学論集』42巻4号、p.1191、資料6より作成。

診療報酬が変わるのはおかしいと強く主張していた。こうして1981(昭和56)年冬までには、各野党及び関係団体の意見が出揃った。

(5) 老人保健制度・政府案の策定
①社会保障制度審議会への「白紙諮問」と老人保健医療対策本部の設置

当初、小沢・橋本両私案を軸に厚生省では検討を続けていたが、1979(昭和

第一章　日本の高齢者医療の歴史的展開

表1-3　関係団体の老人保健医療に関する構想

区分	日本医師会 1978（昭和53）年10月	町村会 1981（昭和56）年1月	同 盟 1981（昭和56）年1月	総 評 1981（昭和56）年4月
名称	老齢保険制度	高齢者等保健医療制度	高齢者の保健医療制度	老人保健医療制度
給付内容	・老齢予防給付──40歳以上（予防検診、健康教育、生活指導） ・各種保険を統合して地域保険と産業保険にするとともに、地域保険（市町村）から医療を受けることを前提に老齢保険制度を創設する	・健康管理──35歳以上（健康手帳、健康教育、健康診査） ・医療──65歳以上（ホームドクターシステム）	65歳以上 ・保健給付（健康教育、健康相談、健康診査、家庭訪問指導、機能訓練等） ・療養給付 ・健康手帳	・保健サービス──40歳以上（健康教育、健康診査、健康相談、健康維持増進、機能回復訓練、家庭看護指導等） ・医療──65歳以上
実施主体	市町村 （国は財政調整を行う）	市町村	市町村	・保健サービス──都道府県・市町村 ・医療──国
一部負担		なし	・保健給付──一定所得以上の場合 ・療養給付──初診のみ、健保本人を限度	・65歳以上～70歳──健保家族並 ・70歳以上──なし
財源	25歳から保険料を積み立てる	・健康管理──都道府県及び市町村 ・医療──原則公費、当面健保で現行負担額限度を拠出する	・保健給付──公費 ・療養給付 　国　5割 　都道府県　0.5割 　市町村　0.5割 　保険者　4割	老人保健医療税の創設
支払方式	70歳になると診療報酬が変わるのはおかしい。出来高払は医療の本質に合致している。技術料中心の新しい出来高払とすべきである。	登録人頭払～医師の経験年数等により加算	件数・日数払	当面現行支払方式
その他		退職者医療 ナーシングホーム等の新設強化、地域保健サービス訪問システム等	退職者医療 特定・療養・リハビリ施設の設備拡充等	退職者医療 関連施設の整備・要員の確保

（出所）渡邉芳樹「老人保健法制定の立法過程」『北大法学論集』42巻4号、p.1192、資料7より作成。

54）年12月の予算編成において、竹下登大蔵大臣と野呂恭一厚生大臣の間で、「56年度に制度改正を実現するため、早期に関係審議会に諮問する」ことが確認されたため、厚生省は1980（昭和55）年3月に社会保障制度審議会（当時）に「今後の高齢化社会に対応する老人保険医療対策の基本方針」を白紙諮問するなど、検討を本格化した[15]。いわゆる政府・与党覚書には、できるだけ早い機会に関係審議会に諮問すべきものとされていた。しかしながら、厚生省としては、当時、決定的な成案を有していなかった。そこで、厚生省としての具体的案の提示は後にすることとして、1980（昭和55）年3月31日、社会保障制度審議会に対して、

異例の「白紙諮問」という形で、「老人保健医療対策に関する基本方策」について諮問を行ったのであった（厚生省社第421号 社会保障制度審議会宛 厚生大臣「社会保障制度審議会への諮問」1980年3月31日）。

　この諮問に際し、厚生省は「現行老人保健医療対策の問題点」として、(1) 医療費保障へ偏重し保健サービスの一貫性が欠如している、(2) 老人医療費の負担に不均衡がある、(3) 医療資源が十分効率的・合理的に配分・利用されていない点、などを挙げた。しかし白紙諮問であるため、審議会委員の中から「責任の押し付けである」といった批判が出され、このため、早い機会に厚生省の考え方を審議会に示すことになった。そこでの焦点は、別建て方式か現行制度の改善（財政調整方式）か、いわば小沢私案か橋本私案か、あるいは折衷案方式か、医療保険制度との関係をどうするかといった点にあった。

　こうした異例の諮問を行う一方で、厚生省としても、小沢構想・橋本構想に限らず、1980（昭和55）年6月、従来、社会局におかれていた老人保健医療制度準備室から、事務次官を長とする老人保健医療対策本部へと発展的解消を図り、社会福祉にとどまらず、医療保険、公衆衛生などの省の所轄分野全般にまたがり、案の策定に取り組む体制を整えた。その背景には、小沢・橋本両構想の利害、得失を検討の上、両者の要素を採り入れた別建て・保険者拠出方式による第三の道を探るしかないのではないかとの判断があった。

　この対策本部が設置されるまでは、省内では、政府与党覚書にある老人医療費一部負担導入を含む新案策定に踏み出すべきか否かにつき、かなり議論があったようである。しかし、これが設置されて以後、急速に、厚生省としての新案を策定し、社会保障制度審議会に具体案を示さなければならないとの機運が盛り上がっていった。

　こうした中で厚生省は、1980（昭和55）年8月9日、厚生省案として「老人保健医療制度大綱案」をまとめた。主な内容は、(1) 現行の保険制度とは別建てとする、(2) 費用は国、地方公共団体、各医療保険制度が共同で費用を負担し、事業は市町村が行う、(3) 事業のうち治療は70歳以上を対象とし、40歳以上は保健サービスの対象とする、(4) 原則は無料だが、所得に応じた一部負担方式を導入する、などである[14]。

　斎藤邦吉厚相のもとでまとめられたこの大綱案は、小沢構想を基礎にし、これ

に橋本構想の「40歳以上の中高年を対象とした保健事業」を取り出して加えた形になっている。特に、財源を共同負担方式とし、小沢構想の事業主と住民の代わりに「各保険制度」を採り入れたことが特徴となっている。斎藤厚相は、この大綱案をさらに詰めて、「老人保健医療対策本部」会議で最終決定し、これに基づいて新たに「老人保健医療法」（仮称）案を作成した上で、9月中にも社会保障制度審議会に諮り了承を得て、次期通常国会に法案を提出し、1982（昭和57）年度から新制度を創設する意向を示した。

②老人保健制度第一次試案と社会保障制度審議会中間意見

　こうした中で、1980（昭和55）年9月4日、厚生省は、「老人保健制度（厚生省老人保健医療対策本部）第1次試案」を打ち出した。その主な内容は、(1) 現行の医療保険各制度を前提として、各制度から財源を共同拠出し、給付については新制度を別建てとする、(2) 費用は、国・地方公共団体、保険者の三者共同負担とする、(3) 保健給付は、療養の給付を70歳以上、その他の保健給付（健康手帳の支給、健康教育、健康相談、機能訓練、訪問指導、その他）は40歳以上を対象とする、(4) 一部負担を導入する。療養の給付以外の保健給付については費用の一部を徴収できる、となっている[16]。

　厚生省は、第1次試案を社会保障制度審議会、社会保険審議会にそれぞれ提出し説明を行った。社会保障制度審議会は、9月16日には「老人保健医療対策の審議に当たり重点を置くべき事項（整理メモ）」をまとめた。また同年11月には、厚生省はこの試案を補足する形で、「老人保健制度における費用負担割合について」（厚生省老人保健医療対策本部、1980年11月10日）と題する文書が出された。ここで挙げられている費用負担の考え方は、後の案のベースとなったものとして重要である。とりわけ、B案は、後の加入者按分率へとつながるいわば発想の転換となるものであった（図1-2）。

　この第1次試案を、厚生省は、社会保障制度審議会に提示した。そして、この試案を社会保障制度審議会は審議を進めてきたが、大筋として是認し、1980（昭和55）年12月12日に出された中間意見「老人保健医療対策について」（総社第91号 厚生大臣宛 社会保障制度審議会）を園田厚相に提出した。これは、老人保健医療対策についての基本的な考え方を示した中間報告ともいうべきものであり、

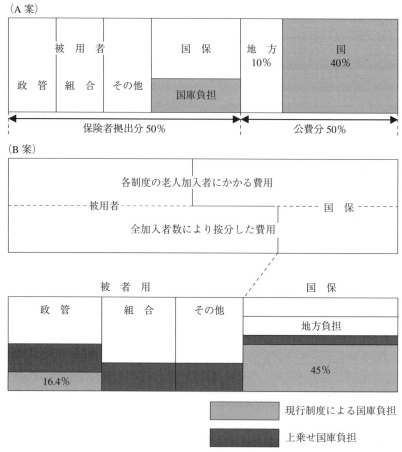

図1-2 老人保健制度における費用負担割合

(資料)厚生省老人保健医療対策本部「老人保健制度における費用負担割合について」1980年11月10日。

次の3点を指摘している[16]。

一、老人保健医療対策は、予防から治療、リハビリテーション、療養に至るまでの一貫したサービスを保障するように、抜本的な対策が必要である。対策の立案にあたっては、高齢者本人が自分の健康に関する自覚と責任をもつことが肝要であることに配慮し、さらに年金、福祉サービス、就労、住宅などの各分野の対策とのバランスを考慮しつつ充実を図らねばならない。

二、保健対策は、なるべく早い年齢から実施することが望ましい。その実施にあたっては供給体制の整備が重要である。
三、費用については、保健対策は原則として公費、医療費については国・地方公共団体、保険者がそれぞれ負担する。また、老人医療問題の解決のためには、医療機関の適正配置、医療資源の効率的配分・利用、医療の質の向上、医療費適正化対策が不可欠である。診療報酬支払方式の基本的見直し等の抜本的対応も重要である。

　この中で、後の制度策定にあたりその内容として反映されたのは、医療以外の保健事業についての財源は、全面的に公費で賄うべきであり、医療保険の保険料を充てるべきではないという点である。ただ、基本的には、第1次試案に対する大筋での了承が得られたとの感触であった。また、同試案に対する当時の新聞論調においても、保健サービスと医療の総合化及び費用の公平な負担という基本的な考え方につき、おおむね好感をもって迎えられたという認識もあった。そこで12月21日、1981（昭和56）年度予算編成に際し、「老人保健医療制度についての厚生・大蔵両大臣の合意」（園田直厚相・渡辺美智雄蔵相、1980年12月21日）がなされ、老人保健医療制度制定に向けての実務作業が開始されたのである（**表1-4**）。
　この両大臣の合意のポイントとなるのは、まず、新制度の実施に先立ち、新制度における診療報酬のあり方について検討するとされた点（第3点）である。先に触れた総額請負あるいは登録人頭払いといったドラスティックな改革も射程に含めての合意であった。また、新制度においては、国、地方公共団体、各保険者の共同の責任において、毎年度収支均衡が図られるような対策を検討するという点（第4点）は、先の小沢構想のような住民と地方公共団体が一定の負担比率で支払った残余部分を国と企業が支払う方式を拒否する意志を示したものである。新制度の実施時期は1982（昭和57）年度とされた（第5点）。

③健保法改正案の成立と法案作成、与党審査の本格化
　この時期には、1978（昭和53）年以来国会に上程されていた健康保険法改正案が、一部修正の上成立した。ただし、原案に含まれていた薬剤費の2分の1自

表 1-4 老人保健医療制度についての厚生・大蔵両大臣の合意

1　高齢化社会の到来に対応し、予防を含む総合的な老人保健対策を推進するための制度を創設する。
2　新制度の内容は、おおむね厚生省老人保健医療対策本部第一次試案を基に詰める。
3　新制度の実施に先立ち、新制度における診療報酬のあり方について検討する。
4　新制度においては、国、地方公共団体、各保険者の共同の責任において、毎年度収支均衡が図られるような方策を検討する。
5　新制度の実施期間は、57年度とする。
6　前記事項を内容とする新制度を創設するための老人保健法案(仮称)を次の通常国会に予備非関連法案として提出する。
7　現行制度は、56年度中においては現行どおりとする。

己負担導入、サラリーマンのボーナスへの保険料賦課など、被保険者側からみれば厳しい内容の改正は、自民党の単独修正案により見送られた。結果的には、本人一部負担のわずかな増額と、家族給付率の入院時7割から8割への引き上げという改定にとどまった。政府側からみれば、不本意な改正であったといえよう。しかしながら、ともかく健康保険法改正という重要法案が成立したという意味では、省全体として老人保健制度策定に向けての作業を本格化していく態勢が整ったということができる。こうしたことも、先に述べた両大臣合意の背景にあった。

1981(昭和56)年1月以降、法案作成及び与党審査が本格化した。先の両大臣合意では、1982(昭和57)年度実施とされていたため、予算非関連法案となり、2月中旬という提出期限は付されなかった。とはいえ、作業が難航したため、5月の連休明けに至りようやく提出されるという経過を辿ることになった。

先に一般論として述べたように、与党審査は、閣議決定の直前に行われるのが通例であるが、老人保健制度策定にあたっては、すでに1981(昭和56)年2月4日には、求めに応じて、「老人保健法案骨子(案)」あるいは「老人保健法案要綱試案」なるものを提示し、法案の骨格をいわば事前予告した。法案骨子の項目は、(1)総則、(2)老人保健審議会、(3)保健事業、(4)費用、(5)関係法律の改正、(6)施行期日の6項目からなっていた。内容は第1次試案と基本的に同じ考え方をとっていた。新たに法案骨子に盛り込まれた老人保健審議会は、両大臣の合意を受けて入ったものであり、法案成立後、施行に先駆けて発足し、診療報酬のあり方、保健事業の実施大綱、費用負担などについて検討することとなっていた。

ただ、この当時、いまは省内でも、そして大蔵省との間でも、十分に議論を尽

くしていない状況にあったため、これらの試案も概括的なものにとどまっていた。そうした中で、この時期における制度の特徴としては、保健サービスからリハビリサービスまで、すべて市町村の団体委任事務としていた点が挙げられる。また、一部負担金についても、所得制限付きで一定の額というだけで、それ以上の具体的な案は示されていなかった。

こうした与党審査及び各省との話し合いの中で論点となった事項を挙げると以下のとおりである。

第1に、大蔵省は、医療以外の保健事業に保険料財源を入れたいとの意見を有していた。これに対し、厚生省は、先の社会保障制度審議会中間意見でも述べられているとおり、公費負担主義を主張した。

第2に、老人医療費の負担方式につき、先の第1次試案で挙げられたA案は、まず国が4割負担するというものであったが、大蔵省が強い難色を示した。他方、国民健康保険中央会も、保険者拠出金が加入者の所得等に応じた按分負担となるA案の方法は、様々な実務上の難点があるとして、賛成の態度を示さなかった。

第3に、一部負担の問題につき、後述する社会保険審議会に対し、具体的な明示をせずに諮問したことから、同審議会における審議は相当難航した。結果的には、与党審査の段階で説明を行っていた所得制限は撤廃し、所得の多寡にかかわりなく低額の一部負担金を付加するという方法に修正された。

第4に、大蔵省・行政管理庁（現在の総務庁）との関係である。各医療保険から集めた拠出金を市町村に分配するために、特別の基金を設置するとの考え方が採られていたのであるが、結果的には、既存の特殊法人（具体的には社会保険診療報酬支払基金）を活用すべきこととなった。

④二審議会への法案要綱諮問

その後厚生省は、残された検討事項である費用負担や一部負担について関係省と折衝を進め、1981（昭和56）年2月26日「老人保健法案要綱（試案）」を自民党社会部会に報告し、一部手直しをしたのち、「老人保健法案要綱」をまとめ、厚生大臣は1981（昭和56）年3月10日に社会保険審議会、及び11日に社会保障制度審議会に相次いで法案要綱を諮問した（1981年3月10日 厚生省発保第25号 社会保険審議会宛 厚生大臣、及び、1981年3月11日 厚生省社第208号 社

会保障制度審議会宛 厚生大臣）。

　老人保健法案要綱の主な内容は次のとおりである。(1) 老人保健法は、「国民の自助と連帯の精神」に基づき老後における健康の保持と適切な医療の確保を図るため、各種保健事業を総合的に実施するとともに費用負担の公平を期することを目的とする。(2) 老人保健審議会の設置、保健事業の種類については、法案骨子と変わらない。(3) 保健事業の実施のため、新たに老人保健機関、老人保健医、老人薬剤師をもうける。この老人保健機関、老人保健医、老人薬剤師は、健康保険法や国民健康保険法に規定する保険医療機関、保険医、保険薬剤師をもってするとしている。(4) 費用負担については、(a) 医療に要する費用と、(b) 医療以外の保健事業に要する費用に分かれ、(a) 医療に要する費用の負担は、国が2割負担の他保険者が7割を拠出する金額の一部を負担し、都道府県・市町村は0.5割ずつ負担し、保険者が7割を拠出する。参考資料として示された「試算Ⅰ」によると現行46.5％の国庫負担が44％に下がり、「試算Ⅱ」では40％に下がることが明らかとなっている。「試算Ⅰ」は、当該保険者の加入者数と70歳以上の医療費をそれぞれ2分の1の割合として計算したものであり、「試算Ⅱ」は、当該保険者の加入者数だけを基準に算出したものである。また (b) 医療以外の保健事業に要する費用は、国、都道府県、市町村が3分の1ずつ負担し全額公費で実施する。(5) 一部負担については、医療給付の場合に「老人の心身の特性および負担能力」によって課するとなっており、医療以外の保健事業でも「負担能力に応じその費用の一部を徴収する」とされている。有料が原則とされているといえよう。

　このうち、社会保険審議会については、とりわけ一部負担の問題につき難航したことは先に述べたが、諮問案では、一部負担金の額は政令で定めることとされていたことから、労働側委員から金額を具体化せよ、さらに政令ではなく法律事項にせよとの強い要望が出された。そこで、1981（昭和56）年4月、厚生省は、具体的な金額を明らかにした。初診300円、再診100円、入院1日300円というのがその額であった。

　また、同審議会では、各保険者からの拠出金の割り当てにつき、加入者按分率をどこに設定するかが問題となった。社会保障制度審議会に諮問した法案要綱では、第四章第一節第二において、医療に要する費用は、国、地方公共団体及び保険者が負担するものとされている。また、同第二節において、保険者は、医療に

要する費用の総額の7割を基礎とし、当該保険者の加入者数、70歳以上の加入者に係る医療費の額等を基準として政令の定めるところにより、保険者ごとに按分した額とする旨、それぞれ定められている。このうち、当該保険者でかかった老人医療費による按分（医療費按分）ではなく、当該保険者の老人加入割合等を全国平均並みとみなして計算する負担調整部分を、老人医療費のどの程度の割合とするかというその割合が、加入者按分率と呼ばれるものである。この法案要綱では、加入者按分率50％の場合と100％の場合の2つの試算を行っているが、同審議会では、前者を支持する意見が大勢を占めた。後に国会に提出した法案では、2分の1を基礎として、2分の1から1の範囲内で、政令で定める率を加入者按分率とする旨定められた。

こうして9回に及ぶ審議を経た後、社会保険審議会は厚生大臣宛に、1981（昭和56）年4月25日、老人保健法案要綱について大筋了解の答申をまとめ、「社会保険審議会の答申」を行った。そして、社会保障制度審議会も同様に、4月25日、老人保健法案要綱について大筋了解の答申をまとめ、「答申」を行った[17]。

⑤与党社会部会、政審、総務会から閣議決定

各答申を受けて、1981年5月12日、法案は、自民党社会部会、政審及び総務会の了承を受けた[18]。会期末が近付いていたこと及びそれ以前における事前審査が功を奏した結果といえよう。事実、ここに至る以前にあっては、与党内部でも一部の議員の間では、法案における診療報酬の扱いに強い不安があった。さらに、加入者按分率についても、当面の運用方針としては2分の1とすべきとの強い要望があった。

ちなみに、結果的には、別建ての制度とした以上、既存と異なる診療報酬体系が採りいれられることになる。こうした危惧を抱いてのことか、社会部会等の了承を受ける当日（5月2日）の朝、日本医師会が全国紙キャンペーンを行い、出来高払いの否定は老人の人権無視である等の主張を展開している。それでも、無事、了承を得るに至ったことは、先に述べたとおりである。

こうして、1981（昭和56）年5月15日、老人保健法案について閣議決定がなされ、会期末ぎりぎりに国会に提出された。

(6) 老人保健法案の国会審議と成立、主な論点

①老人保健法案の国会審議と成立

　第94通常国会が1981（昭和56）年6月6日に閉会したため、老人保健法案は衆院本会議で継続審議の取り扱いとなった[19]。国会提出の時期が遅かったため、老人保健法案は委員会に付託もされないまま、衆議院本会議における継続審査の決定がなされた段階で終わっている。実は、この当時は、中曽根康弘内閣の下で臨時行政調査会第1次答申がまさに出されようとしていた時期であった。

　7月10日に、老人保健法案の早期成立を謳った臨調第1次答申が出された。8月25日には、行財政改革に関する基本方針及び行革一括法案についての閣議決定が行われている。そして、9月24日に開幕した第95国会（いわゆる行革国会）において、老人保健法案も審議されることになった。同法案は、9月22日に閣議決定された行革関連特例法には直接関係していないが、臨調答申の中で触れられていることから、行革関連特例案同様に今行革国会における成立に全力を期すとの与党の対応が得られた。

　この国会においては、10月から11月にかけて、4回の審議で委員会から衆議院本会議までこぎつけることができた。1981（昭和56）年10月15日、村山達雄厚生大臣は、衆議院本会議で老人保健法案についての趣旨説明を行った。その後、老人保健法案は衆議院では8項目の修正が行われ、1981（昭和56）年11月12日、「衆議院社会労働委員会における附帯決議」を付されて本会議に上程された[20]。

　こうした過程で大きな変更があったのは、老人保健審議会の審議事項を極力制限し、診療報酬の問題は、既存の中央社会保険医療協議会で扱うとされた点である。これは、与党から出された修正事項であり、その際、支払側である国民健康保険組合連合会は、11月12日、反対の決議を行っている。

　法案は、1981（昭和56）年11月20日、衆議院社会労働委員会に付託され、同日、参議院本会議で村山達雄厚生大臣による趣旨説明と質疑、そして、同月24日、委員会で提案理由説明まで行われた。しかしながら、結局は継続審査扱いとされ、この行革国会においては成立をみることなく終わった。翌1982（昭和57）年に入ると、先に挙げた健保連の反対決議の流れがさらに拡大することになった。まず、1月27日、経済団体首脳から自民首脳に対して、医療費の歯

止めのないまま、この法案が成立することには反対である旨の口頭申し入れがなされた。さらに3月25日には、文書「老人保健法案に関する申し入れ」で、反対申し入れがなされた。また、健保連も4月21日、臨時総会で反対決議を行っている。労働側からは、同年3月、政策推進労組会議の名で、経済四団体と同様の立場からこの法案の廃案が申し入れられた。他方、全国町村会からは、早期成立を要望する旨の文書「老人保健法案に関する要望」が出されている。

こうした状況の中にあって、1982（昭和57）年4月以降における参議院社会労働委員会の審議は、衆議院の場合を上回る、徹底審議という方針が採られ、10回もの審議を重ねることになった。前年の行革国会に引き続き、参議院比例代表制の導入など公職選挙法改正にかかわる国会であり、夏まで延長されたことが、参議院における成立に大きく寄与したということができる。

結果的に法案は、会期延長の8月に至り、8月3日に「参議院社会労働委員会における附帯決議」がなされ、修正を加えて参議院を通過した[21]。さらに、再度衆議院で審議を行い、8月9日、「衆議院社会労働委員会における付帯決議」がなされ、8月半ばにようやく法律が成立したのである。

②老人保健法案の国会審議における主な論点

主な論点は、老人医療費が青天井で伸びていくにつれて、青天井で各保険者が負担しなければならない恐れがあり、老人の診療報酬その他を通じてここに一定の歯止めを設けたいということであった。

まず、衆議院段階では、1981（昭和56）年9月、日本医師会理事会において、武見太郎会長が、老人の診療報酬は現行の点数表を用いる、保健医療機関制度とは別建ての老人保健取扱機関制度を辞めさせる、老人保健審議会の創設はこれを行わない、といった合意が、与党幹部との間で成立した旨の発言を行い、物議を醸した。政府としてはまったく関知しないとしたが、様々な経緯を経て最終的には、老人保健審議会における診療報酬審議権の削除と既存審議会への移管、老人保健取扱機関制度の削除などが、与党修正案に導入されたのは事実である。

また、一部負担金は、実際に提出された法案によれば、外来1カ月500円、入院は、老人の平均入院期間を勘案し、4カ月に限り1日400円とされていたのが、外来1日400円、入院2カ月間1日300円と修正された。

加入者按分率の割合は、国会審議の過程を経て、2分の1以上政令で定める割合ではなく、運用上2分の1にするものもなく、法律上2分の1に法定されることになった。
　医療の実施主体が市町村となったため、医療機関からの診療報酬明細書（いわゆるレセプト）も最終的には市町村に保管され、拠出主体である健保組合などがチェックをなし得ないものとされた。そこで、既存の被用者保険の保険者等でもレセプトチェックをなし得ないかが争点となった。
　次に、参議院段階では、先の経済団体四団体の動きなどにもみられるように、いかに拠出金の負担に歯止めをかけるかとの観点から、老人保健拠出金は租税法定主義に違反しているのではないかという法律論が巻き起こった。また、拠出金の負担に歯止めをかけた場合の穴埋めをどこが行うかにつき、社会党を中心とした各野党は、全額国費で賄うべきであるとの議論を行った。
　歯止め論の重要な柱となる診療報酬の審議権を、老人保健審議会では中央社会保険医療協議会に付与したいわば裏返しの効果として、後者の委員構成につき、従来公益側4名、支払側・診療側各8名であったのを、公益側を増員せよ、あるいは支払側を保険者・被保険者に分け四者構成にせよ、といった要求も出された。結果的には、専門委員を2名発令することで落着したが、この問題も、診療報酬や拠出金をめぐり、老人医療費の増加にいかなる歯止めをかけるかとの一貫した問題意識と関連するものであった。
　また、参議院段階の修正として、次年度以降の保険者拠出金の加入者按分率は、老人保健制度の実施に伴う保険者の負担増が著しく大きくならないよう、毎年の老人人口の増加率等を勘案して、毎年度、政令で定める率とし、この法律の施行後3年以内を目途として見直すものとされた。これは、保険者の負担増を老人人口の増加率程度に抑えたいとの保険者側の意向が反映されたものといえる。しかし、これを実行するためには、被用者保険等の加入者按分率を毎年下げていかなければならず、それでは以前の制度に逆戻りすることになってしまう。そこで、3年後の見直し規定が挿入された。これが、3年後の1986（昭和61）年老人保健法改正へとつながっていくことになる。同改正法では、加入者按分率を、最終的に100％にまで高める改正がなされた。
　最終的に、修正後の法案に対する各党の態度は、自民党・公明党・民社党・新

第一章　日本の高齢者医療の歴史的展開

自由クラブ（衆議院）が賛成、社会党・共産党が反対の立場であり、結局、賛成多数で可決成立した。

なお、1986（昭和61）年改正では、老人保健施設という、医療と福祉のいわば中間的な施設体系の設定などの改正がなされた。これも、法制定時以来老人医療費の適正化への強い要請が形を変えて実現したものといえよう。

以上が、昭和40年代から成立に至るまでの老人保健法の立法過程である。

3. 考察

（1）老人医療費無料化政策

はじめに、老人医療費の無料化という政策に関しては、次のような認識を示すことができる。

第1に、老人医療費の無料化は、それまで経済的心配のために医療にかかれなかった高齢者にも受診の機会を保障し、それによって高齢者医療費は急増することとなった。この無料化制度の導入による急増は、それまで受診を控えていた高齢者の受診の急増による一過性のもので、それが一巡して以後は、人口高齢化に伴う高齢者の増加による当然増を中心とするものとなった。しかし政府は、老人医療費を抑えるために、1982（昭和57）年に老人保健法を制定し、翌1983年の2月に実施した結果、老人医療費の無料化は国制度としてはわずか10年で廃止されることとなったのである。

第2に、1972（昭和47）年に創設された老人医療費無料化制度は、医療保険制度の枠外の老人福祉法上の措置として行われたものではあるが、給付水準の引き上げという観点からは、この時期における究極の目標を達成したものであった。しかし、皮肉なことに、この老人医療費無料化制度の実施による医療費の急騰が、わが国の医療保険制度を新たな制度間調整の時代へと導く契機となったのである。すなわち、老人医療費の無料化が実施されたばかりの1973（昭和48）年秋、第1次オイルショックが勃発し、わが国の高度経済成長路線は終焉を告げることになった。医療保険制度においては、老人医療費無料化制度の実施による老人医療費の大幅な上昇と経済の低迷による保険料・租税収入の伸びの減少という複合現象として現れ、その後の老人保健制度の前提事実を作り出すとともに、国民所得の伸びと医療費の伸びとの比較を機軸とする、現在まで続く医療費の国民負担論

議の底流が形成されることになった。

　このようにこの時期は、給付率の引き上げとそのための財政対策に追われた時期であるが、マクロ的にみれば、給付水準の引き上げによる保険料・国庫負担の上昇はおおむね高度経済成長による国民経済の拡大の中で吸収されてきたのであった。

　そして第3に、1973（昭和48）年の「福祉元年」との関連でいえば、1971（昭和46）年度から「社会福祉施設緊急整備5か年計画」（1971年から1975年）が策定され実施中であった。その結果、特別養護老人ホームは、1970年末の施設数152カ所、入所定員1万1,280人から、1980年末の施設数1,031カ所、入所定員8万358人（『50年史（資料編）』p.854)[22]）と急速に増加したが、老人家庭奉仕員（ホームヘルパー）は1970年度末4,746人から1980年度末に9,709人と2.05倍となったにすぎず、大きく立ち遅れていた。したがってむしろこの間、老人医療費の無料化によって、高齢者の医療へのアクセスが改善され高齢者福祉よりも医療で賄われた傾向が強い。福祉の立ち遅れの結果、介護ニーズが医療によって代替されたということであり、いわゆる福祉の医療化であった。

(2) 保険者間の財政調整に関する政策形成

　次に、老人医療費無料化からいわゆる有料化、各保険者からの拠出など財政調整等に関する施策と立法過程に関しては、次のような考えを述べることができる。

　第1に、健保組合に対し新制度への拠出をどのような理由付けで説得したのであろうか、また、制度間調整の政策形成にあたって、並立した複数制度の一本化（医療保険の一元化）の議論はどうであったのか、という点である。

　実際に法案策定段階では、様々な方法の可否を検討してきたわけだが、他にこれ以上の選択肢がなかったことが挙げられよう。医療の保障のために設けられた事業主体である以上、共同事業としてこうした事業を行うのも、一つのあり得べき考え方であった。金があるからよこせという考え方ではなく、あくまでも老人加入率に基づく方法であるので、財政調整ではないという説明になった。健保連としても真っ向から反対すれば後で金があるところから出させるという財政調整の方策が打ち出されたり、あるいは退職者の面倒を死ぬまで看るべきだという議論が高まるのではないか、との危惧を抱いたのではないかと考えられる。

後者の問題については、老人部分につき共同事業として一元化を図るということで、老人加入率が高く財政力の弱い国保の足腰を強める効果があり、一元化論の前提となる環境の後、同様の手法で一元化を進めていくための第一段階として位置付けられたわけではない。

　第2は、立法過程に向けての推進力はどこにあったのか、という問題である。高齢化社会に耐えうる医療費保障制度の確立を急がなければ大変だという、当時の各界各層の気運があったと考えられる。また、結果論としては、自公民路線が機能した立法過程であったことも挙げられよう。

　第3は、国会審議等にあたり、審議会のもつ意味、影響力に関するものである。厚生省関係の審議会の中でも、社会保険審議会は非常に調整が難しい審議会であるといわれていた。また、国会議員も混じる社会保障制度審議会も調整が難しかった。これらの難しさは、直接の利害関係者が携わっていることが大きい。しかし、当時は、大河内一男（社会保障制度審議会会長）、今井一男委員（非現業共済組合理事長）というような公益委員の力があったことが大きかったようである[5]。

第3節　後期高齢者医療制度の創設

1. 制度創設の背景

　2007（平成19）年3月までの「健康の保持」をうたった老人保健制度は、国の法定受託事務として区市町村ごとに実施されてきた。75歳以上の高齢者は、国民健康保険や被用者保険に加入した上で、老人保健法に基づく医療給付を受けてきた。このように高齢者を対象とした医療保険制度は、社会保険制度（被用者保険）や国民健康保険制度（国保）の枠内の中で運用されてきた。しかし、2006（平成18）年6月、健康保険法等の一部を改正する法律により、老人保健法が改正され、2008（平成20）年4月から75歳以上のすべての人（約1,300万人）を対象にした「後期高齢者医療制度」が創設されることになった。ただし生活保護を受けている人は除き、障害者や寝たきりの人の場合は、65歳から74歳の人も対象になった。

　制度創設の背景としては、老人医療費の財源は公費負担を除く部分については、

拠出金というかたちで高齢者及び若年者の保険料が充てられるために、高齢者自身が医療費をどの程度負担しているのか不鮮明となっていること、及び、医療の給付主体は区市町村であるのに対し、実際の費用負担を行うのは保険者のために、財政運営の責任が不明確との問題が指摘されていた。

そして、保険から支払う診療報酬については、それ以下の世代とは別建てにすることが決まっていた。検討されている定額制は、保険からの支払いを頭打ちにし、保険でみる治療が制限されるしくみである。後期高齢者は医療費が嵩む年齢層である。この世代の総医療費を思い切って抑制することに政府の狙いがあった。

(1) なぜ高齢者だけ特別な制度が必要なのか

なぜ高齢者だけ特別な制度が必要なのか。日本では職業と住所地により、すべての国民が決められた公的医療保険への加入を義務付けられている。高齢者も同じであった。2008（平成20）年4月から始まった後期高齢者医療制度は、ガソリン税問題と並んで選挙の争点になるほど膨らんでいた。大戦後の日本の復興を支えてきた75歳以上のお年寄りを区分けして、現役世代とは異なる制度で取り扱う一方で、保険料だけはきっちり納めさせるというのは、国民の視点からみれば、高齢者いじめと映ったといえよう。年金問題が尾を引く中での施行も、最悪のタイミングであったことは間違いなかった。

そして、各地の医師会や保険医協会など医療界からも同制度に対する批判が噴出した。共通している問題点は、①75歳以上の高齢者を差別し、②限られた年金から保険料を天引きするなど負担増を強いている、③それにもかかわらず1患者につき1医療機関のみ算定する「後期高齢者診療料」によって、フリーアクセスを制限する、という点であった。とりわけ③に対して批判が集中しており、届出の自粛、および出来高での算定を会員医療機関に求める見解を公表する団体が相次いだ。

①と②の批判はもっともであろう。確かに国民医療費の約3分の1を老人医療費が占めており、今後、その比率はさらに上昇していく。医療保険制度を維持していくために、「高齢化率が高くなるから一人当たりの給付費を下げましょう」「負担は増やしていただきましょう」では、皆保険の看板に偽りありとなりかねない。「生活を支える医療」をめざすはずの新制度が、露骨な財政主導の結果、「生

活を脅かす」ものとなってしまっては本末転倒である。

　一方、「後期高齢者診療料」が後期高齢者医療制度の「元凶」であるかのような主張がなされた。確かに医学管理や検査、画像診断、処置を包括し、診療報酬設定も1カ月600点と低いため、診療所経営への影響が懸念された。しかし、急性増悪時に実施した検査、画像診断、処置で550点以上のものについては別途算定可能であった。また、2010（平成22）年3月5日付厚生労働省通知「診療報酬の算定方法の制定等に伴う実施上の留意事項について」（保医発0305第1号）でも、「患者に対して診療計画書により丁寧な説明を行い、患者の同意を得て診療計画書を交付し、診療計画に基づき、必要な指導を行った場合」に算定できると明記されている。つまり、患者の「同意」が適用の条件であり、対象となる慢性疾患の患者であっても、従来どおり出来高で算定もできるわけである。この点では、厚労省のいうことは正しいように思われ、むしろ医療サイドからの一連のネガティブ・キャンペーンは、登録医制など将来への布石となりうる芽を摘むことが狙いであり、患者の選択は二の次とも考えられた。

　同制度のテーマは、「高齢者の生活を支える」という理念をいかに実現するかに尽きる。近年の医療の問題点は、平均在院日数短縮ばかりに拍車がかかり、後方支援、在宅復帰に結びつく「連携」が後手に回っていたことにあった。後期高齢者医療制度をめぐる社会保障審議会などでの議論では、退院後の患者・家族を待ち受ける様々な問題を見越して、それを取り除くような支援を行うことを重視してきた。いわば、入院医療を担う病院、在宅医療を担う診療所、そして在宅生活を支える介護・福祉サービス事業者の連携を問う内容であったはずであった。診療報酬上の点数設定に異論があるにせよ、医療の第一線を担う現場が自らの課題を棚上げしたまま、制度批判ばかりしていていいのだろうかということもあった。後期高齢者医療制度は間違いなく、医療政策を問う国民的議論の素材になりうるものであった。

　まず、同制度を廃止すべきという主張があった。廃止に対しては無責任だという主張もあった。「後期高齢者医療制度は絶対に必要だ」などの主張も見受けられた[23]。他に、見直しすべきであるという主張があった。そして、「このままいくのだ」という主張はなかった。

　なぜ廃止なのかの理由には、1つには、「医療費抑制策だから」という理由が

ある。2つには、「高齢者を75歳で区切る理由がない」。3つには、「保険料が上がることはけしからん」などの理由であった。

　見直しが必要だという理由は、1つは、保険料問題に配慮がかけていた。激変の緩和措置をすべきであった。

(2)「高齢者の医療の確保に関する法律」の目的は医療費適正化

　「高齢者の医療の確保に関する法律」の目的は、第一条に謳われている。その目的とは、医療費の適正化であることを、次のように明確に述べている。「この法律は、国民の高齢期における適切な医療の確保を図るため、医療費の適正化を推進するための計画の作成及保険者による健康診査等の実施に関する措置を講ずるとともに、高齢者の医療について、国民の共同連帯の理念に基づき、前期高齢者に係る保険者間の費用負担の調整、後期高齢者に対する適切な医療の給付等を行うために必要な制度を設け、もって国民保健の向上及高齢者の福祉の増進を図ることを目的とする」。この法律では、第一章の「総則」の後に、第二章で「医療費適正化の推進」が謳われているところにも、法律の目的が「医療費を適正化すること」であることがうかがい知れる（「高齢者の医療の確保に関する法律」昭和57年法律第80号）。

　つまり、前の老人保健法の目的（第一条）では、「この法律は、国民の老後における健康の保持と適切な医療の確保を図るため、疾病の予防、治療、機能訓練等の保健事業を総合的に実施し、もって国民保健の向上及老人福祉の増進等を図ることを目的とする」ことであるのと、まったく目的が違うのである。

　「医療費適正化」という行政用語は、医療費削減や医療費抑制の意味で使われているとの解釈が多い中で、印南一路・古城隆雄は、「医療費の単純な削減や抑制が医療費適正化の目的や内容なのではなく、『限られた医療資源を効率的に活用すること』を念頭に、無駄な医療費を抑制しつつ（医療費効率化）、必要な部分に補充する（医療へのアクセス改善）ことが、医療費適正化の目的であり内容であるという立場」をとり、「医療費適正化の最終的な目的は、『全ての国民が必要な医療を受けられるようにすること』である」。「医療費適正化は、医療費削減や医療費抑制の意味で捉えられることが多いが、そうではないことに注意が必要」と述べている[24]。

印南らは続けて「現在の医療費適正化計画は、生活習慣病の予防や平均在院日数の短縮を政策目標に掲げているが、それは必要な医療費を削減することが目的ではなく、医療費効率化こそが目的であることを認識しておく必要がある」と述べている[24]。「医療費適正化」イコール「医療費抑制ではない」との主張はある意味で新鮮である。筆者は、印南の考え同様、医療費を効率的に使うという医療費効率化には賛成であるが、医療費の適正化には反対である。なぜなら、「医療費適正化」の目的は、明確に「医療費の伸びを抑制するため」である。印南らがいうように、本来の「適正化」の意味するところは正しいと思われるが、政府が使う「適正化」という行政用語は、明らかに「抑制」の意味である。それは、自らが新たな高齢者医療制度創設の立案に携わった土佐和男（厚労省保険局国民健康保険課・課長補佐、老人医療企画室・室長補佐、高齢者医療制度施行準備室・室長補佐）が編著した、『高齢者の医療の確保に関する法律の解説』（2008年2月、法研）[25]の中で、「医療費適正化計画においては、国民の健康の保持の推進及び医療の効率的な提供の推進に関する目標を定めることとされており」「結果として医療費の伸びの抑制が図られることを目指すものである」（p.43）と述べている。

　また、前厚生労働省事務次官の辻哲夫（当時）も「今回の医療制度改革（2006年成立した医療制度改革法のこと――小磯）を行うに際して、最初に大きな議論となったのは、わが国の医療費の伸びをいかにマイルドなものにするかということでした」と述べている[26]。当然、辻がいう「マイルド」とは「抑制」のことである。そのため必然的に、『平成18年度実施医療制度改革の解説』（社会保険出版社、2006年8月）[27]で指摘するように、「医療の構造自体を変えることを通じて医療費の伸びを抑制するため」（p.22）、中長期的に医療費の適正化を進めていくのである。

　そして、改革に至る経過からも、医療費適正化が「医療費抑制」であることは一目瞭然である。2006（平成18）年の医療制度改革は、2003（平成15）年3月に閣議決定された「医療制度改革の基本方針」を実現するとともに、2005（平成17）年6月に閣議決定された「経済財政運営と構造改革に関する基本方針2005」（「骨太方針2005」）における医療費適正化についての方針に対応するものである。当時の骨太方針が目指したものが、医療費の抑制であることは周知の事実であり、「医療費適正化」イコール「医療費抑制ではない」との主張を支持することは難

しいといわざるを得ないというのが、筆者の結論である。しかし、繰り返すが、医療費適正化計画の問題点として、全国統一的な目標を設定するよりも重点的な目標設定をして、国はすべての都道府県を同じように支援するのではなく、期待される効果が高い都道府県に対して重点的に支援する体制を整備するなどの提案は必要であろうと考える。これらは技術的なことであり、国が医療費を抑制するために「医療費を適正化」させるのではなく、現在でも都道府県によっては医療提供体制を整備することが必要な広域行政もあり、そのような広域行政には必要な医療費を使うという、無駄な医療費を省くことと必要な医療費は使うという双方向の施策については、筆者も賛成である。

そもそも国及び都道府県に対し、医療費適正化計画を作成することを義務付けたのは、2006年度の医療制度関連法である。医療費適正化計画では、その名称にもかかわらず、医療費自体に数値目標は掲げられていない。むしろその手段といえる「住民の健康の保持の推進」と「医療の効率的な提供の推進」が主たる目標として掲げられている。特に、前者については、メタボリックシンドローム（内臓脂肪症候群）の該当者数、及びその予備群者数（特定保健指導の実施対象者数）を、2012（平成24）年度までに2008（平成20）年度比で10%以上削減することを、すべての都道府県に対して「一律に」要求している。計画期間は、2008（平成20）年度から2012（平成24）年度までを第一期とし、3年を目処に計画の達成状況について中間評価を行い、適宜計画内容が見直されることとなっていた。

(3) 高齢者医療制度の検討

政府与党・自民党は2007（平成19）年9月23日、安倍晋三首相（当時）の辞任表明に伴って、福田康夫・元官房長官を第22代総裁に選出した。福田氏の総裁選での政策公約は、野党が見直しを求めている障害者自立支援法の「抜本的見直し」のほか、「与野党の壁を超え、国民が納得できる年金制度の構築」、「高齢者医療費負担増の凍結を検討」するなどであった。そして、同年10月1日の福田首相の所信表明演説では、年金問題をはじめ、医師不足解消や救急医療の充実を図り、高齢者医療制度の検討を含め、きめ細かな対応に努めると述べた。自民・公明両党は同年10月2日に高齢者医療費凍結プロジェクトチームの初会合を開き、凍結期間や医療制度のほかの仕組みへの影響などについて協議する方針

を決めた。政府・与党内では、①法改正は行わない、②財源は平成19年度補正予算で対応する、との方針で検討が進んだ。そして政府・与党は、2008（平成20）年の通常国会冒頭に国会に提出し、後期高齢者医療制度について一時高齢者医療費負担増の凍結が行われた。しかし、たとえ一時的に高齢者医療費負担増の凍結が行われたとしても、多くの問題を孕んでいる後期高齢者医療制度本来の仕組みは変わらない。

しかも、拙速な制度改正の影響を懸念した経過もある。2007（平成19）年9月12日には、埼玉、千葉、東京、神奈川の一都三県の広域連合による「後期高齢者医療制度準備に対する緊急要望」が、当時の舛添要一厚生労働大臣宛てに提出された。そこには、「1. 保健（健診）事業への財政支援、2. 制度周知、3. システム構築費に見合った財政支援、4. 国庫負担金等の速やかな交付、5. 調整交付金の別枠交付、6. 標準システム等の早期提示」を求める6つの要望が記されていた。

特に、「1. 保健（健診）事業への財政支援」については、「国は75歳以上の後期高齢者への健診事業の重要性を認識する一方、健診の効果は大きくないとし、74歳までの特定健診のような財政支出のスキームを示していない。このことは、国は74歳までの高齢者については一定責任を担うものの、75歳以上の高齢者については責任を回避しているとも考えられる。後期高齢者に対する保健（健診）事業は、医療費抑制、介護予防の観点から非常に重要であり、広域連合が実施する保健（健診）事業について区市町村国保における特定健診と同様の財政支援を行なうこと」を要望している。

2番目の国を挙げての制度の周知については、「4月の制度施行とほぼ同時に大半の被保険者に対して特別徴収により保険料の徴収が開始されるため、混乱や誤解を招かぬよう国においても十分な周知を行なうこと」を要望している。「システム構築に見合った財政支援」や「速やかな政省令交付」や「広域連合及び区市町村に対して必要な情報提供を行なうこと」などの要望にみられるように、拙速な制度施行の影響がみてとれた。

(4) 後期高齢者医療制度ができるまで

① 1977年にすでに構想

制度誕生の歴史を検証すると、老人医療費の抑制と、現役世代の負担軽減に重きがおかれ、それらを「切り離す」ことの是非の議論が足りなかったように思われる。それは、「高齢者の医療費が増えるので、対策はないかという発想から出発した」というものである。

出発点は、「福祉元年」と呼ばれる1973（昭和48）年の「老人医療費の無料化」である。高齢者の病院に通う回数が増え、「待合室のサロン化」、同じ病気でいくつもの病院にかかる「はしご受診」、営利優先の病院による「乱診乱療」が問題視され始めた。老人医療費は急増し、高齢者が多く加入する市町村単位の国民健康保険（国保）の懐を直撃した。

改革が検討される中で、厚生省（当時）は1977（昭和52）年に「老人を国保から切り離して、別立ての制度とする」という提案をした。後期高齢者医療制度と同じ考えであるが、日本医師会の武見太郎会長（当時）が「老人うば捨て山構想」と批判し頓挫した。以上のように、水野肇は、1983（昭和58）年から10年以上にわたって委員を務めた「老人保健審議会」を振り返った（『朝日新聞』2008年4月24日）。

議論の末にできたのが老人保健制度である。1983（昭和58）年に始まり、2008（平成20）年3月まで続いた。①市町村の健診による老人の健康づくり、②老人の医療費を賄うためにサラリーマンの健保組合や公務員の共済、国保がお金を出し合う仕組み（拠出金制度）を導入、という2本柱である。ただ、水野は「審議会の老人病の専門家は少なく、老人の健康が議論されたことはほとんどない」（『朝日新聞』2008年4月24日）と述べた。

老健制度のもと、高齢者の自己負担は「外来月400円」など定額から徐々に上がったが、その後も、医療費は伸び続けた。90年代のバブル崩壊後は、中小企業の社員が主に加入する政府管掌健康保険を中心に財政が悪化し、老健拠出金への不満も高まった。当時の厚生省幹部によれば、「老人医療の抜本改革を求めるマグマがたまっていた」と振り返った（『朝日新聞』2008年4月24日）。

②第2案の独立型浮上

　マグマが噴出したのが2002（平成14）年である。2001（平成13）年に就任した小泉純一郎首相が「三方一両損」の改革で、サラリーマン本人の患者負担を2割から3割に上げると決定した。怒った族議員は「国民に負担増を強いるなら、現役世代の保険料が支える高齢者医療を含めた抜本改革が必要だ」と、政府に「新しい高齢者医療制度の創設を2年以内に措置する」ことを約束させた。

　「75歳以上を対象にした独立型」を推したのが、丹羽雄哉・元厚相であった。公費でも5割、高齢者からも保険料負担を求めて、現役世代の負担が重くなりすぎないようにする。講演会などで繰り返した丹羽の主張は、現在の政府の説明と重なった。

　だが、当時の厚労省は懐疑的であった。医療費の嵩む高齢者だけを集めた独立型は、公費が膨らみ続ける。「非現実的に見え、第1案ではなかった」（同省幹部）。

　厚労省は同年12月に発表した医療制度改革の試案に、2つの案を併記した。1つは、高齢者も従来の制度に加入したまま制度間でお金をやりくりする案であった。坂口力・厚労省（当時）が推していた。自民党が推す「独立型」は第2案であった。

　しかし、「坂口案は老健制度と本質が同じ。理解が得られない」と考えた丹羽雄哉は、坂口を説得した。翌2003（平成15）年3月、医療改革の「基本方針」が閣議決定された。65～74歳までの「前期高齢者」の医療費は、坂口案に似た「異なる保険制度の間でお金をやり取りする」仕組みで支え、75歳以上の「後期高齢者」については自民党の「独立型」を採用するという内容であった。

③巨大与党、「聖域」崩す

　医療を中心に伸び続ける社会保障費をどうするのか。その抑制に大きな役割を果たした舞台装置が、「小泉首相－竹中平蔵経済財政相（いずれも当時）」が仕切った経済財政諮問会議であった。中心は、医療費の伸びを経済の身の丈にあわせ、名目GDPなどと関連させて総額管理する指標を導入できないかという議論であった。

　歴史的大勝を果たした郵政選挙後の2005（平成17）年9月、民間議員の奥田碩・トヨタ自動車会長（当時）は「医療制度改革も様々な利害関係者間で調整が

進まず、改革は進んでいない。現況打破が必要」と語った。これが、厚労省と厚労族が仕切る「聖域」への切り込み宣言であった。

諮問会議で尾辻秀久厚労相（当時）は「先に金の話ありきだと議論しづらくなる」と持論を展開した。しかし、小泉首相は「皆保険制度の持続には経済財政を無視するわけにはいかない。来年度も医療費だけで税負担が8兆円を超える。やはり何らかの手法が必要だ」と述べ、民間議員側に軍配を上げたのである。

諮問会議のプレッシャーを受けながら、厚労省は10月、後期高齢者医療制度を含む医療制度構造改革試案をつくり、年末に政府の「医療制度改革大綱」ができた。それは、2025（平成37）年度の医療給付費を56兆円から48兆円へと抑制する内容であった。その具体策が70～74歳の高齢患者の負担の1割から2割への引き上げであった。

2006（平成18）年5月17日、自民・公明両党は医療制度改革関連法案を衆院厚生労働委員会で採決、両党による賛成多数で可決した。野党の反対意見は高齢者負担の2割への引き上げが中心であった。

2002（平成14）年に制度が具体化して以降も、強く意識されたのは「現役世代の負担軽減」であった。高齢者が「切り離される」ことへの感覚は鈍かった。当事者である高齢者の怒りが表面化し、世の中がそれに気付いたのは2008（平成20）年春、新しい保険証が手元に届き始めてからであった（**表1-5**）。

2. 制度の仕組み

（1）財源と運営の仕組み

制度の財源構成は患者負担を除き、公費（税金）約5割、現役世代からの支援（保険料）約4割のほか、高齢者から広く薄く保険料1割を徴収することになっている。若い世代が減少することを踏まえ、若い世代と高齢者世代の負担の均衡を図り、2年ごとに見直しを行うことになっている。

現役世代からの支援は国保約4,100万人、被用者保険約7,300万人の加入者数に応じた支援とし、後期高齢者の心身の特性等にふさわしい医療が提供できるよう、新たな診療報酬体系を構築することになっていた。そして2008（平成20）年度概算要求ベースの後期高齢者医療費は11.9兆円で、給付費10.8兆円、患者負担1.1兆円であった。この保険者からの支援金は、特定健診・特定保健指導の

表 1-5　後期高齢者医療制度ができるまでの主な流れ

内閣	厚労相	年月	出来事
田中角栄内閣	斎藤邦吉（自民）	1973 年	老人医療費を無料
福田赳夫内閣	渡部美智雄（自民）	1977 年	医療費の急増を受けて厚生省（当時）が、「老人だけの別立て制度」を検討
第二次中曽根康弘内閣	渡部恒三（自民）	1983 年	老人保健制度スタート。無料化を廃止
橋本龍太郎内閣	小泉純一郎（自民）	1997 年 8 月	厚生省が「21 世紀型の医療保険改革制度」を発表。高齢者医療の独立保険化などを盛り込む
小泉純一郎内閣	坂口力（公明）	2002 年 2 月	サラリーマン本人負担の 3 割引き上げを巡り、小泉首相と自民党が激突。関連法付則に「新しい高齢者制度の創設」などの明記で決着
		2002 年 7 月	患者窓口負担増を柱にした医療改革法成立。同法に、高齢者医療創設を「2 年をめどに」と盛り込む
		2003 年 3 月	医療改革法の「基本方針」を閣議決定。75 歳以上の「後期高齢者」の特性に応じた新制度づくりを明記し、「後期高齢者医療制度」が決まる
	尾辻秀久（自民）	2005 年 8 月	郵政選挙で、自民党が圧勝
		2005 年 10 月	厚労省が、後期高齢者医療制度を含む「医療制度構造改革試案」を公表
	川崎二郎（自民）	2005 年 12 月	政府・与党が「医療制度改革大綱」を決定。「現役世代と高齢者世代の負担の公平化」を指摘。新たな高齢者医療制度による、世代間の負担の明確化をうたう。高齢者の窓口負担引き上げ、後期高齢者医療制度を盛り込んだ医療改革法案の骨格となる
		2006 年 2 月	医療改革法案を閣議決定。国会提出
		2006 年 5 月	自民、公明が衆議院で医療改革法案を強行採決
		2006 年 6 月	国会で、自民、公明の賛成で医療改革法が可決・成立
	柳沢伯夫（自民）	2006 年 10 月	高齢者の窓口患者負担引き上げを実施
福田康夫内閣	舛添要一（自民）	2007 年 10 月	夏の参議院選大敗を受け、与党（自民、公明両党）が、被扶養者の保険料支払いの凍結などの激変緩和策を決定
		2008 年 2 月	民主党、共産党、社民党、国民新党の 4 党が後期高齢者医療廃止法案を提出
		2008 年 4 月	後期高齢者医療制度がスタート。832 万人の年金から保険料の天引きを開始

数値目標をクリアしたかどうかで上下 10％の幅で加算・減算される。企業などの保険者は、後期高齢者医療制度の「支援金」の上下 10％の査定によって、これらの事業に必死になるであろう。さらに保険者は、「保険者協議会」と「地域・職域連携推進協議会」[28] を通じて保健予防事業を推進するだけでなく、医療費適正化計画にかかわっている。こうして保険者機能は格段に強化された。健診を受ける人の負担も保険者が定めることになった。

東京都の広域連合では健診内容を特定健診の範囲とし、自己負担 500 円とした。

負担金を被保険者から徴収するのか、これまでの健診内容を維持するのかどうかは各自治体まかせである。葬祭給付も各自治体まかせとなった。

後期高齢者だけの医療制度は、わが国の75歳以上の高齢者約1,300万人を「後期高齢者」として現在の医療制度から切り離す仕組みである。75歳以上の人たちは、現在加入している国保や他の社会保険を脱退させられ、自動的にこの制度に組み入れられる（ただし、生活保護受給者を除く）。

合わせて、前期高齢者医療に関する財政調整も行われ、65歳から74歳の前期高齢者約1,400万人については、国保・被用者保険の従来の制度に加入したまま、前期高齢者の偏在による保険者間の負担の不均衡を各保険者の加入者数に応じて調整する仕組みを創設する。2008（平成20）年度概算要求ベースの前期高齢者給付費は5.3兆円である。

後期高齢者本人の自己負担割合は基本的に変わらない。原則1割負担であるが、現役並み所得がある人は3割負担で、2006（平成18）年8月から2年間の税制改正に伴う経過措置がある。保険料は所得や家族構成で異なり、一律負担部分（旧ただしがき所得）の合計で、一人ひとりの年金から天引きされた（**表1-6**）。災害などの特別の事情がないと、所得ゼロでも一律負担部分（均等割：減免措置あり）を払わなくてはならない。

表1-6　年間保険料の考え方＝所得割＋均等割

```
所得割　旧ただし書き取得×0.0656（東京都の場合）
 旧ただし書き所得（年金収入だけなら）＝
 （例）年金収入160万円の場合
      160万円－120万円－33万円＝所得7万円
      7万円×0.0656＝4,590円（所得割）
      均等割　37,800円（東京の場合）
 所得は世帯主の所得と被保険者の所得の合算（合算所得）
 合算所得が基準以下なら減額される
 単身者は3割減額と7割減額
 75歳以上夫婦は7割減額、（5割減額）、2割減額
   ＊合算所得    軽減所得      減額均等割額
    0～15万円     7割軽減     11,340円
   （～39.5万円   5割軽減     18,900円）
    ～85万円     2割軽減     30,240円
```

第一章　日本の高齢者医療の歴史的展開

(2) 高齢者の負担増と保険料年金天引きの仕組み

　次に、現行制度との大きな違いとして、保険料は介護保険と同様に年金からの天引きとなることになった。年金額が月1万5千円以上の人は、特別徴収として自動的に保険料を引かれる。そして年金額が月1万5千円未満の高齢者には、窓口での保険料納付を義務付けることになった。または、区市町村から送付される納付書によって納める普通徴収（口座振替含む）でも支払える。保険料は、「応益負担」と「応能負担」[29]の割合が5対5になる。「応益負担」が全国平均で約3万1,000円、「応能負担」で最低0円から最高3,100円まであり、保険料の額はこれまでの政府試算では全国平均月6,200円（年7万4,400円）と当時報道されており、現在、国保料（税）が全国平均より高い地域は、新しい医療保険も全国平均を上回る見通しであった。2008年度の制度開始時には激変緩和措置がとられるため、1人当たり平均で年額6万1千円が想定されていたが、その後、2015（平成27）年には現役世代の人口が減少することが想定されていること、そして、健保、国保など他の保険からの支援金が減っていく仕組みになっていることから考えると、後期高齢者の負担率はおのずと上昇し、年額で8万円を超えることも予想されていた。東京の1人当たりの平均保険料は年額10万2,900円と日本一高額で、国保と比べ均等割（年額3万7,800円）の比率が高く、低所取得者に過酷であった。保険料は2年に1回見直され、医療給付費増加や「後期高齢者」の人口比率が高くなるに応じて、保険料の財源割合を自動的に引き上げる仕組みである。

　当時、全世代で4,700万人が加入する国民健康保険では、高すぎる国保料（税）を払いきれず、480万世帯が滞納していた。自治体の納付猶予や分納を利用して、なんとか払っている人もたくさんいる。このような高齢者からも年金天引きするやり方は、かなり乱暴な施策であり、保険料は払ったが生活が立ち行かなくなる高齢者の出現が予想された。

(3) 75歳以上の高齢者すべてが「等しく」保険料を払う仕組み

　厚労省の保険料の試算では、全国平均年額7万4,400円、東京都では15万円余の保険料（試算）となっていた。もう少し正確にいうと、都道府県ごとにつくられている広域連合で2007年11月に保険料率を決められた（**表1-7**参照）。広

表 1-7 後期高齢者医療制度施行までのスケジュール

〈2007 年〉
9 月中旬	政省令公布（保険料算定基準など）、保険料算定に必要な諸係数などの提示
9 月～	各広域連合で、保険料の試算、保険料率の設定作業。市区町村、広域連合議会への説明
11 月	後期高齢者医療条例を制定（各広域連合議会）、保険料率の設定
12 月上旬	被保険者ごとに保険料額を算出

〈2008 年〉
2～3 月	保険料条例を制定（各市区町村議会）
4 月	後期高齢者医療制度を施行、保険料の特別徴収（年金天引き）開始

域連合は、後期高齢者医療制度の運営主体としての保険者であり、都道府県下の全市区町村が加盟している。広域連合では独自の「議会」で保険料などの条例を定め、後期高齢者への医療給付や保健事業に責任を負う。例えば、東京都の場合では、2007 年 11 月中旬に開催された広域連合の議会で保険料が決まった（東京都後期高齢者医療広域連合ホームページ「東京いきいきネット」）[30]。議会での決定前にいくら市区町村に問い合わせても、自分が払う正確な保険料額を知ることはもちろんできなかった[31]。

保険原理なので、医療給付費（かかった医療費から患者負担分を除いたもの）が全国平均より高い広域連合では当然保険料も高くなる。さらに、東京などで保険料が高くなる理由は、広域連合間の所得格差を調整するための国からの交付金（調整交付金）の仕組みによる。東京の広域連合では、国民健康保険の実績などから所得が高いとされており、「普通調整交付金が 30％程度」に減らされることがありうると考えていた（**図 1-3**）。したがって、東京都の保険料率が高くなると予想するのは、所得が高い広域連合に対しては国庫負担が減らされるため当然となる。そして、所得の低い人も大幅な負担増になる（**表 1-8**）。

年収 180 万円未満の所得が少ない高齢者や、子供の扶養家族として健康保険に加入している高齢者約 200 万人は、これまで保険料を払う必要はなかった。しかし今後の新しい制度は、年金が少なくて法定減免の対象となる人でも、300 万円ほどの収入がある子供と同居していれば、応益割の月額約 3,100 円は払わなければならない。年金が年額 18 万円以上なら天引き徴収である。18 万円以下の場合と、医療保険料と介護保険料の合計が年金額の 50％を超えた場合には、天引きはされずに一般徴収になる。すでに天引きされている介護保険料は、基準額の全国平

第一章　日本の高齢者医療の歴史的展開

図 1-3　後期高齢者医療制度の財政負担（医療給付費に占める割合）

調整交付金 （8％）	定率国庫負担 （25％）	都道府県 （8％）	市町村 （8％）
後期高齢者の保険料 （10％）	健保、国保など他の保険からの支援金 （約40％）		

注）国の調整交付金は、広域連合によって配分割合が異なっている。

表 1-8　後期高齢者医療制度の保険料と国保保険料の比較（東京都）

年金収入	後期高齢者医療制度 保険料（円）	特別区の 保険料（円）	増減率 （％）
〜153万	11,340	10,530	7.7
〜168万	16,260	12,142	33.9
〜173万	30,380	13,754	120.9
〜193万	38,580	29,944	28.8
〜213万	63,040	33,763	86.7
〜233万	76,160	53,593	42.1
〜238万	84,360	59,406	42.0
〜253万	98,480	65,668	50.0
〜288万	114,880	92,435	24.3
〜338万	142,760	127,868	11.6
〜388万	175,560	168,788	4.0
〜438万	208,360	215,365	－3.3
〜488万	241,160	269,150	－10.4
〜538万	273,960	323,896	－15.4
〜588万	306,760	378,642	－19.0
〜638万	339,560	433,326	－21.6
〜688万	372,360	488,010	－23.7
〜753万	406,800	530,000	－23.2
〜783万	437,960	530,000	－17.4
〜823万	464,200	530,000	－12.4
〜858万	488,800	530,000	－7.8
858万1〜	500,000	530,000	－5.7

（資料）後期高齢者医療広域連合の資料をもとに作成。

均は月4,090円となっており、これと合わせると、年金から天引きされる額は平均でも月1万円を超えることになる。これでは低所得者ほど暮らしを直撃するこ

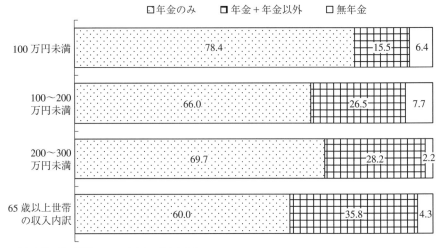

図 1-4　65 歳以上世帯の収入内訳

注）四捨五入の関係で 100 にならない場合もある。
（資料）内閣府「国民生活基礎調査」2005 年より作成。

とは必至である。内閣府が行った「国民生活基礎調査」では、65 歳以上世帯の収入で年金のみの世帯は 6 割となっており、特に 100 万円未満の年金収入しかない世帯は 78.4％となっていることにみられることからも明らかであった（**図 1-4**）。

このように、新しい後期高齢者医療制度では、75 歳以上の人はすべて「等しく」保険料を払う仕組みである。所得が低かろうが子供の扶養であろうが、75 歳以上の高齢者すべてが「等しく」保険料を払う仕組みにしたことは大きな問題であった。

3. 保険料を払えない高齢者への対応

心配されるのは、保険料を払えない高齢者への対応であった。これまで 75 歳以上の高齢者に対しては、保険証を取り上げて「短期保険証」「資格証明書」を発行することは禁止されていた。これは人道的配慮からであった。しかしこれからは、75 歳以上でも保険料を滞納した場合、保険証を取り上げ、「資格証明書」を発行することになった。資格証明書になると、医療費の 10 割を窓口でいった

ん支払わなければならない。東京都後期高齢者医療広域連合では、オフィシャルサイトにQ&Aをつくり、保険料払い忘れについて丁寧に説明している。そこにはまず「督促状」が発送され、「それでもお納めいただけない場合は、差押えなどの滞納処分や、有効期限の短い保険証の交付、診療費がいったん全額負担となる資格証明書の交付、給付の費用の差し止め、医療費からの滞納保険料相当額の控除などの処分の対象となることがありますので、保険料は必ず納期までにお納めください」と書かれている。保険料の減免や免除については、「前年所得が一定基準以下の方は均等割額が軽減されます」し、「被用者保険の被扶養者についても制度加入時に軽減があります」、また、「資産・能力などを活用しても生活が困難な場合は申請により保険料が減免されることがあります」ので、「区市町村役所（場）の後期高齢者医療保険担当係（課）へご相談ください」とある。しかし、これまでのような75歳以上の高齢者に対しての人道的配慮は見当たらない。

これでは低所得で一般徴収になった人から多くの保険料対象者が生まれ、資格証明書が発行された実質的な無保険者が生まれる可能性は高くなってしまう。「広域連合」には市町村のような一般財源がなく、条例による減免が非常にやりにくくなっている。したがって、これまで諸事情から保険料の減免や免除されていた高齢者への対応がどうしても必要になっている。これまで資格証明書を交付された人は、2006年6月の厚労省調査で35万1,270世帯、短期保険証（有効期間が数カ月の保険証）は122万4,849世帯である。その予備軍の保険料滞納世帯は480万を超えている。実に19％の加入者が滞納している。これらの事情から何らかの対策が必要である。高齢者の医療確保法102条、103条では、国や都道府県、市区町村が後期高齢者医療に要する費用について補助できることになっている。そして、国庫負担増や元々高かった保険料を現在の国保料以下にすること、減免制度の創設や保険料を払えない人からの保険証の取り上げ、取り上げの見直しなどは早急に対応が必要となっていた。

4. 医療機関と診療報酬の問題

医療機関にとって最も重要なことである診療報酬は、2007年9月4日の第11回社会保障審議会後期高齢者医療の在り方に関する特別部会に「後期高齢者医療の診療報酬体系の骨子（案）（たたき台）」が提出された（骨子（案）（たたき台）

は、同年 10 月 10 日に「後期高齢者医療の診療報酬体系の骨子」が決定された)。そこでは「高齢者の心身の特性に見合った」という言葉を口実に議論されている「包括払い（定額制）」は、治療した内容によって医療費が決まる「出来高払い」と違い、「病気ごとにいくらまで」という治療費が決められる診療報酬の決め方に代わる。包括払いの対象とされたのは、①医学管理（年間診療計画を作成し、継続的に指導する）、②検査、③画像診断、④処置（高額なものを除く）の 4 項目である。

　検査や治療の診療報酬を包括払いにすることは、医療行為の抑制・切り捨てにつながる可能性が示唆される。個々の患者の症状に応じて、必要な検査や治療を何度行っても、医療機関に支払われる報酬は同じ額にしかならない。丁寧に治療すればするほど医療機関の持ち出しが増え、手厚い治療を行う病院は赤字となる。その結果、受けられる検査や治療が制限されたり、医療内容の劣悪化につながる可能性も示唆される。高齢者が必要な医療を受けられることを保障するためには、75 歳以上は包括払いとするのではなく、治療した内容によって医療費が決まる現行の出来高払い方式とすることが必要と思われた。

　つまり治療費の上限が決められ、それ以上は自費ということも考えられている。包括払いの拡大は、必要な医療はすべて保険で給付するという「国民皆保険」を崩し、必要な医療を受けられない患者を大量に生み出す危険がある。そして、「かかりつけ医」制度が取り入れられる。これは、自分が登録した「かかりつけ医」を通じてしか入院などができない制度で、イギリスやフランスではすでに導入されている制度である。いわゆる街の開業医を医療費抑制の「ゲートキーパー」にすることが危惧されていた。

　つまり外来医療では、1 人の医師が患者を総合的に診察する「高齢者担当医（仮称）」制度の導入で、複数の医療機関にかからせないようにし、検査、画像診断などは、何度実施しても一定の報酬しか医療機関に支払わない「定額制」とし、入院医療では、「入院時から退院後の生活を念頭においた医療を行うことが必要」として、退院支援計画の作成や末期のがん患者への退院時支援・指導を行った医療機関への報酬を手厚くする計画で、早期に退院させる仕組みに医療機関を組み込む。一方、篠崎次男は、「今回の主治医制についても、その意図と内容は良としても、もしそれが登録主治医制となり、社会保険医療では登録主治医以外への

受診が制限されないか。心配事はたくさんあります。しかし、かかげる『総合的に診るとりくみを行う医師』は、医療生協の外来医療のなかで絶えずかかげてきたし、実践についても工夫したとりくみをおこなっています。マスコミ等の論調次第では、国民に支持されることになりそうです」[32]と述べ、その良い面と改悪面とを明確に整理した対応が必要と指摘した。

厚労省は、自宅や介護施設で亡くなる人を今の2割から4割に増やして医療給付費を5千億円削減する計画であった。

現在の診療報酬では、公害医療や労災などの特掲点数を除いて、原則、一点10円の報酬となっているが、後期高齢者医療制度では、医療保険制度として独立するため、財政理由によっては一点を9.5円や9円に引き下げることも可能であった。もしこのようなことが許されるとしたら、同じ医療行為の報酬が5％や10％減じることになってしまい、後期高齢者を多く診療する医療機関にとっては大きな経営的打撃を受けることになる。

5. 後期高齢者医療制度の基本的な視点

後期高齢者医療制度の基本的な視点は、①後期高齢者の生活を重視した医療、②後期高齢者の尊厳に配慮した医療、③後期高齢者及びその家族が安心・納得できる医療の3つである。果たしてこれらの基本的視点は、制度上で本当に担保されているのかは疑問である。そして、70歳から75歳未満の前期高齢者の医療費負担についても、2008年4月から2倍の2割負担になることが決まっていた[33]。はじめに述べたように、2009年4月からの高齢者の負担増を一時凍結したとしても、制度の基本は変わらない。どのようにすれば後期高齢者が医療から阻害されず、「尊厳」ある生活を送れるのか、「広域連合」との交渉や地域の受け皿づくりが必要となっている。

日本がこれ以上医療費削減政策を強行していけば、90年代にイギリスが陥ったと同様の医療荒廃につながっていく可能性も出てくる。医療保障は人権の問題である。高齢化の進行に伴って医療費が増えていくことは当然であり、政策選択の立派な選択肢である。このような医療費抑制システムで、いったい日本社会はいつまでもつのであろうか。

高齢者医療制度は、今、歴史から学ぶべきであろう。2008年4月にスタート

した高齢者医療制度は、特に後期高齢者医療制度に対する高齢者の反発が強く、早々に見直しを迫られている。後期高齢者の保険料などについて一層の軽減措置が講じられるようであるが、おそらく一時凌ぎにしかならないであろう。後期高齢者を一括りにして一般の健康保険・国民健康保険の体系から放り出し、別扱いにするという基本的な制度構造に変わりはないからである[34]。

そうである以上、後期高齢者保険料・後期高齢者支援金・公費という財源構造からくる給付費の抑制圧力は強いままであり、結果として診療報酬をはじめとする給付内容の抑制は様々な形で続くはずであるから、この制度がいずれ「姥捨て山」になるおそれは解消されない。

また、前期高齢者医療費の保険者間負担調整についても、持ち出しになる被用者保険側から予想以上の不満が高まっている。後期高齢者医療の場合は、後期高齢者の保険料分だけ医療保険からの支援金は少なくて済むが、前期高齢者医療費の負担調整においては、老人保健拠出金と同様、前期高齢者の保険料分まで含めて給付費全体を調整の対象にするので、被用者保険にとって負担がより重くなるからである。

このように制度の構造を素直に眺めれば、新しい高齢者医療制度のもつ問題点は十分に予測可能であったにもかかわらず、どうして政府によって提案され、国会まで通ってしまったのであろうか。

第4節　高齢者医療制度の現状と課題

1. 高齢者医療制度の現状

現行の高齢者医療制度は、後期高齢者医療制度と前期高齢者にかかわる保険者間の費用負担の調整から成り立っており、2006（平成18）年に健康保険法等の一部を改正する法律（平成18年法律第83号）により全面的に改正された高齢者の医療の確保に関する法律（昭和57年法律第80号）に基づき、2008（平成20）年4月1日から施行されている。

2011（平成23）年度におけるわが国の国民医療費は約38兆円に上るが、その3分の1に相当する約13兆円は75歳以上の高齢者の医療費が占めている。後期

高齢者医療制度は、高齢化の進展等に伴って医療費が今後ますます増大していくことが見込まれる中で、高齢者と現役世代の負担の明確化等を図る等の観点から、75歳以上の高齢者を被保険者とする独立した医療保険制度として創設された。

　また、65歳以上75歳未満の高齢者の約8割が国民健康保険に加入している状況にかんがみ、その偏在により生じている保険者間の費用負担の調整の仕組みも併せて創設された。

　制度施行時には、「年齢による差別」と受け取られるなどの問題点が指摘されたが、年齢に着目した診療報酬の廃止等制度の円滑な運営を図るための取り組みが重ねられてきた。

　高齢者医療制度の在り方については、2010（平成22）年12月20日、厚生労働大臣主宰の高齢者医療制度改革会議（以下、「改革会議」という）において最終とりまとめが行われ、後期高齢者医療制度を廃止した上で、現行制度の利点はできる限り維持し、より良い制度を目指すという考え方が示された（「高齢者のための新たな医療制度等について（最終とりまとめ）」）。

　2010（平成22）年10月以降、社会保障と税との一体改革に向けた議論が進められたが、「社会保障・税一体改革大綱（平成24年2月17日）閣議決定」（以下、「一体改革大綱」という）では、高齢者医療制度改革会議のとりまとめ等を踏まえ、高齢者医療制度の見直しを行うこととされた。

　その後、2012（平成24）年6月15日、自由民主党・公明党・民主党の3党間で「社会保障・税一体改革に関する確認書」が取り交わされ、これに基づき2012（平成24）年6月20日に3党共同で提出された「社会保障制度改革推進法」（以下、「推進法」という）は、同年8月22日に施行された（平成24年法律第64号）。推進法では、高齢者医療制度について、「状況等を踏まえ、必要に応じて、社会保障制度改革国民会議において検討し、結論を得る」とされており、2012（平成24）年11月から議論が開始された社会保障制度改革国民会議（以下「国民会議」という）では、2013（平成25）年8月6日に報告書がまとめられた（「社会保障制度改革国民会議報告書〜確かな社会保障を将来世代に伝えるための道筋〜」）。今後は、報告書に示された考え方を踏まえて検討を行い、社会保障審議会医療保険部会等でも議論のうえ、順次必要な措置をとることとしている。

　以下、高齢者医療制度をめぐるこのような動向について解説する。

2. 現行制度の考え方

後期高齢者医療制度の前身の老人保健制度は、わが国の医療保険制度が被用者保険・国民健康保険という2本立て構造になっている中で、被用者が退職後に国民健康保険へ移行することなどにより、高齢者が国民健康保険に集中するようになってきたことから、保険者の共同事業という構成をとることにより、制度間の負担の不均衡の是正を図るものであり、1983（昭和58）年2月の制度施行以来、高齢者の医療費を国民全体で支えるため重要な役割を果たしてきた。

他方、①高齢者の医療給付費を支えるための高齢者と現役世代の負担割合が不明確、②保険料を納めるところ（健康保険組合等の保険者）とそれを使うところ（市町村）が分離しており財政運営責任が不明確、③個々の高齢者は被用者保険や国民健康保険といった加入制度によって同じ所得でも保険料額に高低がある、といった問題点が指摘されていた。

これらの問題に対し、後期高齢者医療制度においては、①高齢者の医療給付費負担割合を公費・現役世代・高齢者で5対4対1と明確化する、②都道府県単位の後期高齢者医療広域連合を運営主体として、財政・運営責任を明確化する、③原則として同じ都道府県で同じ所得であれば同じ保険料とする、といったかたちで是正することをねらいとしている。

制度創設時には、年齢到達でそれまでの保険制度から一律に分離・区分されるという構造が「年齢による差別」と受け取られる等の批判を受けたことから、①後期高齢者診療料、後期高齢者終末期相談支援料など、75歳以上という年齢に着目した診療報酬（17項目）の廃止、②保険料の納付方法について口座振替と年金からの引き落としとの選択制の導入、③資格証明書の厳格な健康診査等を受けられるよう市町村への財政支援の実施等、運用面での改善を図ってきた。

また、制度を円滑に施行するため、①70歳以上75歳未満の高齢者の患者負担割合を法定の2割から1割に凍結する、②低所得者への保険料軽減措置を拡充する、③被用者保険の被扶養者であった者の保険料負担を9割軽減する、といった特例措置がとられた。これらは、毎年度補正予算により措置している。

こうした取り組みや広域連合、市町村をはじめとする関係者の努力により、施行後に比べて、現行制度は定着していると考えられるようになっている。

3. 社会保障制度改革推進法

2009（平成21）年11月に設置された改革会議では、高齢者医療制度の具体的な在り方について検討が行われ、平成22年12月の最終とりまとめでは、後期高齢者医療制度を廃止し、75歳以上の者も現役世代と同様に国民健康保険か被用者保険に加入するとしつつ、①公費・現役世代・高齢者の負担割合の明確化、②都道府県単位の財政運営、といった現行制度の利点はできる限り維持することとされた（「高齢者のための新たな医療制度等について（最終とりまとめ）」）。

2012（平成24）年2月17日に閣議決定された一体改革大綱においては、高齢者医療制度の見直しについて、高齢者医療制度の見直しについて「高齢者医療制度改革会議のとりまとめ等を踏まえ、高齢者医療制度の見直しを行う」、「高齢者医療の支援金を各被用者保険者の総報酬に応じた負担とする措置について検討する」、「具体的内容について、関係者の理解を得た上で、2012（平成24）年通常国会に後期高齢者医療制度廃止に向けた見直しのための案法を提出する」とされた。

その後、2012（平成24）年6月15日には自由民主党・公明党・民主党の三党間で「社会保障・税一体改革に関する確認書」が取り交わされ、その中では、「社会保障制度改革推進法を速やかにとりまとめて提出し、社会保障・税一体改革関連法案とともに今国会で成立を図る」とされ、3党が共同して第180回通常国会に提出した推進法は、2012（平成24）年8月10日に可決・成立、8月22日に公布・施行された。

推進法は、急速な少子高齢化の進展等により社会保障にかかわる国民の負担が増大していることなどを踏まえ、安定した財源を確保しつつ、受益と負担の均衡がとれた持続可能な社会保障制度の確立を図るため、社会保障制度改革に基本的事項を定めるとともに、国民会議が設置され、社会保障制度改革を行うため必要な事項を審議することとなった。また、政府は、法律の施行後1年以内に、国民会議の審議の結果等を踏まえて、法制上の措置を講ずることとされていた。

4. 社会保障制度改革国民会議

国民会議は、2012（平成24）年11月30日から20回の議論を行い、2013（平

成25）年8月6日に報告書（「社会保障制度改革国民会議報告書～確かな社会保障を将来世代に伝えるための道筋～」）をとりまとめた。

国民会議では、推進法に規定する社会保障制度改革の基本的な考え方、基本方針に沿って議論が行われた。

改革の基本方針としては、推進法では、①医療保険制度について、財政基盤の安定化、保険料にかかわる国民の負担に関する公平の確保、保険給付の対象となる療養の範囲の適正化等を図ること、②今後の高齢者医療制度について、状況等を踏まえ、必要に応じて、国民会議において検討し結論を得ること、等が規定されている。

報告書の中では、改革の全体像を述べた中で、例えば、「『21世紀型（2025年）日本モデル』の社会保障では、主として高齢者世代を給付の対象とする社会保障から、切れ目なく全世代を対象とする社会保障への転換を目指すべきである」、「『21世紀日本モデル』の社会保障は、すべての世代を給付やサービスの対象とし、すべての世代が年齢ではなく、負担能力に応じて負担し、支え合う仕組みとする」といった考え方が示されている。

また、医療・介護分野の改革に関する部分では、以下のようにまとめられている。

後期高齢者医療制度については、「創設から既に5年が経過し、現在では十分定着していると考えられる。今後は、現行制度を基本としながら、実施状況等を踏まえ、後期高齢者支援金に対する全面総報酬割の導入をはじめ、必要な改善を行っていくことが適当」とされている（**図1-5**参照）。

また、後期高齢者支援金の負担方法について、「支援金の3分の2については、加入者数に応じたものとなっており、そのために負担能力が低い被用者保険者の負担が相対的に重くなっていて、健康保険組合の中でも3倍程度の保険料率の格差がある」、「平成27年度からは被用者保険者間の負担の按分方法を全面的に総報酬割とし、被用者保険者間、すなわち協会けんぽと健保組合、さらには共済組合の保険料負担の平準化を目指すべき」とされている。

さらに、健康保険法等の一部改正法附則の検討規定に則り、「高齢者の医療に要する費用の負担の在り方を含めた検討を行う必要がある」、「健保組合間で保険料率に大きな格差があること、その他被用者保険における共同事業の拡大に取り

第一章　日本の高齢者医療の歴史的展開

図 1-5　現行の高齢者医療制度

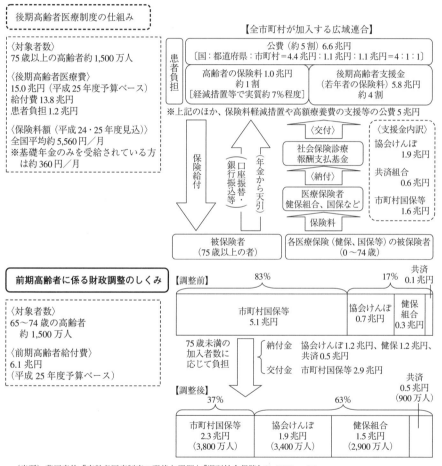

（出所）萩原竜佑「高齢者医療制度の現状と課題」『週刊社会保障』No.2739、p.26。

組むことも検討が必要である」とされている。

現在、暫定的に 1 割負担となっている 70〜74 歳の医療費の自己負担については、「この特例措置については、世代間の公平を図る観点から止めるべき」、「その際は、

低所得者の負担に配慮しつつ、既に特例措置の対象となっている高齢者の自己負担割合は変わることがないよう、新たに70歳になった者から段階的に進めることが適当」とされている[34]。

報告書には記載されていないが、国民会議においては、保険料のあり方や保険者としての広域連合の運営方法等についても議論が行われた。

わが国は、国民皆保険の下、すべての国民が安心して適切な医療を受けることができる医療制度を実現し、世界最高水準の平均寿命や保健医療サービスを達成してきた。国民皆保険の理念の下に整備されたわが国の暮らしを支える最も重要な社会基盤の1つであり、将来にわたって堅持していくことが求められている。

一方で、急速な高齢化の進展や技術進歩に伴い、社会保障給付費は増加し続けている。今後とも医療費、とりわけ高齢者医療費が増大していくことが見込まれる中、国民会議では、将来を見据えた幅広い議論が行われたものであり、これを踏まえてさらに関係者に意見を伺いながら、順次必要な措置をとっていくことが必要である。

● 注・引用文献

1）厚生省老人保健医療対策本部「老人保健制度における費用負担割合について」1980年11月10日。
2）吉原健二『老人保健法の解説』中央法規出版、1983年、p.31、及び、pp.518-519。
3）厚生省保険局国民健康保険課編『退職者医療制度の解説』ぎょうせい、1985年。
4）ここでの立法過程はいうまでもなく、すでに過去のものであり、本書執筆時の第二次安倍政権下の立法過程と大きく異なることに留意されたい。なお、最新の医療政策の形成過程としては、岩淵豊『日本の医療——その仕組みと新たな展開』（中央法規、2015年8月、pp.34-41）が詳しいので参照されたい。
5）渡邉芳樹「老人保健法制定の立法過程」『北大法学論集』42巻4号、1992年3月、p.1184。
6）有岡二郎『戦後医療の50年』日本医事新報社、1997年8月。
7）岩手県沢内村の医療については、前田信雄『岩手県沢内村の医療』日本評論社、1983年が詳しい。
8）太田祖電インタビュイー、小磯明インタビュアー「生命尊重こそが政治の基本でなければならない——豪雪・多病・貧困との闘い——元沢内村村長・太田祖電さんにインタビュー」日本文化厚生農業協同組合連合会『文化連情報』No.394、2011

年1月号、pp.22-26、参照。
9）老人医療費の無料化については、「昭和44年に秋田県及び東京都がこの制度を実施したことが大きなきっかけとなり、制度の内容に差があれ老人医療費の無料化は、急速に進み、昭和47年には実施していない県はわずか2県になった」（厚生省編『厚生省50年史（記述編）』財団法人厚生統計協会、1988年、p.991）としている。
10）吉原・和田によれば、「老人医療費無料化とともに、七〇歳以上の老人の受診率（百人当たりの一カ月の受診件数）は急上昇した。老人加入者の最も多い国民健康保険についてみると、無料化前の昭和四七年（一九七二年）には入院二・五六、外来六四・九一であったものが、四八年には入院三・五七、外来七五・一九に上昇し、五二年（一九七七年）には入院四・五〇、外来八六・八三になった」と指摘している（吉原健二・和田勝『日本医療保険制度史』1999年12月、p.290）。
11）吉原・和田によれば、「国民健康保険の老人の一人一月当たり医療費は、昭和四六年（一九七一年）は約三千四百円で、若年者の二・四倍であったものが、四八年には八千円、五二年には二万円を突破し、若年者の四倍になった」と指摘している（吉原健二・和田勝『日本医療保険制度史』1999年12月、p.290）。
12）吉原・和田によれば、「老人医療費の総額は、制度発足時の昭和四八年（一九七三年）には約四千三百億円であったものが、四九年には六千六百億円（対前年比五五％増）、五〇年には八千六百億円（同三〇％増）になった。狂乱物価に対応した診療報酬の大幅な改定があったとはいえ、国民医療費の伸び（四九年三六・二％、五〇年二〇・四％）をはるかに上回る伸びであった」と指摘している（吉原健二・和田勝『日本医療保険制度史』1999年12月、p.290）。
13）吉原健二編『老人保健法の解説』中央法規、1983年。
14）法政大学大原社会問題研究所『日本労働年鑑 第51集 1981年版』労働旬報社、1980年11月25日（http://oohara.mt.tama.josei.ac.jp/rn/51/rn1981-523.html.2009/07/02.）。
15）白紙諮問の例は多くない。社会保障制度審議会に対して行った白紙諮問は、老人保健法については、成立から施行まで5カ月しかなかったことから、1982（昭和57）年9月、中央社会保険医療審議会に対して再び、白紙諮問をしている。
16）法政大学大原社会問題研究所『日本労働年鑑 第52集 1982年版』労働旬報社、1981年11月30日（http://oohara.mt.tama.josei.ac.jp/rn/52/rn1982-512.html.2009/07/02.）。
17）この経過については、第94回国会の衆議院社会労働委員会高齢者に関する基本問題小委員会での古市説明委員（厚生省社会局老人保健課長）の発言から垣間みられる。また、古川説明委員（厚生省保険局国民健康保険課長）は、老人医療費の負担について「保険者の拠出金の加入者数ではなく被用者数で按分すべき」こと、老人保健制度における診療報酬支払い方式については「医療費の適正化を図り、老

の特徴に見合った診療報酬体系とするため、現行の出来高払制度を見直すべき」と述べて、老人医療の負担不均衡を是正する有効な方法は何かということと診療報酬体系の見直し、そして患者一部負担の導入について問題提起している。これらの問題はすべて現在の高齢者医療制度に通じるものがあり、興味深い。

18) 与党部会に出席するのは省庁の局長クラスであり、課長、課長補佐クラスが同行する。いわゆる根回しには、一般に与党、野党を含めて、課長クラス以上が動くことになる。具体的にはケースバイケースである。また、直接接触して説明を要する議員の数は驚くほどの数に上るという。なお、キーパーソンに対しては、かなり早い時期から、局長クラスが相談することもあるという。

19) この立法の際には、継続審議とされ、たまたま公選法絡みで会期が延長されたために、成立にこぎつけることができたが、そもそもわが国における1回審議制の問題点を示していると考えられる。継続審査というのは閉会中審査の議決のことであり、閉会中は審査をすればよいのだが、実際は行わないという慣例がある。また、予算委員会が終わるまで、各委員会の審議がなかなかスタートできないということがある。その後、厚生委員会が独立したこともあって、従来より審議の密度が濃くなったと一般的に考えられている。

20) 附帯決議と確認質疑のもつ重みはどう違うのであろうか。附帯決議は、立法府の行政府に対する注文を委員会の決議としたものであるが、他方、確認質疑は質疑に立った委員に対する大臣等の答弁の形で行う行政府の態度表明であり、性格が異なる。注文にとどまる附帯決議は、行政府に対する拘束力はないので、重みがないという見方もされることがあるが、それは違う。立法府の決議の重みは無視できないのである。

21) 衆議院法制局と参議院法制局との違い。衆議院法制局のほうは、短時間のうちに政治ベースの決着を修正法案の形にすることが多く、参議院法制局のほうは、一般には参議院での修正が少ないことと、仮に修正に至る場合も衆議院での修正や審議の流れをみる余裕があるため、落ち着いて審査できるという意味合いもある。老人保健法のときも、参議院法制局のほうが、個々の条文に至るまで、より厳格な審査がなされたという印象がもたれている。

22) 厚生省編『厚生省50年史（資料編）』財団法人厚生統計協会、1988年、p.854。

23) 櫻井よしこ「あえて言う『後期高齢者医療制度』は絶対に必要だ」『週刊新潮』25〜30、2008年7月3日〜8月7日。

24) 印南一路・古城隆雄「医療費適正化計画の問題点――全国統一的な目標設定よりも重点的な目標設定を」『社会保険旬報』No.2362、2008年9月1日、pp.6-11。

25) 土佐和男編『高齢者の医療の確保に関する法律の解説』法研、2008年2月。

26) 辻哲夫『日本の医療制度改革がめざすもの』時事通信社、2008年6月、p.103。

27) 『平成18年度実施医療制度改革の解説』社会保険出版社、2006年8月。

28) 地域・職域連携支援検討会「地域・職域連携推進ガイドライン──改訂版──」（2007年3月）によれば、地域・職域連携推進協議会の目的は、地域・職域において、生涯を通じた健康づくりを継続的に支援するための効果的な保健事業を構築することである。すなわち生活習慣病を予防し、健康寿命の延伸を図るために、ヘルスプロモーションの視点に立って自治体、事業所及び医療保険者等の関係者が相互に情報交換を行い、保健事業に関する共通理解のもと、それぞれが有する保健医療資源を相互活用、又は保健事業の共同実施により連携体制を構築する。1）都道府県を単位とする協議会（都道府県協議会）では、より地域及び職域保健の広域的観点での連携により体制整備を図る。2）2次医療圏を単位とする協議会（2次医療圏協議会）では、より地域の特性を活かす観点から、地域特性に応じた協力体制による継続的な健康管理が可能となるよう体制を構築する。そして、協議会の役割は、都道府県協議会では、都道府県における健康課題を明確化し、管内全体の目標、実施方針、連携推進方策を協議することにより、管内の関係者による連携事業の計画・実施・評価の推進的役割を担う。また、関係団体の連絡調整、教材や社会資源の共有を行うとともに、地域・職域における保健事業担当者の資質向上を図るための研修会を開催するなど、地域の人材育成を行うことである。2次医療圏協議会では、地域における関係機関への情報提供と連絡調整や健診の実施状況及び結果等の健康に関する情報収集、健康意識調査等によるニーズ把握等を行い、2次医療圏固有の健康課題を特定し、地域特性を活かした健康課題の解決に必要な連携事業の計画・実施・評価等を行なうことである（「ガイドライン」pp.4-5）。

29) 応能負担とは、負担能力のない者には税金や社会保険料を減免し、所得の高いものはより高い負担率で税金や社会保険料を課すことによって、所得を再配分する機能を与えるものである。一方、応益負担とは所得の高低や能力には関係なく、利用したサービスの度合いやかかった医療費に応じて各人に負担させる方法のことである。

30) 東京都後期高齢者医療広域連合オフィシャルサイト：東京いきいきネット（http://www.toukyo-ikiiki.net.2009/07/02.）。

31) 基本的には現在の国保料（税）と同額であるべきと考えるが、高齢者の医療費の負担増に対する不安がないわけではなかった。2007年11月に筆者は、東京都広域連合の担当者に電話で問い合わせしたが、これまで払っていた国保料（税）より保険料を値上げすることを否定しなかった。

32) 篠崎次男「外来診療報酬の『包括制』の導入をめぐって」日本生協連医療部会『comcom』No.487、2008年3月号、pp.19-21。

33) 70歳以上75歳未満（現役並み所得者は除く）の自己負担割合は、2008年4月から2014年3月まで1割に据え置かれていた。2014年4月1日以降に70歳に達する人（1944（昭和19）年4月2日以降生まれ）については、70歳になった月の翌

月以後の診療分から自己負担割合が2割となった。2014年3月31日以前に70歳に達している人（1939（昭和14）年4月2日〜1944（昭和19）年4月1日生まれ）は引き続き1割負担となる。

34) 後期高齢者医療制度は基本的に介護保険に近い構造で設計されている。介護保険の導入がおおむね円滑だったのは、介護サービスという主として高齢者が必要とするサービスを、従来の措置制度とは異なり、誰でも自らの意思で利用できるようになるという制度の狙いに国民の共感が得られたからであろう。しかし、後期高齢者医療の場合、それまでなかった新しいサービスを提供するものではなく、せいぜい後期高齢者の心身の特性に配慮した診療報酬上の工夫をする程度のことであったから、介護保険のようにはいかなかったのである。その診療報酬上の工夫も、残念ながら多くの国民の共感を得られるものではなかった。堤修三は、「周辺環境が異なるのに過去の成功体験をそのまま当てはめてしまった戦術上の失敗と言えるだろう。厚生労働省にとって、介護保険の成功は日露戦争の勝利であり、その成功体験をもって突入した高齢者医療制度改革は太平洋戦争だったのである」（堤修三「迷走する高齢者医療制度——今その歴史から学ぶとき」『社会保険旬報』No.2354、2008年6月11日、p.13）と述べている。

●参考文献

「衆議院会議録情報 第094回国会社会労働委員会高齢者に関する基本問題小委員会第2号」1981年5月8日、pp.1-7（http://kokkai.ndl.go.jp/SENTAKU/syugiin/094/0210/main.html.2010/02/10.）。

角瀬保雄監修『日本の医療はどこへいく——「医療構造改革」と非営利・協同』新日本出版社、2007年。

健康保険組合連合会「高齢者にふさわしい診療報酬体系等のあり方について（提言）」2007年9月6日。

高齢者医療制度研究会監修『新たな高齢者医療制度』中央法規、2006年。

社会保障審議会後期高齢者医療の在り方に関する特別部会「後期高齢者医療の在り方に関する基本的考え方」2007年4月11日。

社会保障審議会後期高齢者医療の在り方に関する特別部会「後期高齢者医療の診療報酬体系の骨子（案）（たたき台）」2007年9月4日。

伴信太郎「高齢者医療をめぐる問題点——特に療養病床の再編と在宅医療推進の周辺——」『社会保険旬報』No.2322、社会保険研究所、2007年7月21日。

第二章　在宅訪問介護看護の展開

——2000～2014年までの訪問介護看護制度等の変遷——

　第1節の「訪問看護制度（2000～2010年の動向）」は、2000年の介護保険制度施行前後の時期の訪問看護制度の変遷について、事業所数や利用者数、看護職員数と利用者のサービス利用、事業所経営等について、およそ10年の動向を中心に述べる。第2節の「介護保険制度改革と短時間巡回訪問介護看護」は、2011年改正介護保険法と2012年介護報酬改定を踏まえて、岐阜県大垣市の新生メディカルの取り組みを事例として取り上げて分析する。第3節の「横浜市定期巡回・随時対応型訪問介護看護」は、新生メディカルとは対照的に横浜市が率先して定期巡回・随時対応型訪問介護看護に取り組んでいる事例として取り上げる。その上で、第4節は、2014年度診療報酬改定を踏まえた「地域包括ケアシステムと訪問看護」について述べる。

第1節　訪問看護制度（2000～2010年の動向）

1. 訪問看護制度

　1982年に老人保健法が制定され、保健事業としての機能訓練、訪問指導が制度化された。診療報酬上では、退院患者継続看護指導料が設定された。老人保健法制定以前は、一部の病院で訪問看護を実施したり、保健師が訪問指導していたにすぎなかった。
　1992年には老人訪問看護制度が発足し、看護師が管理者の独立した事業所に

図 2-1 訪問看護事業所数の年次推移

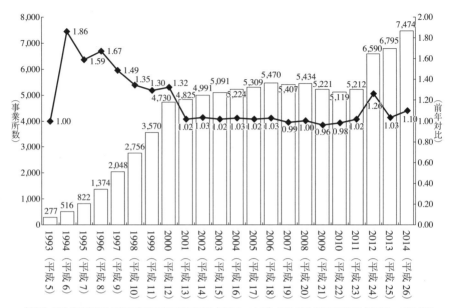

（出所）厚生労働省統計情報部「訪問看護実態調査」（平成 5～11 年）、厚生労働省統計情報部「介護サービス施設・事業所調査」（平成 12～24 年）、全国訪問看護事業協会「訪問看護ステーション数調査」（平成 25～26 年）より作成。

社会保険財源による報酬が配分される仕組みが創設された。1994 年には指定訪問看護制度が創設され、訪問看護を老人以外にも拡大した。2000 年の介護保険法の施行によって、介護保険、医療保険の双方に対応する訪問看護制度へと発展した。そして 2006（平成 18）年度の訪問看護関係診療報酬改定について、新しく 24 時間体制加算が算定できるようになった。

以上の経過を踏まえて、訪問看護事業所数は、図 2-1 をみてわかるように、2000 年の介護保険制度の施行によって、前年対比で 1998 年度は 1.35 倍加、1999 年度は 1.3 倍加した。1994 年の 1.86 をピークとして、徐々に下降線をたどっていき、2001 年度から 2011 年度まではほぼ横ばいとなる。ところが、2012 年度以降から事業所数が増加する。この理由については第 4 節で述べることとする。

2011 年度までの事業所数の伸びの鈍化は、訪問看護利用者数にも反映し、図 2-2 にみるように利用者数も緩やかな増加傾向をたどる。しかし 2010（平成 22）年度の 31 万 9,748 人から 2013（平成 25）年度の 41 万 8,629 人へ 1.31 倍加し、9

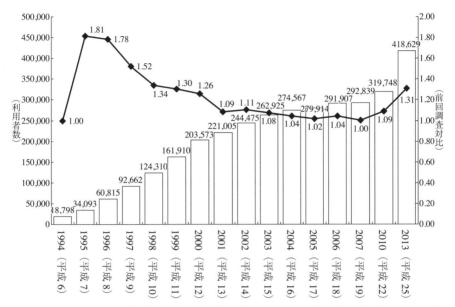

図 2-2 訪問看護利用者数の年次推移

(出所) 厚生労働省「老人訪問看護実態調査・老人訪問看護報告」(平成5~7年)、「訪問看護実態調査・老人訪問看護実態調査・老人訪問看護報告」(平成7年)、「訪問看護統計調査」(平成8~11年)、厚生労働省「介護サービス・施設事業所調査」(平成12~25年) より作成。

万 8,881 人の利用者増となっている。この理由についても第 4 節で検討する。

それから、後述する 2011 年改定介護保険制度・12 年介護報酬改定を経て、2014 年度改定では「機能強化型訪問看護ステーション」を対象とした算定要件が設定された。

2. 訪問看護ステーションの概況

(1) 訪問看護ステーション数、利用者数、従事者数

訪問看護ステーション数、利用者数 (介護保険) は、2000 年以降 2010 年頃まで、いずれも微増ないし微減傾向となる。訪問看護は、介護保険費用額のわずか 2%(1,270 億円／年) であり、国民医療費の 0.12% (390 億円) とシェアが小さい。

訪問看護ステーションの伸び悩みの要因は、第 1 に、訪問看護師の不足が挙げられる。それは、医療機関への転職や 24 時間対応への負担の増大、そして、給与の低さなどが原因である。第 2 に、訪問看護の地域偏在も問題である。常勤換

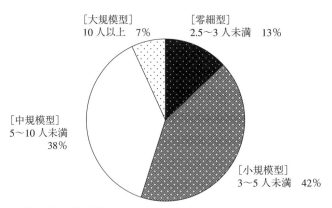

図 2-3　訪問看護ステーションの看護職員数（常勤換算数）

注）図表上の訪問看護ステーションの類型は、筆者が便宜的に設定したのであって、決まった定義があるわけではない。
（出所）日本訪問看護財団「2005（平成17）年度 訪問看護・家庭訪問基礎調査報告書」。

算2.5人を確保できない地域もある。第3に、訪問看護に対する適正な評価の不足が挙げられよう。退院前訪問や長時間訪問、複数人訪問、そして移動コスト等がまるで評価されていないことは問題である。

　改めて訪問看護ステーションの利用者数と従事者数をみてみよう。

　訪問看護ステーション設置数は、約5,480カ所（平成18年度介護サービス施設・事業所調査）である。1事業所当たり看護職員数は、平均4.2人（平成17年度介護サービス施設・事業所調査）となっている。1事業所当たり利用者数は、訪問看護51.9人であり、介護予防訪問看護は3.0人である（平成18年度介護サービス施設・事業所調査）。常勤換算看護職員1人当たり延利用者数は平均69.1人（平成17年度介護サービス施設・事業所調査）である。1件当たりの所要時間は、平均123分で、滞在時間65分、滞在以外時間58分である（平成14年度老人保健健康増進等事業「訪問看護事業所におけるサービス提供の在り方に関する調査研究事業」）。

　訪問看護ステーションは、半数以上が5人未満の零細事業所が55％であり、10人以上の大規模型は1割未満にとどまっているのが実態である（図2-3）。

図 2-4 訪問1回にかかる訪問看護労働投入時間

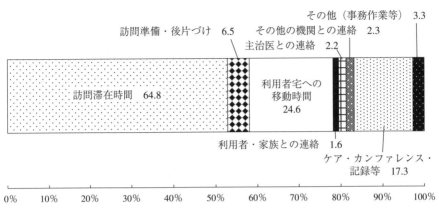

（出所）全国訪問看護事業協会「訪問看護事業所におけるサービス提供の在り方に関する調査研究事業」平成14年度老人保健健康増進等事業。

（2）訪問看護サービスにかかる時間と内容

利用者1人当たり1カ月にかかる訪問看護労働投入量を調査した結果、訪問1回当たりに換算すると、利用者宅に平均65分滞在し、その他、準備・移動・記録・ケアカンファレンス等に58分かかっている。利用者宅での滞在時間に対して、訪問以外の時間が同程度かかることは問題であろう（図 2-4）。

（3）訪問看護ステーションの収益構造

訪問看護ステーションの収益構造は、図 2-5、及び、図 2-6 のとおりである（N＝763）。

収益は、医療保険が3割、介護保険が7割程度を占めている。費用は、給与費が80.6％、経費が12.1％と、給与費が8割を占め、費用のほとんどが人件費である。これが、2007年時点での訪問看護ステーションの実態である。

全国訪問看護事業協会「訪問看護ステーション経営概況緊急調査結果（2007年7月実施）」から、訪問看護ステーションの収支状況をみると、職員数3人未満の事業所では51.6％の事業所は赤字であり、3～5人未満の事業所では35.6％が赤字である。5～10人未満は26.0％、10人以上の事業では14.8％が赤字という結果であった。同じ調査から、利用者数別の赤字事業所の割合をみると、利用者

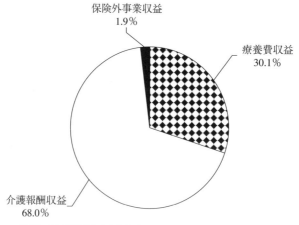

図 2-5　訪問看護ステーションの収益

（出所）全国訪問看護事業協会「訪問看護ステーション経営概況緊急調査結果（2007 年 7 月実施）」より作成。

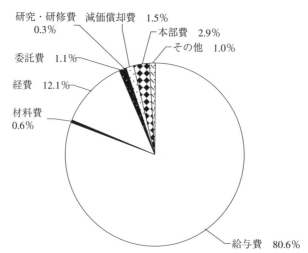

図 2-6　訪問看護ステーションの費用

（出所）全国訪問看護事業協会「訪問看護ステーション経営概況緊急調査結果（2007 年 7 月実施）」より作成。

数20人未満の事業所収支は66.7％が赤字であった。20〜50人未満の事業所収支は39.1％が赤字であり、50〜100人未満の29.0％は赤字の事業所であった。100人以上の事業所でも16.3％は赤字の事業所であった。これを延訪問回数でみると、200回未満の事業所は61.1％が赤字経営であった。以下、200〜300回未満の事業所では36.5％、300〜500回未満の事業所では29.5％、500回以上の事業所でも14.8％が赤字という結果であった。

この調査結果では、事業損益（2007年3月分）が赤字の事業所は全体の31.6％であった。特に、職員数が少ない、利用者数が少ない、延訪問回数が少ない小規模なステーションほど、赤字の割合が高くなっていた。

黒字事業所の経営努力をみておこう。

黒字の事業所では、常勤職員の割合は47.4％であり、非常勤の職員割合は52.6％となっている。一方、赤字の事業所は61.2％が常勤職員であり、非常勤職員の割合は38.8％となっていた。明らかに、非常勤職員と常勤職員の割合の違いが赤字収支となるか黒字収支となるかに現れており、人件費比率が経営収支に関係している。賞与、法定福利費、退職給与引当金等を除く、職員1人当たり給与費をみても、黒字ステーションは33万6,000円であり、赤字ステーションは37万7,000円となっている。

以上の全国訪問看護事業協会「訪問看護ステーション経営概況緊急調査結果（2007年7月実施）」からまとめを行うと、黒字事業所となるための経営努力は、黒字事業所は非常勤職員を多く雇用し、職員1人当たり給与費を下げ、職員1人当たり訪問回数を多くして、収支を黒字にしている状況がみられる。しかしながら、サービスの質の確保、人材確保のためには、本来、常勤職員率をあげて、適正な給与を支給することが必要なはずである。

（4）訪問看護ステーションの人材不足

全国訪問看護事業協会「平成18年度老人保健健康増進等事業　新たな訪問看護ステーションの事業展開の検討」によると、平成18年4月〜9月までの半年間に求人募集した事業所は62.7％であったが、そのうち、求人募集しても採用できなかった事業所は35.1％であった。求人募集した事業所のみの回答から、求人募集した反応をみると、「かなり少なかった」（42.4％）と「やや少なかった」（11.0％）

の合計53.4%は、これまでに比べて「少なくなった」と答えている。人材不足の結果、39.8%の事業所は、半年間に人材不足により訪問看護の利用依頼を断ったことがあった。

離職の状況も深刻である。同じ調査から、平成18年4月～9月までの半年間の退職者数を調べてみると、2名以上退職した事業所は35.7%であった。退職者の転職先は、「医療機関へ転職」(21.9%)、「施設へ転職」(13.1%)の順に多かった。「その他」としては、「同法人内病院への異動」「居宅介護支援事業所へ異動」などであった。

3. 訪問看護サービスの偏在

(1) 全国における訪問看護サービスの遍在

2005(平成17)年10月1日現在の、全国の市町村における訪問看護ステーションの有無をみると、「ステーションあり」の割合は52.9%であり、47.1%の市町村には訪問看護ステーションはない(全国訪問看護事業協会「訪問看護ステーションに係わる介護保険サービスにおける看護提供体制のあり方に関する研究」平成18年度老人保健健康増進等事業、市町村数=2,217)。市町村人口規模別の訪問看護ステーション設置率は、人口規模が大きくなるほど訪問看護設置率は高まる。当然、人口規模が小さい市町村では、ステーション設置率は低い。「訪問看護ステーションあり」と「訪問看護ステーションなし」の折れ線グラフの交点は、人口約1万6,000人の市町村である。高齢者人口10万人当たりの訪問看護の回数を都道府県別にみると、全国平均は6,046回であり、最も訪問回数が多いのは和歌山県の1万488回であった。そして、最も訪問回数が少ない県は香川県であり、訪問回数は2,816回であった(厚生労働省「介護サービス施設・事業所調査 平成17年調査結果」、及び総務省「国勢調査(平成17年)」より計算)。

以上の結果をまとめると、訪問看護ステーション未設置市町村が半数を占めており、小規模市町村では未設置が多い。そして、都道府県別の高齢者人口10万人当たりの訪問回数は4倍の開きがあった。

(2) 僻地における訪問看護サービスの課題

全国訪問看護事業協会「訪問看護ステーションに係わる介護保険サービスにお

ける看護提供体制のあり方に関する研究」(平成18年度老人保健健康増進等事業、市町村数＝2,217)は、「北海道道北地域における訪問看護ステーションの訪問範囲」と「都市部と地方部における移動距離の差」を、Phone GPS を用いた訪問経路調査(48km四方でみた差)から、横浜市と富士吉田市を事例として計測している。研究の結果、僻地では訪問範囲が広大なステーションがあるが、移動時間に対する報酬上の評価がないため、ステーションの持ち出しまたは利用者実費負担となっている。そして、実際に、都市部と地方部の訪問経路を計測すると、移動距離に大きな差があることから、今後、移動時間に対する評価が必要と考えられている。この結果は、一般的通説と合致した結果であり、一刻も早い医療保険における診療報酬上の評価、及び、介護保険における介護報酬上の評価が必要であることを裏付けている。

(3) 24時間オンコール対応の負担

　医療保険の24時間連絡体制加算を届け出ている事業所は75.8％であり、届け出なしの事業所24.2％を大きく上回っていた。また、介護保険の緊急訪問看護加算を届け出ている事業所は78.6％であり、届け出なしの事業所21.4％をやはり大きく上回っていた(厚生労働省「平成17年度介護サービス・施設事業所調査」)。しかし、訪問看護ステーションにおける休日・夜間待機(オンコール)の実態を調べてみると、看護職員数10人以上の大規模型では「1人当たり月平均休日・夜間待機日数」は7.9人であり、「月のオンコール担当者数」は6.6日であった。以下、5～10人未満の中規模型のそれぞれの数値は4.4人と8.9日となり、3～5人未満の小規模型では2.9人と13.3日となり、零細型では2.2人と15.6日となる(日本看護協会「平成18年度　訪問看護ステーションと在宅療養支援診療所との連携に関する研究」)。

　以上の結果は、8割のステーションは24時間対応を行っていることがわかる。しかし、医療機器装着者など、夜間のトラブル発生があるため、職員の負担感が大きい結果となっている。小規模ステーションでは、職員1人が24時間オンコール対応を行う回数が多い。特に、職員3人未満の零細型ステーションでは、平均15.6日(2日に1回)夜間携帯を持参して自宅で待機しており、職員にかかる負担が非常に大きい結果となっている。

4. 退院前訪問、退院日訪問

　全国訪問看護事業協会「新たな訪問看護ステーションの事業展開の検討」（平成18年度老人保健健康増進等事業）から、退院前訪問、退院日訪問の課題をみておこう。

　まず、医療機器を装着したまま退院となる患者などについて、入院先の病院に出向いて退院調整・指導を行う、退院前訪問をした利用者の有無（1カ月間）についてみると、医療保険では、27.9％はしているが、70.8％はしていない、介護保険では41.3％はしているが、56.1％はしていない。特に、介護保険の場合には、カンファレンス等の退院前訪問の評価が制度上まったくないことは問題である。

　次に、退院当日に在宅で医療機器のセッティングや家族への介護指導を行う、退院当日に訪問をした利用者の有無（1カ月間）をみると、医療保険では13.5％しかなく、81.7％はしていない。同様に介護保険では14.1％しかなく、80.7％がしていない。特に、医療保険では、退院当日の訪問看護の評価はがん末期等でしかないことは問題である。

　したがって、当時の療養病床の廃止の方針等に伴い、今後ますます、重度者の退院増加が予想されたが、訪問看護ステーションからの退院前訪問・退院日訪問は十分に評価されていないことは問題であった。そして、医療機関との「特別な関係」があると、算定できない項目が多いことも改善する必要がある。

5. 衛生材料の円滑な供給体制

　薬事法により訪問看護ステーションでは衛生材料等の管理ができないため、カテーテルの閉塞、点滴の詰まりなど、トラブル発生時の訪問看護師の迅速な対応が困難になっている。在宅療養指導管理料算定者に必要な衛生材料・医療材料は主治医から供給される仕組みになっているが、実際には、脱脂綿、滅菌手袋、消毒綿、ガーゼ、ドレッシング材など、利用者の個人負担やステーションからの持ち出しも多い。衛生材料・医療材料が量・質ともに適切なときに供給されるシステムづくりは不可欠である。

　例えば、脱脂綿・カット綿は、事業所の50％以上は利用者負担であり、事業所負担は2割となっている。滅菌手袋・手袋も、4割が利用者負担であり、3割

強は事業所負担である。特に、ドレッシング材の 3 割は事業所負担で、2 割は利用者負担となっている。注射器・その他処置用の 2 割は事業所負担、1 割は利用者負担である、など、その他多くの材料が利用者や事業所の持ち出しとなっていることは、改善すべき事項と考えられる（以上、全国訪問看護事業協会「訪問看護事業の報酬体系・提供体制のあり方に関する調査研究事業」平成 19 年度老人保健健康増進等事業、より）。

6. 2006（平成 18）年度の訪問看護関係診療報酬改定

(1) 24 時間体制の訪問看護の推進

訪問看護基本料の引き上げ（看護師の場合）は、訪問看護基本療養費が 5,300 点から 5,550 点に上がった。在宅患者訪問看護・指導料は、530 点から 555 点へと上がった。24 時間電話対応や緊急訪問ができる体制の充実は新しく 24 時間対応体制加算として、5,400 円（月 1 回）算定できるようになった。

退院前の支援の充実として、安心して在宅療養を開始することができるように、在宅療養上必要な指導を、退院前及び退院日に実施したとき、「退院時共同指導加算」が 6,000 円算定できるようになった。そして、この算定は、末期の悪性腫瘍の患者等には月 2 回まで算定が可能となった。新しく「退院支援指導加算」6,000 円も設定された。ただしこの加算の対象は、末期の悪性腫瘍の患者等の場合のみである。

(2) 利用者の状態に応じた訪問看護の提供

人工呼吸器を使っている者に長時間にわたる訪問看護を提供した場合に、新規に「長時間訪問看護加算」として、5,200 円が算定できるようになった。頻回の吸引等が必要な状態にある気管カニューレを使っている者、重度の褥瘡（真皮を超える褥瘡の状態）のある者に対して、頻回の訪問看護を提供した場合に、「特別訪問看護　指示書」は、月に 1 回から月に 2 回算定できるようになった。

また、終末期の支援体制の充実として、在宅で終末期をすごす上での様々な不安や病状の急激な変化等に対し、細やかに電話対応や訪問看護ができるための体制の充実として、「ターミナル療養費」は、1 万 2,000 円または、1 万 5,000 円から、2 万円に上がった。また、「在宅ターミナルケア加算」は 1,200 円または、1,500

円から 2,000 円に上がっている。

7. 訪問看護ステーションの現状と課題

2006 年時点で、訪問看護ステーション設置数は約 5,470 カ所であり、そこで働く看護職員数は事業所平均 4.2 人である。1 件当たりの訪問看護所要時間は平均 123 分である。利用者数は 28 万人程度であり、介護保険におけるシェアは 1,270 億円、医療保険におけるシェアは 390 億円となっている。

活性化に向けて取り組むべき課題は、第 1 は、利用者把握の適正化・整備目標の設定である。訪問看護の需要予測と供給体制の整備目標の設定が必要であろう。そのためには、訪問看護ニーズの発見から利用までの阻害要因の分析と対策が必要である。

第 2 は、訪問看護提供体制の確立とサービスの質の向上は不可欠であろう。そのためには、研修の充実を図ることが求められる。

第 3 は、事業経営の安定化である。周辺業務のコモン・システム化による効率化の検討や事業規模拡大と複合体化等が考えられる。

また、訪問看護利用までの阻害要因もある。訪問看護サービスの需要予測と事業所の整備が適切になされているか、訪問看護の必要性の判断が適切になされているか。国民が訪問看護を利用したいと思うような魅力に欠けているのではないか、などの点検も必要となろう。

訪問看護事業所の経営に関する諸課題を述べると、第 1 に、規模が小さい事業所では安定した事業運営が困難である。第 2 に、全国的に事業所が偏在し、不足している。第 3 に、マンパワー不足で新規利用者の受入が困難である。第 4 に、報酬設定が低く、採算が合わない。第 5 に、診療報酬上評価されていない内容が多い。第 6 に、記録、請求事務が繁雑で業務に支障を来たしている。第 7 に、訪問看護サービスの内容、価値が一般に広告不足の感がある。

8. 訪問看護の活性化に向けてのアクションプラン

政府・厚生労働省は、今後ますます増大する在宅でケアする利用者のために、訪問看護の活性化に向けてアクションプランを計画している（**表 2-1**）。

第 1 は、「利用者把握の適正化」である。医療圏ごとに訪問看護の需要予測を

第二章　在宅訪問介護看護の展開

表 2-1　訪問看護の活性化に向けたアクションプラン

	1. 利用者把握の適正化	2. 提供体制の確立とサービスの向上	3. 事業経営の安定化
訪問看護業界	・需要予測方法の確立 ・需要把握方法の確立 ・訪問看護イメージアップ戦略 ・病院の退院調整機能の強化 ・在宅療養支援診療所との連携強化	・ナースセンター機能強化（訪問看護への新人や再就職者の積極的採用） ・研修の充実と強化：訪問看護師の新卒・継続教育の支援 ・訪問看護の機能（在宅移行、ターミナル）拡充 ・ステーション管理者強化・支援	・コモン・システムの確立：訪問看護の周辺業務のコモン・システム化による効率化の検討・試行・設置支援 ・経営戦略コンサル ・事業規模拡大・複合化 ・他職種の連携強化 ・ステーション管理者強化・支援
行政	・地域の在宅ケア需要予測方法の確立 ・需要把握方法の確立 ・訪問看護イメージアップ戦略 ・病院の療養支援診療所との連携強化	・看護師確保策の推進 ・看護師需給見通しにおける訪問看護の扱いの明確化 ・僻地等での事業所の経営支援（移動の評価）	・コモン・システムの設置・拡大支援 ・記録・請求業務の簡素化 ・衛生材料供給システムの改善
社会	・在宅医療・訪問看護の普及啓発	・民間企業の訪問看護への参入	・IT 業界・事業請負業者による参入

（出所）平成 19 年 11 月 3 日　社会保障審議会介護給付分科会介護サービス事業の実態把握のためのワーキングチーム（第 3 回）資料、平成 20 年 3 月 25 日　社会保障審議会介護給付分科会（第 50 回）資料「訪問看護の活性化に向けて」。

行い、在宅ケア供給体制の整備目標を設定する。訪問看護ニーズの発生から利用までの阻害要因の分析と対策を行う。病院の退院時の対応、ケアプラン作成段階では、急性期の入院医療の需要予測との違いは、関係する要因が多様で複雑である。病院の退院調整、利用者の価値観、訪問看護ステーションの対応能力、ケアマネジャーの能力等が課題である。

　第 2 は、「医師の指示についての規定の見直し」である。2003（平成 15）年 3 月 24 日の「新たな看護のあり方に関する検討会報告書」では、療養上の世話については、行政解釈では医師の指示を必要としないとされている。療養上の世話については、看護師が医師等と適切に連携しつつ、その自律性、専門性を発揮することが必要であり、今後引き続き検討すべき課題である。

　老人訪問看護制度創設時の検討の経緯も踏まえつつ、医師の指示についての現状の見直しが課題であろう。

　第 3 は、「事業経営の安定化への取り組み」である。事業規模の拡大と複合化

をするとともに、多様な居住の場への訪問看護の拡大が必要である。IT 促進、コモン・システムの確立が経営の安定化に必要である。同一地域の設置主体の異なる法人の開設する事業所のネットワーク化等のモデル事業の展開も今後の課題である。

第 4 は、「全国訪問看護事業協会」について、その強化が求められている。訪問看護師が訪問看護に専念できる体制の整備、訪問看護ステーション運営の支援、訪問看護ステーションの地域連携の強化、訪問看護ステーションサービスのコモン・システムの検討とモデル事業への取り組み、訪問看護ステーションサービスのコモン・システムの確立、訪問看護師が訪問看護に専念できるよう、事務作業・24 時間電話対応など、周辺業務をコモン・システム化する。

第 5 は、「2009（平成 21）年度介護報酬改定への対応」である。その 1 は、医師の指示の見直しである。訪問看護が必要な利用者に迅速にサービスが提供できる仕組みの検討が必要である。その 2 は、診療報酬と介護報酬の関係の整理が必要である。①訪問看護基本療養費の設定、②ターミナルケア加算のあり方の見直し、③医療ニーズの高い頻回訪問が必要な利用者への対応、その他である。

9. 2009（平成 21）年度訪問看護関係介護報酬改定

介護サービスをめぐっては介護従事者の離職率が高く、人材確保が困難であるといった状況にあり、2008（平成 20）年の通常国会で「介護従事者等の人材確保のための介護従事者の処遇改善に関する法律」が成立した。こうした状況を踏まえ、2008 年 10 月 30 日に、政府・与党において「介護従事者の処遇改善のための緊急特別対策」として、2009（平成 21）年度介護報酬改定率を 3.0％（うち、在宅分 1.7％、施設分 1.3％）とすることが決定された（第 63 回社会保障審議会介護給付費分科会資料 1-2「平成 21 年度介護報酬改定の概要」2008 年 12 月 26 日）。

「介護従事者処遇改善に係る各サービス共通の見直し」では、介護従事者の専門性等のキャリアに着目した評価がなされた。加えて、24 時間のサービス提供が必要な施設サービスについては、安定的な介護サービスの提供を確保する観点から、常勤職員が一定以上割合雇用されている事業所についての評価が行われた。訪問看護については、「研修等を実施しており、かつ、3 年以上の勤続年数のあ

る者が 30％以上配置されていること」という要件が付され、1 回につき 6 単位が新設された。

そして訪問系サービスにおける訪問看護については、①特別管理加算、②複数名訪問の評価、③ターミナルケア加算の 3 点について、新設と変更が行われた。

「①特別管理加算」は、「利用者の状態に応じた訪問看護の充実を図る観点から、特別管理加算については、その対象となる状態の褥瘡を追加する。さらに、特別管理加算の対象者について、1 時間 30 分以上の訪問看護を実施した場合について評価を行う」こととされた。これは、長時間訪問看護加算（新規）で 1 回につき 300 単位の評価がなされた。算定要件は、「特別管理加算の対象者に対して、1 回の時間が 1 時間 30 分を超える訪問看護を行った場合、訪問看護の所定サービス費（1 時間以上 1 時間 30 分未満）に上記単位数を加算する」ものであった。

「②複数名訪問の評価」は、同時に 2 人の職員が 1 人の利用者に対し訪問看護を行った場合についての評価を行った。複数名訪問加算（新規）は 30 分未満が 1 回につき 254 単位、30 分以上が 1 回につき 402 単位である。算定要件は、「同時に複数の看護師等により訪問看護を行うことについて、利用者やその家族等の同意を得ている場合であって、次のいずれかに該当する場合」である。「①利用者の身体的理由により 1 人の看護師等による訪問看護が困難と認められる場合、②暴力行為、著しい迷惑行為、器物破損行為等が認められる場合、③その他利用者の状況から判断して、①または②に準ずると認められる場合」である。

「③ターミナルケア加算」は、ターミナルケアの充実を図り、医療保険との整合性を図る観点から、ターミナルケア加算の算定要件の緩和及び評価の見直しを行った。ターミナルケア加算 1,200 単位／死亡月を、2,000 単位／死亡月に変更した。算定要件（変更点）は「①死亡日前 14 日以内に 2 回以上ターミナルケアを実施していること。②主治医との連携の下に、訪問看護におけるターミナルケアに係る計画及び支援体制について利用者及びその家族等に対して説明を行い、同意を得てターミナルケアを実施していること」である。

10. 2010（平成 22）年度訪問看護関係診療報酬改定

平成 22 年度診療報酬改定は、「診療報酬の算定方法の一部を改正する件」（平成 22 年厚生労働省告示第 69 号）等の関係告示等が公布され、2010 年 4 月 1 日

から適用されることとなった。

「訪問看護の推進について」では、第1に「患者のニーズに応じた訪問看護の推進」として、同月に訪問看護療養費を算定できる訪問看護ステーション数の制限の緩和が挙げられる。①末期の悪性腫瘍等の利用者で、訪問看護が毎日必要な利用者を2カ所から3カ所とし、②特別訪問看護指示書の指示期間中に週4日以上の訪問看護が必要な利用者を1カ所から2カ所とした。

次に、安全管理体制の整備を要件とし、訪問看護管理療養費の引き上げを行った。訪問看護療養費（初日）7,050円を7,300円に引き上げた。2日目〜12日目までの場合、2,900円を2,950円に引き上げた。安全管理体制の要件は、「①安全管理に関する基本的な考え方、事故発生時の対応方法等が文書化されている。②訪問先で発生した事故、インシデント等が報告され、その分析を通した改善策が実施される体制が整備されているなど」である。

第2に、「乳幼児等への訪問看護の推進」では乳幼児等への訪問看護が評価された。乳幼児加算（3歳未満）では1日につき、500円（訪問看護療養費）／50点（在宅患者訪問看護・指導料及び同一建物居住者訪問看護・指導料）が新設された。幼児加算（3歳以上6歳未満）でも、乳幼児加算（3歳未満）同様に、1日につき、500円（訪問看護療養費）／50点（在宅患者訪問看護・指導料及び同一建物居住者訪問看護・指導料）が新設された。

第3に、「訪問看護におけるターミナルケアに係る評価の見直し」では、「在宅患者の看取りについて、様々な不安や病状の急激な変化等に対し、頻回な電話での対応や訪問看護を実施し、ターミナルケアを行っている場合には、在宅等での死亡にかかわらず、医療機関に搬送され24時間以内に死亡した場合においても評価」することとされた。訪問看護ターミナルケア療養費／ターミナルケア加算が1日につき500円／50点とされた。

第4に、「患者の状態に応じた訪問看護の充実」では、重度の褥瘡（真皮を越える褥瘡の状態）のある者を重症者管理加算／在宅移行管理加算の対象として、1日につき500円／50点を追加した。

また、末期の悪性腫瘍等の対象となる利用者に対し、看護師等が同時に複数の看護師等と行う訪問看護の評価を行った。複数名訪問看護加算（週1回）は、看護師等の場合、訪問看護療養費は4,300円／在宅患者訪問看護・指導料及び同一

建物居住者訪問看護・指導料は430点である。ここでいう、末期の悪性腫瘍等の対象となる利用者とは、①末期の悪性腫瘍等の者、②特別訪問看護指示期間中であって、訪問看護を受けている者、③特別な管理を必要とする者、④暴力行為、著しい迷惑行為、器物破損行為等が認められる者、である。

以上を踏まえて、第2節では、2011（平成23）年改正介護保険法・2012（平成24）年介護報酬改定とモデル事業としての新生メディカルの取り組みを検討する。そして、第3節では、横浜市における24時間定期巡回・随時対応型訪問介護看護について検討する。

第2節　介護保険制度改革と短時間巡回訪問介護看護

本節では、2011年改正介護保険法・2012年介護報酬改定と新生メディカルの取り組みについて、2014年5月調査結果等を踏まえて述べることとする。

1. 問題の背景と所在

(1) 人口と世帯の変化

わが国の総人口は、2010（平成22）年10月1日現在、1億2,806万人であった。65歳以上の高齢者人口は、過去最高の2,958万人（前年2,901万人）となり、総人口に占める割合（高齢化率）も23.1％（前年22.7％）となった。65歳以上の高齢者人口を男女別にみると、男性は1,264万人、女性は1,693万人で、性比（女性人口100人に対する男性人口）は74.7であり、男性対女性の比は約3対4となっている[1]。

高齢者人口は今後、いわゆる「団塊の世代」〔1947（昭和22）～1949（昭和24）年に生まれた人〕が65歳以上となる2015（平成27）年には3,000万人を超え、「団塊世代」が75歳以上となる2025（平成37）年には3,500万人に達すると見込まれている。その後も高齢者人口は増加を続け、2042（平成54）年には3,863万人でピークを迎え、その後は減少に転じると推計されている[1]。

総人口が減少する中で、高齢者が増加することにより高齢化率が25.2％で4人に1人となり、2035（平成47）年に33.7％で3人に1人となる。2042（平成54）年以降は高齢者人口が減少に転じても高齢化率は上昇を続け、2055（平成67）

年には40.5％に達して、国民の2.5人に1人が65歳以上の高齢者となる社会が到来すると推計されている[1]。

2010（平成22）年6月3日現在におけるわが国の世帯総数は4,863万8千世帯となっている。世帯構造別にみると、「夫婦と未婚の子のみの世帯」が1,492万2千世帯（全世帯の30.7％）で最も多く、次いで「単独世帯」が1,238万6千世帯（同25.5％）、「夫婦のみの世帯」が1,099万4千世帯（同22.6％）となっている。世帯類型別にみると、「高齢者世帯」は1,020万7千世帯（全世帯の21.0％）、「母子世帯」は70万8千世帯（同1.5％）となっている[2]。

このような社会の到来を予想して、高齢者介護研究会「2015年の高齢者介護」（2003年6月）[3]では、「生活の継続性を維持するための新しい介護サービス体系の構築」の実現に向け「在宅で365日24時間の安心」の提供が謳われ、新たなサービスの普及が進められてきた。しかし一方では、介護施設の入所申し込み者の急増、また在宅で最期まで生活を希望する高齢者が在宅生活を継続できない現状が浮き彫りとなってきている[4]。

(2) 増大する特養待機者

厚生労働省は、2009（平成21）年12月22日に「特別養護老人ホームの入所申込者の状況」を発表した。入所申込者（待機者）の全国合計は42.1万人であり、そのうち在宅は19.9万人（47.2％）、在宅でない方は22.3万人（52.8％）である。在宅以外で最も待機者が多いのは老人保健施設（7.2万人）で、次いで医療機関（5.4万人）である。このほか、グループホームへ入所していても経済的理由等で特別養護老人ホームの入所を希望している高齢者は1万3千人いる。なお、この待機者数は、2008（平成20）年10月1日現在、実際に特別養護老人ホームの利用者数・在所者数約42万人（地域密着型介護老人福祉施設4,276人を含む）とほぼ同数の待機者がいるということである[5]。

翌2010（平成22）年1月15日には、厚生労働省が「特別養護老人ホームの入所申込者の状況（都道府県別の状況）」を発表しており、一部府県において、各々の調査方法や基準により集計し、公表した数値を記載しているため、都道府県間の単純な比較はできないことを認め[6]、さらに詳細な状況を把握するための抽出調査を実施することになっているが、その後の調査結果の発表は筆者にはみつけ

られず、入所申込者の全体値についての推計は依然行われていないと推測される[7]。

今後、一人暮らしや重度の要介護状態であっても、在宅で暮らせる社会環境がない限り、現状の施設志向はますます増大する。取り急ぎ目前に迫った「団塊の世代」が65歳を迎える2015（平成27）年以降の超高齢社会を支えていくためには、施設サービスと在宅サービスの格差を縮める施策が急務となっている。

(3) 夜間対応型訪問介護

在宅の高齢者が夜間を含め24時間安心して生活できる体制を整備するため、「夜間対応型訪問介護」は、2006（平成18）年4月施行の介護保険法改正で創設された。夜間対応型訪問介護は、夜間に、①定期巡回の訪問介護サービス、②利用者の求めに応じた随時の訪問介護サービス、③利用者の通報に応じ調整・対応するオペレーションサービスを組み合わせた、包括的な地域密着型サービスである。

このサービスは、介護報酬上2つの類型に分けられている。1つはオペレーションセンターを設置するタイプで、毎月、基本報酬1,000単位（1単位＝10円。ただし地域によって11.05円までの割り増しあり）が設定された上で、定期巡回サービスを利用するごとに381単位、随時訪問サービスを利用するごとに580単位が加算される。もう1つはオペレーションセンターを設置しないタイプで、毎月2,760単位の包括報酬となる。

夜間対応型訪問介護を推進するため、実施市町村には2006年度から、「地域介護・福祉空間整備推進交付金（ソフト交付金）」と「地域介護・福祉空間整備等施設整備交付金（ハード交付金）」が交付されている。ソフト交付金の対象となるのは、オペレーティングシステムの導入経費や、利用者に配布するケアコール端末の購入費等で3,000万円、広報経費等で300万円である。一方、ハード交付金の対象となるのは、夜間対応型訪問介護ステーションの工事費等で500万円である。ところがWAMNETに登録した夜間対応型訪問介護事業所数は、2010（平成22）年11月末現在134事業所で、各都道府県に平均3件もない計算になる。2008（平成20）年度の利用件数も、全国で3万6,131件となっており、要介護者への訪問介護の利用件数134万4,984件と比べれば、いかに低調かがわかる。

このような状況の中、会計検査院は2010（平成22）年10月22日、細川律夫

厚生労働大臣あてに、夜間対応型訪問介護の利用促進や、前述した交付金による事業効果について、意見を表示した。

2006（平成18）年度から2008（平成20年）度までに交付金を受けた73市区では、101の事業所に補助金を交付した。このうち、2009（平成21）年度末にケアコール端末の利用を確認できた96事業所を同院が検査した結果、ケアコール端末購入台数1万3,127台に対して利用者数は3,863人（29.2％）で、利用は低調であった。

事業を休止したのが26事業所、廃止したのは6事業所もあり、利用者が増えないために、事業の継続が困難となった事業所が少なくない状況が浮き彫りになった。

同院は、「交付金の効果が十分発現されていない」とし、利用が進まない原因を分析して助言することや、他地域でのケアコール端末の活用などの改善処置を厚生労働省に求めた。

(4) 24時間地域巡回型訪問介護サービス

2010（平成22）年10月15日、民間シンクタンク「三菱UFJリサーチ＆コンサルティング」は、厚生労働省老健局の事業として「24時間地域巡回型訪問サービスのあり方検討会」を設置したと発表した[8]。翌2011（平成23）年2月25日には、厚生労働省は「24時間地域巡回型訪問サービスのあり方検討会」が取りまとめた報告書を公表した（同報告書「中間取りまとめ」は2010年10月26日公表）[9]。

報告書では、24時間地域巡回型訪問サービスの最終的な目標は、「単身・重度の要介護者であっても、在宅を中心とする住み慣れた地域で、尊厳と個別性が尊重された生活を継続することができるような社会環境の整備」としている。同サービスの基本コンセプトは、①1日複数回の定期訪問と継続的アセスメントを前提としたサービス、②短時間ケア等、時間に制約されない柔軟なサービス提供、③「随時の対応」を加えた「安心」サービス、④24時間の対応、⑤介護サービスと看護サービスの一体的提供、の5つである。

「介護サービスと看護サービスの一体的提供」では、看護職員の役割として、①利用者に対する定期的なモニタリング・アセスメント、②訪問看護指示書に基づくサービス提供、③体調急変時の判断や医師との連携、④介護職員に対する療

養上の助言等、の4点を明示した。

　サービス利用の対象者像は、軽度の要介護者であっても、安心感の提供の効果が認められたため、「要介護者全般とすべき」とされた。職員配置のあり方としては、常勤職員の雇用を認め、勤務ローテーションを安定化することを基本としつつ、モーニングケア、食事、ナイトケアなど特定の時間帯に利用の集中が予想されるため、短時間勤務職員も組み合わせた対応が必要になるとした。

　人材の安定的確保や有効活用の観点から、業務等について柔軟に対応できる仕組みが必要であるとし、特に夜間（深夜）は、ほかの24時間対応を行っている介護サービス事業所や施設等の兼務も検討すべきとした。

　報酬体系のあり方については、施設と同様に「包括定額払い方式」を基本とすべきとし、介護報酬の設定にあたっては、在宅生活を支えるためには、通所介護やショートステイなど居宅介護サービスを組み合わせた利用が引き続き必要なため、ほかのサービスとのバランスを考慮する必要があるとしている。

　また、総人口10万人の日常生活圏域を設定し、一定の仮定のもとに試算・シミュレーションした「事業実施イメージの一例」も示された。同サービスでは、一定の知見と実務経験を有するオペレーターの常時配置が必須となるが、①単独事業所を設置して、携帯電話等を所持したオペレーターが対応する場合、②同一法人が複数事業所を設置して、オペレーター機能を分担する場合、③介護福祉施設等と連携し、夜勤職員がオペレーターを兼務する場合を例示している。

　こうして、厚労省の2011（平成23）年度予算（案）では、「24時間定期巡回随時対応サービス」として12億円を計上しており、同報告書で示された提言や事業モデルのシミュレーション結果を参考にしながら、60市町村でモデル事業を実施することになった。

(5) 2011年改正介護保険法の概要
①改正の狙いとポイント

　介護療養病床廃止の延期と、24時間対応の訪問介護・看護サービスの創設を目玉とする、「介護サービスの基盤強化のための介護保険法等の一部を改正する法律案」（以下、「改正介護保険法」という）が、2011（平成23）年6月15日午前、参院本会議で与野党の賛成多数で可決され成立した。介護療養病床の廃止期限の

表2-2　改正介護保険法などのポイント

○24時間対応の定期巡回、随時対応型訪問介護・看護サービスの創設
○財政安定化基金の取り崩しによる保険料の軽減
○軽度者向けに、配食や見守りなど生活支援サービスを総合的に提供する制度の創設
○介護福祉士ら介護職員に一定の医療行為を容認

延長について、3～4年後に実態調査をした上で、必要な見直しについて検討することなどを盛り込んだ付帯決議も合わせて採択された。同法は、2011（平成23）年度末で廃止することになっている介護療養病床について、2017（平成29）年3月31日まで既存病床の存続を認めた。

「定期巡回・随時対応型訪問介護看護」など新たなサービスの創設は、高齢者が独り暮らしや重度の要介護状態になっても、できるだけ住み慣れた地域や自宅で暮らしていけるように支援するのが今回の導入の狙いである。

しかし、導入の本当の目的の一つは、公費抑制であるとの意見も強かった。そしてもう一つは、医療保険より安上がりの介護保険へ患者を誘導するため、介護保険を重度者向けに「重点化」するためとの意見も強かった。

改正介護保険法などのポイントは**表2-2**のとおりである。

② 24時間対応の新サービス

24時間対応の新サービスは、ヘルパーと看護師が連携して、定期的に利用者を訪問して短時間介護などを行うほか、要請があれば随時駆けつける。現行の在宅サービスはそうなっていない。最重度の利用者でも1日の訪問回数が平均1.1回にとどまるうえ、ヘルパーと看護師の連携も十分ではない。頻繁に介護が必要な高齢者は在宅生活に不安を感じ介護施設への入居を申し込む結果、特別養護老人ホームの入居待機者は約42万人に上る。だが都市部を中心に、施設の増設で対応するには限界がある。その点でも、施設で受ける介護のような「24時間の安心感」を在宅でも提供しようという新サービスは、在宅支援充実の大きな一歩といえる。一部を除き、2012（平成24）年度4月から施行された。

新設の巡回訪問介護・看護は、サービス量を増やしても事業所への報酬が一定の「包括払い」とされている。そのため、必要な介護を必要な時間提供できない恐れが指摘されている。

第二章　在宅訪問介護看護の展開

　また、「さまざまな場面で使われている自宅、在宅、居住系施設などについて定義を明確にすべき」だとの主張もある（6月29日、日本医師会三上裕司常任理事（当時）の改正介護保険法に対する見解）。

③介護予防・日常生活支援総合事業（総合事業）を創設
　介護の必要度が低い軽度者向けに、介護予防のためのヘルパー派遣や、配食、見守りなどの生活支援サービスを総合的に提供できる制度を、市町村の判断で創設できることも盛り込んだ。
　「介護予防・日常生活支援総合事業」（総合事業）を創設し、市町村の判断で要支援者のうちの一定部分を総合事業に移すことを可能にする。総合事業にはサービスの質を担保する基準がなく、専門職以外に担わせて費用を低く抑える仕組みである。
　政府は将来「軽度者」を介護保険から完全に外す方向を検討しており、「総合事業」はその第一歩ともいわれている。

④たんの吸引
　関連法では、介護福祉士や一定の研修を修了した介護職員に対し、たんの吸引など一部の医療行為を認めることを「社会福祉士法及び介護福祉士法」に規定した[10]。
　しかし、日本医師会三上裕司常任理事（当時）は、「日医はこれまで口腔内のたんの吸引や経管栄養の準備などについては医行為から外すことが可能ではないかと主張してきた」と述べた上で、「しかし今回の法改正では、利用者の心身への危険性が高いと考えられる気管カニューレ内の吸引や人工呼吸器の装着にまで範囲が広げられている」と問題視した。さらに法改正のプロセスに関しても、「（介護職員などによるたんの吸引などについて議論している厚労省の）検討会が中間とりまとめ（「介護職員等によるたんの吸引等の実施のための制度の在り方について　中間まとめ」2010年12月13日——小磯）しか出していない状況で、法改正が性急に進められたことは大いに疑問。医行為の範囲の検討もせずに、また施行事業の結果の検証も終わっていない。利用者や介護従事者の安全や安心を担保できる仕組みとは到底いえず、大変遺憾だ」と批判した（「タイムスFAX」

6535号、2011年7月4日)。介護職員のたんの吸引に関する調査研究は、多くの研究業績が見受けられる。現在では定着しているかのように思われるが、当時は医師会が問題視していた[11]。

⑤保険料の軽減

今回の改正では、現在、月4,160円（65歳以上、全国平均）の保険料の上昇を抑えるため、各都道府県の財政安定化基金を取り崩して、保険料を軽減できるようにした。しかし厚生労働省の試算によると、2012（平成24）年度以降の保険料は、それでも月5,000円程度に上昇する見通しであった。

(6) 問題の所在

以上のような改正の概要であるが、課題も多い。新サービスが広がるためには、質の良い介護事業者の参入が必要である。利用料金や事業者への報酬設定、夜間も働く介護人材の確保策などが、2012（平成24）年度の介護報酬改定に向けた議論の大きな焦点になった。同時に、重労働の割に賃金が低いとされる介護職員全体の賃金をどう改善させていくかなど、残された課題は多い。

介護も看護も人材不足の中、巡回型訪問介護・看護が成り立つかどうかは不透明である。特養には低所得者向けに食費と居住費の軽減があるが、高齢者住宅には家賃補助もなく低所得者は入れない。

これでは、病院から押し出され、待機者が42万人を超す特養にも入れない高齢者の在宅生活の安心は保障されない。厚労省は42万人に上る特養の待機者について、在宅サービスの強化と高齢者住宅の整備などで「解消を図る」(「社会保障制度改革の方向性と具体策」)とし、特養の抜本増設を放棄した。中所得者の負担が急増し、低所得者が到底入居できなくなる政策である。

2. 2012年4月介護報酬改定

(1) 定期巡回・随時対応型訪問介護看護

今改定で新設された「定期巡回・随時対応型訪問介護看護」（定期巡回・随時対応サービス）は、今後急増する中重度者や医療必要度が高い要介護者が、自宅で過ごす「限界点」を引き上げるため、短時間の巡回ケアを中心に、24時間体

表2-3 定期巡回・随時対応型訪問介護看護（定期巡回・随時対応サービス）の介護報酬［基本報酬（1カ月当たり）］

(単位)

	定期巡回・随時対応型訪問介護看護費I（一体型）		同II型（連携型）		定期巡回・随時対応型サービス連携型訪問看護費※	
	介護・看護利用者	介護利用者			（カッコ内はIIとの合計）	
要介護1	9,270	6,670	6,670		2,920	(9,590)
要介護2	13,920	11,120	11,120		2,920	(14,040)
要介護3	20,720	17,800	17,800	＋	2,920	(20,720)
要介護4	25,310	22,250	22,250		2,920	(25,170)
要介護5	30,450	26,700	26,700		2,920	(30,420)

※連携先の訪問看護事業所が算定する。

制で訪問介護と訪問看護の両方を提供するものである。

　地域密着型サービスの一つとして創設され、基本報酬は月額固定の包括払いである（**表2-3**）。主に中重度者の利用を想定しており、要介護5では最高で3万単位超と手厚い報酬が設定された。

　厚労省は地域包括ケアシステムを支える中心的なサービスとして、定期巡回・随時対応サービスの普及に力を入れていく考えである。

(2) 訪問看護の提供で2通りの報酬

　訪問看護の提供形態により、定期巡回・随時対応サービスの基本報酬には2つの類型が設けられた（**表2-3**）。事業者が介護と看護を一体的に提供する定期巡回・随時対応型訪問介護看護I（一体型）と、外部の訪問介護事業所と連携する同II（連携型）である。

　一体型では、利用者が訪問介護と訪問看護の両方を利用する「介護・看護利用者」と、訪問介護のみの「介護利用者」（看護職員による月1回以上のアセスメントを含む）で、報酬がさらに2通りに分かれる。

　連携型も同様で、訪問介護のみを利用する場合はIの介護利用者の報酬と同額のII（連携型）を算定する。訪問看護を使う場合に、連携先の訪問看護事業所が新設の定期巡回・随時対応サービス連携型訪問看護を算定する仕組みである。

　通所系サービスや短期入所系サービスを利用した場合は、基本サービス費を日

表 2-4　通所系サービスや短期入所系サービス利用時の減算

通所系サービス時	基本報酬の 1 日分相当額の 3 分の 2（66％）相当額を減算
短期入所系サービス利用時	基本報酬の 1 日分相当額の全額を減算

注）中重度者のケアを想定した月額定額の報酬体系を設定。

表 2-5　定期巡回・随時対応サービスの主な加算

加算名等	単位数
地域特別加算※	所定単位数に 15％を乗じた単位数を算定
中山間地域等の小規模事業所がサービス提供する場合※	所定単位数に 10％を乗じた単位数を算定
中山間地域等に居住する者にサービス提供する場合※	所定単位数に 5％を乗じた単位数を算定
緊急時訪問看護加算※	290 単位／月
特別管理加算※	I　500 単位／月 II　250 単位／月
ターミナル加算※	2,000 単位／死亡月
初期加算	30 単位／日（初回訪問時から 30 日間）
退院時共同指導加算	600 単位／回
サービス提供体制強化加算	I　500 単位／月 II　350 単位／月 III　300 単位／月
介護職員処遇改善加算※	所定単位数に 4.0％を乗じた単位数を算定

※区分支給限度額基準額の算定対象外。
注）訪問看護に準じた加算を設定。

割りして減算する。通所系の場合は 1 日分相当額の 3 分の 2 を、短期入所系の場合は 1 日分を、それぞれ減算する（**表 2-4**）。また、一体型の利用者を医療保険の訪問看護を利用した場合は、介護利用者の報酬単位を算定する。

　主な加算を**表 2-5** に示した。加算項目や単位数は訪問看護サービスに準ずる。なお、要支援者はサービスの対象外である。

　人員・施設基準は**表 2-6** のとおりである。実際のサービスにあたる訪問介護スタッフや訪問看護スタッフ、利用者からの通報を受けて、状態把握や随時訪問の必要性を判断するオペレーター、ケアプランを基に定期巡回の日時や内容などを決める計画作成責任者、管理者などが必要である。

　連携型では看護配置が不要になるが、24 時間体制をとっている訪問看護事業

第二章　在宅訪問介護看護の展開

表 2-6 定期巡回・随時対応サービスの人員・施設基準（介護・看護一体型の場合）

職種		資格要件など	人員・設備基準など
訪問介護員など（注1）	定期巡回	介護福祉士、実務者研修修了者、介護職員基礎研修修了者、訪問介護員1級、訪問介護員2級	・交通事情・訪問頻度などを勘案し、適切な定期巡回サービスを提供するために必要数以上
	随時訪問		・常勤、随時訪問サービス提供要因として1人以上。ただし利用者の処遇に支障がない場合は、定期巡回サービスに従事可能 ・夜間・深夜・早朝の時間帯はオペレーターが随時訪問サービスに従事可能
看護職員	うち1人は常勤の保健師または看護師	保健師、看護師、准看護師	・常勤換算で2.5人以上 ・常時オンコール体制を確保
		理学療法士、作業療法士、言語聴覚士	・適当数
オペレーター		看護師、介護福祉士など（注2）のうち、常勤の者1人以上 ＋ サービス提供責任者として3年以上の経験を有する者（注3）	・利用者の処遇に支障がない範囲で、当該事業所の他職種および他事業所・施設など（特別養護老人ホームや介護老人保健施設など夜勤職員、訪問介護のサービス提供責任者、夜間対応型訪問介護のオペレーター）との兼務が可能
計画作成責任者	上記のうち1人以上	看護師、介護福祉士など（注2）のうち1人以上	——
管理者		——	・常勤・専従の者（当該事業所の職務や併設事業所の管理者などとの兼務が可能）

注1）利用者の処遇に支障がない範囲で、ほかの施設などの夜勤職員（加配されている者に限る）との兼務が可能。
注2）看護師、介護福祉士、医師、保健師、准看護師、社会福祉士、介護支援専門員。
注3）オペレーターの勤務時間以外の時間帯で、当該オペレーターや事業所の看護師などとの緊密な連携が可能な場合に限る。

所（緊急時訪問看護加算の体制を届け出ている事業所に限り）との連携が必須になる。

(3) 一部業務委託が可能

既存の介護資源を有効活用する観点から、厚労省は①訪問介護や夜間対応型訪問介護事業者への事業の一部委託、②定期巡回・随時対応サービス事業者間の連携を認めている。

①は、定期巡回や随時訪問サービス（訪問看護を除く）の一部を、地域の訪問介護事業者などに委託できるというものである。例えば、事業所から離れた場所に居住する利用者への訪問サービスを近くの訪問介護事業者に委託したり、深夜帯の随時訪問サービスを夜間対応型訪問介護事業者に委託したりすることが可能になる。

委託できるのは、原則として「事業の一部」に限られる。定期巡回・随時対応サービス事業者は、24時間を通してすべてのサービスを提供するのが前提である。例えば、昼間の定期巡回サービスを他社に丸投げするような委託形態は基本的に認められない。

②は、夜間・深夜・早朝のオペレーター業務を集約化できるというものである。オペレーションセンターを有する事業者が、夜間の随時コールを一手に引き受けることで効率化を図るケースを想定している。

また、今回の改正介護保険法には、定期巡回・随時対応サービスをはじめとする地域密着型サービスを推進するため、「公募制」と「協議制」と呼ぶ新たな仕組みが盛り込まれた。

公募制とは、市区町村が介護保険事業計画に基づいて定期巡回・随時対応サービスなどを普及させたいと考えた場合、事業者を公募し、1社または複数社を最長6年間指定できるというものである。一方の協議制とは、競合する訪問介護などの新規指定や更新を、都道府県との協議により拒否したり条件を付けたりできるものである。

つまり、公募制・協議制を導入した市区町村では、事実上の事業独占が可能になる。現時点で定期巡回・随時対応サービスの事業モデルは確立していないが、赤字覚悟で参入して実績を積み、先行者利益を得るという選択もあり得る。

(4) 定期巡回・随時対応サービスへの参入状況

現段階で定期巡回・随時対応サービスへの参入を表明しているのは、経営体力のある大手や中堅の居宅サービス事業者である。本項では、『日経ヘルスケア』(2012年4月)[12] の記事から、ジャパンケア、やさしい手、ウイズネット、そして、新生メディカルの対応について述べることとする。

第二章　在宅訪問介護看護の展開

①ジャパンケア

　最も意欲的なのが㈱ジャパンケアサービスグループ（東京都豊島区）である。既存の訪問介護事業所や夜間対応型訪問介護事業所を24時間化して、定期巡回・随時対応サービス事業所を立ち上げた。日経ヘルスケアによると、「同社が展開予定の定期巡回・随時対応サービス事業所は、看護師の採用が困難なこともあり、大半は他社の訪問看護ステーションとの連携型になる見込み」だそうである。「2012年4月に都市部を中心に9事業所を開設し、年度内に36事業所のオープンを目指す」という。気になる採算性については、「当初は単独で黒字化は厳しいが、既存の訪問介護や夜間対応型訪問介護と組み合わせて、トータルで黒字を確保する。単独で利益を出すには、要介護3～5の利用者15～20人は確保する必要がある」とみている。

　ジャパンケアのホームページによると、2011（平成23）年10月1日、株式会社ジャパンケアサービスと、2007（平成19）年に株式会社コムスンから承継し、介護事業を運営してきた株式会社ジャパンケアサービス東日本が1つになった。あわせて、東日本を中心に550カ所以上ある介護事業所の名称を「ハッピー」から「ジャパンケア」に変更した。株式会社ジャパンケアサービスグループ代表取締役社長兼CEOは、馬袋秀男である[13]。

　ジャパンケアケアサービスは、2008（平成20）年度（売上高205億円・営業利益率▲4.7％）、2009（平成21）年度（売上高200億円・営業利益率3.6％）、2010（平成22）年度（売上高205億円・営業利益率2.9％）とここ数年は営業利益率は改善したが、売上高は横ばいである。利益率ではなく売上総利益（金額）を発表しているので収益性は把握できないが、通所介護・小規模多機能型居宅介護、夜間対応型訪問介護ともに、2010（平成22）年度に黒字化している。ただし、夜間対応型訪問介護は水面上ギリギリの黒字である[14]。

②やさしい手

　東京都目黒区のやさしい手は、サービス付き高齢者向け住宅（サ高住）と定期巡回・随時対応サービス事業所を組み合わせた形態で事業展開を進めている[15]。経営企画室室長の尾身信一は、「定期巡回・対応サービス単独での黒字化は難しい。だが、安定収入が見込めるサ高住と組み合わせれば黒字化は可能」と話す（日経

ヘルスケア）。

　現在、住宅メーカーなどと組んで同社が運営を受託する直営モデルを4カ所、フランチャイズチェーン（FC）方式で3カ所を開設済みだそうである。今後5年で、直営モデルとFC方式でそれぞれ20カ所を立ち上げていく計画である。

　2012（平成24）年7月現在ホームページにアクセスすると、東京都では4カ所、千葉県は2カ所、新潟県1カ所、兵庫県1カ所で、合計8カ所で24時間巡回型訪問介護を展開していた[16]。

③ウイズネット、スタッフ・アクタガワ

　中堅事業所もサービス提供に動き始めた。首都圏を中心にグループホームなどを展開するウイズネットは、4月に埼玉県内で定期巡回・随時対応サービス事業所2カ所を立ち上げた[17]。静岡市内を中心に居宅サービス事業を手がける㈱スタッフ・アクタガワ（静岡県駿河区）も、既存の訪問介護や夜間対応型訪問介護事業所を活用して、3カ所の事業所を開設する計画のようである[18]。

④セントケア・ホールディング

　セントケア・ホールディング㈱（東京都中央区）[19]も、定期巡回・随時対応サービスの提供を視野に入れている。ただし、提供にあたっては慎重な姿勢を崩さない。

　セントケア・ホールディング常務取締役執行役員の田村貞一は、「利用者の要介護や人数、必要なスタッフ数や訪問回数などによって採算性は大きく変わる。ひとまず都市部で事業所を1カ所立ち上げ、ビジネスモデルを探っていく」と考えている（日経ヘルスケア）。

　セントケアでは、2006（平成18）年度から2010（平成22）年度にかけて売上高が全体で1.6倍に拡大し、介護事業の売上高はこの間に約100億円増加した。2010（平成22）年度の売上高の内訳は、訪問介護96億円（売上高全体の40.2％）、施設系59億円（24.8％）であり、施設系は前年度比＋28.2％の伸びであった。売上総利益率は訪問系のほうが高く、2010（平成22）年度は訪問系全体で17.5％、訪問介護サービスのみでは18.6％である。施設系は2010（平成22）年度の売上総利益率は全体で11.0％、うちデイサービス10.9％、グループホーム

9.6％、小規模多機能6.6％であった[12]。

⑤ニチイ学館

　ニチイ学館[20]の北村俊幸氏も、「採算性は厳しいとみているが、業界のリーディングカンパニーとして取り組んでいくつもりだ」と述べ、「まずは訪問看護の展開を優先し、定期巡回・随時対応サービスは2013年4月以降に手がけていきたい」と話した（日経ヘルスケア）。

　ニチイ学館では、2009（平成21）年度にヘルスケア部門（介護）の売上高が医療部門（医療事務の受託など）の売上高を上回り、2010（平成22）年度にはヘルスケア部門の売上高が全体の51.6％になった。医療部門の利益率は、2006（平成18）年度時点では10％近かったが、年々縮小し、2010（平成22）年度は6.8％である。

　ヘルスケア部門（介護）の利益率は、2008（平成20）年度に赤字になっているが、在宅系介護サービスについては、「平成18年の介護保険制度改正以降続いたサービス利用者数の減少傾向」（有価証券報告書）が続き、居住系（施設系）介護サービスについては、コムスンからの事業継承にかかわるのれん償却費用（買収した企業の時価評価純資産と買収額との差額）のためと報告されている。2009（平成21）年度以降はヘルスケア部門の利益率が改善し、2010（平成22）年度には、本業である医療部門の利益率に近い水準になっている[14]。

　以上の企業は、積極派・慎重派と位置付けることができる。一方、少し批判的に様子見の企業として、新生メディカルを挙げることができる。

⑥㈱新生メディカル

　『日経ヘルスケア』によると、㈱新生メディカル（岐阜市）は、当初はサービスの提供を見送る考えを示している。「検討はしているが、利用者の自己負担が大きいことや事業の採算性を考えると、時期尚早と判断した。連携先の訪問看護ステーションが地域に少ないという問題もある。当面は今改定で新設された20分未満の身体介護サービスで対応していきたい」（取締役部長の今村あおい）と話している。

3. 新生メディカルの短時間巡回訪問介護方式・岐阜県方式

(1) 岐阜県の在宅高齢者に向けた「短時間巡回型訪問介護サービス」

　岐阜県では、厳しい雇用情勢の中、地域の失業者を新規雇用するとともに地域経済を活性化する「ふるさと雇用基金事業」の平成22年度および23年度に実施する事業について、民間企業・団体等から事業提案を募集した。平成22年度の事業総額は約2.5億円。地域資源を活かした交流人口増加を図るための取り組みや次世代新エネルギー、省エネ住宅の普及促進を図る事業など、計13事業が採択された。その中の1事業が、在宅高齢者に向けた「短時間巡回型訪問介護サービス」である。

　岐阜県は、現在人口約207万8,900人、65歳以上人口の老年人口は約49万8,600人（いずれも2010年7月1日時点）。高齢化率は県全体で約24%だが、山間部の飛騨市や下呂市では33%を超える。「今後、介護が必要になった高齢者が住み慣れた地域で安心して暮らせるよう、自宅にいても受けられる多様な介護サービスの充実が一層重要になる」との考えから、施設介護と在宅介護サービスの双方に実績を有する㈱新生メディカルが提案した介護を必要とする高齢者ニーズにきめ細かく対応できる「短時間巡回型訪問介護サービス」が採用され、2010（平成22）年4月から事業委託している。委託に際し、岐阜県では、①失業者を新たに訪問介護員等として雇用すること、②短時間の訪問介護を巡回方式で高齢者のニーズに応じて1日に複数回提供すること、③サービス提供に必要な設備・人員体制、効果的な提供方法、利用者ニーズ等を調査しまとめること、の3つを条件に据えた。

　具体的には、短時間の訪問介護サービスを1日に複数回提供し、介護を必要とする在宅高齢者にも入所施設同様のケアを提供していくことを想定した。同事業に割り当てられた費用は4,100万円であった。このうちの50%以上を人件費に配分することを前提に、4人で1チーム（1人がサービス提供責任者、3人がホームヘルパー）を組み、ホームヘルパーは基本的には新規雇用する方針とした。身体介護・生活支援サービスの双方を含め、4チームで在宅高齢者50人程度へのサービス提供をイメージした。

　どのような要介護者が、どのような状況で短時間訪問介護サービスを必要とし

ているか、また、どのような仕組みにより、どのような地域において、サービスを効果的に提供できるか（人口密集度、住居の状況、高齢化率等地域特性とサービス効率の関係）、さらに、要介護者の身体状況や満足度の向上等、効果を検証していく。ノウハウやデータを全国に先駆けて蓄積し、短時間訪問介護サービスが介護保険サービスとして導入された後、新しく参入しようとする事業者が共有できるようなマニュアル化が最終目的となった。

(2) なぜ、新生メディカルを事例として取り上げるのか

　新生メディカルは、1990（平成2）年に訪問介護、福祉用具の貸与、人材育成事業などを目的に設立した企業である。その母体となるのは、社会福祉法人新生会である。同法人は濃尾平野の最北端の岐阜県揖斐郡池田町を本拠地とし、地域医療にも注力していた「新生病院」をバックボーンに、1976（昭和51）年の設立以来、特別養護老人ホームをはじめ、デイサービス、グループホーム等の開設・運営に加え、訪問看護・介護サービスを提供するなど、地域の高齢者を施設・在宅両面から支えてきた。「自由契約制特養」や早めの住み替えに対応する戸建形式の住宅型有料老人ホーム、アセスメントサービスとターミナルサービスに特化したケア付きホテル（住宅型有料老人ホーム）の運営など、同法人の取り組みは従来の社会福祉法人の枠を超えた、高齢者福祉のパイオニアといえるであろう（**表2-7**参照）。

　近年では、2007（平成19）年10月に開設されたJR岐阜駅直結の地上43階建て高層ビル「岐阜シティ・タワー43」内にプロデュースした医療・福祉ゾーンが衆目を集めた。県主導で進められた駅前再開発計画で誕生したもので、1、2階が商業施設、3階が「医療・福祉ゾーン」（デイサービスセンターや訪問看護・訪問介護ステーション、住宅型有料老人ホーム、一般診療所や歯科、保育所、調剤薬局、レストラン、整体サロン、美容室、交流スペース等）、4階が岐阜放送本社、6〜14階が高優賃（108戸）、15〜42階が分譲マンション（243戸）で構成される[21]。

　この3階フロアを活用しながら、タワー上層階の高優賃や分譲マンションの居住者および地域住民に向け、24時間・365日の医療・介護サービスを提供するとともに、子供から高齢者までが集い、生活する"まちづくり"の発想を具現化し

表 2-7 ㈱新生メディカルの沿革（会社の歩み）

1977 年 8 月	有限会社 新生メディカル設立
1988 年 1 月	在宅介護サービス部門事業開始
1990 年 2 月	在宅介護サービス「シルバーマーク」取得（西日本初）
1990 年 2 月	岐阜営業所開設
1990 年 8 月	高山営業所開設
1990 年 10 月	組織変更し㈱新生メディカル設立
1992 年 7 月	岐阜県より厚生省 2 級課程ホームヘルパー養成研修指定機関認定
1995 年 6 月	大垣営業所開設
1995 年 7 月	大垣市より 24 時間巡回型ホームヘルプサービス事業受託（厚生省モデル事業）
1996 年 2 月	池田営業所開設
1996 年 4 月	岐阜県より厚生省訪問介護員養成研修 2 級・3 級課程指定研修機関認定
1998 年 11 月	岐阜県より平成 10 年度「過疎地域等在宅保健福祉サービス推進試行の事業にかかる訪問介護事業・訪問入浴サービス事業」の受託（厚生省モデル事業）
1999 年 3 月	本社　岐阜市へ移転 岐阜営業所宇佐へ移転、岐阜・日光ステーション開設
1999 年 9 月	岐阜県より介護保険事業指定取得 「居宅介護支援」「居宅サービス（訪問介護）」（岐阜・大垣・高山・関・池田）
1999 年 10 月	多治見営業所開設
2000 年 1 月	岐阜県より介護保険事業指定取得 「居宅サービス（訪問入浴）」（池田）「居宅サービス（福祉用具貸与）」（岐阜）
2000 年 3 月	岐阜県より介護保険事業指定取得「居宅サービス（訪問看護）」（高山）
2001 年 8 月	高山・古川ステーション　古川町上町へ移転
2002 年 2 月	岐阜営業所　岐阜市六条へ移転
2002 年 5 月	池田・神戸ステーション開設
2002 年 5 月	高山・南ステーション開設
2002 年 7 月	高山・萩原ステーション　萩原町上村へ移転、『夢を食う女たち～新生メディカル・福祉ビジネス実践論～』発行
2002 年 10 月	大垣・北ステーション開設
2002 年 11 月	高山・神岡ステーション　神岡町殿へ移転
2004 年 4 月	高山・萩原ステーション　萩原町萩原へ移転
2004 年 6 月	瑞穂市より「未来志向研究プロジェクト事業」受託（厚生労働省モデル事業）
2004 年 7 月	瑞穂営業所、デイサービス「チクタク」、グループホーム「しんせい」開設
2004 年 7 月	岐阜・もとすステーションを瑞穂営業所の管轄へ変更
2004 年 8 月	大垣南営業所開設　みなみステーションより変更
2004 年 10 月	高山・古川ステーション移設　幸栄町へ移転
2004 年 11 月	海津ステーションを開設　南濃ステーションを移転し変更
2005 年 7 月	大垣営業所　デイサービス「みーの・みーの」を開設
2007 年 10 月	岐阜駅前シティタワー 43　医療福祉ゾーン保育所「みっけのおうち」開設
2007 年 10 月	大垣市より「未来志向研究プロジェクト事業」受託（厚生労働省モデル事業）
2009 年 5 月	岐阜営業所　岐阜駅前シティタワー 43　3F へ移転
2009 年 7 月	大垣営業所・大垣南営業所の居宅介護支援事業を統合「ケアマネジメントセンター」開設
2010 年 4 月	岐阜県より「短時間巡回訪問介護サービス・岐阜県方式」委託事業受託
2011 年 1 月	厚生労働省モデル事業「24 時間対応巡回・随時対応サービス」事業受託（岐阜・大垣・池田）
2012 年 2 月	高山営業所デイサービス「しんせい」開設
2012 年 3 月	アセスメントツール「介護・ラ針盤」を作成
2014 年 4 月	本社を JR 岐阜駅前　岐阜シティ・タワー 43　2 階へ移転

（出所）新生メディカルホームページ（http://www.shinsei-md.jp/company01.html/2012/07/10）、及び新生メディカル「あなたの選んだ生き方を私たちは支援します」2014 年 5 月入手、より作成。

第二章　在宅訪問介護看護の展開

ている。なお、福祉施設のうち、デイサービスと訪問看護ステーション、有料老人ホームは新生会が運営し、訪問介護ステーションと保育所は新生メディカルが運営している。

　このような様々な発想で地域のまちづくりまで視野に収めながら、介護と福祉のサービスを提供する㈱新生メディカルを取り上げる意義は大きい。とりわけ24時間365日短時間型訪問介護サービスの詳細を検討することは、2012（平成24）年以降に政策・制度・施策の実施が確定している24時間地域巡回型訪問介護看護サービスの対応策を検討する上でも重要だと考えた[22]）。

(3) 新生メディカルの理念・事業
①理念

　最期まで自立した人としての支援を目指し、専門職としての技術・知識・職業理念を基礎にして、信頼関係に基づいたチームケアで、他職種と連携をとりながら、安心して暮らせる地域社会を創ることを目的としている。

　新生メディカル代表取締役は石原美智子である。社会福祉法人新生会理事長、「民間事業者の質を高める」全国介護事業者協議会世話人代表を務めている。

②事業

　本社は岐阜市にある。岐阜営業所、瑞穂営業所、大垣営業所、大垣南営業所、

表2-8　新生メディカルの事業内容

居宅介護サービス	居宅サービス	・訪問介護（・身体介護中心　・生活援助）・訪問入浴介護 ・訪問看護　・福祉用具貸与　・特定福祉用具販売
	居宅介護支援	居宅介護支援
介護予防サービス		・介護予防訪問介護　・介護予防訪問入浴介護　・介護予防訪問看護 ・介護予防福祉用具貸与　・特定介護予防福祉用具販売
地域密着型サービス		・認知症対応型通所介護　・認知症対応型共同生活介護
地域密着型介護予防サービス		・障がい者向け居宅介護　・重度訪問介護
障がい者居宅介護サービス		・障がい者向け居宅介護　・重度訪問介護
その他サービス		・福祉用具販売　・住宅改修 ・研修事業（厚生労働省2級課程訪問介護員養成研修、その他）

（出所）新生メディカルホームページ（http://www.shinsei-md.jp/company01.html/2012/07/10）より作成。

ケアマネジメントセンター（大垣市）、池田営業所、高山営業所、多治見営業所であり、すべて岐阜県内であることが特徴である。本社とケアマネジメントセンター以外は7事業所があるが、高山営業所以外は大垣市の周辺に事業所が集まっている。

事業内容は、**表 2-8** のとおりである。

(4) 短時間巡回訪問介護方式・岐阜県方式
①保障されるべき基本的生活像の共有化

一人暮らしや重度の要介護状態であっても、在宅で暮らし続けられる社会環境の整備を行うためには、在宅においても施設に近い介護の標準化が必要であり、障がいがあっても尊厳が守られるための最低限の生活像を掲げ、それを満たすサービスのあり方を検討することが必要である。

施設においては、介護の標準化がなされている。しかし在宅においては、施設のような基本的生活の保障が脆弱であり、最低限目指すべき要介護者の生活像の共有化がなされていないために、要介護者の生活は、本人・家族の要望や経済力、ケアマネジメント力による格差が大きい。

新生メディカルでは、2009（平成21）年度に在宅の要介護者505人に離床・移動、食事、排泄、保清、更衣、睡眠の項目が満たせているか、生活状況を調査した（『厚生労働省未来志向研究プロジェクト　尊厳ある暮らしの継続　最期まで在宅で暮らすためのケアプランの立て方』）。その中で「1日3回の食事の確保」と、「週2回以上の入浴ができているか」の項目の結果では、在宅では1日3回の食事の確保ができていない人が要介護1〜5までわずかではあるが存在し、入浴の項目では、要介護5になると40％の人が満たせていない現状にあった。

この「1日3回の食事の確保」と、「週2回以上の入浴ができているか」は、施設であればほぼ100％すべての人が満たせる項目である。在宅においては、このように基本的な生活行為すら満たせないまま生活しているのである。

②ケアミニマムの提案

新生メディカルでは、人としてあるべき姿、すなわち障がいがあっても「尊厳が守られるための最低限の基本的生活」を「ケアミニマム」として掲げ提案して

いる。ケアミニマムは、離床・移動、食事、排泄、保清、更衣、睡眠の基準であり、毎日の生活に保障されるべきことである。

　提案するケアミニマム（離床・移動、食事、排泄、保清、更衣、睡眠）は、マズロー，アブラハムが提唱する欲求の5段階層の最下層「生理的欲求」にも該当するものである。マズローの欲求階層の最下層「生理的欲求」を満たしてこそ、上位の欲求も生まれる。食事も十分に摂れず、オムツも汚れたままの生活状況の中で、自己実現の欲求は生まれない。

　施設ケアの基本は、1日のうちで必要なケアを必要な時間帯に複数回提供されることである。1日単位のケアプランは、1日1回、大抵は週に数回まとめて提供されている。ケアミニマムを満たすためには、在宅にも1日の生活リズムに合わせたケアの提供、必要な時間帯に必要なケアが受けられるシステムが必要である。それを可能にするのが、短時間巡回訪問介護サービス・岐阜県方式（以下、「短時間巡回サービス」という）である。

　施設の居室をヘルパーが巡回してケアが行われているように、地域の利用者宅をヘルパーが巡回訪問することとなる。

　短時間巡回サービスは、在宅における要介護者の毎日の生活リズムを支えるサービスの基盤となるものである。

③時間から行為への転換

　施設では「時間」でケアをしていない。1日の中の必要な時間（時間帯）に必要なケア行為を行う。在宅では、時間の中にケア行為がいくつも組み込まれている。1日の生活の中では、複数回必要なケア行為もある。例えば、排泄や水分、服薬、食事などである。また、ケア行為には時間を要するものと、短い時間で対応できる行為がある。**表2-9**は、ケアモジュール化（単品化）し、短時間巡回サービス1回で行えるケア内容を表にしたものである。短時間で何ができるか、と思われるかもしれないが、**表2-9**のB群の項目やC群であれば2～3項目が1回に可能である。ケアを単品化することにより、必要なときに必要なケア行為が提供できる。滞在するのではなく「何のケアが必要か」が重要なのである。

　ケアミニマムの実現を目指すサービス「短時間巡回サービス」は、2010（平成22）年4月より岐阜県事業としてスタートした。事業の実施にあたり、ケアミニ

表 2-9　ケアのモジュール化

A	必須項目
	ケア内容
A-1	基本チェックおよび記録

B	10分程度必要なケア
B-1	下膳
B-2	トイレ誘導（往復）
B-3	おむつ交換
B-4	シーツ交換（寝たきりの場合）
B-5	デイサービスの準備
B-6	カテーテル尿処理
B-7	身体整容
B-8	足の暖め

利用例
①おむつ交換
　A-1 ＋ B-3
②寝たきりの方へのモーニングケア
　A-1 ＋ C-8 ＋ C-16

C	組み合わせができるケア	
	ケア内容	
C-1	バイタルチェック	検温（水銀）
C-2	バイタルチェック	血圧（電子）
C-3	服薬確認	飲み込み確認
C-4	服薬確認	確認のみ
C-5	ポータル処理	
C-6	体位交換	
C-7	配膳	
C-8	口腔ケア	
C-9	水分補給	
C-10	シーツ交換	定期的な交換
C-11	灯油の補充	
C-12	デイサービスの迎え	
C-13	更衣補助	
C-14	移乗	ベッド⇔車椅子
C-15	部分浴	手浴
C-16	部分清拭	顔・首・手
C-17	口腔体操	
C-18	洗顔	

注1）組み合わせにより手順・準備の一部は省略される。
注2）本人の状態により時間は左右される。
（出所）㈱新生メディカル。

　マムの項目をチェックした。その中でケアミニマムを満たしていない利用者、満たしていても家族の負担が大きいと思われる利用者を選定し、合意を得られた利用者に対してサービスを開始した。

　2010（平成22）年11月現在の利用者は65名、内訳は**表2-10**のとおりである。そのうち、事業所の利用者数は約20名で1中学校区に10名程度であった。ここでは、3カ月後のモニタリング結果の一部について紹介する[23]。

　表2-11をみるとわかるように、ケアミニマム項目別改善割合は、「移動・移乗」28％、「水分補給」26％、「睡眠」19％の順で改善率が高かった。特に顕著な項目は、「移動・移乗」と「水分補給」の項目で3割近い改善率がみられたことであった。

表 2-10　要介護度・世帯構成別利用者数

利用者数	要介護度別内訳							世帯構成		
	要支援1	要支援2	要介護1	要介護2	要介護3	要介護4	要介護5	一人暮らし	高齢者世帯	同居
65	0	0	10	17	16	11	11	22	9	34

注）2010 年 11 月末現在。

表 2-11　ケアミニマム項目別改善割合

	項目	改善（%）		項目	改善（%）
移動・移乗	屋外へ出る頻度	28	排泄	排便の頻度	14
水分補給	1 日の水分摂取量	26	水分補給	水分摂取の意欲	14
睡眠	安眠出来ているか	19	移動・移乗	寝食分離の頻度	12
服薬	処方された服薬	17	移動・移乗	家のなかでの行動範囲	12
更衣	着替えの頻度	17	口腔	歯磨きや義歯の手入れの頻度	12
入浴（保清）	入浴・保清の頻度	17			

(5) 短時間巡回訪問介護方式・岐阜県方式のメリット

①運営の効率化

　これまでの訪問介護は、1 回の訪問にケア行為がいくつも付け加えられている滞在型の提供が多かった。その上、朝・昼・夕の食事時間に訪問が集中するため、同じ時間帯に複数のヘルパーが必要になってくる。また、配膳、下膳にのみ介助が必要で見守りは必要ない場合でも、配膳に来てまた下膳に訪問することは、現制度においては非効率である。そのため、不必要な見守りを行い、下膳まで滞在することになる。

　短時間の訪問は事業所にとっても非効率であったが、ケアを単品化することにより、それぞれのケアを適切な時間に提供することで食事時間帯への長時間のケアの集中が避けられ、ケアを分散できれば、日中を通してケアの需要を平均化できる。

　ケアの一定の時間帯への集中を分散できることは、3 人必要であったものを 1 人で行えるということであり、一人ひとりのヘルパーの稼動率が上がり、常勤雇用も可能となった。

②ヘルパー管理への効果

岡田テル子は、次のような効果を上げている[23]。

- 1日に複数回訪問することで利用者の状態を把握でき、ニーズの早期発見と迅速な対応ができる。
- ケアが細分化（「時間」ではなく「行為」であるため）され、1回の訪問で行うことがわかりやすくマニュアル化しやすい。
- 同じケア行為を繰り返し行うことで、介護技術の向上や介護の専門性が発揮できる。
- 報告の要点がまとめやすく引継ぎがしやすくなる。
- 頻回な報告や引継ぎがあるためヘルパー同士の情報交換の機会が多くとれ、お互いが育ち合える。
- 利用者やヘルパーの相性を考えることなくシフト編成できる。就労時間が確保され、安定した収入が得られる。

③短時間サービスの効果

石原美智子は、「短時間サービスの効果」について、①在宅ケアの標準化により在宅高齢者の生活の質の保障、②最小単位で必要なとき必要な回数の訪問で自立を妨げない、③訪問介護における活動の効率化、④利用者の生活全体がみえ、ニーズの早期発見と対応が可能。ヘルパーの専門性と満足度の向上により、雇用の安定とマンパワー不足の解消になる、と述べている[24]。

4. 介護保険制度改革と短時間巡回訪問介護看護の考察

(1) 2011年改正介護保険法・2012年度介護報酬改定の課題

今回の改定に先立って、三菱UFJリサーチ＆コンサルティングは、2008（平成20）年に「介護保険『混合介護市場』の可能性」を発表している。同リポートでは、2012（平成24）年の制度改定などで介護保険給付の「カバー領域」が縮小する方向が「必至」だと断言している。その上で、保険範囲の縮小と並んで、家族の援助を受けられない高齢者が増えていくことを、保険外サービスの「市場の

成長の追い風」だと指摘した。「大手介護企業に対し介護サービスや生活支援サービス商品の開発が期待される」と述べている。

　経済界は一貫して介護保険給付の範囲を縮小するように求めてきた経過がある。給付費が減り、大企業の保険料が軽くなると同時に、保険外サービスのビジネスチャンスが広がるからと考えられている。しかしその方向は、介護の必要な高齢者には大幅な負担増となることは間違いない。

　公的な介護保険施設である特別養護老人ホーム（ユニット型個室）の利用料は、東京都の場合、居住費・食費・生活費・介護保険利用料を含めて市町村民税非課税の人で月6万2千円～10万5千円である。年金収入211万円以上の人で月14万円程度である。厚労省は、42万人に上る特養の待機者について、在宅サービスの強化と高齢者住宅の整備などで「解消を図る」（2011年5月12日「社会保障制度改革の方向性と具体策」）とし、特養の抜本増設を放棄した。中所得者の負担が急増し、低所得者が到底入居できなくなることは確実である。介護保険法改正は、国にとって安上がりな医療・介護の提供体制をつくる出発点だともいわれている。

　2011（平成23）年10月に開催された社会保障審議会介護保険部会内では、一部のサービスを手厚くする代わりに、介護度の軽い人への訪問介護など従来のサービスの一部を削ることもやむを得ないという「選択と集中」が盛んに議論されていたことを思いだす。

　背景にあるのは、このままでは介護保険料の負担が増え続ける見通しであるなど厳しい財源の壁である。こうして、2012年度の介護保険制度見直しに向け、厚生労働省の社会保障審議会介護保険部会が議論を重ねてきたが、財政的な制約が厳しい中で在宅介護を支える新サービス導入が提案される一方で、要介護度の軽い人のサービス削減を検討すべきとの意見が出ていたが、2012（平成24）年度介護報酬改定はそのままなされた。

　介護費用の急増に伴い、3年ごとに見直される保険料も増えた。もはや介護保険料は限界との声も上がる中、「保険料を増やせないなら税金で」と、公費負担割合を増やす選択肢もあり得るものの、実現は難しい。

(2) 補助金での誘導はどこまで可能なのか

　東京都（福祉保険局）は、「現下の経済・雇用情勢の中、介護機能強化と雇用

表 2-12 介護基盤の緊急整備特別対策事業の対象施設

対象施設	基礎単価
小規模特別養護老人ホーム	400万円×定員
小規模老人保健施設	5,000万円／1施設
小規模ケアハウス（特定施設）	400万円×定員
認知症高齢者グループホーム	3,000万円／1施設
小規模多機能型居宅介護事業所	3,000万円／1施設
認知症対応型デイサービスセンター	1,000万円／1施設
夜間対応型訪問介護ステーション	500万円／1施設
介護予防拠点	750万円／1施設
地域包括支援センター	100万円／1施設
生活支援ハウス（離島振興法等に基づくものに限る）	3,000万円／1施設
定期巡回・随時対応サービス事業所	**500万円／1施設**
複合型サービス事業所	2,000万円／1施設

（出所）東京都ホームページより。

の創出が緊急に求められていることを踏まえ、『未来への投資』として、東京都において将来必要となる介護施設、地域介護拠点等の緊急整備を支援することを目的」として、「介護基盤の緊急整備特別対策事業」を実施している。事業内容は、「対象施設の創設や増設に対して、工事費等の必要経費を助成する」ことである[25]。実施主体は当然「区市町村」で、「対象施設」は**表 2-12**のとおりである。

2012（平成24）年4月の介護報酬改定を受けて、「定期巡回・随時対応サービス事業所」も対象施設に加わり、1施設当たり500万円の補助が出る。東京都の担当者に聞くと、現在何件かの申請を受けており、いくつかの事業者に内示を出している段階だそうである[26]。この補助金は施設整備にだけ使える補助金で、もちろん人件費などには回せない。東京都によると、「コールセンターの設置費用や利用者の緊急通報装置には使える」との回答であった[26]。

「夜間対応型訪問介護ステーション」も1施設当たり500万円の補助が出る。担当者によると、「定期巡回・随時対応サービス事業所」に「夜間対応型訪問介護ステーション」が併設された場合には、合わせて1千万円の補助金がつくという[26]。

『日経ヘルスケア』（2012年4月）が指摘したように、現段階で定期巡回・随

第二章　在宅訪問介護看護の展開

時対応サービスへの参入を表明しているのは、経営体力のある大手や中堅の居宅サービス事業者である。本項では、ジャパンケア、やさしい手、ウイズネット、そして、新生メディカルの対応について述べた。

「やさしい手」は、サービス付き高齢者向け住宅（サ高住）と定期巡回・随時対応サービス事業所を組み合わせた形態で事業展開を進めている。尾身信一氏（やさしい手）がいうように、「定期巡回・対応サービス単独での黒字化は難しい。だが、安定収入が見込めるサ高住と組み合わせれば黒字化は可能」と話しているように、定期巡回・随時対応サービス事業所単独では採算をとることは難しい。東京都の担当者からの聞きとりでも、現在何件かの申請を受けていくつかの事業者に内示を出している段階にすぎない。この分野に積極的に進出しようというより、慎重姿勢の事業者のほうが多いことは容易に推測できる。東京都の事例で示したように、「介護基盤の緊急整備特別対策事業」として補助金で誘導しようとしても、現状は"様子見"の事業者が多いことは納得できる。現在のところ、「補助金での誘導はどこまで可能なのか」は不明であるといわざるを得ない。

(3) 新生メディカルは「定期巡回・随時対応介護看護」に参入しないのか

2012（平成24）年7月10日に、今村あおい氏から聞き取りした[22]。

第1に、「今回の介護報酬改定では、『定額払い』となったが、『どこまでサービス提供するのか』基準がはっきりしておらず、よくわからない」とのことであった。例えば、要支援の場合には定額払いであっても枠組みがあるのでサービス提供しやすいが、今回の改定では定額と出来高のどちらかを選ぶことになり、利用者にしてみたら介護報酬を超えそうなときには金額調整が必要となり、当然定額払いを選択することになり、事業者の採算性が不安である。

篠田浩（大垣市福祉部社会福祉課課長補佐）は座談会（三菱UFJリサーチ＆コンサルティングの報告書）で、「例えば要介護5の人で1日5回を短時間で訪問して、それ以外に入浴や、掃除、洗濯などを利用すると、訪問介護と比べて収益性が下がってしまいます。どこまで（サービス──小磯）提供するのか、できるのかということは、検討が必要でしょう」と指摘する[27]。厚生労働省は、利用者に対する1日の最低訪問回数は決めていない。今後の地域連携会議でしっかりみていきなさいということらしい。

第 2 に、ではどのようにして現在は従来のサービスを提供しているのか。今村は、「身体ゼロで 20 分未満のコードを使って 24 時間のサービス提供を行っている」と述べた[22]。

　どういうことかというと、2012（平成 24）年 1 月 25 日に開催された、第 88 回社会保障審議会介護給付費分科会資料（社保審――介護給付費分科会）「資料 1-1　平成 24 年度介護報酬改定について（骨子）」の 7 頁には、「訪問系サービス」「(1) 訪問介護」には、「身体介護の時間区分について、1 日複数回の短時間訪問により中重度の在宅利用者の生活を総合的に支援する観点から、新たに 20 分未満の時間区分を創設する」と記述されている。20 分未満は「170 単位／回」、20 分以上 30 分未満は「254 単位／回」である。これが、身体介護が 20 分未満の場合は"身体 0"である。社保審――介護給付費分科会「資料 1-2　平成 24 年度介護報酬改定の概要」の 7 頁にも同様のことが書かれている。このことは当然、「介護報酬改定に関する省令及び告示の改正案　1. 指定居宅サービスに要する費用の額の算定に関する基準」（平成 12 年度厚生省告示第十九号）（抄）の「別表」「指定居宅サービス介護給付費単位数　訪問介護　イ　身体介護が中心である場合　(1) 所要時間 20 分未満の場合」と改正案に記述されていることと同じである。

　第 3 に、問題はこの"身体 0"の算定要件である。身体介護 20 分未満の算定要件は、以下の①または②の場合に算定する（**表 2-13**）。

　「要介護 3 から要介護 5 までの者であり、障害高齢者の日常生活自立度ランク B から C までの者であること」という要件により、明らかに軽度者へのサービス提供はできなくなった。新生メディカルの 24 時間訪問介護はどこへ向かうのか、未だ検討中である。

　第 4 に、そもそも定期巡回・岐阜方式の 24 時間訪問介護は、「定期訪問」が基本だと考えている。しかし今回の改定では、「随時」のほうが強調されてしまい、「呼べばすぐ来てくれるかのように利用者は思ってしまうのではないだろうか」「随時の利用者などはそう多くはないはずなのに」と今村氏は指摘する。

　第 5 に、今村は「看護のほうには報酬が高くついて、介護のほうには報酬が低い感じがしている。介護報酬は重度の要介護者に傾斜しているが、軽度の介護者にサービスを提供できないことが困っている」と指摘する。しかも「訪問看護ステーションと連携しようとしても、そもそも訪問看護ステーションがない地域で

第二章　在宅訪問介護看護の展開

表 2-13　身体介護 20 分未満の算定要件

①夜間・深夜・早朝（午後 6 時から午前 8 時まで）に行われる身体介護であること。
②日中（午前 8 時から午後 6 時まで）に行われる場合は、以下のとおり。

〈利用対象者〉
- 要介護 3 から要介護 5 までの者であり、障害高齢者の日常生活自立度ランク B から C までの者であること。
- 当該利用者に係るサービス担当者会議（サービス提供責任者が出席するものに限る。）が 3 月に 1 回以上開催されており、当該会議において、1 週間に 5 日以上の 20 分未満の身体介護が必要であると認められた者であること。

〈体制要件〉
- 午後 10 時から午前 6 時までを除く時間帯を営業日及び営業時間として定めていること。
- 常時、利用者等からの連絡に対応できる体制であること。
- 次のいずれかに該当すること。
    ア　定期巡回・随時対応サービスの指定を併せて受け、一体的に事業を実施している。
    イ　定期巡回・随時対応サービスの指定を受けていないが、実施の意思があり、実施に関する計画を策定している。

は連携のしようがない」とも指摘する。

　今村は、「看護のほうに報酬が高くついて」といっているが、篠田らと座談会に出席した、富山県の宮垣早苗（社会福祉法人射水万葉会射水万葉会天王寺サポートセンターセンター長）は、連携型で行う予定であると述べた上で、「訪問看護から、2,920 単位でどんな看護ができるかわからない、特に、1 カ月 2,920 単位で、その人の体の面を全部カバーしていくとなると、相当な負担もあるし、経営にもかかわってくるので難しい」と（看護師から――小磯）いわれたと述べた上で、「計算すると 1 週間に 1 回の訪問が限度だろうと」と座談会で述べている[28]。

　今回の改定に伴い、24 時間定期巡回訪問介護看護をやれば、申請すれば市区町村から地域密着の補助金が出る。しかし、「それでコールセンターをもってどのようにやっているかどうかは明確には分かっていない。本当にやっているのだろうか」と今村は疑問を投げかけた。

（4）課題

　「介護保険制度改革と短時間巡回訪問介護看護」をテーマに、2011 年改正介護保険法と 2012 年介護報酬改定について、新生メディカルの取り組みからみえてきた課題について述べてきた。政府・厚生労働省は、これまでのモデル事業を集

約し、今回の24時間定期巡回・随時対応型訪問介護看護を介護保険事業の柱の一つとして提起した。

しかし筆者が新生メディカルを訪問し聴き取りした中からも、24時間定期巡回・随時対応訪問介護看護を介護保険事業として単独で採算がとれる事業とすることは難しいと判断された。日経ヘルスケアの取材に対して、ジャパンケアややさしい手などが表明しているように、サービス付き高齢者向け住宅等との組み合わせを考えたり、訪問看護ステーションとの連携を構築したりすることなしに、単独事業で採算ベースに乗せることは不可能に近いと思われる。

新生メディカルの場合でも、入浴は従来型の介護保険制度を利用していた。ヘルパーと看護師が連携して利用者を入浴させており、しかも家族介護が前提になっていた。配膳はするが、食事はいったい誰がつくっているかというと、本人または家族がつくっているのである。

新生メディカルでは、24時間チェックシートをつくり利用していて、ヘルパーがチェックしている。しかし、介護サービスだけのチェックシートであって、生活や社会性までをアセスメントできるものではないことに注意が必要である。本来ならアセスメントとは、その人と社会とのつながりまで含めてアセスメントすべきであって、単に介護サービスだけであってはならない。ケアマネジャーの役割が重要であることはいうまでもない。

また、三菱UFJリサーチ＆コンサルティングの報告書では、夜間提供経験のない事業所は人材確保に不安を抱いていることがわかった[27]。つまり、夜間対応については事業所によってばらつきがある、ということである。同報告書の中で、宮垣早苗（射水万葉会）は、モデル事業の中で夜間対応型訪問介護事業から始めたので、夜間の人員に対する心配はなかったと述べている。松永真弓（やさしい手）も、オペレーターは夜間対応訪問介護のほうで兼務としたと述べ、横内理乃（医療法人笹本会）は、訪問看護事業所は夜間体制をとっていたので、特に問題なかったと述べている。一方、関野哲也（有限会社伊豆介護センター）は、元来、日中の勤務を前提にした訪問介護事業所なので、夜間に働きたいという職員はあまりいない。「夜間に働いてくれる職員を探すのは本当に大変でした」と述べている。そして関野は、「夜間対応については、ほとんど利用者は寝ていますので、オペレーターへの電話はほとんどかかってきませんし、業務内容として負担が大

きいということはありません。単純に夜間働く人を確保する、ということだけが大変ですね」と述べている。

しかし、同報告書の内容から、オペレーション対応をみると、対象者344人に対して242件である。また、1回の1人当たりの平均コール件数は0.7回である。コールの時間帯は、「日中」42.1％、「夜間」7.9％、「深夜」32.6％、「早朝」17.4％となっており、コール内容をみると、「不安解消」が41.7％と最も多い。緊急性を要する「緊急の身体ケア・生活援助」は9.9％、「医療・看護ケア」は3.7％であった。

時間帯別コール内容をみると、「深夜」や「早朝」に「不安解消」によるコールが多い。コールに対するオペレーターの対応状況は、「電話対応」が64.0％と最も多く、「訪問対応」は31.8％である。コール内容別対応状況をみても、「電話対応」が155回、「訪問対応」が77回で、それぞれ64％、31.8％であった。「電話対応」のうち61.3％が「不安解消」であった。「通常の身体ケア・生活援助」は3回（1.9％）、「緊急の身体ケア・生活援助」は0回（0.0％）、「医療・看護ケア」は2回（1.3％）にすぎない。

新生メディカルの事業モデルは、厚労省が描く絵柄の下敷きになっていることは一般的に考えて当然であるが、当事者である新生メディカルが今回の24時間定期巡回・随時対応型訪問介護看護事業に乗り出せないところに、2011年改正介護保険法と2012年介護報酬改定の課題があるように思われる。

24時間対応の訪問サービスの必要性については、筆者は大いに強調するところであるが、財源を壁とした「選択と集中」のもとで、重度者の要介護者に対するサービスの集中が行われる一方で、軽度者のサービスの削減が行われたことは否めない。そして、実際の制度設計上事業者の参入はあるのか、今後の動向が注目される。さらに、軽度者のサービス切捨てによって実際の高齢者の生活にどのような影響が出てくるのか、新たな調査が必要になっていると考える。

以上、地方都市における新生メディカルの取り組みについて述べたが、次節では、大都市横浜市における24時間定期巡回・随時対応型訪問介護看護事業の取り組みについて述べる。横浜市の取り組みを事例として取り上げたのは、新生メディカルが定期巡回・随時対応訪問介護看護事業に対して慎重であったことに対

して、横浜市の事例は積極的に国の方針に従うというよりも、国よりも先んじて取り組みを開始していたからである。

第3節　横浜市定期巡回・随時対応型訪問介護看護

1. 介護保険制度を取り巻く状況

(1) 介護保険制度の実施状況

　介護保険事業状況報告によると、65歳以上被保険者は、2000（平成12）年4月末に2,165万人であったが、2013（平成25）年1月末暫定版では3,072万人となっており、1.42倍加している。要介護（要支援）認定者の増加でみると、2000（平成12）年の218万人から2013（平成25）年では554.5万人と2.54倍加している。第1号被保険者に対する割合は約18.1%であった。

　サービス利用者の増加をみると、2000（平成12）年の在宅サービスと施設サービス利用者数は149万人であったが、2013（平成25）年には居宅（介護予防）サービス受給者数345.2万人、施設サービス受給者数87.9万人、そして新たなサービスとしての地域密着型（介護予防）サービス受給者数33.6万人で、3つのサービス合計は466.7万人で、3.13倍に増加した。

　まさに介護保険制度は、制度創設以来13年弱で、被保険者数が1.42倍加に対してサービス利用者は3.13倍加と、高齢者介護になくてはならない制度として定着・発展していると考えられる。

　今後の介護保険を取り巻く環境をみてみると、65歳以上の高齢者数は2025（平成37）年には3,658万人となり、2042（平成54）年にはピークを迎え、3,878万人になると予測されている。また、75歳以上高齢者の全人口に占める割合は増加していき、2055（平成67）年には25%を超える見込みである（2,401万人、26.1%）。

　65歳以上高齢者のうち、「認知症高齢者の日常生活自立度Ⅱ」以上の高齢者は、2010（平成22）年280万人（9.5%）、2015（平成27）年345万人（10.2%）、2020（平成32）年410万人（11.3%）、2025（平成37）年470万人（12.8%）へと増加していく。そして、世帯主が65歳以上の単独世帯や夫婦のみの世帯は2010年の20.0%から2035（平成47）年には28.0%へと増加していく。

しかも首都圏をはじめとする都市部において、今後急速に75歳以上人口が増加する。75歳以上高齢者数は、2010（平成22）年の全国平均1,407.2万人から2035（平成47）年には2,166.7万人と1.54倍加するのに対し、埼玉県2.05倍、千葉県1.94倍、神奈川県1.86倍、愛知県1.77倍、東京都1.69倍と全国平均を上回る。一方で島根県と鹿児島県は1.14倍、山形県は1.13倍の増加にとどまると予想されている。

(2) 介護の希望

厚生労働省老健局「介護保険制度に関する国民の皆様からのご意見募集（結果概要について）」では、「自分が介護が必要になった場合の介護の希望」を尋ねている。その結果、最も多かったのは、「家族に依存せずに生活できるような介護サービスがあれば自分で介護を受けたい」で46％、2位は「自宅で家族の介護と外部の介護サービスを組み合わせて介護を受けたい」で24％、3位は「有料老人ホームやケア付き高齢者住宅に住み替えて介護を受けたい」で12％であった。「両親が介護が必要になった場合」の家族の希望をみると、最も多かったのは「自宅で家族の介護と外部の介護サービスを組み合わせて介護を受けたい」で49％、2位は「家族に依存せずに生活できるような介護サービスがあれば自宅で介護を受けたい」で27％となっており、前記自分の場合の1位と2位が逆転している。いずれの場合にも、在宅希望が上位を占めており、施設や医療機関への入院・入所希望は1割弱にとどまった。

(3) 地域包括ケアシステムが求められる理由

2025（平成37）年の高齢社会を踏まえると、前述したように、①高齢者ケアのニーズの増大、②単独世帯の増大、③認知症を有する者の増加が想定されている。それに対応するには、介護保険サービス、医療保険サービスのみならず、見守りなど様々な支援が切れ目なく提供されることが必要である。しかし現状をみると、各々の提供システムは分断され、有機的な連携はみられない。そこで、地域において包括的、継続的につないでいく仕組みとして「地域包括ケアシステム」が必要となっている。

住まい・医療・介護・予防・生活支援が一体的に提供される地域包括ケアシス

テムの実現により、重度の要介護状態となっても、住み慣れた地域で自分らしい暮らしを人生の最期まで続けることができるようになる。地域包括ケアは、地域居住を支えるための医療・介護連携を強化し、自宅などその人が望むところで住み続けられる体制をどの地域においても整備していくことが求められている新しいケアシステムの形である。

地域包括ケア実現のための課題は、①医療・介護連携強化、②介護サービスの充実強化、③介護予防の推進、④見守り、配食、買い物など、多様な生活支援サービス確保や権利擁護など、⑤高齢期になっても住み続けられる高齢者の住まい整備、の5点が挙げられている。

「地域包括ケア元年」といわれた2012（平成24）年4月より1年以上が経過し、介護サービスの目玉とされる「定期巡回・随時対応型訪問介護看護」「複合型サービス」や、サービス付き高齢者向け住宅などの進捗・最新状況の政策動向を整理する必要がある。

本節では、2013（平成25）年4月に横浜市役所健康福祉局高齢健康福祉部を訪問して調査した内容から、横浜市の「定期巡回・随時対応型訪問介護看護（以下、24時間サービス）」の取り組みについて述べる。

2. 横浜市の24時間サービス

(1) 18区に24時間サービス拠点を開設

横浜市は、24時間サービスを「在宅介護の切り札」と位置付けて整備している。2012（平成24）年10月には、市内18区に1拠点ずつ24時間サービス拠点を指定し、開設させている。24時間サービスを自治体内に18事業所展開するのは全国でも最多である。**表2-14**をみるとわかるように24時間サービス事業を実施している行政・組合数は94しかない。2位の札幌市（14事業所）以外は、24時間サービスを実施している事業所数はみな1ケタにすぎない。

横浜市では、2013年度、14年度は9拠点ずつ整備していき、2013年度には現在の2倍となる36拠点まで拡大させていく考えだという（横浜市健康福祉局での調査）。

横浜市は、2011（平成23）年5月頃から、24時間サービス推進を市の方針として掲げ、事業者やケマネジャーに啓発活動を行ってきた。2012（平成24）年4

表 2-14　定期巡回・随時対応サービスの事業所数（平成 25 年 1 月末）

都道府県名	保険者名	事業所数		都道府県名	保険者名	事業所数	
北 海 道	札幌市	14		神奈川県	秦野市	(1)	
	小樽市	1	※	新 潟 県	上越市	4	
	帯広市	1		富 山 県	富山市	1	※
	夕張市	1		石 川 県	加賀市	1	
	函館市	2		福 井 県	福井市	1	※
岩 手 県	盛岡市	1	※	山 梨 県	甲府市	1	※
	北上市	1		岐 阜 県	岐阜市	3	※
山 形 県	山形市	1			大垣市	1	
福 島 県	福島市	3		静 岡 県	静岡市	4	※
埼 玉 県	和光市	2			伊東市	1	
	朝霞市	(1)			浜松市	2	
	志木市	1		愛 知 県	名古屋市	7	
	久喜市	1			稲沢市	1	
	宮代町	(1)			清洲市	(1)	
	白岡市	(1)			豊橋市	1	
	幸手市	(1)			西尾市	1	
	杉戸町	(1)			北名古屋市	1	※
	上尾市	1			岡崎市	1	
	大里広域市町村圏組合	1		三 重 県	鈴鹿亀山地区広域連合	1	
千 葉 県	千葉市	1		滋 賀 県	栗東市	1	
	船橋市	1			草津市	1	
	君津市	1		京 都 府	京都市	2	
	柏市	2	※		福知山市	1	
	習志野市	(1)			日向市	1	
東 京 都	中央区	2		大 阪 府	堺市	2	※
	港区	3			藤井寺市	1	
	新宿区	1			八尾市	1	
	墨田区	1			大阪市	1	
	江東区	2		兵 庫 県	神戸市	5	
	品川区	1			たつの市	1	
	世田谷区	2		奈 良 県	大和郡山市	1	
	中野区	1	※		奈良市	1	
	杉並区	2		和歌山県	和歌山市	1	
	豊島区	1	※	鳥 取 県	米子市	5	※
	練馬区	1	※	岡 山 県	岡山市	4	
	足立区	3		広 島 県	福山市	3	※
	江戸川区	1			尾道市	(1)	
	目黒区	2	※	山 口 県	下関市	1	
	武蔵野市	1		愛 媛 県	新居浜市	1	※
	稲城市	1		福 岡 県	久留米市	1	
	小金井市	1	※	佐 賀 県	唐津市	1	※
	調布市	1	※	長 崎 県	壱岐市	1	
神奈川県	小田原市	1			大村市	1	※
	川崎市	5		熊 本 県	山鹿市	1	
	横浜市	18	※	大 分 県	中津市	1	
	平塚市	1	※	鹿児島県	指宿市	1	※
	伊勢原市	(1)			鹿児島市	1	

注 1）他の市町村（保険者）の所在する事業所を指定している場合は（　）としている。
注 2）※は公募指定を行っている保険者。
（出所）厚生労働省老健局振興課調べ。

表 2-15　利用開始数、利用終了数の推移

(単位：人)

	8月	9月	10月	11月	12月	1月	2月	合　計
当月利用開始数	7	3	37	29	46	45	40	207
累計利用開始数	7	10	47	76	122	167	207	
当月利用終了数	0	0	4	7	8	8	15	42
累計利用終了数	0	0	4	11	19	27	42	

(出所）横浜市健康福祉局。

表 2-16　月別利用者の推移

(単位：人)

	8月	9月	10月	11月	12月	1月	2月	合　計
月別利用者計	7	10	43	65	103	140	165	533
介護・看護利用者			13	24	39	36	50	162
介護のみ利用者	7	10	30	41	64	104	115	371

(出所）横浜市健康福祉局。

月には公募を開始し、結果的に54事業所が応募するなど事業者からの注目度は期待以上であった。

　選定された事業所は8月より順次開始し、10月1日には全区の事業者開設を達成した。全事業所の稼働から半年あまりしか経っていない2013（平成25）年3月20日には、市と24時間サービスの事業者連絡会「よこはま地域ネット24」の共催で初めての事例発表会を開催した（『平成24年度横浜市定期巡回・随時対応型訪問介護看護事例発表会』)[29]。

(2) 月別利用者の推移

　24時間サービス事業所は訪問介護、訪問看護を同一法人で行う一体型が8事業所、地域の事業所が連携する連携型が10事業所となっている。利用者数も延べ207名にのぼっており、市担当者は「利用者数の推移は順調」だと評価している。2012（平成24）年8月の利用者数は7人しかいなかったが（**表 2-15**）、7カ月後の2013（平成25）年2月には165名がサービスを利用するまでにサービス認知度が高まった。その結果、1拠点で30名以上の利用者を抱える事業所も出てきている。7カ月の月別利用者の推移（**表 2-16**）をみると、「介護・看護利用者」

第二章　在宅訪問介護看護の展開

表2-17　要介護度状況

(単位：人)

	8月	9月	10月	11月	12月	1月	2月	合計
要介護1	2	3	9	12	18	23	32	99
要介護2	3	3	12	16	29	37	46	146
要介護3		1	4	8	16	23	23	75
要介護4			8	14	18	27	35	102
要介護5	2	3	8	12	19	16	20	82
認定待ち				3	3	14	9	29
合計	7	10	43	65	103	140	165	533

(出所) 横浜市健康福祉局。

表2-18　世帯状況

(単位：世帯)

	8月	9月	10月	11月	12月	1月	2月	合計
独居	4	5	16	23	37	58	65	208
高齢者世帯	2	2	13	19	29	35	38	138
日中独居		1	4	9	14	24	24	76
家族同居	1	2	10	14	23	23	38	111
合計	7	10	43	65	103	140	165	533

注) 利用者1人につき最もあてはまるものを1つ選択。夫婦二人とも利用している高齢者夫婦世帯＝高齢者世帯×2
(出所) 横浜市健康福祉局。

は162人、「介護のみ利用者」は371人で、合計累計は533人となっている。病院からの紹介が多く、市では「密接に連携している医療・介護サービスが必要な在宅療養者を支えるサービスとして、医療機関、介護事業者からの期待度が高まっている」とみている。

(3) サービス利用状況

市では、サービス利用状況の調査を継続している。利用者数の要介護度状況は、2月末の時点で要介護3～5の中重度者は全体の約半数であった（49％）（**表2-17**）。

世帯状況をみると、独居世帯と高齢者夫婦世帯は全体の65％であり、最近では家族同居世帯の利用が目立っている。2013（平成25）年2月には家族同居世帯38世帯が利用しており、前月比1.65倍となっている（**表2-18**）。

表 2-19　1 日の定期巡回の回数

(単位：人)

	8月	9月	10月	11月	12月	1月	2月	合計
1回以下	2	2	9	15	30	39	45	142
2回	3	3	15	22	35	32	44	154
3回	1	3	10	15	21	35	41	126
4回	1	2	3	6	10	12	16	50
5回			4	3	3	11	12	33
6回以上			2	4	4	11	7	28
合計	7	10	43	65	103	140	165	533

(出所) 横浜市健康福祉局。

表 2-20　随時対応・随時訪問の状況

(単位：回)

	8月	9月	10月	11月	12月	1月	2月	合計
随時対応	7	3	37	33	124	199	241	644
随時訪問	1	1	34	44	107	105	97	389
合計	8	4	71	77	231	304	338	1,033

(出所) 横浜市健康福祉局。

　1日の定期巡回の回数をみると、1日1回〜3回の訪問が多く、全体の約8割（79.2％）を占めた。2月の4回訪問の人が16人へと増加し（前月比1.3倍）、5回訪問は1名増加して12人となった。6回以上は、1月は11人であったが2月には7人へと減少している（**表 2-19**）。

　利用者数の増加に伴い利用回数も増加傾向にある。**表 2-20** をみるとわかるが、1月から2月にかけて、随時対応の回数が1.21倍と利用者数の増加に比べて伸びているのに対し、随時訪問の回数は0.92倍と減少した。

　傾向としては、利用を開始した直後は随時対応、随時訪問回数が比較的多いが、利用者がサービスに馴染んでくると随時訪問までは必要なくなり、定期巡回や随時対応のみで対応可能になる場合が増えると、市健康福祉局は分析している。

　24時間サービスはサービスを柔軟に組み立てられ、そのときの状況によって対応できる点で期待されている。事業所の事例から、在宅療養者のQOLを高めるだけではなく、1日に複数回の訪問によって利用者の生活リズムを把握し、適

切にかかわることで機能回復に繋がっていたり、家族の介護負担軽減の改善が図られたりといった効果を確認している(『平成24年度横浜市定期巡回・随時対応型訪問介護看護事例発表会』)[29]。

横浜市健康福祉局では、24時間サービスは地域包括ケアシステムを構築する上で重要な施策と捉え、今後も積極的に整備を推進すると述べている。

3. 横浜市の取り組みとこれからの展開――介護保険制度をどう見直すか

政府の社会保障制度改革国民会議では、医療・介護分野の検討が進められていた。それと並行して、社会保障審議会介護保険部会でも介護保険制度改革の議論が行われており、厚生労働省は介護保険改正法案を2014年の通常国会に提出する意向を示していた。

2013年4月、先進的な取り組みをしている自治体の一つで、全国で最大の介護保険の保険者である横浜市の事例を調査した。そして、本項は、地域包括ケアの中核的役割を担う、定期巡回・随時対応型訪問介護看護事業について、横浜市定期巡回・随時対応型訪問介護看護事業者連絡協議会会長の羽田野政治氏へのインタビューを再構成したものである[30]。

(1) 定期巡回・随時対応型訪問介護看護事業

定期巡回・随時対応型訪問介護看護事業の基本的な考え方は、日中や夜間を通じて訪問介護と訪問看護が密接に連携したチームケアで定期巡回の訪問と随時の対応と訪問を行うサービスで、行政区単位で事業所の整備が行われてきた。つまり、このサービスは、訪問介護と訪問看護が一体的にチームケアで短時間の定期巡回訪問サービスを行い、一方ではケアコールと呼ばれる電話や機器による応答や訪問などの随時の対応を利用者の通報で行うサービスである。

このサービスの特徴は、常駐のオペレータを配置して高齢者の多様化する介護ニーズや状態の変化に応じたサービスを在宅中心に提供することで、「施設から地域へ」「医療から介護へ」と移行できるように、介護、看護、医療の多職種連携で生活を継続させることを可能にさせたトータルサポートになっていることである。また、利用者に対して短時間の定期訪問、随時の対応といった手段を適宜・適切に組み合わせて1日複数回、必要なタイミングで必要なサービス内容の

ケアを提供している。

　サービスの対象者は、要介護3以上の要介護者の在宅生活の限界点を引き上げることが前提であったが、要介護1や2といった軽度の要介護者であっても、複数回の定期訪問や随時の対応による安心感の提供の効果が認められたことから、サービスの対象者は、要介護者全般となった。また、体調管理や緊急時の対応が可能なので、自宅での生活を支えるために必要な継続的アセスメントがとれることなどから、適切な食事内容の確保や服薬の確認、排泄時の清潔保持、心身の状況の変化も定期的に確認できるようになった。在宅ケアで施設並みのケアが可能になったといっても過言ではない。このように羽田野は述べる。

(2) 情報共有化で介護、看護、ケアマネジャーの連携

　認知症ケアでは介護職と看護職による専門職が連携を組み、チームで継続的にアセスメントを行い、行動心理症状といわれるBPSD（Behavioral and Psychological Symptoms of Dementia：認知症に伴う行動と心理の症状）の状態や発症する要因を分析して、認知症の改善や進行の緩和を行わなければならないが、このサービスによって、それを可能にした。

　しかも在宅で、このようなサービスは従来型のサービスにはなかったものである。そして、このサービスでもう一つ大切なことは、ケアマネジメントと定期巡回・随時対応サービスが行うマネジメントのあり方である。従来のケアマネジメントや訪問サービスでは、なかなかできなかったサービス提供のタイミングや効率的な移動ルートの設定、ニーズに合わせた効果的なケアの投入やケアマネジャーとの共同マネジメントができるようになった。

　専門職が緊密に連携を図り、他のサービス事業者との情報共有を進めることができるので、利用者ニーズに即したケアプランを作成することを可能にしたのである。言い換えれば、ケアマネジャーの腕や質も問われることになる。なぜならば、このサービスで大切な多職種連携業務で均一的な個別ケアを行うためには、利用者の状態を正確にケアマネジャーが把握しなければならないし、認知症の状態も理解した上で、自立支援に向けたケアプランの作成が重要になるからである。

　そのために、このサービスには計画作成責任者が施設サービスのように配置されている。しかし、根本的に施設の計画作成担当者と異なるのは、あくまでも居

第二章　在宅訪問介護看護の展開

宅介護支援事業者の担当ケアマネジャーのつくるケアプランを忠実に実行されているかを見直し、サービス提供のタイミングやニーズに合わせたケアが効果的に投入されているかなどの分析が主たる業務になることである。

その結果を担当ケアマネジャーに伝え、ケアプランの見直しを行うなど、ケアマネジャーと共同マネジメントを行う点が大きな違いであると羽田野はいう。

このサービスには、一体型と連携型があるが、連携型を例にとれば、連携先の確保が困難な場合が多いと一般的にいわれている。例えば、24時間の吸引、点滴、胃瘻、褥瘡など看護職の作業や移動が頻回になる。それに医療依存の高い利用者が加わるとサービスの継続が難しくなるだけでなく、サービスが行き届かなくなってしまうケースが多々ある。また、ケアプランが適宜に変更になるため、ケアマネジャーとの間でケアプランの変更手続きや確認の手間がかかり、適切にケアに入れない場合などもある。

在宅生活の継続には、介護サービスに加え看護サービスの安定的な提供が重要になるので、介護職と看護職が情報を共有しながら一体的にサービスを提供することが重要になるわけであるが、実態としては、看護職は利用者に対するモニタリング・アセスメントや訪問看護指示書に基づくサービス提供、体調急変時の判断や医師との連携、介護職に対する療養上の助言を行うにとどまり、専門職間の協働が効果的かつ柔軟的に行われていないことも多く報告されている。

介護保険法の第1条には、「能力に応じ自立した日常生活を営むことができるよう」支援、援助するとされているが、介護職の業務の大半が、その人の有する能力に応じた自立支援に向けたサービスよりも、部屋の掃除や衣類、下着の洗濯、食事づくりや買い物などの生活援助中心に依頼をしてくる家族やケアマネジャーも多いことに驚かされる。「当たり前のように介護保険でハウスクリーニングや買物代行を行っている」と羽田野は指摘する。

(3) 利用者の心身の状態変化に応じた柔軟なサービス提供

柔軟なサービスが必要になるため、勤務ローテーションを安定させなくてはならない。例えばモーニングケア、食事、ナイトケアなど特定の時間帯で利用者の集中が予想されるときなどには、短時間勤務の職員も組み合わせたシフト対応を行ってサービスが途切れないようにするが、人材の安定的確保が難しいため、有

効活用の観点からは他の事業所との兼務などで柔軟に対応させているという。
　しかし、軽度でも生活支援を複数回依頼してくる利用者が多いことや、デイサービスの送迎などの依頼が多く訪問回数が逆に増えていること、入浴困難者に対しては2名体制で対応しなければならないなど、人材確保には苦労している。定額報酬では、現状のサービスを安定して行うには賄いきれない状態でもあることも指摘する。
　随時対応に関しても利用者からのコールに対応するオペレータは看護ニーズに適切に対応するため、必要に応じて看護の専門知識をもった職員から助言を常に得られるような体制を確保しなければならない。こうした随時の対応体制については、人的資源の効果的活用の観点から事業所間の連携や委託による協働など、様々な地域資源やインフラを活用して融通のきくオペレータ業務にしなければならない。そのためには、夜間帯のオペレータの待機規準の要件を緩和しなければならないのではないかと、羽田野は問題提起する。
　また、双方向通信が可能なICT（情報通信技術）を活用した機器を普及させて、業務の手間を簡素化するなどの整備も急務である。しかし、現在のところ、その辺りが曖昧になっているため連携がとれにくい環境となり、サービス展開が進まないとも指摘する。

（4）地域密着型の定期巡回・随時対応サービスへ

　サービス提供領域については、在宅高齢者が住んでいる日常生活圏域内の特性を活かして、きめ細かなニーズ把握とサービスのマネジメントが行えることが、このサービスに求められるので、市町村が定期巡回・随時対応サービスの事業者を選定して指定している。
　そして、高齢者の生活においては、心身の状態が日々変化し、それに伴い必要なサービスの量やタイミングも変化することから、包括定額払い方式にしている。
　しかし、サービス提供回数は減らないのに、デイサービスやショートステイ利用時の減算や医療依存度が高い利用者の頻回な看護サービスの定額制は、経営を逆に悪化させているのも事実である。従来の訪問介護サービスに比べ、事業者側のサービス提供の密度が高まることにより、職員の稼働率の向上が図られ、効果的なサービス提供が可能となるはずである。

そのためには、使い放題というケアマネジャーの間違った理解やサービスに対する関心なども高めなくてはならない。つまり、定期巡回・随時対応サービスを利用するにあたっては、このサービスの本質を知った上で、ケアプランの組み立てをケアマネジャーが正しく理解する必要性が求められることが、最優先であろうという。

　ともあれ、報酬体系や配置基準、サービス提供の周知や普及など問題は山積しているが、定期巡回・随時対応サービスの内在する可能性は、施設では難しいとされている個別ケアや均一ケアを、在宅に居ながら多職種間の連携で実現可能にしているわけである。この羽田野の指摘に筆者も同じ考えである。

　利用者の1日の生活を包括的かつ継続的に把握することを可能にした定期巡回・随時対応型訪問介護看護サービスは、チームマネジメントの概念がより強化され、認知症をはじめとする多様化する介護ニーズに応じ得る、地域包括ケアシステムの仕組みといえるのではないか。このシステムを支える基礎的な定期巡回・随時対応型訪問介護看護サービスで、住み慣れた地域で生活を継続できることが重要である。

　羽田野政治の指摘は、横浜市の取り組みを通じて、今後の介護保険の見直しへの示唆を与えている。24時間サービスは必要であることは一貫した主張である。しかし、事業所の経営を考えると厳しさが垣間みられる。また、ケアマネジャーのケアプランの見直しも大きな課題である。多職種連携の重要性も指摘している。地域包括ケアシステムの仕組みは、漠然としたものではなく、羽田野が指摘するような具体的なことであるとよくわかる。

第4節　地域包括ケアシステムと訪問看護（2010～2014年）

1. 増大する訪問看護の役割

　地域包括ケアシステムに導入された「24時間対応サービス」と「複合型サービス」にとって、訪問看護は根幹のサービスである。地域包括ケアを支える新規サービスとして、2012（平成24）年4月から「24時間対応の定期巡回・随時対

応サービス」が始まったことは、すでに第2節の新生メディカルと第3節の横浜市の事業でみたとおりである。もう1つ、地域包括ケアシステムを支える新規サービスとして2011（平成23）年5月から始まっているのが複合型サービスである。地域密着型サービスの位置付けで、利用者のニーズに応じた柔軟な対応が始まっている。複合型事業所（小規模多機能型居宅介護と訪問看護）は、要介護度が高く、医療ニーズの高い高齢者に対応するため、小規模多機能型居宅介護サービスに加え、必要に応じて訪問看護を提供できる仕組みとする。別々に指定したサービス提供にするよりも、小規模多機能型居宅介護事業所に配置されたケアマネジャーによるサービスの一元管理により、利用者のニーズに応じた柔軟なサービス提供が可能となる。事業所にとっても柔軟な人員配置が可能になる。

　訪問看護事業所数は、介護保険制度施行時の2000（平成12）年に4,730カ所から2003（平成15）年には5,091カ所と5,000カ所を超え、2006（平成18）年の5,470カ所をピークに緩やかに下降し始め、2010年（平成22）には5,119カ所まで減少した。その後、2011年には5,212カ所、12年に6,590カ所（前年対比＋1,378）、13年に6,795カ所（同＋205）、14年に7,474カ所（同＋679）まで増加した（**図2-1**）。5,000前後で横ばいだった事業所数は、2011年対比で1.4倍、2,255カ所（2014年4月時点）まで増加している（2000〜12年は厚労省「介護サービス施設・事業所調査」、2013、14年は全国訪問看護事業協会「訪問看護ステーション調査」）。

　事業所急増の背景には、2012年の診療報酬・介護報酬の同時改定で訪問看護が手厚く評価されたことがある。2025（平成37）年に向けて「病院完結型」から「地域完結型」の医療提供体制へのシフトが進む中、訪問看護に求められる役割は年々高まっているといえよう。

　2014（平成26）年度診療報酬改定では、在宅復帰の一層の促進が図られた。特に早期退院が求められたのが急性期病院である。7対1看護一般病棟入院基本料に「自宅や居住系施設への退院割合75％以上」の要件が加わった。さらに、癌や神経難病などで90日入院しているケースを平均在院日数の計算から除外できる「特定除外制度」が廃止された。

　在宅復帰促進や平均在院日数の短縮に伴い、今後、治療を終えた患者が、医療必要度が高い状態で退院するケースが増えることが予想される。その際、訪問看

図 2-7　職員規模別にみた事業所数の構成

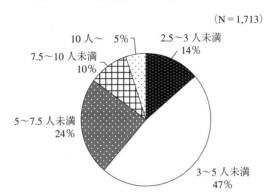

注）訪問看護の人員基準の算定対象となる職員のみ。
（出所）日本看護協会「訪問看護事業所数の減少要因の分析及び対応のあり方に関する調査研究事業」〔2009（平成 21）年 3 月〕をもとに厚生労働省で作成。

護には、多様な重度者に対応する力が求められることとなる。

2. 訪問看護ステーションの規模別状況

図 2-7 から、「看護職員 2.5～3 人未満」の訪問看護ステーションは全体の 14％であり、「3～5 人未満」のステーションは全体の 47％で、看護職員 5 人未満の訪問看護ステーションは全体の 61％である。そして、1 事業所当たり看護職員数は約 4.3 人である。先に掲げた図 2-3 と比較すると、「看護職員 2.5～3 人未満」の訪問看護ステーションは全体の 13％であり、「3～5 人未満」のステーションは全体の 42％で、看護職員 5 人未満の訪問看護ステーションは全体の 55％であった。つまり、約 4 年間で「2.5～3 人未満」は 1 ポイント増加し、「3～5 人未満」は 5 ポイント増加した。看護職員 5 人未満の訪問看護ステーションは全体の 6 ポイント増加したことになる。

図 2-8 から、小規模なステーションのほうが、「24 時間対応体制の届出あり」の割合が低い結果となっている。「2.5～3 人未満」が 23.7％が「なし」で事業所の約 4 分の 1 を占めている。次に「3～5 人未満」が 19.6％と事業所の約 2 割を占めている。合計では「24 時間対応体制の届出有り」は 83.6％を占めており、「地域完結型」の医療提供体制へのシフトが進む中、訪問看護に求められる役割は高

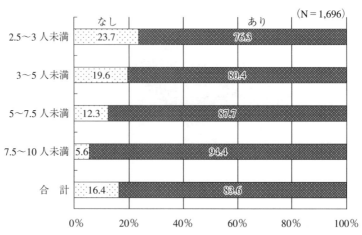

図 2-8　職員規模別にみた 24 時間対応体制の有無

注）訪問看護の人員基準の算定対象となる職員のみ。
（出所）日本看護協会「訪問看護事業所数の減少要因の分析及び対応のあり方に関する調査研究事業」〔2009（平成 21）年 3 月〕をもとに厚生労働省で作成。

まっている。地域包括ケアシステムの要である 24 時間の看護体制は、5 人未満の看護事業所数が 61％を占めることから、事業所の規模拡大が課題である。

　難病やがん、小児利用者が増加し、訪問看護を必要とする者は増加しており、そのニーズは多様化している。医療依存度の高い患者が増加している。しかし小規模な事業所が多く、非効率さやスタッフの負担が課題となっている。小規模なステーションのほうが、24 時間対応体制の届出ありの割合が低く、同様に算定者の割合も小さいことも課題である。

　この点では後述する全国訪問看護事業協会宮崎和加子事務局長のインタビューが参考になる[31]。

　宮崎は、「6 割が 5 人未満であることは確かです。このこと自体は悪くはなくて、客観的に事業がないところに何人も置けないわけですから。そういう意味では OK なんですけれども。5 人未満だから頻回訪問ができないかというと、そんなことはないです。24 時間できないかというと、そんなことはないです。あるステーションはナース 4 人で、利用者さん 30 人しかいませんが黒字です。頻回訪問しているからです。利用者さんの数は少なくとも。だから、そういう問題ではないんですね。全国的にみると経営的に約 8 割は黒字になっていますから」。そ

表 2-21　看護職員の月額給与比較（2009 年 9 月分）

【非管理職】

	平均基本給額	平均税込給与総額	平均年齢	平均経験年数
訪問看護ステーション（n＝23）	2,417,000 円	306,728 円	42.0 歳	16.5 年
病院（n＝2,167）	248,743 円	325,956 円	35.5 歳	12.8 年
差額	－7,043 円	－19,228 円		

【管理職・中間管理職】

	平均基本給額	平均税込給与総額	平均年齢	平均経験年数
訪問看護ステーション（n＝21）	288,488 円	395,722 円	45.6 歳	22.5 年
病院（n＝817）	324,852 円	421,004 円	46.3 歳	23.9 年
差額	－36,364 円	－25,282 円		

（出所）日本看護協会「2009 年看護職員実態調査」。

ういうことではなくて、「地域包括ケア時代に、地域の核となって医療ニーズの高い方も含めて、地域で看きっていくという体制をとるには、5 人未満のステーションでは力が足りない。ただ訪問だけ行ってるだけではなくて、難しいケースをどう受けていこうかとか、地域をどうしていこうかとか、の教育をしてゆかなければいけないわけです。そのことを考えると 5 人未満では足りないでしょうし、だからあとから出てくる機能強化が出てくるわけです。機能強化型こそ、地域包括ケアの中核になる存在に育てていこうという発想です。でも 5 人未満が悪いとは全然言っていません。地域にとっては必要なことです」。

　もう一つは、「機能強化型ステーションができたこともあって、合併統合サテライト化が始まっています。4 人と 4 人のステーションがあったところを、片方を本体にして片方をサテライトにして、実態は一緒だけれども事業所としては統合するような動きが始まっています」と述べていることは、大変示唆的である。

3. 訪問看護職員の処遇

　では、訪問看護職員の処遇はどうなっているのか、データからみてみよう。**表 2-21** は、訪問看護職員の処遇（給与）に関するデータである。

　「非管理職の給与」と「管理職の給与」に分けて掲載している。その結果、「非管理職の給与」については、看護職としての平均経験年数の違い（訪問看護師

図 2-9 訪問看護ステーションの休止・廃止

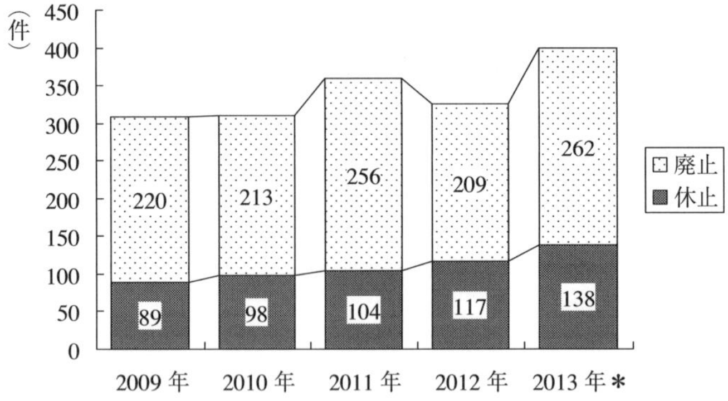

年	休止	廃止
2009年	89	220
2010年	98	213
2011年	104	256
2012年	117	209
2013年*	138	262

注）＊2013年は年度中。
（出所）全国訪問看護事業協会調べ。

16.5 年＞病院看護師 12.8 年）にもかかわらず、訪問看護ステーション看護師の基本給は病院看護師よりも 7,043 円、夜勤手当等の諸手当を加えた平均給与総額では、月額給与格差は 1 万 9,228 円低い結果となっている。「管理職の給与」については、管理職としての平均経験年数はほぼ同じだが、訪問看護ステーション看護師の基本給は病院看護師の基本給よりも 3 万 6,364 円、税込給与総額においては 2 万 5,282 円低い結果となっている（日本看護協会「2009 年 看護職員実態調査」）。

4. 小規模事業者の休廃止

訪問看護ステーションが増える一方で、毎年 300～400 カ所のステーションが休止・廃止となっている（2009 年 309 カ所、10 年 311 カ所、11 年 360 カ所、12 年 326 カ所、13 年 400 カ所）（図 2-9）。特に苦戦しているのは、全体の 6 割以上を占める看護職員 5 人未満のステーションだと容易に推測できる。人員に余裕がないため、頻回訪問が必要な重度者に対応できない、24 時間体制が組めない、といった不安定な状況に陥っている。結果、不採算になり、職員も離職するという負のスパイラルに陥る。

訪問看護の収入は、「訪問 1 回当たり単価×訪問回数」で決まる。増収を目指す方法は、加算の算定などにより単価を上げるか、訪問回数を増やすかの 2 つしかない。訪問 1 回当たりの全国平均単価は 8,195 円（2013 年度介護事業経営概況

表 2-22　機能強化型訪問看護ステーションを対象とした報酬と主な算定要件

	機能強化型訪問看護管理療養費1（12,400円）＊	機能強化型訪問看護管理療養費2（9,400円）＊
常勤看護職員数（サテライト配置の職員も含む）	7人以上	5人以上
24時間対応	24時間対応体制加算の届け出	
訪問看護のターミナルケア療養費またはターミナルケア加算の算定数	計20回以上／年	計15回以上／年
厚労大臣が定める疾病等の患者数＊＊	10人以上／月	7人以上／月
医療と介護の一体的な提供体制	訪問看護事業所と居宅介護支援事業所が同一敷地内に設置され、かつ、訪問看護事業所の介護または看護予防サービス計画の作成が必要な患者のうち、特に医療的な管理が必要な患者1割程度について、その居宅介護支援事業所が計画を作成していること	
その他	休日・祝日なども含めて計画的な訪問看護を行っていること。地域住民などに対する情報提供や相談、人材育成のための研修を実施していることが望ましい	

＊いずれも月の初回訪問の場合。
＊＊末期の悪性腫瘍など。

調査結果）である。事業所規模拡大で人件費率を70％程度に抑えることができれば、15％程度は利益が出せるとの試算もある。**図 2-3、5、6** で「職員数が少ない、利用者数が少ない、延べ訪問回数が少ないステーションほど、赤字の割合が高いという結果」と示したように、基本的な構造は現在も変わっていない。国の試算では、2025年には約5万人の訪問看護師が必要だが、2012年のステーション従事者数は3万3,469人にすぎない。

5.　機能強化型訪問看護事業所

　このような事情から、課題解決に向けて、事業所の大規模化を進めると同時に、訪問看護の担い手を育成する狙いで厚労省が2014年度改定で創設したのが、「機能強化型訪問看護管理療養費」である（**表 2-22**）。一定の規模以上で、かつ24時間体制で重度者対応、看取りなどを行うステーションを評価したものが、多様なニーズに素早く応じる体制を構築するほか、地域の拠点として、利用者や他の事業者への情報発信や相談機能、人材育成も担うイメージである。医療的管理が必要な要介護者に最適なケアプランを提供できるようにするため、居宅介護支援

表 2-23 訪問看護の報酬構造（訪問看護ステーションの場合・主なもの）

介護保険	医療保険
基本の報酬：**訪問看護費** （30分未満474単位、 30分以上60分未満834単位など）	基本の報酬： **訪問看護基本療養費** （5,550円／日、I：週3日目までの場合） ＋ **訪問看護管理療養費** （12,400円、機能強化型1、初回の場合）
＋ （加算） ・長時間訪問看護加算　300単位／回 ・複数名訪問看護加算 　254単位／回（30分未満の場合） ・特別管理加算　500単位／月（Iの場合） ・ターミナルケア加算　2,000単位 ・緊急時訪問看護加算　540単位／月1回 ・夜間・早朝・深夜訪問看護加算 　50／100を加算（深夜の場合） ・サービス提供体制強化加算　6単位／回 ・初回加算　300単位／月 ・看護・介護職員連携強化加算 　250単位／月 ・退院時共同指導加算　600単位／回	＋ （加算） ・難病等複数回訪問加算　4,500円（1日2回の場合） ・長時間訪問看護加算　5,200円（週1回） ・複数名訪問看護加算　4,300円（看護師の場合） ・特別管理加算　5,000円／月（重症度などが高い場合） ・訪問看護ターミナルケア療養費　20,000円 ・24時間対応（連絡）体制加算 　5,400円／月（対応加算の場合） ・緊急訪問看護加算　2,650円／月 ・在宅患者連携指導加算　3,000円（月1回） ・在宅患者緊急時等カンファレンス加算 　2,000円（月2回） ・退院時共同指導加算　6,000円／回 ・退院支援指導加算　6,000円 ・夜間・早朝・深夜訪問看護加算　4,200円（深夜の場合）

注）定期巡回・随時対応型訪問介護看護と連携した場合2,935単位。

事業所を併設することも要件にした。しかし、2014年6月1日現在の届け出数は、東京都で26件（療養費1：13件、2：13件）、千葉県で9件（1：6件、2：3件）にとどまっている。特にクリアが厳しい算定要件は、「ターミナル療養費・加算の算定実績」と「居宅介護支援事業所の同一敷地内の設置」である。

　機能強化型の要件となっている体制整備を含め、今後、訪問看護ステーションが持続的に成長していくために必要なことは何か。

　第1は、がん、難病、精神疾患など、多様な患者ニーズへの対応力を身につけ、医療機関やケアマネジャーなどにその強みをアピールできるようにすることである。収益力を高めるためには、職員の経営意識の向上も不可欠である。訪問看護は、医療・介護保険の両方にまたがり、報酬体系が複雑である（**表2-23**）。全職員が制度を理解した上で、まずは加算の算定などで訪問単価を上げる工夫が必要

になる。事務の専任者をおき、管理者は訪問などに専念し、増収を図るといった役割分担も効果的である。

　一方、訪問回数を増やすには、利用者を獲得するほか、医療保険を活用する方法もある。要介護者では介護保険の給付が優先されるが、一定の条件を満たせば医療保険に切り替えられ、区分支給限度額の制約を受けず、訪問回数を増やせる。

　そして、看護師確保の要が人材育成と働きやすい職場の整備であろう。即戦力となるベテランの採用は期待できないため、自分で育てる姿勢がポイントとなる。職員のスキルやキャリアアップの支援はもちろんのこと、学生の研修を行えば、その後の採用につながる可能性が高まる。

　機能強化型訪問看護事業所についても、後述する宮崎和加子事務局長へのインタビューの中での考え方が大変参考になる。

　宮崎　　評価するときというのは、国民の側からみての話しだと思います。国民からみると、看護師がたくさんいるほうが安定していますよね。看護師のほうも安定しますよね。有給がとりやすいとか、病気しても大丈夫だとか、24時間体制というのはもちろんですよね。夜中電話して通じなかったら困るわけですから。重度の方たちをみるわけですから。あと、家で最期を迎えたければ国民側としてはいいでしょう。別表7[32]）というのは神経難病とかみるのが難しい方たちです。この方たちをみるのはもちろんでしょう。これからのスピード感は、例えば金曜日のお昼のときに末期の方が「病院で死ぬのは嫌だ」、「家に帰りたい」と一言いったら、その日の夕方には退院できる、そのためには訪問看護師だけではなく、ケアマネさんもいてくれなければだめです。機能強化型訪問看護事業所が受けたら、私たちもドクターとつながっていますから。それくらいのスピードで家に帰れるような地域をつくっていこうということです。がんの末期は時間がないわけですから。

　それも「我慢して病院で」といわないで、「じゃあ、帰ろう」といえる地域をつくっていこうということです。そのためにはケアマネジャーと一緒の動きをすることは当然でしょうし、「土日は休みだから」などといってられないわけです。「土曜日だから今日は来ませんとはいえないわけですから」。がんの方が亡くなるときに、土日はないわけですから。国民からみたら必要な中身なわ

けですから、これを整えてゆくのはやっぱりサービス提供する側の使命だと思います。それをひとつの事業所ではできなくても、ある地域の中には1つくらい機能強化型訪問看護事業所があって、地域全体を見回したり、地域全体のステーションと一緒になってやってゆく核が必要だと思います。自分のステーションだけではなくて、地域全体のサービスをみたり、質をみたりするところ、そういうのが必要だといっているわけで、全部の事業所がそうなれとはいってません。国民の側からみても必要だと思いますし、私たちやってる側からみてもそういうのをつくっていきたいです。何回も繰り返しますが、小さいところが悪いとはいっていません。全部同じではダメだということです。

小磯　地域の中で小さいところもあり、大規模なところもあるということが大事なわけですね。

宮崎　地域の中で大規模なところもないと、多様な需要を受けきれないでしょう。ひとつずつのことだけを考えないで、地域全体をみんなのステーションみんなのものと考えていこうというのが地域包括ケアです。その中の看護師たちの中核をつくってゆくことは大事じゃないかという考え方です。国もそう考えていますし、私たちの事業所の団体もそういうことを望んできました。

6. 地域包括ケアシステムと訪問看護の役割

「地域包括ケアシステムと訪問看護の役割」について、2014年12月に、全国訪問看護事業協会宮崎和加子事務局長から聴き取りを行った[31]。本項は、その結果をもとに再構成したものである。

(1) 訪問看護ステーション増加の理由

第1は、訪問看護ステーションがなぜ増加しているのか、である。宮崎事務局長は5つの理由を私見として述べた。

1つめは、サービス付き高齢者向け住宅の中に訪問看護ステーションを入れたほうがいいという解釈があるようで、あまり訪問看護のことを知らない人たちも含めて、サ高住の中につくっているためである。サ高住に入居している人たちだけのところもあれば、地域向けのものも含めてつくっているところが増えている。これは看護師のやる気があるかどうかは関係なく、サ高住をつくる業者が、営利

目的のビジネスモデルで始めた。

　2つめに増えているのは、訪問看護師たちが自ら会社を立ち上げて、ステーションを開業し始めているためである。これが結構な数となっている。これは看護師が起業しているのであって、とても面白い展開をしている。看取りのホスピスをつくっているステーションもけっこうある。看護師が自らバックベッドも含めて、ナーシングホーム的にやり始めているところもある。看護師が主体性を発揮して、いい活動をしていると宮崎は述べている。

　3つめの理由は、2014年の診療報酬・介護報酬の同時改定において、訪問看護に追い風が吹いたことである。このことによって、「業界だけではなく、他の業界も含めて訪問看護儲かるらしいぞ」ということで、風が吹いていることがある。

　4つめは、コンサルタント業が、「訪問看護はこうすれば儲かる」というビジネスモデルをつくって、「いっぱい立ち上げて差し上げますよ」と。少しお金をもっていて社会貢献もしたい人たちに、コンサルタントが入って立ち上げている。

　5つめは、精神病院での訪問看護ステーションが急速に始まっている。精神病院の病床の様々な動きがある中で、住宅化をして訪問看護にゆくという動きが始まっているという。

　5つの理由については、**図2-10**、**図2-11**をみれば一目瞭然である。**図2-10**からは、2012（平成24）年度は医療法人36.0％、営利法人32.6％と、全体の68.6％を占める。しかし、**図2-11**をみればわかるように、2002（平成14）年度においては50.7％が医療法人であり、営利法人はわずか9.2％にすぎなかった。それが2012（平成24）年度は医療法人34.4％、営利法人30.5％と推移し、11年間で医療法人は16.3ポイント減少し、営利法人は21.3ポイント増加した。「年間数十か所作り、医療業界の常識とは違う動きが外から動きはじめている」という宮崎の説明には説得力がある。また、「医療法人の訪問看護ステーションが株式会社等に法人変更しているのがけっこうある」という。これは数として増えていることにはならないが、民間営利法人が増えている要因になる。

（2）訪問看護ステーションの従事者数の推移

　訪問看護ステーションは増加しているが、休止・廃止しているステーションもあることはすでに**図2-9**でみたとおりである。例えば、2013（平成25）年度で

図 2-10　平成 24 年度訪問看護ステーション開設（経営）主体別（割合）

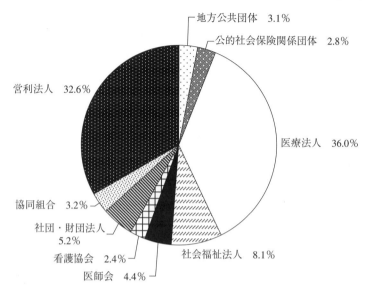

（出所）厚生労働省統計情報部「介護サービス施設・事業所調査」（平成 24 年）より作成。

図 2-11　開設法人別割合の推移（2002、2007、2011、2012 年度比較）

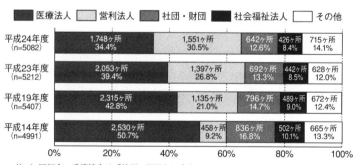

注 1）医師会・看護協会は「社団・財団」に含む。
注 2）公的・社会保険団体は「その他」に含む。
（資料）2012（平成 24）年度については、「介護情報サービス公表システム」、2011（平成 23）年度、2007（平成 19）年度、2002（平成 14）年度については、「介護サービス施設・事業所調査」のデータを使用して作成。
（出所）全国訪問看護事業協会「平成 25 年度　厚生労働省老人保健事業推進費等補助金老人保健健康増進事業　訪問看護の質の確保と安全なサービス提供に関する調査事業～訪問看護ステーションのサービス提供体制に着目して～報告書」。

いうと、896カ所増えて、262カ所が廃止になっている。ステーションの増加数からすると、廃止数はそれほどは増えていない。例えば、2009年と2013年を比べてみるとわかるように、ステーション数の増加は1,574件であるが、廃止はわずか42件であり、休止・廃止の合計でみても91件にすぎない。つまりステーションの増加のほうが圧倒的に多いのである。

しかし、宮崎がいうには、廃止の理由は色々挙げられるが、「1つが看護師不足です。ただし看護師がどんどん集まる訪問看護ステーションもありますから、看護師不足というのは看護師をうまく集められないところが廃止せざるを得なくなっています。そして利用者が集まりません。客観的には利用者はたくさんいるのに、その利用者を確保する力がないステーションになると思います」と述べている。そして「法人の取り替えがありますので、医療法人から株式会社とか、医師会立から他へといった、法人替えです。その場合には、一度廃止になって、新規になるわけです。それも含まれています」と述べている。このような廃止の理由を勘案すると、訪問看護ステーションの増加は営利法人の増加であると考えることは妥当性がある。

宮崎は、「看護師不足と言われていた7対1看護のときというのは2006（平成18）年のときですから、ずいぶん前の話です。そのときは確かにそうだったかもしれませんが、今はそのことの影響はない」とも述べている。「かえって訪問看護に光が当たったり、新卒ナースを受け入れていこうという流れが始まったりで、学生や若い看護師たちが、すごく目を向けていますから、訪問看護師は増え始めていると思います」と指摘する。

特徴的なことは、「看護師が自分で開業し始めているのですが、それが20代のナースとか30代のナースとかが立ち上げ始めています。ですからすごく面白い動きが始まっています。今まではある程度経験を積んだナースでした。病棟ナースが開業して倒産しているケースもあります。病棟ナースだからできるということでもなくて訪問看護のナースだからできます。訪問看護師たちが力をつけて自分で開業してきたわけです」。「少し前までは40代、50代のナースが退職金を使ってやり始めましたが、最近はそうではなくて20代30代のナースたちが自分たちで立ち上げ始めているのです。すごく面白い傾向が始まっていますから、従来の古い考えだけでこの問題を考えると、ちょっと当たらないと思います。営利法人

表 2-24　訪問看護ステーションの従事者数の推移（看護職＋リハビリテーション職等）

(単位：人、倍)

	看護職職員	値	リハビリ職職員	値	その他の職員	値	合計	値
1999（平成 11）年	19,923	1.0	1,898	1.0	1,190	1.0	23,013	1.0
2000（平成 12）年	25,259	1.3	2,628	1.4	1,293	1.1	29,183	1.3
2001（平成 13）年	26,624	1.3	3,143	1.7	1,408	1.2	31,178	1.4
2002（平成 14）年	28,437	1.4	3,851	2.0	1,587	1.3	33,878	1.5
2003（平成 15）年	29,533	1.5	4,321	2.3	1,748	1.5	35,606	1.5
2004（平成 16）年	30,190	1.5	5,254	2.8	1,851	1.6	37,299	1.6
2005（平成 17）年	30,736	1.5	5,945	3.1	2,046	1.7	38,732	1.7
2006（平成 18）年	31,347	1.6	6,645	3.5	1,890	1.6	39,887	1.7
2007（平成 19）年	31,562	1.6	6,664	3.5	1,970	1.7	40,201	1.7
2008（平成 20）年	32,541	1.6	6,979	3.7	2,321	2.0	41,846	1.8
2009（平成 21）年	32,400	1.6	7,485	3.9	2,290	1.9	42,181	1.8
2010（平成 22）年	32,654	1.6	8,256	4.3	2,420	2.0	43,336	1.9
2011（平成 23）年	33,019	1.7	9,228	4.9	2,555	2.1	44,809	1.9
2012（平成 24）年	37,433	1.9	11,019	5.8	3,062	2.6	51,522	2.2

注）値は、1999 年の各職種職員を 1.0 として算出した値のこと。
（資料）厚生労働省統計情報部「平成 11 年　訪問看護実態調査」同「平成 12〜24 年　介護サービス施設・事業所調査」より作成。

で立ち上がった約半数は看護師が立ち上げています。今までの医療機関からみている訪問看護とは全然違う動きです」と述べる。

　表 2-24 は、「訪問看護ステーションの従事者数の推移（看護職＋リハビリテーション職等）」を示した表である。1999（平成 11）年を 1 として指数を算出した値をみるとわかるように、看護職職員は 1.9 倍加しているが、1999 年対比で最も増大したのはリハビリ職職員の 5.8 倍加である。その他の職員も 2.6 倍加しており、全体の 2.2 倍加に貢献している。1999 年度と 2012 年度の構成割合で比較してみても、1999 年度には看護職は 86.6％、リハビリ職が 8.2％、その他職が 5.2％であったが、2012 年度の看護職は 72.7％、リハビリ職が 21.4％、その他職が 5.9％であった。その他職が 4.4％から 5.9％までの範囲で推移しているのと違い、リハビリ職は、2006〜2008 年度は 16.7％、16.6％、16.7％と横ばいになった以外は、ずっと増加している。

(3) 特別な医療処置を必要とする利用者の受入状況

　2014 年度診療報酬改定で、「特定除外制度」が廃止された。がんや神経難病の

表 2-25　特別な医療処置を必要とする利用者の受入状況

	受入体制あり	受入体制なし
経管栄養（胃ろうを含む）	95.1	4.9
在宅中心静脈栄養法（IVH）	81.3	18.7
点滴・静脈注射	93.7	6.3
膀胱留置カテーテル	95.0	5.0
腎ろう・膀胱ろう	81.7	18.3
在宅酸素療法（HOT）	94.9	5.1
人工呼吸療法	70.2	29.8
在宅自己腹膜灌流（CAPD）	45.3	54.7
人工肛門（ストマ）	90.4	9.6
人工膀胱	67.6	32.4
気管カニューレ	83.9	16.1
吸引	94.8	5.2
麻薬を用いた疼痛管理	82.7	17.3
その他	17.1	82.9

（出所）全国訪問看護事業協会「平成25年度　厚生労働省老人保健事業推進費等補助金老人保健健康増進事業　訪問看護の質と安全なサービス提供に関する調査研究事業〜訪問看護ステーションのサービス提供体制に着目して〜報告書」より作成。

　医療必要度の高い患者さんを地域で受けることになる。宮崎は、「医療度の高い方たちを訪問看護師でみることは当然であり、それがその看護師の力量をどうのこうのではない」という。それは、看護師ならできることである。
　表2-25をみるとわかるように、各ステーションにおける特別な医療処置を必要とする利用者の受け入れ状況について、「経管栄養（胃ろうを含む）」「点滴・静脈注射」「膀胱留置カテーテル」「在宅酸素療法（HOT）」「人工肛門（ストマ）」「吸引」を必要とする利用者に関しては、9割以上のステーションが「受入可能」であった。また、「在宅中心静脈栄養法（IVH）」「腎ろう・膀胱ろう」「気管カニューレ」「麻薬を除いた疼痛管理」では8割以上で受け入れている。さらに、「人工呼吸療法」を必要とする利用者に関しては、約7割のステーションが「受入可能」であった。「人工膀胱」で67.6％、「在宅自己腹膜還流（CAPD）」が45.3％、「その他」17.1％という結果であった。
　宮崎は、「訪問看護ステーション側は随時受け入れる準備はできている。何が難しいかと言えば、受け入れる家族の介護ができるかできないか、家族ができないとすれば家族に替わる介護体制が地域にあるかどうかの問題だ」という。そし

て、「こういう方たちを診られる医師が地域にいるかどうか」であるという。統計データをみると、訪問看護師たちはこういった医療度の高い患者を看るといっている。そのことについていうと、かえって病棟のほうがこわごわで帰してなかっただけではないかと筆者は考える。「いざ帰すと決まったら、意外と帰れるね」というのが率直な感想である。そういう意味では、「看護の問題ではなくて家族を支える生活基盤を支える問題であり、指示をだす医師がいるかどうかの問題であって、看護師たちは準備してます」という統計の結果であると、筆者は指摘したい。

(4) 複合型事業所から看護小規模多機能へ

　2015年4月から複合型事業所は「看護小規模多機能」に名称が変わった。「複合型」というのは中身を反映しなくてわかりにくいので、「看護小規模多機能」では看護師が入っていることがわかるような名前に代わった。地域包括ケアの中核に「看護小規模多機能」がなると考えられている。宮崎は「認知症にやさしい複合型」ではないと述べる。認知症のことは小規模多機能である。複合型はそもそもは人工呼吸器をつけている人、がんの末期の人、医療ニーズの高い人たちをみていく使命でできあがった。だから訪問看護と一緒になっていたわけである。訪問看護でみているような人工呼吸器をつけていて、デイサービスも利用できないとか、ショートステイも利用できないという人がいっぱいいたわけである。

　「普通預かってくれない人たちを預かってあげたい、がんの末期でぎりぎりになって家族が病院に入院させたらひどい死に方した、だから家ではないけれども第二の家のようなそういうところをつくりたいという看護師たちの強い希望があって、できたサービスです」と宮崎は述べている。全国で2014年11月末で170カ所くらいできている。効果としては、医療ニーズの高い人が地域で暮らし続けることができている。人工呼吸器をつけていても、がんの末期でも、そこで亡くなったり家で亡くなったり、入院しなくてすんでいる。難病の方でも、病状が不安定でも、ちょっとした肺炎ならここに来たほうが生活支援できていいとか、同じ看護師やヘルパーがかかわるので、利用する方たちはすごく安心である。入院とか施設に行かなくてすんでいることと、地域で看取りが可能になっていること、あと自宅退院をスムースにする役割で、直接家に帰るのではなくて、1度看

護小規模多機能に帰ってきて、ここから逆デイサービスとか自宅に帰ってみようかとか、ケアがいいからここでチューブが抜けたり、病状回復して家に帰れるようになったりとか、あるいは介護施設に入所待ちしていたのが行かなくても済むようになったとか、こんな例も出てきているという。この役割はすごく大きい。これから医療ニーズの高い要介護の人たちが増えていくわけだから、こういうことが可能にできるような看護小規模多機能は、すごく重要な役割を果たすと考えられている。認知症にもやさしいが、そこが主たるものではない。

　看護小規模多機能のいいところは、訪問看護ステーションの看護師と複合型サービスの看護師と兼任できることである。だから人口の少ない地域でも、訪問看護ステーションを開くほどの需要がなくても、看護小規模多機能をつくると、昼間の預かりも夜中の泊りもできるから、小さなサイズで看護師の数が少なくても、訪問看護だけではなくて全体のニーズで重度の方たちを支える仕組みである。小規模多機能から看護小規模多機能に変換することもできる。認知症もみられるし人工呼吸器をつけた人もみられる、がんの末期の人でもみられる。病院併設でもかまわない。病床の空きベッドを使ってもかまわない。有床診療所でもかまわない。有床診療所が使いやすいように、わざわざ平米数を狭くしている。これまでの小規模多機能ではたとえ看護師がいても医療行為をやってはいけなかった。今度の看護小規模多機能では医療行為ができることになった。

(5) 医療と介護の連携から多様な職種の統合化

　多機能化は栄養士など、現在は訪問看護を担っていない医療者が一人で独立するのではなく、医療職全体の総合ステーションのような形にしていこうという発想である。機能が栄養士の力や薬剤師の力、歯科衛生士の力も含めて、地域に出かけていけるステーションをつくっていくことである。

　つまり、現在の訪問看護ステーションという枠組みではなくて、「統合ケアステーション」のような形で、薬剤師は必要であり、リハビリのOT・PTなどの機能からさらに機能を増やしていく。さらに、複合型になれば泊りという機能が増えていく。まさに、医療と介護の連携というよりも統合である。看護と介護も統合していくことになる。

　宮崎は、「在宅総合ケアステーション」といっている。あるいは「地域包括ケ

アステーション」、「そういった色々な言い方をしています」と述べている。つまり、多様な職種が統合化してゆくということをいっている。その中核に、今まで「訪問看護ステーション」といってきたところがなり得る、ということである。看護師だけで在宅ケアを担うような時代ではないということである。看護師が中心になって在宅総合ケアステーションができれば、住民にとってメリットは大きいと思われる。

　医療と介護の連携というと、看護師は医療の側に入れられる。そうすると、医師がいる総合診療所があって看護師もいてということになる。だから、在宅医療の充実というと、医師の往診と訪問看護となるわけである。介護というと、介護保険でいうケアマネジャー、ヘルパー職になる。だから看護がみえにくくなる。看護は医療にも介護にも関係しているが、「看護」を押し出すほどの法律が何もない。医療には医療法がある。そういう意味で看護はみえにくいだけのことであって、そのことをどうこういってもしょうがない。

　しかし現在では、看護師の需給計画を立てる中で、訪問看護師をどうやって増やすかを議論される時代になってきた。地域医療計画にも、その中で在宅死や在宅医療体制にも看護師が入っていくようになることから、今までみえにくかった訪問看護師が様々なところに出てくることになる。宮崎は、「法律上まだでてこないだけのことだと思います」と述べた。

(6) 地域包括ケアと訪問看護

　現状では統計上は看護師数は増えてはいるが、実際に稼働している看護師数はどうであろうか。

　宮崎は「訪問看護師ももちろん増え始めています。ずっと停滞気味だった訪問看護がやっとこの平成24年あたりから少しずつ光が当たって来て、ステーションも看護師も増えてきた」と述べた。そして、現在は地域包括ケアが追い風になってきた。しかし、「一番のネックは何か」というと、訪問看護師自身がまだ脱皮できていないことだという。訪問看護師たちは自分の利用者をすごく大事にする。自分のステーションのことは考える。しかし地域全体のことにはなかなか目がいかない。在宅医療は医療でやってきたから、行政はあまり関係なかった。介護のほうはケアマネジャーもヘルパーもみんな行政の動きにマッチしていた。

第二章　在宅訪問介護看護の展開

表 2-26　地域包括ケアへの対応

1　**国民への訪問看護の周知**
- 国民、地域住民に、訪問看護の機能・役割などについて、情報発信をし、国民の理解を得るよう努力する。

2　**地域包括ケアシステムの構築**
- 地域の多職種連携の牽引力となり、地域ネットワークづくりを推進する。
- 地域住民のニーズに応じた新しい地域包括ケアシステムの創造に貢献する。
- 市町村等の様々な事業や会議に積極的に参加し、必要な役割を果たす。

3　**地域での生活を包括的に支援する訪問看護ステーションの機能強化**
- 在宅で暮らす高齢者等の重度化に対応するために、訪問看護ステーションと看護小規模多機能型居宅介護等と協働し、多機能で、多職種が連携したケアを提供する取り組みを強化する。

4　**訪問看護の立場からの政策提言**
- 介護保険事業計画、地域医療計画（特に在宅）等の自治体の計画策定プロセスに参加し、訪問看護の立場からの政策提言を行う。
- 住民のニーズや社会情勢に応じて、またアクションプラン実現のために必要な政策提言をする。
- 多機関・多職種との連携を通じて、地域住民のニーズを捉え、地域の特性にあった政策提言を行う。

（出所）日本看護協会・日本訪問看護財団・全国訪問看護事業協会「訪問看護アクションプラン 2025-2025 年を目指した訪問看護」p.13.

　行政は医師や医師会も含め、看護師のところにも、医療には今まで手を出せなかった。だから看護師が行政から遠かった。だから地域のケアの中に入っていかない。看護師が地域包括ケアの策定の中にかかわっていくことが大事である。この点では訪問看護師がどう変わるかが問われている。

　業界でいえば、日本看護協会と日本訪問看護財団、そして全国訪問看護事業協会の３つの団体がある。これらの団体が一緒になって「訪問看護アクションプラン 2025」を作成した[33]。アクションプランは４つの大項目にまとめられている。

　第１は、「訪問看護の量的拡大」である。①訪問看護事業所の全国的な整備、②訪問看護師の安定的な確保、③医療機関と訪問看護ステーションの看護師の相互育成が柱である。第２は、「訪問看護の機能拡大」である。①訪問看護の提供の場の拡大、②訪問看護事業所の機能の拡大、③看護小規模多機能型居宅介護の拡充、④訪問看護業務の効率化が柱である。第３は、「訪問看護の質の向上」である。①健康の維持・回復、生活や穏やかな人生の最終段階を支える視点をもつ専門家の育成、②看護の専門性を発揮して多職種と協働、③訪問看護ステーション管理者のマネジメント力の向上、④看護基礎教育への対応強化が柱である。第４は、「地域包括ケアへの対応」である。①国民への訪問看護の周知、②地域包

括ケアシステムの構築、③地域での生活を包括的に支援する訪問看護ステーションの機能強化、④訪問看護の立場からの政策提言が柱である。

　第4の地域包括ケアへの対応では、「それぞれの地域にあった地域包括ケアシステムの構築のために、地域住民・行政・他事業所・多職種等と協働して取り組みましょう」と明確に述べている。そして、4つの柱の内容をより具体化しており、地域包括ケアシステムの構築に貢献することを明確にしている点が評価できる（**表 2-26**）。

●注・引用文献
1）内閣府『平成23年版　高齢社会白書』2011年7月、pp.2-3。
2）厚生労働省「平成22年　国民生活基礎調査の概況」2011年7月、p.3。
3）高齢者介護研究会「2015年の高齢者介護──高齢者の介護を支えるケアの確立について──」2003年6月。
4）2010年11月22日に内閣府が公表した「介護保険制度に関する世論調査」には、全国20歳以上の5,000人のうち回答のあった3,272人について調査結果が示されている。それによると、自分が介護を受けたい場所として、「現在の住まい」を選んだ人は37.3％で、その理由（複数回答）としては、「現在の住まいで生活を続けたいから」の82.8％が圧倒的に多かった。逆に、有料老人ホーム、介護保険施設、病院などの自宅以外の場所を選んだ人が58.1％いたものの、その理由（複数回答）は、「家族に迷惑をかけたくないから」の76.7％が最も多く、必ずしも積極的に施設入所を希望しているわけではないという結果であった。
5）厚生労働省「平成20年介護サービス施設・事業所調査結果の概況」。
6）この調査では、全国の都道府県の待機者が必ずしも正確に把握されていない。独自の方法で集計した14府県のうち、秋田県、石川県、長野県、和歌山県、岡山県、佐賀県、沖縄県では「在宅のみ」を集計した。富山県、高知県では「要介護3のみ」を集計している（ただし、富山県は介護3施設とグループホームは含まない）。愛知県では「在宅および医療機関」を集計し、京都府、大阪府、愛媛県、宮崎県では、介護3施設を含まないなどの独自の集計方法を採用している。しかも、1年以内で期間を設けたり設けなかったり、在宅者か非在宅者かなどの独自の基準が設定されていて、データ集計の方法があまりに独自すぎることは否めない。以上のことからいえることは、結論として、実際の待機者または潜在的な待機者は厚労省発表より多いであろうと推測されるものの、1人が申し込む特養施設が複数にまたがることを勘案すると、真実の待機者が何人になるかは不明である。
7）政府が発表するとしていた2008（平成20）年4月に近い時期に発表された報

第二章　在宅訪問介護看護の展開

告書としては、同年3月31日に野村総合研究所から発表された「特別養護老人ホームにおける入所申込者に関する調査研究」平成21年度老人保健事業推進費等補助金（老人保健健康増進等事業分）がある。特養ホーム入所申込者の詳細な分析が記述されているが、結果をみても入所申込者の全体値について推計されたものは見当たらない。

8）三菱UFJリサーチ&コンサルティングでは、「24時間地域巡回型訪問サービスのあり方検討会」設置前の2010年3月に「地域包括ケア研究会　報告書」を、平成21年度厚生労働省老人保健事業推進費等補助金（老人保健健康増進等事業分）を受けて作成している。その中では、「3. 地域包括ケアシステムの構築に向けた当面の改革の方向（提言）」の中で、「24時間短時間巡回型在宅サービスの強化」を謳っており、「現在の滞在型中心の訪問介護では要介護者の在宅生活を支えることは困難であることから、24時間短時間巡回型の訪問看護・介護サービスを導入して、短時間の定期巡回と夜間通報システムによる緊急訪問等を組み合わせて、24時間365日の在宅生活を支えられるようにすべきである。この24時間短時間巡回型在宅生活サービスが効率的に提供されるためには、ITの活用が不可欠でありその普及を図るべきである。なお、具体的なサービス提供の方法については、地域特性等に応じたより適当な方法を、各地域において開発していく」と述べている。

9）三菱UFJリサーチ&コンサルティング「24時間地域巡回型訪問サービスのあり方検討会　報告書」平成22年度厚生労働省老人保健事業推進費等補助金（老人保健健康増進等事業分）、2011年2月（同報告書「中間取りまとめ」は2010年10月26日公表）。

10）厚生労働省「平成24年4月から、介護職員等による喀痰吸引等（たんの吸引・経管栄養）についての制度が始まります。〜介護サービスの基盤強化のための介護保険法等の一部を改正する法律（平成23年法律第72号）の施行関係〜」2011年11月。及び、中医協総会「介護職員等によるたんの吸引等の実施のための制度について（「社会福祉士及び介護福祉士法」の一部改正）」2012年1月18日。

11）研究業績等をみると、例えば、日本能率総合研究所「介護職員によるたんの吸引等の試行事業（不特定多数の者対象）に関する調査研究事業」（2012年3月）、三菱総合研究所「介護職員吸引等喀痰吸引制度実施状況に関する調査研究事業報告書」（2013年3月）、日本訪問看護財団『介護職員等のための医療的ケア〜喀痰吸引・経管栄養等の研修テキスト〜』（ミネルヴァ書房、2013年）等が挙げられる。

12）『日経ヘルスケア』「特集　徹底分析　2012年度介護報酬改定」、2012年4月、pp.54-61。

13）馬袋秀男は、ダスキンホームヘルスケア事業部長を経て、1996年（平成8）医療法人財団河北総合病院に入職し、在宅センター副センター長。2004年河北総合病院の介護老人保健施設シーダ・ウォーク施設長。2008（平成20）年4月㈱ジャパ

ンケアサービス東日本社長、6月㈱ジャパンケアサービス取締役、8月㈱ジャパンケアサービスグループ代表取締役社長に就任。2008（平成20）年5月から『民間事業者の質を高める』全国介護事業者協議会理事長も兼務（ジャパンケアのホームページ。http://www.japan-care.com/pc/ir/index.php/　2012年7月10日アクセス）。

14）前田由美子「介護サービスを提供する株式会社の現状」日医総研ワーキングペーパー、No.258、2012年4月3日、pp.20-23、pp.30-31、pp.32-33。

15）代表取締役会長は香取眞恵子、代表取締役社長は香取幹。設立は1993（平成5）年10月1日で、資本金9,950万円、年商約77億円（平成20年6月期）、本社所在地は東京都目黒区。社員数は3,830人（常勤604人、非常勤3,226人・平成21年7月末現在）である。

16）やさしい手ホームページ（http://www.yasashiite.com/subdomains/div_page/03/16/　2012年7月10日アクセス）。

17）代表取締役社長は高橋行憲。設立は、1998（平成10）年1月、資本金3億4,758万円、事業所数187事業所（グループ計）（2012年6月1日現在）。

18）代表取締は芥川崇仁。資本金2,000万円。設立年月日は1999（平成11）年6月14日。介護関連サービス事業、医療・福祉専門人材紹介・派遣事業、教育サービス事業など。本社所在地は、静岡市駿河区馬淵一丁目8-1（スタッフ・アクタガワのホームページ。http://www.staff-akutagawa.co.jp/c_4.html　2012年7月10日アクセス）。

19）代表取締役会長は村上美晴、代表取締役社長は森猛。設立は昭和58年3月24日、資本金10億983万9,004円（平成23年3月31日現在）、グループ企業数28社（セントケア・ホールディング含む　平成23年3月31日現在）、スタッフ数は正社員1,479名、契約社員6,421名（平成23年3月31日現在）、拠点数376カ所（平成23年3月31日現在）となっている。

20）創業年月は1968年12月、設立年月は1973年8月。代表取締役会長は寺田明彦、代表取締役社長は齊藤正俊。資本金119億3,300万円（2012年3月末現在）、東京証券取引所市場第1部（9792）、従業員数は、社員1万6,321名（2012年3月末現在）、業務社員7万7,819名（2012年3月期　年間の平均人員）、売上高2,408億円（2012年3月期実績）、事業所は本社（東京）10営業部、2営業統括部、98支店、12営業所（2012年4月現在）となっている。

21）筆者は、2010年6月29日に、岐阜県住宅供給公社管理部管理第一課高橋聡から聴き取りを行った。聴き取りの内容は、高齢者向け有料賃貸住宅（ラシュールメゾン岐阜）の入居者状況と条件、申し込み資格、室内間取りなどである。高橋によると、85％は岐阜県内からの入居者であり、65％は岐阜市民である。15％は東京都、愛知県、神奈川県川崎市からの入居者であると述べた。入居平均年齢は75～78歳、要介護4の人が2～3人いるだけで、あとは要支援の人が若干名とのこと。詳細は

岐阜県住宅供給公社ホームページ参照のこと（http://juko.gifu-djr.or.jp/kourei/index.htm/）。

22) 筆者は、2011年5月10日に、新生メディカル取締役部長の今村あおいから、岐阜県大垣市の事務所で、ケアミニマムの内容を中心に「短時間巡回訪問介護方式・岐阜県方式」に関する聴き取りをしている。また、2011年6月に開催された福祉社会学会第9回大会（首都大学東京）では、岐阜大学の小林月子教授の発表「在宅介護とケアミニマム」を聞き、「介護の標準化」や「最低限満たすべき生活像」などについて見識を深めることができた。また、2012年7月10日、2014年5月にも、新生メディカル取締役部長の今村あおいから聴き取りをしている。

23) 岡田テル子「短時間巡回訪問介護サービス・岐阜県方式──在宅生活の継続を支える──」『介護福祉』No.81、2011年春季号、pp.69-83。

24) 石原美智子「短時間巡回訪問介護サービス　岐阜県方式──在宅生活の継続を支える──」『シニアビジネスマーケットフォーラム2011　講演資料』シニアビジネスマーケットフォーラム2011事務局、2011年3月8日、pp.94-101。

25) 東京都ホームページ（http://www.fukushihoken.metro.tokyo.jp/kourei/kaigokiban/kibanseibi/index.html.）2012年7月12日アクセス。

26) 2012年7月12日、東京都福祉保険局「介護基盤の緊急整備特別対策事業」担当者から聴き取り。

27) 三菱UFJリサーチ＆コンサルティング「24時間対応の定期巡回・随時対応型訪問サービスのあり方に関する調査研究事業　報告書」平成23年度厚生労働省老人保健事業推進費等補助金（老人保健健康増進等事業分）、2012年3月、p.8、pp.11-12、p.14。

28) 篠田浩は、座談会の中で「4月以降については、定期巡回のほかに短時間の身体介護のコードが既存の訪問介護でも認められたことから、（岐阜県内──小磯）3事業所の中で考え方が分かれており、定期巡回の実施を検討している事業所が1カ所、身体介護の短時間コードと既存の訪問介護の組み合わせを検討してい事業所が2カ所という状況です」と報告している（三菱UFJリサーチ＆コンサルティング「24時間対応の定期巡回・随時対応型訪問サービスのあり方に関する調査研究事業　報告書」平成23年度厚生労働省老人保健事業推進費等補助金（老人保健健康増進等事業分）、2012年3月、p.7）。

29) よこはま24地域ネット『平成24年度横浜市定期巡回・随時対応型訪問介護看護事例発表会』2013年3月20日。

30) 羽田野政治インタビュイー、小磯明インタビュアー「介護保険をどう見直すか　横浜市の取り組みとこれからの展開──横浜市定期巡回・随時対応型訪問介護看護事業者連絡協議会会長　羽田野政治氏に聞く」『文化連情報』No.426、2013年9月、pp.28-31。

31) 宮崎和加子インタビュイー、小磯明インタビュアー「地域包括ケアシステムと訪

問看護の役割――全国訪問看護事業協会宮崎和加子事務局長に聞く――」『文化連情報』No.444、2015年3月、pp.38-43。

32) 特掲診療料の施設基準等別表第7号に掲げる疾病等者（2014年度診療報酬改定）医療保険による訪問看護。週4日以上の訪問、2カ所の訪問看護ステーションの利用が可能。1日の回数制限はないが加算費用が異なる。
  1. 末期の悪性腫瘍
  2. 多発性硬化症
  3. 重症筋無力症
  4. スモン
  5. 筋萎縮性側索硬化症
  6. 脊髄小脳変性症
  7. ハンチントン病
  8. 進行性筋ジストロフィー症
  9. パーキンソン病関連疾患
     ・進行性核上性麻痺
     ・大脳皮質基底核変性症
     ・パーキンソン病（ホーエン・ヤールの重症度分類がステージ3以上であって、生活機能障害度がⅡ度又はⅢ度のものに限る）
  10. 多系統萎縮症
     ・線条体黒質変性症
     ・オリーブ橋小脳萎縮症
     ・シャイ・ドレーガー症候群
  11. プリオン病
  12. 亜急性硬化性全脳炎
  13. ライソゾーム病
  14. 副腎白質ジストロフィー
  15. 脊髄性筋萎縮症
  16. 球脊髄性筋萎縮症
  17. 慢性炎症性脱髄性多発神経炎
  18. 後天性免疫不全症候群
  19. 頸髄損傷または人工呼吸器を使用している状態及び急性増悪期の場合

33) 日本看護協会・日本訪問看護財団・全国訪問看護事業協会「訪問看護アクションプラン2025――2025年を目指した訪問看護」n.d.

第二章　在宅訪問介護看護の展開

●参考文献

石川満「介護保険制度の改正論議と今後の介護保障の課題」東京保険医協会『診療研究』第468号、2011年6月、pp.20-31。

石川満「社会保障の構造改革を許してよいか　社会保障と税の一体改革（上）」『文化連情報』No.406、2012年2月、pp.36-41。

石川満「問題だらけの介護保険制度　社会保障と税の一体改革（下）」『文化連情報』No.407、2012年3月、pp.31-39。

石原美智子『夢を食む女たち――新生メディカル・福祉ビジネス実践論』中央法規、2002年。

伊藤周平「改正介護保険法と高齢者福祉のゆくえ」全国老人福祉問題研究会『月刊ゆたかなくらし』本の泉社、2012年4月号、pp.18-35。

NPO法人校舎のない学校「医療・介護の連携に関する調査研究事業　報告書」平成22年度老人保健健康増進等事業（http://fukushimura.jp/gakkou/inform/index.html　2012年7月13日アクセス）。

『月刊介護保険』No.180、「24時間地域巡回型訪問サービスを成功させるポイント」2011年2月、pp.52-57。

『月刊介護保険』No.186、「特集　在宅の限界点を上げるケア――定期巡回・随時対応サービスと複合型サービスの実践例をみる――」2011年8月、pp.12-16。

『月刊ケアマネジメント』「短時間訪問介護で介護職の専門性を活かす」2010年8月、pp.32-33。

『月刊シニアビジネスマーケット』「『岐阜県方式』、県の雇用促進予算を活用し短時間巡回訪問介護サービスを提供」2010年10月号、pp.34-37。

岐阜県産業経済振興センター「介護サービス事業の育成・振興方策に係る調査研究報告書」2001年3月。

厚生労働省「介護職員等によるたんの吸引等の実施のための制度の在り方について中間まとめ」2010年12月13日。

厚生労働省「社会保障制度改革の方向性と具体策――『世代間公平』と『共助』を柱とする持続可能性の高い社会保障制度――」2011年5月12日。

厚生労働省老健局「介護保険制度に関する国民の皆様からのご意見募集（結果概要について）」。

シルバーサービス振興会「訪問介護サービスにおける『混合介護』の促進に向けた調査研究事業報告書――保険外サービスの市場拡大に向けて――」2009年3月。

社会福祉法人新生会「在宅サービスと施設サービスの連携・統合に関する調査研究報告書」平成21年度厚生労働省老人保健健康推進事業　未来志向研究プロジェクト、2010年3月。

新生メディカルホームページ（http://www.shinsei-md.jp/company01.html/2012/07/10）。

新生メディカル「あなたの選んだ生き方を私たちは支援します」2014年5月入手。

新生メディカル『厚生労働省未来志向研究プロジェクト　尊厳ある暮らしの継続　最期まで在宅で暮らすためのケアプランの立て方』2009年調査実施。

新生メディカル『厚生労働省　モデル事業　瑞穂市　短時間訪問介護サービス　最期まで在宅で暮らす訪問介護サービスの上手な活用法』n.d.

『中日新聞』「在宅介護の新支援策検討」2010年10月14日朝刊。

東京大学高齢社会総合研究機構「在宅医療と連携した在宅ケアシステムを組み合わせた高齢者向け住宅のあり方と普及方策に関する調査研究事業　報告書」2010年3月。

東京大学高齢社会総合研究機構「地域において24時間在宅ケアを可能にするための体制に関する研究」平成22年度厚生労働省老人保健事業推進費等補助金（老人保健健康増進等事業分）、2011年3月。

内閣府「介護保険制度に関する世論調査」2010年11月22日。

24時間在宅ケア研究会「地域包括ケアを支える24時間巡回・随時訪問サービス」平成22年度厚生労働省老人保健事業推進費等補助金（老人保健健康増進等事業分）。

『日本経済新聞』「介護の迷路　安心して老いるために（下）」2010年12月14日夕刊。

野村総合研究所「特別養護老人ホームにおける入所申込者に関する調査研究」平成21年度老人保健事業推進費等補助金（老人保健健康増進等事業分）、2008年3月31日。

三菱UFJリサーチ＆コンサルティング「介護保険『混合介護市場』の可能性」2008年10月。

三菱UFJリサーチ＆コンサルティング「地域包括ケア研究会　報告書」平成21年度厚生労働省老人保健事業推進費等補助金（老人保健健康増進等事業分）、2010年3月。

第三章　高齢者介護の地域格差

――首都圏・中部地方・大都市の介護力指数の比較――

第1節　問題の所在

1. 介護サービスの基盤整備

　国立社会保障・人口問題研究所「都道府県の将来推計人口」(2002年3月推計)によれば、わが国の都道府県別高齢者数の増加予測は、東京、神奈川、大阪、埼玉、愛知、千葉、北海道、兵庫、福岡などの大都市をもつ都道府県で増加すると予想されている。一方、鳥取、島根、徳島、福井、佐賀、高知などの県では、2010年以降の高齢者の増加数はほとんどみられない。そこで、全国的には、高齢者数の増加が大きくなる大都市ほど高齢者に対する施策は重要となる。さらに、2020年から2030年にかけての10年間では、沖縄、滋賀、神奈川、埼玉、千葉、茨城、栃木などの県で増加が見込まれるが、2010年から2020年にかけての10年間と比べてひじょうに少ない増加数である。つまり、高齢者数の増加が続く2020年頃まで、高齢者数が増加する地域での医療・介護等の施設とシステムの整備は重要課題である。

　また、全国共済農業協同組合連合会『農村地域における要介護老人人口の将来推計』(1998年3月：1-2) によれば、高齢者（65歳以上）の人口は漸次増加し、2015年に都市部が4人に1人、農村部では3.7人に1人の割合になる。在宅要介護高齢者数は、2015年に農村部で48万人、都市部で139万人となる。これを15

～64歳人口1万人当たりでみると、都市部で229人、農村部で299人に達し、農村部における介護負担の著しい増加が予想される。したがって、在宅介護を支援する社会的サービスの役割は、農村部においても重要である。例えば農村部では、2015年にホームヘルパー12万8千人、ショートステイのベッド数3万5千床、デイサービスセンター数9,400カ所が必要と推計され、マンパワーの確保や財政面で、農村部ではかなりの負担になると予想されている。

このように、都市部でも農村部でも介護サービスの基盤整備が求められる中で、特に地方の都市や中山間地域で深刻なのは、サービス不足という現実である。

2. 介護サービスの地域格差

介護サービスの地域格差は、2000年以前からすでに顕在化していた。中井清美が指摘するように、介護保険制度の導入前、介護サービスの基本となっていたのは国の定めた施策だったが、都道府県や市町村の独自の判断で、サービスの内容や利用条件を変更したり、追加で単独事業を行ったりしていたため、たとえ同一県内、同一区市内であっても、結果的には大きな地域格差につながったのである[1]。

現在、介護保険制度の導入によって、基本的なサービス内容は全国均一の基準が規定された。しかし介護保険制度は、公平に全国一律で運営されているわけではない。実際に介護保険制度は、けっして均一化されたものではなく、むしろ地域格差を制度として是認している。保険者である市町村にしても、取り組み方やサービス内容に格差が生じるのは、一つの前提として受け止められている。わが国の介護は、小学校区や中学校区単位など狭い地域で成り立つ事業である。このような産業としての特徴があるので、地域格差があることはむしろ当然ともいえよう。

地域社会や家族の特性により、求められる介護サービスの内容や量も当然違ってくる。その地域社会が求める独自のサービスを考え出しサービスを提供していくために、積極的に行政機関、医療機関、保健機関、民間の介護サービス事業所などがお互いに情報交換し住民に情報提供を行い、地域の保健・医療・福祉等様々な諸機関と地域住民が協働して、地域社会が求める介護サービスの構築を目指す必要がある。

第三章　高齢者介護の地域格差

3. 研究目的

　本研究は、高橋紘士監修・住友生命総合研究所編による『地域介護力』に関する調査結果を先行研究としている。この研究では、介護保険制度が実施される前の地域差に注目し、①「全国自治体の在宅介護力指数の差は大きい」こと、②「在宅介護力指数が高いのは町村で、都市部では在宅介護力指数が平均値に集中している。ただし、町村では在宅介護力指数の差が非常に大きい」こと、③「在宅サービスが進んでいる地域は施設サービスも進んでいる傾向が強い」こと、④「介護サービスについて、医療が高齢者福祉を代替していることがうかがえる」こと、⑤「人口密度の高い地域では医療関係の施設が高齢者福祉を代替しており、福祉サービスが遅れている。人口密度の低い地域では医療関係施設が少なく、福祉サービスが進んでいる」こと、を明らかにしている。

　本章は、高橋らの先行研究を踏まえて、高橋らの調査結果にはない「都市部では在宅介護サービスは基盤整備されているが、施設介護サービスは不十分である。一方、農村部では施設介護サービスは基盤整備されているが、在宅介護サービスは不十分である」という一般通説について、検討することが目的である。

　筆者はこれまで、2000年に介護保険制度が創設されて以降、首都圏及び中部地方の中山間地域を中心として、高齢者と介護保険制度に関する一連の研究を行ってきた[2]。それらの研究を踏まえて、介護保険制度創設時から指摘されていた、介護サービス提供に関する地域格差について、本章で改めて考察する。

第2節　高齢者介護の地域格差の研究方法

1. 研究範囲の限定

　本研究では、本章が目的とする地域格差を証明するために、3つの比較を行う。介護力の比較は、在宅介護と施設介護の指標を適宜対象とする。
　第1の比較は、問題の所在である実際の地域格差を確認するために、首都圏と中山間地域に在住する高齢者の介護保険ケアプランの比較を行う。
　第2の比較は、首都圏と中山間地域、都市と農村との地域格差を調査するため

に、3つの調査範囲を設定する。第1の調査範囲は、筆者のフィールドから、関東地方 I 県と T 県の市町村と中山間地域 G 県市町村の範囲で比較を行う。第2の調査範囲として、東京都市区町村と北海道市町村の都・道の範囲で比較を行う。そして、第3の調査範囲として、東京都を除く首都圏の市町村と中部地方5県の市町村の地方を範囲とした比較を行う[3]。

第3の比較として、上述の東京都を除く首都圏と中部地方に 13（14）大都市と北海道を加えて、それぞれの比較を行う。

以上の調査対象地域を選定した理由は、筆者のこれまでの研究フィールドが、大都市を除く首都圏と中部地方の中山間地域であったことがもっぱらの理由であるが、今後高齢者が増加する大都市と首都圏は研究対象として適切であると考える。そして、東京都と北海道の比較を加えたのは、人口密度と介護力との関係を知るためであり、最も人口密度の高い東京都と最も人口密度の低い北海道を比較することが適切であると考えたからである。

また本研究は、介護範囲について在宅介護と施設介護に限定している。自治体や NPO 法人などが地域で独自に取り組む介護サービスについては研究対象とはしていない。

2. 分析データ

まず、地域格差を確認するために利用したデータは、筆者らが 2002 年から 2004 年にかけて実施した、首都圏在住の高齢者と中山間地域に在住する高齢者の介護保険ケアプランデータである[4]。次に、首都圏と中山間地域、都市と農村の地域格差を調査するために、『老人保健福祉マップ』（財団法人長寿社会開発センター、平成6年版～平成10年版）から、在宅介護力指数算出に使用した3サービスの利用日数などの基データを利用した。

第3の比較で使用したデータは、住友生命総合研究所の調査結果を利用した[5]。同研究所の「在宅介護力指数」とは、在宅介護を支える3本柱といわれるホームヘルプサービス、デイサービス、ショートステイについて、市区町村ごとに65歳以上の高齢者100人当たりの年間の利用日数を偏差値化し、それを平均化したものである[6]。平均が50となり、指数が大きいほど地域の介護力が高く、指数が小さいほど地域の介護力が低いとされている。

さらに、東京都を除く首都圏と中部地方に13（14）大都市と北海道を加えた、在宅・施設介護力指数の比較には、厚生労働省と総務省等の統計データを利用した[7]。同様に、都道府県における高齢者数対比介護施設定員率と過疎地域の関係の分析にも、厚生労働省と総務省等の統計データを利用している[8]。

なお、在宅介護力の比較では13大都市を対象としたが、施設介護力指数（高齢者数対比介護施設定員率）で14大都市のデータに代わったのは、本研究中に合併によりさいたま市が加わったためである。

3. 分析方法

まず、首都圏と中山間地域の介護保険ケアプランの比較では、地域差の検定を量的変数の場合はT検定で行い、離散変数の場合はχ^2検定で行った（**表3-1**）。

「調査対象地域の人口密度と在宅介護力指数の比較」では、地域差を確認するために、比較対象地域を設定して在宅介護力指数と人口密度の指標について、T検定で地域差の検定を行った（**表3-2**）。次に、調査対象地域の人口密度と在宅介護力指数の相関分析を行った。この分析は、「人口密度が高い地域は在宅介護力指数が高く、一方、人口密度が低い地域は在宅介護力指数も低い」であろうという、一般的な通説を検証するためである。

調査手順としては、**表3-2**と同地域の散布図を描き、市区町村在宅介護力指数と人口密度との相関分析を行った。次に、人口密度を従属変数とし、同自治体の在宅介護力指数を目的変数として単回帰分析を行った。その結果、**表3-3**の相関係数、t値、p値、回帰式が得られた。在宅介護力の比較では、在宅介護力指数の分布図を描き、東京都を除く首都圏と中部地方に13大都市を加えて、在宅介護力指数を比較した。

わが国の介護施設の地域格差分析では、「高齢者数に占める介護施設定員数の割合」と「各都道府県の総面積に占める過疎地域の割合」の2つの値の相関分析を行い、「高齢者数対比介護施設定員率と過疎地域の関係」を求めた。その上で、東京都を除く首都圏と中部地方に14大都市を加えて、施設介護力指数（高齢者数対比介護施設定員率）の散布図を描き比較分析した。

表 3-1　首都圏と中山間地域の介護保険ケアプランの比較

項目		全体 (n=493)	首都圏居住者 (n=362)	中山間地域居住者 (n=131)	地域差 #
年齢	平均±SD	80.90±8.603	81.93±7.797	78.05±1.000	n.s.
性別	男性（%）	33.27	31.80	37.40	n.s.
	女性（%）	66.73	68.20	62.60	
世帯構成	単独世帯[1]（%）	9.94	10.00	9.92	n.s.
	高齢者世帯[2]（%）	12.37	11.30	15.27	
	その他世帯[3]（%）	77.69	78.70	74.81	
要介護度	要支援（%）	7.91	8.29	6.87	n.s.
	要介護1（%）	31.03	32.60	26.72	
	要介護2（%）	22.52	22.38	22.90	
	要介護3（%）	15.01	15.75	12.98	
	要介護4（%）	11.97	12.43	10.69	
	要介護5（%）	11.56	8.56	19.85	
重軽度	軽度（援～要2）（%）	61.46	63.30	56.49	n.s.
	重度（要3～5）（%）	38.54	36.70	43.51	
サービス利用率	利用単位／限度単位(%)	39.91	41.80	35.12	$p<0.001$ &
利用限度単位	平均±SD	21,809.45±8,040.247	21,318.45±7,779.570	23,166.26±8,602.104	$p<0.05$ ※
利用単位合計	平均±SD	8,704.2637±7,118.035	8,910.231±7,008.583	8,135.11±7,407.621	n.s.
サービス別利用単位					
	訪問介護　平均±SD	3,780.98±5,002.218 (n=168)	3,792.89±4,942.449 (n=98)	3,764.30±5,118.868 (n=70)	n.s.
	通所介護　平均±SD	5,103.19±4,783.530 (n=279)	5,095.52±4,992.300 (n=246)	5,160.39±2,901.727 (n=33)	n.s.
	訪問看護　平均±SD	3,137.75±4,122.030 (n=122)	2,265.25±4,270.651 (n=60)	3,982.10±3,824.734 (n=62)	$p<0.05$ $
	その他　平均±SD	1,970.30±3,589.338 (n=243)	837.21±2,581.908 (n=112)	2,939.046±4,026.597 (n=131)	$p<0.001$ €

\#：地域差の検定　量的変数の場合にはt検定で、離散変数の場合にはχ^2検定で行った。
&：χ^2=472.072, 自由度376, $p<0.001$。
※：$t(491)=-2.261$, $p<0.05$。
$：$t(120)=-2.332$, $p<0.05$。
£：$t(241)=-4.738$, $p<0.001$。
注1)「単独世帯」とは独居世帯のこと。
注2)「高齢者世帯」とは高齢者夫婦世帯のこと。
注3)「その他世帯」とは単独・高齢者夫婦世帯以外の世帯のこと。
注4) 首都圏のケアプランのうち、地域1のデータには、通所リハビリ、訪問リハビリ、ショートステイ、訪問入浴、福祉用具のサービス別のデータはなく、「その他」でくくられていたので、本表では削除した。しかし、地域1のデータを除く地域2のデータと中山間地域のケアプランデータとの比較では、「福祉用具」だけに地域差$t(93)=3.746$, $p<0.001$があった。

第三章　高齢者介護の地域格差

表 3-2　在宅介護力指数と人口密度の地域差検定

指標		N	平均 ± SD	t 値	地域差[1]
在宅介護力指数	関東地方 I 県 & T 県市町村	134	43.366 ± 8.321	−0.45	n.s
	中山間地域 G 県市町村	99	43.978 ± 11.511		
	東京都市区町村	63	47.011 ± 12.307	0.758	n.s
	北海道市町村	212	48.131 ± 9.616		
	東京除く首都圏の市町村	407	43.641 ± 7.920	−8.592	$p<0.001$
	中部地方 5 県の市町村	450	48.967 ± 10.174		
人口密度	関東地方 I 県 & T 県市町村	134	489.940 ± 427.036	0.808	n.s
	中山間地域 G 県市町村	99	430.479 ± 634.047		
	東京都市区町村	63	7,884.400 ± 5,574.067	−11.11	$p<0.001$
	北海道市町村	212	79.308 ± 184.802		
	東京除く首都圏の市町村	407	1,250.724 ± 1,918.540	5.796	$p<0.001$
	中部地方 5 県の市町村	450	644.085 ± 927.461		

注 1) 地域差の検定は T 検定で行った。

表 3-3　調査対象地域の人口密度と在宅介護力指数の相関

地域	N	相関係数[1]	t 値	p 値	
関東地方 I 県 & T 県市町村	134	0.072	0.826	0.410	
中山間地域 G 県市町村	99	−0.117	−1.157	0.250	
東京都市区町村	63	0.280	2.277	0.026	＊
北海道市町村	212	−0.143	−2.089	0.038	＊
東京除く首都圏の市町村	407	0.134	2.713	0.007	＊＊
中部地方 5 県の市町村	450	−0.144	−3.085	0.002	＊＊

＊ : $p<0.05$　　＊＊ : $p<0.01$

注 1) Peason の相関係数。
注 2) 得られた回帰式
　　　首都圏 I 県 & T 県市町村の回帰式：$y = 0.0014x + 42.6810$　($R^2 = 0.0051$)
　　　中山間地域 G 県市町村の回帰式：$y = -0.0021x + 44.8900$　($R^2 = 0.0136$)
　　　東京除く首都圏市町村の回帰式：$y = 0.0006x + 42.9515$　($R^2 = 0.0179$)
　　　中部地方 5 県市町村の回帰式：$y = -0.0016x + 49.9860$　($R^2 = 0.0208$)
　　　東京都市区町村の回帰式：$y = 0.0006x + 42.1390$　($R^2 = 0.0783$)
　　　北海道市町村の回帰式：$y = -0.0074x + 48.7196$　($R^2 = 0.0204$)

第 3 節　高齢者介護の地域格差の分析結果

1. 介護サービスの地域格差の確認

まず、問題の所在である実際の地域格差を確認するために、筆者がこれまで行っ

た研究の中から、首都圏在住の高齢者と中山間地域に在住する介護保険ケアプランデータの比較を行ってみよう（**表3-1**）。ただし、**表3-1**で使用したケアプランデータは、正しい手続きを経た標本調査によって無作為抽出されたデータではないので、首都圏と中山間地域の高齢者の特徴についての統計学上の表現はできない。しかし、2つの地域のケアプランからは、地域の違いを傾向として読み取れるはずである。

首都圏で介護保険サービスを利用する高齢者と中山間地域で介護保険サービスを利用する高齢者では、介護保険限度単位に対する利用単位の割合を率とした、「サービス利用率」に違いがみられた。首都圏居住高齢者のサービス利用率は、中山間地域居住高齢者より利用率は有意に高かった。そしてこれは、「利用限度単位」にも有意差がみられたことと一致している。つまり、中山間地域では重度の要介護利用者が多いにもかかわらず、サービス利用率が低いこと、及び1人当たり利用単位が少ないことから、利用単位合計の平均値も首都圏より低い結果となっている。

一方、首都圏では、要支援から要介護2までの軽度の要介護者が重度の要介護者より割合として多いことから、利用限度単位は中山間地域より低くなっているが、1人当たりの利用単位が多いことから、利用単位合計の平均値は大きくなっている。

また、訪問看護の利用は、首都圏の場合には中山間地域の場合と比べて軽度の利用者が割合として多いことが要因していると思われるが、1人当たり利用単位が低くサービスの提供の仕方に違いがある。「その他」のサービスも同様に、首都圏の場合と中山間地域では、サービスの利用量が違っている。

2. 在宅介護力の地域格差

①調査対象地域の人口密度と在宅介護力指数の比較

表3-2から地域差を確認するために、比較対象地域の在宅介護力指数と人口密度の指標について検討してみよう。

②人口密度と在宅介護力指数の相関分析結果

検定の結果、「東京除く首都圏の市町村」と「中部地方5県の市町村」の在宅

介護力指数と人口密度の両方で地域差に有意な差がみられた。在宅介護力指数では他には有意な差はみられなかった。人口密度については、他に「東京都市区町村」と「北海道市町村」に有意な地域差がみられた。

　首都圏のI県とT県を合わせた基礎自治体の数は、32市83町19村の市町村（N＝134）であり、人口密度と在宅介護力指数の相関関係はI県、T県とも正であったが有意ではなかった。しかし、I県の相関係数は0.024（p＝0.825）で有意ではなく、T県の相関係数は0.308（p＝0.031）で有意であった。そして、首都圏のI県とT県を合わせた基礎自治体の人口密度を従属変数とし、同自治体の在宅介護力指数を目的変数として単回帰分析を行った。その結果、首都圏のI県とT県の回帰係数は0.0014（R^2＝0.0051）で正の値となった。

　同様に、中部地方中山間地域G県の基礎自治体の数は、14市55町30村の市町村（N＝99）であり、負の相関関係であったが有意ではなかった。そして、人口密度を従属変数とし、同自治体の在宅介護力指数を目的変数として単回帰分析を行った。その結果、回帰係数は－0.0021（R^2＝0.0136）となり負の値となった。

　人口密度には、介護サービスへの近接性と人口数の2つの要素が含まれているので、サービスの近接性を確認するために、日本で最も人口密度が高い東京都と最も人口密度が低い北海道を事例として調査したところ、東京都の市区町村（N＝63）の相関係数は、0.280（p＝0.038）で有意な正の値となり、北海道の市町村（N＝212）では－0.143（p＝0.038）で有意な負の値となった。そして、東京都の市区町村（N＝63）の回帰係数は0.0006（R^2＝0.0783）で正の値であり、北海道の市町村（N＝212）の回帰係数は－0.0074（R^2＝0.0204）で負の値となった。

　さらに、地方別に格差があるかどうかを、東京都を除く首都圏と中部地方を事例として調査した。東京都を除く首都圏の市町村の相関係数は、0.134（p＝0.007）で有意な正の相関であったが、中部地方の人口密度と在宅介護力指数の相関係数は、－0.144（p＝0.002）で有意な負の相関であった。そして、東京都を除く首都圏（N＝407）の回帰係数は0.0006（R^2＝0.0179）で正の値であったが、中部地方の市町村（N＝450）の回帰係数は－0.0016（R^2＝0.0208）で負の値となった。しかし、いずれの回帰式の決定係数R^2は説明力が弱く、回帰式の有効性はほとんどなかった。

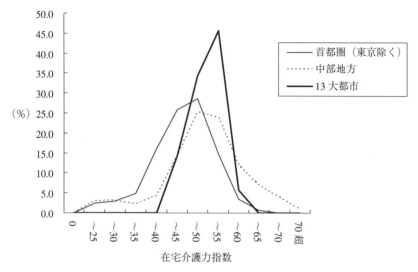

図3-1　首都圏（東京都除く）・中部地方・13大都市の在宅介護力指数の比較

注1）13大都市とは東京都区部と札幌市、仙台市、千葉市、横浜市、川崎市、名古屋市、京都市、大阪市、神戸市、広島市、北九州市、福岡市のこと。
注2）首都圏（東京都除く）の在宅介護力指数の平均値 43.641±7.9199（N＝407）。
注3）中部地方の在宅介護力指数の平均値 48.967±10.1743（N＝450）。
注4）13大都市の在宅介護力指数の平均値 49.6583±3.7477（N＝35）。
（資料）住友生命総合研究所『地域介護力データブック』2001年をもとに筆者作成。

3．在宅介護力指数の分布図比較

　13大都市では分布の裾野は狭く、中央値は50超で分布するが、平均値は49.6583±3.7477で偏差値平均の50に近い結果となっている。ところが、東京都を除く首都圏6県と中部地方5県の分布図は裾野が広く、在宅介護サービスが進んでいる地域とそうでない地域がある。在宅介護サービスが進んでいる地域は、中部地方では指数70を越える地域があるなど大都市よりも介護サービスが進んでいる地域がある。一方、東京都を除く首都圏と中部地方には在宅介護力指数が25にも満たない地域もあり、大都市に比べて在宅介護サービスが遅れている。

　次に、大都市と都市、そして農村部の在宅介護力を知るために、前述の首都圏と中部地方、13大都市の**図3-1**を市町村別にデータを組み替えて分布図にした**図3-2**をみてみよう。

　この図からわかるように、町村のほうが市よりも在宅介護力指数は大きい。大

第三章　高齢者介護の地域格差

図 3-2　首都圏（東京都除く）及び中部地方の市町村と 13 大都市の在宅介護力指数

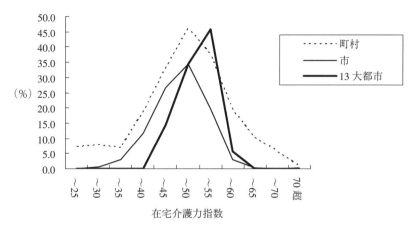

注1)　13 大都市とは東京都区部と札幌市、仙台市、千葉市、横浜市、川崎市、名古屋市、京都市、大阪市、神戸市、広島市、北九州市、福岡市のこと。
注2)　首都圏（東京都除く）と中部地方の町村の在宅介護力指数の平均値 46.624±10.5775（N＝625）。
注3)　首都圏（東京都除く）と中部地方の市の在宅介護力指数の平均値 45.9363±5.9259（N＝232）。
注4)　13 大都市の在宅介護力指数の平均値 49.6583±3.7477（N＝35）。
（資料）住友生命総合研究所『地域介護力データブック』2001 年をもとに筆者作成。

都市の 13 大都市の在宅介護力指数の平均値は 49.6583±3.7477 であるが、次に大きい平均値は町村の 46.624±10.5775 であり、3 番目が市の 45.9363±5.9259 となっている。

4. 介護施設の地域格差

次に、わが国の介護施設の設置状況を検討してみよう。

①高齢者数対比介護施設定員率と過疎地域の関係

わが国の施設介護はどのようになっているのか。まず、都道府県高齢者数に占める介護保険 3 施設〔介護老人福祉施設（特別養護老人ホーム）、介護老人保健施設、介護療養型医療施設〕の定員と病床の合計数を、各都道府県の 65 歳以上高齢者数で除した値（以下、「高齢者数対比介護施設定員率」という）と、各都道府県の総面積に占める過疎地域の割合を散布図とした**図 3-3** をみてみよう。

高齢者数対比介護施設定員率と各都道府県の総面積に占める過疎地域の割合の 2 つの値の相関係数は、0.460（p＝0.001）で有意な正の相関であった。つまり、

199

図3-3 都道府県における高齢者数対比介護施設定員率と過疎地域の関係

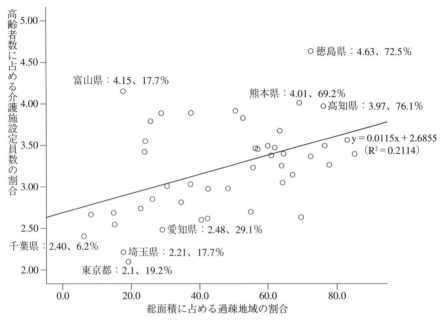

注1) 大阪府と神奈川県の過疎地域面積割合のデータがないため、45都道府県（N=45）を図示している。
注2) 介護保険施設3施設とは、介護老人福祉施設、介護老人保健施設、介護療養型医療施設のこと。
注3) 図は、高齢者数に占める介護保険3施設の定員と病床の合計数を、各都道府県の65歳以上高齢者数で除した値（「高齢者数対比介護施設定員率」）と、各都道府県の総面積に占める過疎地域の割合を散布図とした。
(資料) 厚生労働省「平成16年10月1日現在介護サービス施設・事業所調査」、及び総務省自治行政局過疎対策室「過疎対策の現況」（2005年度版）（2006年4月1日現在の過疎地）、そして、65歳以上高齢者数は、総務省統計局「2005年国勢調査 抽出速報集計結果」（2005年10月1日現在）の1%抽出集計結果による。

　過疎地域を多く含む都道府県は、明らかに高齢者数対比介護施設定員率が大きい。この結果は、過疎地域ほど施設介護の利用者が多いという、一般的な通説と合致している。例えば、最も高齢者数対比介護施設定員率が4.63と大きかった徳島県は、過疎地域率は72.5％と明らかに相関関係があった。一方、東京都は、高齢者数対比介護施設定員率が2.1と最も低く、過疎地域率は19.2％しかなかった。

②市町村別介護施設設置状況
　こうした点を踏まえた上で、市町村別の介護施設設置はどのような状況か調べてみよう。
　図3-4は、東京都を除く首都圏と中部地方、14大都市の高齢者数対比介護施

第三章　高齢者介護の地域格差

図 3-4　首都圏（東京都除く）、中部地方、14 大都市の高齢者数対比介護施設定員率

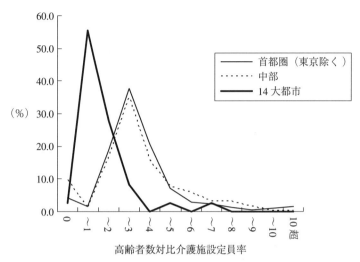

注 1）14 大都市とは東京都区部と札幌市、仙台市、千葉市、さいたま市、横浜市、川崎市、名古屋市、京都市、大阪市、神戸市、広島市、北九州市、福岡市のこと。
注 2）首都圏（東京都除く）の市町村の高齢者対比介護施設定員率の平均値 3.0697 ± 2.36692（N＝306）。
注 3）中部地方の市町村の高齢者数対比介護施設定員率の平均値 3.0055 ± 1.96047（N＝257）。
注 4）14 大都市の高齢者数対比介護施設定員率の平均値 2.1693 ± 1.27717（N＝36）。
（資料）厚生労働省「平成 16 年 10 月 1 日現在介護サービス施設・事業所調査」及び市町村自治研究会編『平成 18 年度版全国市町村要覧』2006 年をもとに、合併の影響を補正して筆者作成。

設定員率を示した分布図である[9]。高齢者数対比で最も介護施設定員率が小さいのは、14 大都市の高齢者数対比介護施設定員率であり、平均値 2.1693 ± 1.27717（N＝36）となっている。東京都を除く首都圏と中部地方はほぼ同じような分布状況である。平均値でみても、東京都を除く首都圏の市町村の高齢者数対比介護施設定員率の平均値 3.0697 ± 2.36692（N＝306）に対し、中部地方の市町村の高齢者数対比介護施設定員率の平均値は 3.0055 ± 1.96047（N＝257）となっており、東京都を除く首都圏の標準偏差が若干大きい位の違いである。やはり、大都市での高齢者に対する施設定員枠が少ない。

次に、「町村」と「市」、「14 大都市」の比較を行ったところ、「14 大都市」は最も高齢者数対比介護施設定員率が小さかったが、東京都を除く首都圏と中部地方の「町村」の高齢者数対比介護施設定員率の平均値 3.3689 ± 2.91032（N＝284）

図 3-5 首都圏（東京都除く）及び中部地方の市町村と 14 大都市の高齢者数対比介護施設定員率

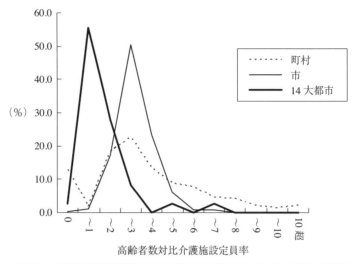

注1) 14 大都市とは東京都区部と札幌市、仙台市、千葉市、さいたま市、横浜市、川崎市、名古屋市、京都市、大阪市、神戸市、広島市、北九州市、福岡市のこと。
注2) 首都圏（東京都除く）と中部地方の町村の高齢者数対比介護施設定員率の平均値 3.3689±2.91032（N＝284）。
注3) 首都圏（東京都除く）と中部地方の市の高齢者数対比介護施設定員率の平均値 2.7059±0.91811（N＝279）。
注4) 14 大都市の高齢者数対比介護施設定員率の平均値 2.1693±1.27717（N＝36）。
(資料) 厚生労働省「平成 16 年 10 月 1 日現在介護サービス施設・事業所調査」及び市町村自治研究会編『平成 18 年度版全国市町村要覧』2006 年をもとに、合併の影響を補正して筆者作成。

に対し、東京都を除く首都圏と中部地方の「市」の高齢者数対比介護施設定員率の平均値は 2.7059±0.91811（N＝279）となり、「市」のほうが「町村」よりも施設介護のための定員枠は大きいという結果になった（**図 3-5**）。

しかしよくみると、「町村」の裾野は広く定員率が 10 超の右方向へと長く伸びていると同時に、率が 1 以下の町村も存在することを図から読み取れる。そこで改めて、「市」・「町」・「村」のデータで比較したところ、**図 3-6** のように、東京都を除く首都圏と中部地方の「村」の高齢者数対比介護施設定員率の平均値 3.5669±4.2856（N＝64）に対して、首都圏（東京都除く）と中部地方の「町」の高齢者数対比介護施設定員率の平均値は 3.3113±2.37633（N＝220）となって、標準偏差から「村」のほうがバラツキは大きかった。

図 3-6 首都圏（東京都除く）及び中部地方の市町村の高齢者数対比介護施設定員率

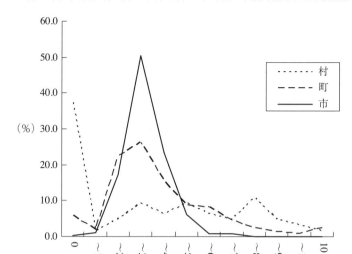

注1) 首都圏（東京都除く）と中部地方の村の高齢者数対比介護施設定員率の平均値 3.5669±4.2856（N＝64）。
注2) 首都圏（東京都除く）と中部地方の町の高齢者数対比介護施設定員率の平均値 3.3113±2.37633（N＝220）。
注3) 首都圏（東京都除く）と中部地方の市の高齢者数対比介護施設定員率の平均値 2.7059±0.91811（N＝279）。
（資料）厚生労働省「平成16年10月1日現在介護サービス施設・事業所調査」及び市町村自治研究会編『平成18年度版全国市町村要覧』2006年をもとに、合併の影響を補正して筆者作成。

ちなみに最も介護施設の整備が進まない東京都と最も介護施設に依存した生活を強いられるであろうと思われた北海道を比較してみると、東京都の市区町村の高齢者数対比介護施設定員率の平均値は 3.5431±4.67551（N＝62）であるのに対し、北海道の市町村の高齢者数対比介護施設定員率の平均値は 4.6812±3.69632（N＝180）であった（**図 3-7**）。

図 3-7 東京都と北海道の高齢者数対比介護施設定員率の分布

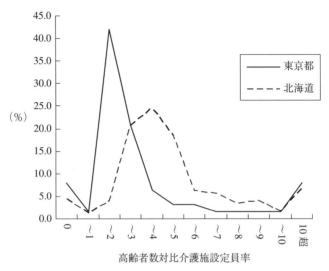

注 1) 東京都の区市町村の高齢者数対比介護施設定員率の平均値 3.5431 ± 4.67551 (N = 62)。
注 2) 北海道の市町村の高齢者数対比介護施設定員率の平均値 4.6812 ± 3.69632 (N = 180)。
(資料) 厚生労働省「平成 16 年 10 月 1 日現在介護サービス施設・事業所調査」及び市町村自治研究会編『平成 18 年度版全国市町村要覧』2006 年をもとに、合併の影響を補正して筆者作成。

第 4 節　高齢者介護の地域格差の考察

1. 介護サービスの地域格差

　中部地方中山間地域の介護サービス利用率は有意に低かった。少なくともサービス利用率が低いことは介護者の介護負担感を強くしている要因であるし、要介護高齢者にとっても不幸である。介護の社会化を推進するために必要なことであるから、サービス利用率を上げる努力が必要であろう。しかし、在宅介護サービスだけでは限界があることはみてとれるので、デイサービスなどの利用回数を増やすことと必要な居宅介護サービスの増加、および介護施設を必要に応じて設置することは早急に行政の責任で行うべきである。

第三章　高齢者介護の地域格差

　ただし、こうしたサービス利用の違いは、本当に必要なサービスが高齢利用者に届けられているかどうかというとやや疑問である。なぜならケアマネジャーは、地域に存在するサービスを組み合わせていくしかないわけであるから、本当に必要なサービスは保険者と被保険者である住民が話し合いで調整すべきである。よく調べてみると、行政の計画と住民が欲しているサービスとに違いがみられ、そのギャップを埋めるシステムが必要かもしれない。住民が必要なサービスを効率よく利用できるようにしなければ、サービス利用の地域格差はなくならない。

　椎貝達夫らの調査では、介護負担感と環境的QAL要因との関連性は、環境的QAL要因が高まるにしたがい、介護負担感が軽減するという結果が示されている[10]。介護における環境的QAL要因を高める要因としては、医療施設や福祉サービスの効果的活用、居住環境、介護に関する必要な情報の習得、余暇を楽しむ時間の獲得、経済的余裕などが考えられる。介護支援専門員（ケアマネジャー）が、介護者へ適切な医療・介護情報の提供やサービス調整するためには、利用者が求める介護サービスが地域に豊富に存在することが前提条件となる。

　以上の結果は、首都圏と中部地方中山間地域の介護サービス利用の違いを明らかにした。

2. 人口密度と在宅介護力指数

　「東京除く首都圏の市町村」と「中部地方5県の市町村」で地域差があり、「東京都市区町村」と「北海道市町村」で地域差があったのは予想したとおりであるが、在宅介護力指数に地域差がなかったことは意外であった。しかも、「東京都市区町村」よりも「北海道市町村」のほうが、在宅介護力指数の平均値が若干大きかったことも意外であった。これは、在宅介護力指数の構成要素がホームヘルプ、デイサービス、ショートステイであり、デイサービスとショートステイは介護保険では居宅介護サービス事業所として扱われているが、これらの設置にはやはり地価との関係が強いと考えられる。その影響で、東京都のほうが北海道より在宅介護力指数平均値が若干低くなったと推測された。

　表3-2の地域差の確認の結果は、在宅介護力指数は、分析対象地域では東京都を除く首都圏と中部地方という地方サイズでは有意な地域差はみられたが、都道県レベルのサイズでは格差はみられなかった。しかし、同じ北関東の2県でも在

宅介護力指数には差があることがわかった。これは、市町村の首長の介護保険に対する考え方や関係部署の取り組みの差によるものであり、筆者の参加観察と関係部署へのヒアリングからは、住民のニーズとの関係は薄いと思われた。

人口密度の地域差は県レベルではみられないが、東京都と北海道、地方レベルのサイズでは有意な地域差がみられた。しかしこれは、調査対象地域が少ない中での分析であり、もちろん一般化できる結果ではないものの、傾向としては一般感覚として容易に理解されるところである。

人口密度と在宅介護力指数の考察の結果をまとめてみると、在宅介護力指数と人口密度の地域差検定の結果からは、「東京除く首都圏の市町村」と「中部地方5県の市町村」の在宅介護力指数と人口密度の両方に有意な地域差がみられたことが特徴的であった。そして、調査対象地域の人口密度と在宅介護力指数の相関分析の結果からも、「東京除く首都圏の市町村」と「中部地方5県の市町村」には、在宅介護力指数と人口密度との関係に有意な相関関係がみられた。2つの分析から、地方レベルでの介護力の格差が確認された。

また、「東京都市区町村」と「北海道市町村」の分析では、人口密度では有意な地域差が確認されるとともに、在宅介護力指数との相関関係でもそれぞれ東京都は正、北海道は負の相関関係として確認された。つまり、県レベルでは、人口密度によって在宅介護力に差があるといえよう。

以上の結果からは、介護サービスの近接性は在宅介護力と関係が強いことがわかると同時に、地域によって程度の差があることもわかった。それでは、北海道については、「施設依存型」と断定することはできるのであろうか。もともと在宅介護は、その性格からして介護サービス提供主体と受容主体との間の距離的近接性を求められる。つまり、人口密度の低い地域ではもともと成り立ちにくいサービス形態である。北海道はこの点、もともと在宅介護サービス利用に不利な地域であるとはいえるが、「施設依存型」だと決めつけることは難しいと判断している。

また、東京都市区町村の在宅介護力指数平均が北海道の平均より若干低かったことを考えると、都市部での在宅介護への政策シフトは厳しいのではないかと考える。介護保険導入以後、市場原理を背景にして民間事業者が市場に参入してきていたとしても、特に東京都の在宅介護力では今後社会に増加する認知症高齢

への対応は難しいし限界は明らかである。高橋紘一は、㈶統計情報研究センター『市区町村別将来推計人口』(2002年2月)のデータを基礎にして、都道府県別80歳以上の認知症高齢者全員が介護保険三施設とグループホームに入所すると仮定した場合の人数から、2004年の「施設定員数等」を差し引くという方法で、2005年以降にどのくらい施設等が必要になるかという予測を試みている[11]。その結果、今後、介護保険施設あるいはグループホームの整備を急がなくてはならない地域は、東京都、埼玉県、千葉県、神奈川県などの首都圏、愛知県、大阪府、兵庫県、広島県、福岡県、北海道であると推計している。予測の限界を勘案したとしても、市町村合併の影響を補正した筆者の指摘を裏付ける結果となっている。筆者は、市町村合併により公的介護から取り残される町村(特に過疎の村)が出現し、施設介護の格差を一層拡大させたと考えている。

在宅介護だけでなく、施設が必要になったときに利用できる施設整備は重要なことであり、現行の制度と政策下では大きな課題である。

3. 在宅介護力を指標とした地域差

在宅介護力を指標とした図3-2で特徴的なことは、大都市では中央値が50超に分布しているが、町村のグラフのすそ野は広く、大都市や市より在宅介護力が進んでいる地域がある一方で、大都市や市よりも大いに在宅介護力が遅れている地域もあることである。つまり、在宅介護力指数の分布図比較の分析結果から、大都市と地方とに格差があることと、市町村において格差があることが確認された。そして、こうした町村の遅れた在宅介護力を引き上げることは課題になる。

本章での検証は、住友生命総合研究所が調査した介護保険導入前のデータであって、介護保険導入後の地域差については不明である。しかし、介護保険の思想が市場原理を基本とする民間事業者の介護市場への参入を原則とする限りにおいて、本章で分析した東京都や首都圏には民間サービス提供者は参入しているであろうと推測されるが、中部地方や北海道などの過疎地域を含む農山村で、在宅介護力指数が大幅に引き上がるような民間サービス提供者が参入しているとは考え難い。

したがって、介護保険制度が導入された今日においても、農山村での介護保険サービス事業者の参入量は少ないと仮定すると、ここでの検証も現状からそう大

層な違いはないと思われる。大都市とその周辺以外の農山村地域における在宅介護サービスの整備が遅れている地域では、自分たちが住む地域の高齢者医療福祉をどのようにするのかは、政府が在宅介護に決定的に政策シフトする中にあって、行政と住民にとって大事な課題となってきている。

4. 介護施設の地域格差

市町村別介護施設設置状況の分析結果からは、大都市と過疎の村について、特別に施設介護の施策を検討する必要があろう。平均値から明らかに北海道のほうが施設介護に積極的であることがわかる。そして、東京都の分布図を北海道のそれと比較してみると、東京都の分布の山の位置が高齢者数対比介護施設定員率の1に近付き、北海道のそれは5に近付いていることから、東京都の施設介護の遅れが如実に示されていた。平均でみると優等生の北海道で問題となるのは、全市町村の3割は高齢者数対比介護施設定員率3以下の分布に収まることである。この分布地域の施設介護をどのようにするかは、今後最も検討が必要な課題であろう。

都道府県別にみてみると、以上の結果に異論はない。ではこれを一般化して、農山村地域のほうが施設介護は進んでいると考えることができるのであろうか。筆者が2006年に訪問したデンマークでは、65歳以上の高齢者数の4%を施設生活の目標値としていた。日本の参酌標準は、グループホーム等（認知症高齢者グループホーム、特定施設有料老人ホーム、特定施設ケアハウス）を加えても3.5%であるからデンマークのそれより低い。ここでの計算では、グループホームを除く高齢者数対比介護施設定員率で4.0%を超える介護施設を有する県は、徳島県、富山県、熊本県の3県しかない。

マクロでみると、グループホーム等を加えた高齢者数対比介護施設定員率の計算では、3施設の平均値は3.1977であり、これに「平成16年介護サービス施設・事業所調査」から計算した認知症高齢者グループホーム数と「平成16年社会福祉施設等調査」から計算した特定施設（有料老人ホーム、ケアハウス）定員数を2004年10月1日現在の高齢者人口2万4,876千人（総務省統計「推計人口」）で除した値0.8775を加えると、4.0752となって、介護3施設にグループホームなどを加えた場合のわが国の介護保険施設と高齢者の需給バランスはかなりの高水

準となる。

　それでは、諸外国との比較でもわが国の水準は遜色ないのか。介護施設に高齢者住宅を加えた諸外国の定員比率をみると状況は一変する[12]。厚生労働省は、65歳以上人口に占める介護施設・ケア付き高齢者住宅の割合を計算している[13]。それによると、日本（2005年）のシルバーハウジング・高齢者向け有料賃貸住宅・有料老人ホーム及び軽費老人ホーム（ケアハウス）(0.9%)に、介護保険3施設及びグループホーム(3.5%)を加えた定員の比率は4.4%であり、上述の筆者の推計より大きい値となっている[14]。他国をみると、スウェーデン（2005年）は、サービスハウス等(2.3%)、ナーシングホーム・グループホーム等(4.2%)で6.5%である。デンマーク（2006年）は、プライエボーリ・エルダボーリ等(8.1%)、プライエム等(2.5%)で10.7%である。イギリス（2001年）は、シェルタードハウジング(8.0%)、ケアホーム(3.7%)で11.7%、アメリカ（2000年）は、アシステッドリビング等(2.2%)、ナーシングホーム(4.0%)で6.2%となっている。

　このように、日本以外の国は、介護施設よりも住宅を重視している。つまり、諸外国との比較では、介護施設はイギリス並みでしかなく、世界一高齢化率が高い国にしては先進諸外国に比べて最も低い水準である。しかも、高齢者住宅については、デンマークやイギリスから大きく遅れている。したがって、全国平均でみても介護施設と高齢者住宅整備は、現在わが国の高齢者数対比でかなり進んでいると考えることは、最初から設定した目標（参酌標準）が低いために、正しいこととは思われない。わが国の場合には、住宅政策が絶対的に貧困であるといえよう。

　「町村」と「市」、「14大都市」の比較からは、割合では高齢者数対比介護施設定員率1以下の村が39.06%もあり、こうした村での高齢者の介護はどのようになっているかを推測すると、病院への社会的入院の可能性、村外での介護施設入所の可能性、または、自宅での家族介護である可能性が推測された。こうした村は、合併の影響も大きく、公的な高齢者介護保険から取り残された感がある。

5.　結論

以上の考察を踏まえて、本研究の結論を述べる。

第1に、介護サービスの地域格差の存在は、本章の分析から明らかとなった。

本研究では、中山間地域の介護サービス利用率は有意に低かったことから、東京都を除く首都圏と中山間地域では介護サービス利用の違いを明らかにした。地域格差の存在を踏まえた上で、住民が必要なサービスを効率よく利用できる仕組みをつくる必要があると考えられた。

第2に、人口密度で有意な地域間格差がある地方の比較から、在宅介護力の地域格差が存在することを明らかにした。調査対象地域の人口密度と在宅介護力指数の相関分析では、東京都と北海道を両極に県別の格差が出現していることが示唆された。東京都を除く首都圏の市町村と中部地方5県の市町村を対象地域とした調査でも、有意に地域格差が出現していることが確認された。つまり、人口密度に地域格差がある地域では在宅介護力にも地域格差があることが明らかになった。

第3に、人口密度と在宅介護力との相関分析では、「人口密度が高い地域は在宅介護力指数が高く、一方、人口密度が低い地域は在宅介護力指数も低い」という、一般的な通説を確認できた。

第4に、大都市と市町村の在宅介護力の分布の比較を行ったところ、大都市の在宅介護力は一定程度保持されており、中部地方の在宅介護力は東京都を除く首都圏の在宅介護力より低かった。そして、大都市と市、町村の分布の比較では、町村の在宅介護力は比較的高かったが、バラツキが大きいことが特徴であった。

第5に、高齢者数に対する施設設置状況は、大都市では施設定員率は圧倒的に小さく、過疎地域ほど施設設置率は大きかった。同時に、特に町村では、バラツキから施設設置状況に大きな格差が出現していることが示唆された。

第6に、本章冒頭で述べた、「都市部では在宅介護サービスは基盤整備されているが、施設介護サービスは不十分である。一方、農村部では施設介護サービスは基盤整備されているが、在宅介護サービスは不十分である」という一般通説は、おおむね支持できると思われるが断定はできなかった。本章の分析からは、町村のなかには在宅介護力と施設介護力の両方または片方が基盤整備されていない可能性が示唆されおり、高橋紘士らが指摘するように、医療が高齢者福祉を代替しているかどうか別途調査が必要である。

6. 今後の課題

　高齢者介護サービスの地域格差は、是正されるべきである。実際に介護サービスを必要とする人にとっては、地域格差は死活問題である。たまたま介護サービスに消極的な市町村に住んでいたからといって、十分なサービスが受けられないとしたら、やはり不公平感は拭えないであろう。

　介護サービスを必要とする人たちが、不可欠なサービスを受けられるようにした上で、上積みする部分で地域格差が起こるのであれば、地方自治の範囲内といえる。しかし、その最低の介護サービスを受けることもないまま、地域格差が拡大している現状は、とても見過ごすことはできない。場合によっては、地域格差を制度上是認している介護保険制度そのものを変えることも必要であろう。

　なお、本研究は、あくまで東京都を除く首都圏と中部地方、13（14）大都市等を選定してのメゾレベルの研究であり、地域格差に関する端緒的な研究である。介護力の比較は、本来であれば全都道府県、全地方の全数調査が望ましいし、介護力比較のための指標も別の指標が考えられるかもしれない。また、全国の地域性をどのように勘案し、分析に織り込むかも今後の課題である。

●注・引用文献

1）中井清美『介護保険――地域格差を考える』岩波新書820、岩波書店、2003年、pp.3-4。
2）一連の研究は、拙著『地域と高齢者の医療福祉』御茶の水書房、2009年1月、を参照のこと。
3）本章でいう首都圏とは関東1都6県のことであり、茨城県、栃木県、群馬県の北関東と東京都、千葉県、神奈川県、埼玉県の南関東、そして山梨県を加えた圏域のことであり、国土交通省の首都圏整備法の整理による。そして中部地方は、2006年7月に交付された国土形成計画法施行令（平成18年政令第230号）で定められた長野県、岐阜県、静岡県、愛知県、三重県の5県を中部圏としている。
4）すでに発表した研究として、拙稿「中山間地域の高齢者と在宅ケアについての研究」日本地域政策学会『日本地域政策研究』第6号、2008年3月、pp.41-48。及び、拙稿「地域で高齢者を支える医療福祉の構造についての研究――首都圏在住の介護保険サービス利用者の質的調査から――」法政大学大学院政策科学研究科『政策科学論集』第5号、2008年3月、pp.55-72、参照。

5）住友生命総合研究所編（高橋紘士監修）『地域介護力データブック』中央法規、2001年。
6）在宅介護力指数は次の算式により求めている。
    各サービスの利用日数を N_1、N_2、N_3 とする。
    $X_1 = \log(N_1)\ (N_1 = 10^{X_1})$ ——①
    （X_2、X_3 についても同様）
    $Y_1 = |(X_1 - X_1 の平均値)/X_1 の標準偏差| \times 10 + 50$ ——②
    （Y_2、Y_3 についても同様）
    $Z = (Y_1 + Y_2 + Y_3)/3$ ——③
      ①各サービスの値を、10を底とし対数化する。ただし、値が0の場合は0.001を代入。
      ②①で求めた値の標準化（偏差値化）を行う。
      ③①②で求めた3つのサービスの値を合計し、3で割り戻す。
7）厚生労働省「平成16年10月1日現在介護サービス施設・事業所調査」、及び市町村自治研究会編『平成18年度版全国市町村要覧』2006年をもとに、合併の影響を補正したデータを使用した。
8）厚生労働省「平成16年10月1日現在介護サービス施設・事業所調査」、及び総務省自治行政局過疎対策室「過疎対策の現況」（2005年度版）（2006年4月1日現在の過疎地）、そして、65歳以上高齢者数は、総務省統計局「2005年国勢調査 抽出速報集計結果」（2005年10月1日現在）の1％抽出集計結果による。
9）図3-3は、住友生命総合研究所が調査した時点での在宅介護力指数であり、当時はまださいたま市は存在していなかったので、13大都市の在宅介護力指数で計算している。しかし、**図3-4**及び**図3-5**では、介護施設定員数データは、さいたま市を加えた14大都市の介護施設定員数の厚労省データしかないため、やむなくさいたま市を加えた14大都市で分析を行っている。
10）椎貝達夫ほか「在宅家族介護者の介護負担感とそれに関連するQOL要因」日本農村医学会『日本農村医学会雑誌』Vol.54 (5)、2006年1月、p.771。
11）高橋紘一「現代的生活貧困と要介護高齢者の都道府県別中期予測」野村秀和編『高齢社会の医療・福祉経営』桜井書店、2006年、pp.89-91。
12）厚生労働省「諸外国の施設・住まい等の状況について」第2回介護施設等の在り方に関する検討会、2006年12月15日。及び、医療経済研究機構「諸外国における介護施設の機能分化等に関する調査 報告書」2007年3月、厚生労働省『第6回介護施設等の在り方に関する委員会、参考資料2』2007年9月28日、参照。
13）厚生労働省「今後の医療政策について——医療制度改革の目指すもの——」『第2回 医療構造改革に係る都道府県会議配布資料』2007年4月17日、p.29より。スウェーデンでは、サービスハウス等とナーシングホーム・グループホーム等の制度

上の区分は明確ではなく、類型間の差異は小さい。資料の出所は、Sweden Socialstyrelsen（スウェーデン社会省）での厚生労働省の聞き取り調査時の配布資料（2006）となっている。デンマークの数値は、Denmark Socialministeriet（デンマーク社会省）での厚生労働省の聞き取り調査時の配布資料（2006）である。イギリスの数値は、Elderly Accommodation Counsel, *The older population*, 2004. からである。アメリカの数値は、日本総合研究所「介護施設等の費用体系に関する総合調査報告書」2004 年、となっている。

14）筆者が「平成 16 年社会福祉施設等調査」から計算した介護保険施設定員数をその後発表された「平成 18 年社会福祉施設等調査」と比較してみると、最も顕著に違っているのは、有料老人ホームの定員数の増加である。2004（平成 16）年時点の有料老人ホームの定員数は 7 万 6,128 人であったが、2006（平成 18）年時点の定員数は 12 万 3,155 人で、1.6 倍加している。同様に、実際の施設数でみると、2004（平成 16）年時点の施設数 1,045 に対して 2006（平成 18）年時点 1,968 となっており、1.88 倍加している。老人ホーム定員数の増加が高齢者数対比で大きくなっている事実は、今後の施設と高齢者住宅の動向との関係でも注目に値すると思われる。このように、有料老人ホームの施設数、定員、在所者数は年々増加しており、介護保険法が施行された平成 12 年施設数の約 6 倍、定員及び在所者数のそれぞれ約 3 倍となっている。また、老人福祉法改正により届出を行った定員 9 人以下の有料老人ホームの施設数は約 45 施設となっている。

II　高齢者の住まいと地域ケア

第四章　施設から地域への政策転換
――地域密着分散・小規模・多機能型ケアという戦略――

第1節　研究の目的と問題の所在

1．研究の目的

　厚生労働省社会保障審議会介護保険部会は、2003（平成15）年5月以来16回の会議を開催し、2004（平成16）年7月30日に「介護保険制度見直しに関する意見」をとりまとめた[1]。見直しの基本的視点は、「基本理念」を踏まえた施行状況の検証と「将来展望」に基づく新たな課題への対応、そして、「制度創設時からの課題」についての検討の3つを論点としながら、制度の「持続可能性」、「明るく活力ある超高齢社会」の構築、社会保障の総合化を基本的視点とする内容であった。この中で新たに提起されたサービス体系が地域密着型サービスであり、関連サービスの一つとして「小規模・多機能型」サービスの整備を進めることになった（厚生労働省介護制度改革本部2004）[2]。

　2006（平成18）年4月の介護保険法改正では、日本の高齢者介護の「在宅介護」への政策が明確に示され、介護のあり方は「施設」から「在宅」へと転換した。ただし、それを実現していく上で大前提となるのは、地域において在宅で要介護高齢者を支える仕組みや一致点づくりがなされていくことである。そこで、地域ケアの新しい担い手として介護保険法で新設されたのが、厚生労働省もしきりに政策誘導を行っている「小規模・多機能型居宅介護」という概念に基づくサービ

スである。在宅介護を拡充していく上で、小規模多機能サービスは非常に大きな政策的役割を担うことになった。

本章は、日本の高齢者介護が施設から地域へ政策転換したことを、地域密着分散・小規模・多機能型ケアという戦略の視点から述べることを目的としている。本章を進めるに当たって、評価の指標として「介護保険施設」と「地域密着型サービス」の施設量と在所者・利用者数を用いる。とりわけ、旧自公政権下で政治課題となった「介護型医療施設」と、地域密着型サービスの中で最も重要で中心となる「小規模多機能型居宅介護事業所」を取り上げる。また、実際の事例として、東京都練馬区で事業を展開する小規模多機能ホーム薬師堂の取り組みを紹介する。

2. 問題の所在

(1) 在宅介護への転換

こうした在宅介護への転換は、一つには逼迫する財政事情が挙げられる。団塊世代の現役引退とともに国民健康保険加入者が増大し、同時に介護保険第1号被保険者の高齢加入者数は増加し続け、ますます医療保険財政と介護保険財政を圧迫する。すると政府は、財政破綻を招かないために医療給付費と介護給付費の増加をできるだけ抑制し、国民に負担をシフトさせて医療保険制度と介護保険制度を維持してゆくことが政府の大目標となってくる（**図 4-1・図 4-2**）。

もう一つは、介護生活の改善であり、旧来の「施設」中心の生活感の希薄な介護のあり方を根本的に見直すという考えに沿ったものであった。そのためには、24時間365日の「高齢者の日常の生活」をサポートする多彩なサービスが高齢者のニーズに応じて必要となってくる。

小規模多機能化は基本的に介護機能を細分化するものであり、医療機能分化の流れと同じである。つまり、小規模多機能化とは、介護サービスの機能別類型化である。これまでの介護保険サービスは、「在宅」と「施設」という二元的なサービス類型となっているが、生活圏域の中での多機能にわたるサービスを提供していく観点から、それぞれのサービスの機能に着目し「訪問系サービス」「通所系サービス」「短期滞在系サービス」「居住系サービス」「入所系サービス」等に再編していく。「小規模・多機能型」のサービスとは、こうしたサービスの機能

第四章　施設から地域への政策転換

図 4-1　社会保障給付費の推移

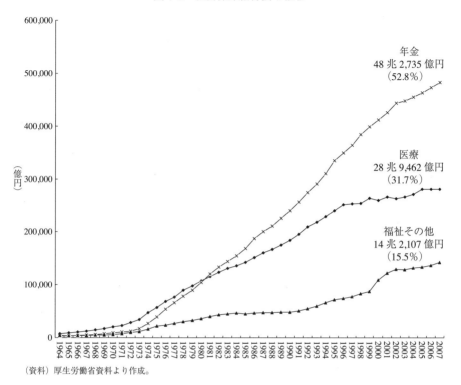

（資料）厚生労働省資料より作成。

別類型化を踏まえ、小規模で、かつ、「通い」「泊まり」「訪問」「居住」などの機能を利用者の視点に立って複合的に組み合わせ、利用者の状態変化に応じて継続的かつ包括的に提供する形態を総称するものである。

　具体的には多様な形態が考えられる。当初から小規模拠点に多機能にわたるサービスを備える形態もあれば、既存のものが機能を拡大する形態もある。例えば、小規模な「通所系サービス」が「通い」機能と合わせ「泊まり」機能をもつ、あるいは認知症高齢者グループホームが「居住」機能と合わせ「通い」機能をもつ形態などである。いずれにせよ、「地域密着型サービス」の一つとして、地域の特性に応じた対応が求められている[3]。

図 4-2　介護保険総費用の推移

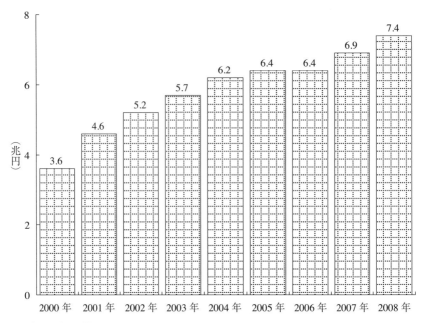

注）2008 年は予算。
（資料）厚生労働省資料より作成。

（2）高齢者への住宅保障

　問題は、入院から在宅へ政策シフトしたにもかかわらず、他の先進国のように住宅事情が高齢者に保障されていないことである。図 4-3 をみるとわかるように、そもそも日本の介護保険 3 施設（介護療養型医療施設、介護老人保健施設、特別養護老人ホーム）は全高齢者対比で 3.5％しかなく、シルバーハウジング、高齢者向け優良賃貸住宅、有料老人ホーム及び軽費老人ホームの住宅は 0.9％しかない。合わせても 4.4％という数値は、英国の 11.7％、デンマークの 10.7％、スウェーデンの 6.5％、米国の 6.2％に比べてかなり低い数値である。日本の場合、住宅政策が他国に比べて圧倒的に遅れている。というよりも、住宅が社会保障としてまったく位置付けられていない。

　従来、日本の高齢者は子供との同居率が高かったが、厚生労働省「2008 年国民生活基礎調査」から、65 歳以上の高齢者がいる世帯の構成割合の推移をみると、

第四章　施設から地域への政策転換

図 4-3　各国の高齢者の居住状況（全高齢者における介護施設・高齢者住宅等の定員数の割合）

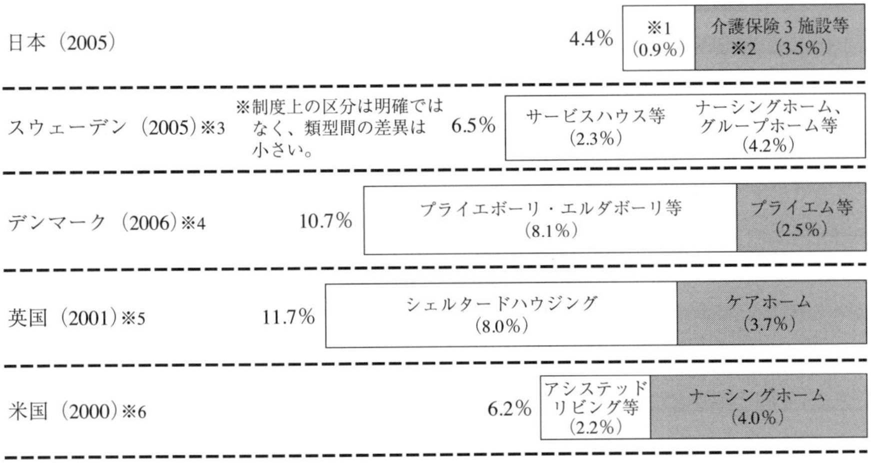

国（年）	合計	内訳	
日本（2005）	4.4%	※1 (0.9%)	介護保険3施設等 ※2 (3.5%)
スウェーデン（2005）※3 ※制度上の区分は明確ではなく、類型間の差異は小さい。	6.5%	サービスハウス等 (2.3%)	ナーシングホーム、グループホーム等 (4.2%)
デンマーク（2006）※4	10.7%	プライエボーリ・エルダボーリ等 (8.1%)	プライエム等 (2.5%)
英国（2001）※5	11.7%	シェルタードハウジング (8.0%)	ケアホーム (3.7%)
米国（2000）※6	6.2%	アシステッドリビング等 (2.2%)	ナーシングホーム (4.0%)

※1　シルバーハウジング、高齢者向け優良賃貸住宅、有料老人ホーム及び軽費老人ホーム（軽費老人ホームは2004年）。
※2　介護保険3施設及びグループホーム
※3　Sweden Socialstyreslsen（スウェーデン社会省）聞き取り調査時の配布資料（2006）
※4　Demark Socialministeriet（デンマーク社会省）聞き取り調査時の配布資料（2006）
※5　Elderly Accommodation Counsel（2004）「the older population」
※6　医療経済研究機構「米国医療関連データ集」（2005）
（出所）厚生労働省資料より作成。

単独世帯が22％、夫婦のみ世帯が29.7％であり、合わせて51.7％が高齢者世帯である。三世代世帯18.5％とその他世帯11.3％で、合わせても3割にも満たない。親と未婚の子のみの世帯は18.4％であり、最近、この世帯では子供が独立できずに親に依存しながら生きている場合があり、問題となっている現状もある。

そして何よりも、365日24時間在宅ケアサービスを提供する事業者の整備が未だ不十分であり、高齢者の在宅介護の困難性を増大させている。このような状況下で、地域包括ケア研究会（政府のシンクタンク）の21年度報告書では、「地域包括ケアシステムの構築」のために、「高齢者の住まいのあり方」と併せて、「緊急通報を含む365日24時間の短時間巡回型訪問介護」についても具体的な提言がやっとなされたところである（地域包括ケア研究会2010)[4]。

第 2 節　政策転換の分析結果

1. 介護事業所数の変化

　厚生労働省「介護サービス施設・事業所調査」（2008 年 10 月）[5] によると、特養ホーム（介護老人福祉施設）は、5,892 から 6,015 へ 123 施設（2.1％）増えており、介護老人保健施設は 3,435 から 3,500 へ 65 施設（1.9％）増えている。しかし、全国にある介護療養型医療施設（介護療養病床）は 2,252 施設で、2007 年の 2,608 施設と比べ 356 施設（13.7％）減少した。そして、介護療養病床の在所者数は 10 万 2,753 人から 9 万 2,708 人へと 1 万 45 人（9.8％）減少した（以上、**表 4-1** 参照）。介護療養病床は 2003 年以降減り続けている（**表 4-2**）。

　特養ホーム・介護老人保健施設・介護療養病床を合わせた介護保険施設は差し引きで 168 施設（1.4％）減少した。在所者の平均要介護度は要介護 1〜5 のうち、介護療養病床が最も重く 4.33、特養ホームが 3.82、介護老人保健施設が 3.28 となっている。

　一方、夜間対応型訪問介護事業所をはじめとした地域密着型サービス事業所は 2006 年の介護保険制度改正以降増えており、事業所数と利用者数の推移は、2006 年時点の約 3 割増しとなっている（**表 4-3**）。特に、2008 年の小規模多機能型居宅介護の事業所数は 2006 年対比で 832.6 ポイント増加しており、利用者数では 1,314.3 ポイントと大きな増加となった（**表 4-4**）。

2. 小規模多機能ホーム薬師堂の経験

（1）小規模多機能型居宅介護のサービス

　そもそも小規模多機能型居宅介護には、通常のデイサービスのような通いの機能、訪問介護と看護の訪問の機能、施設のような泊まりの機能といったサービスが期待されている。利用者定員は 25 名までで登録制である。そして、それぞれのサービス提供にも 1 日当たりの定員が決められていて、通いのサービスは 15 名までしか利用できない。訪問系のサービスは 10 名までで、泊まりの定員は 5 名までと決まっている。

第四章　施設から地域への政策転換

表 4-1　介護保険施設数・在所者数・前年対比・2004 年対比の推移

(件・人・%)

		2004	2005	2006	2007	2008
施設数	介護老人福祉施設	5,291	5,535	5,716	5,892	6,015
	介護老人保健施設	3,131	3,278	3,391	3,435	3,500
	介護療養型医療施設	3,717	3,400	2,929	2,608	2,252
在所者数	介護老人福祉施設	357,891	376,328	392,547	405,093	416,052
	介護老人保健施設	256,809	269,352	280,589	285,265	291,931
	介護療養型医療施設	129,111	120,448	111,099	102,753	92,708
施設数	合　計	12,139	12,213	12,036	11,935	11,767
	（前年対比）	(100.0)	(104.6)	(103.3)	(103.1)	(102.1)
	（2004 年対比）	(100.0)	(102.6)	(99.2)	(98.3)	(96.9)
在所者数	合　計	743,811	766,128	784,235	793,111	800,691
	（前年対比）	(100.0)	(105.2)	(104.3)	(103.2)	(102.7)
	（2004 年対比）	(100.0)	(103.0)	(105.4)	(106.6)	(107.6)

注 1) 施設数の推移は各年 10 月現在。
注 2) 在所者数の推移は 2004・2005 年が 9 月現在、2006・2007・2008 年が 10 月現在。
(資料) 厚生労働省「介護サービス施設・事業所調査結果の概況」各年より作成。

表 4-2　介護療養型医療施設数・在所者数の推移

(件・人・%)

	2004	2005	2006	2007	2008
介護療養型医療施設数（再掲）	3,717	3,400	2,929	2,608	2,252
（前年対比）	(100.0)	(91.5)	(86.1)	(89.0)	(86.3)
（2004 年対比）	(100.0)	(91.5)	(78.8)	(70.2)	(60.6)
介護療養型医療施設在所者数（再掲）	129,111	120,448	111,099	102,753	92,708
（前年対比）	(100.0)	(93.3)	(92.2)	(92.5)	(90.2)
（2004 年対比）	(100.0)	(93.3)	(86.0)	(79.6)	(71.8)

注 1) 施設数は各年 10 月現在。
注 2) 在所者数は、2004・2005 年は 9 月現在、2006・2007・2008 年は 10 月現在。
(資料) 厚生労働省「介護サービス施設・事業所調査結果の概況」各年より作成。

　ケアマネジャーはこれらのサービスを要介護度や家庭環境の違うそれぞれの利用者にケアプランしていく。介護報酬は要支援、要介護度別に単位が決まっており、その介護報酬の中で人の配置と介護サービスをやりくりする。利用者は通常のデイサービスと訪問介護のヘルパーサービスは利用できないが、小規模多機能型居宅介護サービスのほかに、訪問リハビリと訪問看護、福祉用具は利用できる仕組みになっている。その場合、小規模多機能型居宅介護サービスの区分支給基

表 4-3 地域密着型サービス事業所数・利用者数・前年対比・2004 年対比の推移

(件・人・%)

		2004	2005	2006	2007	2008
施設数	夜間対応型訪問介護事業所	—	—	12	69	83
	認知症対応型通所介護事業所	—	—	2,484	2,885	3,139
	小規模多機能型居宅介護事業所	—	—	187	962	1,557
	認知症対応型共同生活介護事業所	5,449	7,084	8,350	8,818	9,292
	地域密着型特定施設入居者生活介護事業所	—	—	23	62	91
	地域密着型介護老人福祉施設	—	—	43	94	183
利用者数	夜間対応型訪問介護事業所	—	—	51	764	2,181
	認知症対応型通所介護事業所	—	—	37,017	44,753	50,064
	小規模多機能型居宅介護事業所	—	—	1,643	10,407	21,594
	認知症対応型共同生活介護事業所	70,161	94,907	115,644	123,479	132,069
	地域密着型特定施設入居者生活介護事業所	—	—	396	893	1,590
	地域密着型介護老人福祉施設	—	—	878	1,951	4,276
施設数	合 計	5,449	7,084	11,099	12,890	14,345
	(前年対比)	(100.0)	(130.0)	(156.7)	(116.1)	(111.3)
	(2006 年対比)	—	—	(100.0)	(116.1)	(129.2)
利用者数	合 計	70,161	94,907	155,629	182,247	211,774
	(前年対比)	(100.0)	(135.3)	(164.0)	(117.1)	(116.2)
	(2006 年対比)	—	—	(100.0)	(117.1)	(136.1)

注 1)施設数の推移は各年 10 月現在。2004・2005 年度は「認知症対応型共同生活介護事業所」以外はデータなし。
注 2)在所者数の推移は 2004・2005 年が 9 月現在、2006・2007・2008 年は 10 月現在。
(資料)厚生労働省「介護サービス施設・事業所調査結果の概況」各年より作成。

表 4-4 小規模多機能型居宅介護事業所数・利用者数の推移

(件・人・%)

	2004	2005	2006	2007	2008
小規模多機能型居宅介護事業所数(再掲)	—	—	187	962	1,557
(前年対比)	—	—	(100.0)	(514.4)	(161.9)
(2006 年対比)	—	—	(100.0)	(514.4)	(832.6)
小規模多機能型居宅介護事業所利用者数(再掲)	—	—	1,643	10,407	21,594
(前年対比)	—	—	(100.0)	(633.4)	(207.5)
(2006 年対比)	—	—	(100.0)	(633.4)	(1314.3)

注)施設数・利用者数とも各年 10 月現在。2004・2005 年はデータなし。
(資料)厚生労働省「介護サービス施設・事業所調査結果の概況」各年より作成。

準額の介護報酬に、訪問リハビリと訪問看護等の介護報酬を上乗せできるようになっている。

(2) 小規模多機能ホーム薬師堂の概要[6]

もともと医療法人が母体となって立ち上げた小規模多機能型居宅介護の薬師堂は、開所は2007年1月であり、最初は苦戦していたが、2008年には登録利用者が20名までいき、22名で収支はトントンとなり、22名を超えたところから経営が黒字になってきた。当時の利用者は24名の登録者であったが、2009年2月からは25名になった。そのときすでに3名の待機者がおり、緊急性があるため利用者登録を検討しているところであった。薬師堂の利用者の平均要介護度は3.2であり、要支援から要介護5までの利用者が登録している。

薬師堂は、開所当初から職員は12名を配置しており、2009年当時は6名の非常勤職員を入れて18名で運営していた。若いほうの職員給与は額面20万円くらいしかならないが、最初から小規模多機能型居宅介護での介護者となったせいか、仕事にやりがいを感じて、1人もやめる人がなく続いているという（当時）。給与のほかには夜勤手当と宿直手当がつく。利用者3名なら日中介護職員1名が必要であり、利用者15名なら6名の介護職員が必要である。それに送迎をする人1名と食事を作る人1名が必要である。

運営推進委員会を2カ月に1回開くことが決められており、委員は行政からや民生委員、商店街の会長さんなど総勢20名くらいである。家族会も同様に2カ月に1回開催することになっており、毎回12から13の家族が出席してくれる。

(3) 事業所の経営

事業所の収入は、介護保険からの介護報酬と利用者からの1割負担金、それと生活保護の公費などが基本である（図4-4）。薬師堂の場合、ほかに1,500円の3食分の食事代と1泊2,000円の水光熱費を利用者に負担してもらっている。値段の設定は自由なので、薬師堂の場合も相場だと思われるが、練馬区の他の事業者の中には1泊7,000円を設定している事業所もあるという。東京都内のすべての小規模多機能型居宅介護では、別々の料金設定をしているはずである。

2009（平成21）年1月現在、練馬区には4カ所の小規模多機能型居宅介護サービス提供事業者がある。ちなみに東京全体では36カ所である。その4カ所の経営母体は、医療法人が2つ、社会福祉法人が1つ、個人が1つとなっている。ダスキンなどの大手事業者では、立ち上げ当初から25名の利用者登録が得られ

図 4-4　小規模多機能ホーム薬師堂の収入

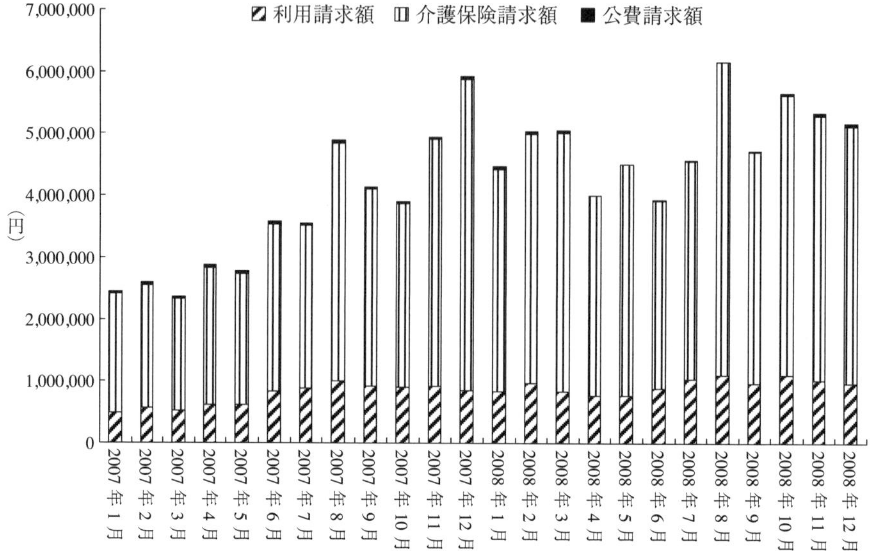

凡例：利用請求額　介護保険請求額　公費請求額

（出所）大原社会問題研究所「加齢過程における福祉研究会」資料（2009 年 1 月）より筆者作成。

ており、採算がとれているという。当初からの登録利用者獲得には営業力の差が出てくる。練馬区は福祉モデル区になっており、小規模多機能型介護施設の設置にも熱心な区である。

(4) 独居の A さん（90 歳）の事例

ケアマネジャーの永井敦子は、次のような利用者の事例を紹介した。

A さんは 90 歳の女性、要介護度は 2、都営住宅で独居生活である。家族は他県に住んでいる。高齢者センターに出かけることが多い。週 1 回訪問介護を受けていたが、在宅ケアが難しくなったため、老人ホーム等を見学したものの本人の意向に沿わなくて、小規模多機能ホーム薬師堂に来た。薬師堂を 2～3 回試し利用したあと、2008 年 10 月から契約に至った人である。

「居宅介護支援経過」から、A さんの様子をみてみよう。

A さんの「居宅介護支援経過」は、2008 年 9 月 16 日に A さんが地域包括支援センター職員と保健師とともに薬師堂を見学に来たところから始まる。以前見学

したグループホームや有料老人ホームではみられないAさんの笑顔がみられたと記述されている。そしてAさんは、1日体験利用を行うことになった。1日体験利用では、Aさんは1日中穏やかに過ごすことができて、小規模の通いサービスを気にいった様子であった。そこで9月26日には、現在Aさんを担当しているケアマネジャーとケアプランの調整を行った。そして、10月から小規模多機能ホーム薬師堂を利用することが決まったのである。

　Aさんの「基本状況一覧表」をみると、「習癖・問題行動」欄には、「加齢による認知症、物取られ妄想、曜日の失見当、鬱状況の落ち込み」と書かれている。「家族からの連絡事項」欄には、「家族（がいうには、）本人（は）家族に対しての被害妄想あり。地域包括支援センターの保健師と一緒に、グループホーム、有料老人ホームを見学したが、本人の納得が得られない。小規模（多機能型居宅介護）に見学に来たときは本人がとても気にいった。本人の希望である在宅生活の継続をできる限り叶えたい。大学病院の通院等行える部分は行う」（括弧内は筆者が補筆。以下、同様）とある。

　「現在の生活」欄には、「独居。訪問介護の曜日を忘れて、高齢者センターに行ってしまう。物取られ妄想強く、警察、高齢者センターに訴えあり。自己服薬管理ができず、安定剤などの飲みすぎが多く朦朧としているときが多い。及び下肢筋力の低下、ふらつき転倒の危険が大きい」とある。「主訴」欄には「ここ（小規模）は楽しい。1人で気ままに生活がしたい。自分の家があるのにどうしてどこかに入らなくちゃいけないの？」と書かれている。

　「担当所見」欄には、「認知症の進行により、独居の維持は早々に困難になると思われる。CM（ケアマネジャー）、保健師が入所施設をすすめたが、本人の希望に沿わないため、入所できないでいる。小規模の生活でどこまで本人の希望どおりの在宅生活が維持できるかが鍵である。団体生活に慣れ、入所がスムーズに行えるようになればよいと思う」と記述されている。

　最後に、「利用者及び家族の介護に対する意向」欄をみてみよう。「本人：何もしないでいる生活はつまらない。小規模はいろいろできるから楽しい。家族：食事が確実にでき、本人の希望の生活を送って欲しい」と書かれている。

　この事例からわかることは、本人は、小規模多機能型居宅介護では、自分でいろいろできることが楽しいということである。お風呂に入ったり食事が出たりで

安心感もある。本人は、「最近では足が弱くなり歩けなくなってきているので困っている。体調が悪くなったときには泊まることができるので安心だ」と述べている。家族は、できれば毎日通って欲しいと思っている。安否確認、買物や掃除の生活援助をして在宅生活を安全に過ごして欲しいと思っている。しかし、在宅生活が困難になった場合には、本人の住み慣れた練馬での施設への入居を検討したいと述べている。

(5) 総合的な援助の方針

このようなAさんに対する事業所の「総合的な援助の方針」は、「在宅生活が不安なく過ごせるように本人の希望に沿って通いを中心として、訪問や宿泊を組み合わせ計画を立て支援していく」こと、また、足が弱くなっているようなので、「本人の行動範囲内が安全に移動できるように、筋力を維持するための体操を通いのときに行う」こと、そして、「医療と連携して服薬管理を行う」こと、最後に「入居の希望があった場合はスムーズに入居できるように情報提供する」こと、となっている。このような方針のもとで、「生活全般に解決すべき課題（ニーズ）」が明らかとなり、課題別に「目標と援助内容」が決まり、「居宅サービス計画書」が完成する。そして、月曜日から日曜日まで毎日9時から3時半までの「小規模多機能通い利用」という「週間サービス計画表」が作成された。そこには、送迎が書かれ、昼食とおやつも書かれている。

認知症の人の場合、地域のネットワークづくりが欠かせない。2009年1月に開催された「サービス担当者会議」では、「本人（Aさん）の希望である在宅生活の継続が可能か、また可能にするために必要な援助は何か」について検討が行われた。検討内容は、ア）不穏時の対応、イ）地域のネットワーク、ウ）服薬管理、エ）金銭管理、オ）転倒予防、カ）緊急時の対応、である。

会議終了後に作成された「サービス担当者会議の要点」をみると、「不穏時対応」では、「家族に不穏の訴えがあった場合、小規模にも連絡頂く」「小規模で対応できる件であれば小規模で対応、また小規模よりの連絡も密に行っていく」とある。「地域のネットワーク」では、「地域包括支援センター、高齢者センター、警察、小規模多機能型居宅介護事業所で見守りネットワークを具体化していく」こと、そして「ケアプランにかかわる人たちで共有していく」ことが記述されて

いる。「服薬管理」では、「今回より服薬を朝、昼、夜に分包し、訪問時に届け過剰な服薬がないように援助していく」とある。

さらに「金銭管理」をみると、「通帳類が無くなったとの訴えがあった場合はすべて、銀行に預けてあると答える。金銭管理、銀行の引き出しは弟氏が一緒に行う」とある。そして「転倒予防」では、筋力低下対策として「小規模通い利用中、体操や階段昇降を行い、筋力低下を防ぐ」という具体策が書かれている。「緊急時の対応」では、「訪問時に返答が無ければベランダ側より室内確認、異変があれば救急対応、G病院受診要請」などとなっている。

「残された課題」欄には、「(Aさんの)在宅生活の限界を歩行できなくなった時点と確認したが、家族の介護負担や小規模でのケアの限界も今後検討が必要である」「有料老人ホームの仮申し込みはそのまま継続とする」ことと記述されている。

このような認知症の人を介護することは大変な手間がかかる。例えば徘徊をする人の場合では、介護職員は徘徊する人の後をついて歩いていく。そうすることで認知症の高齢者は、夜は穏やかに眠れるようになる。高齢者が日中に運動をすることで、疲れて夜は徘徊しなくなるし睡眠するのである。小規模多機能ホーム薬師堂では「認知症の人」という言い方をしており、認知症という「病気」をみるのではなく、「人」をみるようにしているという。

(6) 事例のまとめ

そもそも小規模多機能ホーム薬師堂の母体である医療法人社団平真会は、1976年7月に薬師堂診療所として練馬区南田中で開設されて以来、30年以上医療と介護サービスを提供している。その間、時代の変化とともに変わる住民の要望に応えるべく診療所の充実、介護療養型病床、在宅療養支援診療所、訪問看護ステーションを開設してきた。介護関係では、居宅介護支援、訪問介護ステーション、2つのデイサービス、2つのグループホーム、訪問入浴、予防訪問入浴、そして小規模多機能ホーム薬師堂を開設し、住民に医療と介護のサービスを提供し続けてきた。ほかに、訪問リハビリテーション、予防訪問リハビリテーションなどもサービス提供している。

薬師堂診療所は、内科、外科、胃腸科、整形外科を標榜し、日・祭日以外毎日

診療を行っている。7床のショートステイ対応可能な介護療養型病床をもち、在宅療養支援診療所として、在宅患者への対応も24時間体制で行っている。訪問看護ステーションは、健康チェックや生活指導だけでなく、主治医との医療連携や点滴や床ずれの処置などの医療処置も行っている。車で訪問可能範囲は練馬区全域に及び、一部中野区や杉並区までが訪問エリアとなっている。訪問入浴、予防訪問入浴はさらにエリアが広く、練馬区、中野区、杉並区のほかに板橋区、豊島区、北区なども入浴車が訪問することになっている。

介護支援、予防支援では、当然介護保険に関する相談に応じ、助言を行うことをはじめとして、要介護認定、ケアプランの提案と作成、介護用品・介護機器の紹介と使用・購入の助言、申請代行なども行っている。住宅改修についての提案や助言、申請代行も行う。

以上のように、医療法人社団平真会は薬師堂グループとして医療と介護の複合体を形成している。スタッフの打ち合わせやカンファレンスはきわめてスムーズだという。なぜならすべての事業所の距離が近くにあり、集まることが容易であることと、同じグループなので連絡を取りやすく話が早いからである。つまり、何かを連携してやらなければならないときにも一つの組織なので簡単にできるのである。通常、福祉職から医療職への依頼は、敷居が高い場合が多いのであるが、複合体の場合には利用者への医療的介入がスムーズだという長所があるといえよう。

第3節　政策転換の考察

1. 施設不足の現実

介護療養型医療施設（介護療養病床）が減少した理由は、旧自公政権が医療費削減のために病床減らしを進めたためである。特に2011年度末までに介護療養病床を全廃する計画を決定した2006年から減少が加速している。2007年には回復期リハビリテーション病棟2万床が削減対象から外され、2008年には必要とする療養病床の実情調査の結果、医療療養病床の削減は断念された。2009年の民主党への政権交代後に長妻昭厚生労働大臣は、「介護療養病床の廃止は困難、

今後法改正が必要、猶予を含めて方針を決定」と述べ、期限延長などの見直しの検討の考えを示した。そして、2010年11月に公表された「介護保険制度の見直しに関する意見書」(社会保障審議会介護保険部会) には、介護療養病床廃止方針の猶予が明記されている。

民主党は介護療養病床について廃棄期限を3年間だけ延期する方針だが、身体疾患を合併している重度認知症患者などに適切な対応をしていくためには、それをどのように呼ぶかは別にしても、これまで介護療養病床が担ってきた機能は必要となろう。村上正泰は、「廃止期限の延期というだけでは、3年後にいったいどうしようとしているのかはっきりしない」と指摘する[7]。

厚生労働省 (2009年12月集計) によると、日本の特別養護老人ホームの入所申込者数は、約42.1万人といわれている。1人の高齢者が複数の施設に申し込みをしているので、すべてが待機者数でないことはいうまでもない。参考としてこの集計をみてみると、在宅者と在宅でない者の割合は、それぞれ19.9万人 (47.2%) に対し22.3万人 (52.8%) となっている。要介護でみると、要介護1〜3は24.3万人 (57.6%) に対し要介護4〜5は17.9万人 (42.4%) である。在宅でない者のうち、最も待機者が多いのは介護老人保健施設で、7万1,692人である。次に多いのは医療機関 (介護療養型医療施設を除く、病院または診療所) で、5万3,861人である。この2つの施設の待機者は在宅でない者の56.4%を占めている。これらの待機者は退所勧告の可能性や入所費用の負担はあるものの、介護の質量を問わなければ、施設での何がしかの介護を受けている人たちである。しかし、在宅で待機している高齢者は明らかに介護保険による訪問介護等のサービスを利用しているとしても、現在明確に家族介護を受けている高齢者たちである。特に17.9万人もの要介護4〜5の重度の要介護者を介護する介護者は、重介護をしている家族であることは容易に想像できる。待機者の一刻も早い解消が必要であるが、現実は施設が不足している状況に大きな変化はない。

2. 小規模ケアの特徴

このような中で、小規模多機能型居宅介護は、2006年4月に介護保険法改正で新たに新設された地域密着型サービスの一つである。通いを中心として、要介護者の様態や希望に応じて、随時、訪問や泊まりを組み合わせてサービスを提供

することで、在宅での生活を継続的に支援するサービス類型である。

　地域密着とは、広い意味で地域社会から孤立しないということであり、そのためには人々が暮らしている地域の中に小規模多機能型居宅介護をつくる必要がある。それは社会的に孤立しないための必須条件であって、十分な条件になれるかどうかは小規模多機能型居宅介護がどのように地域とかかわっていくか、また、地域からどのようにかかわってもらえるかにかかっている。地域密着は、地域がもっている潜在的な助け合いの能力を引き出さなければ成立しないのである。

　次に、そもそも小規模とはどのようなことか。小規模ケアというように、ただ規模が小さいことだけを意味していない。利用者1人ひとりにかかわることができ、利用者同士も含めてなじみの関係を維持できる大きさが小規模である。他人から介護を受けることで、本人にとっては新たに人間関係をつくり直す場合も多い。介護だけでなく、このような関係づくりを第一に考えるのが、小規模ケアの特徴の一つである。こうしたかかわりのためには10人程度が望ましく、どんなに多くても15人を超えると充実したかかわりは難しくなる。

3. 多機能とは何か

　また、多機能とは何か。単にサービスの提供と考えるのではなく、家族の介護力を支援する役割をもつことで、介護職の一方的な援助に終わらない支援を可能にすることを意味する。多機能の基本は、在宅生活のニーズに合わせてサービスがつくられることである。

　小規模多機能型居宅介護は、多様化した利用者のニーズに対応することが求められている。ニーズの多様化には、1つはニーズの複合化、もう1つは重介護化の2つの場合が考えられる。複合化、重介護化したニーズに対しては、従来のデイサービス、ホームヘルプ、ショートステイなどの複数の事業所を組み合わせて支援することは難しかった。特に認知症高齢者にとって、利用するサービスによって事業所の環境やスタッフの顔ぶれが変わることは、さらに混乱を招くことにつながるために、同じ場所でなじみの仲間と過ごし、なじみのスタッフが介護にあたる環境が求められていた。

　小規模多機能型居宅介護は、1人ひとりの多様なニーズに1カ所で継続的に対応する必要があるときに生まれた。これは、ニーズの複合化に対して、従来の宅

老所は多機能化することで対処しようとしてきたことと関係している。一方、重介護化に対しても、小規模施設ゆえに個別性を重視して対応できてきた。小規模多機能型居宅介護の中には、在宅での看取りの支援を行っているところも多い。居住介護も、在宅介護の限界を受け止めて、利用者の生活の継続性を保証することを目的としている。

第4節　政策転換の結論

　第1に、旧自公政権が政策実行した介護療養病床の廃止は、明らかに新たな施設の増設を抑制した。その背景には、世界一の医療費抑制政策の意図がある[8]。

　第2に、日本の住宅保障政策の貧困の中で、介護施設の増設が抑制されたことで、行き場のない高齢者が出現した。これは一般的に、「介護難民」と呼ばれている現象である。わが国の介護保険制度は、40歳になると介護保険料を支払う義務が発生するが、いざ介護が必要になったときに必要な介護サービスを受けられるかどうかはきわめて不確実であり、必要なときに必要なサービスをほとんど受けられないことが一般通説となってしまった。

　第3に、旧自公政権は地域密着型サービスを創設したが、思うようにインフラの整備が進んでいない現状がある。それは、介護報酬改定のたびに引き下げられる介護報酬が要因して、小規模多機能型居宅介護だけでなく地域密着型サービスへの事業所の参入が抑制されたからである。同時に、制度上の不備から、ケアマネジャーによる利用者の囲い込みが推測されるからである。

　第4に、筆者の調査では、小規模多機能型居宅介護のサービスはきわめて日本的なサービスであり、日本人の生活や文化に合致したサービスであるように思われる。それは、上述した「薬師堂」のAさんの事例からも明らかである。しかし、日本全国の小規模多機能型居宅介護事業所が、すべて利用者本位に運営されているかというとそうではない。介護の質にバラツキがあることも事実である。したがって、介護の質の標準化が課題となっている。

　第5に、以上の結論から求められる政策は、高齢者向けの優良な住宅の供給であり、次善の策としての介護施設の整備である。そして、地域密着型サービスへの事業所の参入を促進するだけの適正な介護報酬の増額が必要である。そのため

には政府の公的資金の財源措置が必要である。そして、利用者本位の介護の質の標準化のための指標の開発とエビデンスあるケアプランの作成が重要であろうと思われる。

●注・引用文献
1）社会保障審議会介護保険部会「介護保険制度見直しに関する意見」2004年7月30日。
2）厚生労働省介護制度改革本部「介護保険制度の見直しについて」2004年9月。
3）2006年4月の介護保険制度の改正では、この地域密着型サービスが提起されたことによって、その地域のサービスに保険者が責任をもつことになった。そして、指定、監督・指導は市町村（保険者）が行うことになった。国としては、これまでの施設整備は中止し、交付金を使って地域の基盤整備を実施することになった。
4）地域包括ケア研究会「地域包括ケア研究会　報告書」2010年3月。
5）厚生労働省「介護サービス施設・事業所調査結果の概況」2008年及び各年。
6）2009年1月24日、大原社会問題研究所の研究会（加齢過程における福祉研究会：嶺学名誉研究員）で、永井敦子介護支援専門員（ケアマネジャー）から、自身が勤務する小規模多機能ホーム薬師堂の経験を聞く機会があった。本章での薬師堂の取り組みの紹介は、永井敦子介護支援専門員の報告と当日提供された資料等をもとに構成している（法政大学大原社会問題研究所「加齢過程における福祉研究会」資料、2009年1月）。
7）村上正泰「政権交代後の医療政策をどう評価するか」『日本医事新報』No.4528、2011年2月5日、pp.111-115。
8）村上正泰『医療崩壊の真犯人』PHP研究所、2010年。

第五章　高齢者の住まいと医療福祉

――有料老人ホームの制度等の変遷と経済的入居条件の考察――

第1節　問題の所在

1. 高齢者が安心して住める住まいの充実

　2006（平成18）年の総務省の調査[1]によると、わが国の65歳以上の世帯員のいる普通世帯は1,646万世帯で、普通世帯総数4,708万世帯の34.9％を占めている。高齢者のいる普通世帯は、1988（昭和63）年には944万世帯（普通世帯の26.5％）であったが、1993（平成5）年には1,181万世帯と初めて1,000万世帯を超え、1998（平成10）年には1,390万世帯で、普通世帯の31.5％と3割を占めた。また、1998（平成10）年と比べると、255万世帯、18.3％増加し、普通世帯全体の増加率（6.7％）の2.7倍となっており、急速に高齢化が進んでいる。高齢者がいる主世帯が居住する住宅について、建て方別の割合をみると、一戸建てが80.5％、長屋建てが3.2％、共同住宅が15.9％となっており、居住世帯のある住宅全体の割合（それぞれ56.5％、3.2％、40.0％）に比べ、一戸建ての割合が高く、共同住宅の割合が低くなっている。

　高齢者の一人暮らしや高齢の夫婦二人暮らしでは、広い家はかえって不便で、庭の手入れも大変になり、自宅の掃除やメンテナンスの手も行き届かなくなりがちとなる。バリアフリーでなければ、家の中の段差でつまずいたり、手すりがないため階段の上り下りに苦労したりと、使い勝手も悪くなってくる。例えば東京

都の例でいうと、高齢者が居住する75.5％では手すりが設置されていなかったり[2]、段差が解消されておらず、転倒予防や介護の負担軽減等の効果が見込まれる住宅のバリアフリー化を推進することが必要となっている。

　高齢者が医療や介護が必要になっても、住み慣れた地域で、自身の生活スタイルに合わせて自由に「暮らしの場」を選択できるよう、自宅以外にも見守りや介護等サービスが付いている住まいなど、多様な選択肢が現在求められている。

　しかし、民間の賃貸住宅市場においては、入居中の事故等に対する家主の不安などから、高齢者は入居を拒まれやすい状況がある。分譲マンションなどの共同住宅については、築年数の古い住宅を中心に居住者の高齢化が進んでいる。共同住宅は、戸建に比べると居住者の状況を把握しにくく、支援を必要としていても適切なサービスに繋がらない可能性があり、このような共同住宅においても見守り機能の強化が必要となっている[3]。

　従来からの高齢者向け住宅としては、2001年の「高齢者の居住の安定確保に関する法律」に基づき制度化された「高齢者円滑入居賃貸住宅（高円賃）」[4]、バリアフリー化された「高齢者向け優良賃貸住宅（高優賃）」[5]やシルバーピア[6]等がある。さらに2003年には、高齢者の居住確保策として、高円賃のうちもっぱら高齢者に賃貸する「高齢者専用賃貸住宅（高専賃）」[7]が創設されたが、最近は、緊急時の対応や安否確認等の見守り機能を新たに備える住宅や、建築当初からバリアフリー化され将来の要介護状態に備えた住宅も増えるなど、高齢者向け住まいの多様化が進んでいる。高齢者向けの食事・生活サービスなどを充実させた分譲マンションも出現し、「終のすみか」（本章では、「終の棲家」より「住まい」を特に意識しながら「終のすみか」と記述する）として購入を考える高齢者もいる。

　2006（平成18）年度の介護保険制度改正により、「適合高齢者専用賃貸住宅（適合高専賃）」[8]も特定施設入居者生活介護[9]の対象となった。さらに、2007（平成19）年5月から、医療法人の附帯業務として、適合高齢者専用賃貸住宅と安否確認・緊急時対応等を行う高齢者専用賃貸住宅の運営ができるようになった[10]。これに伴い、在宅療養支援診療所、訪問看護ステーション等が併設された高齢者専用賃貸住宅が普及することも期待されている。

2. 在宅医療の基盤整備の遅れ

　今後、急速な高齢化の進展や国民のニーズ、医療制度の変化に対応するためには、限られた医療資源を有効に活用しながら、高齢者等が身近な場所で適時・適切に在宅医療を受けることができる仕組みを構築することが必要である。しかし、厚労省の調査[11]によると「自宅で最期まで療養したい」は11％しかなく、一般国民の66％が「実現困難である」と答えている。理由は、一般国民の78.4％が「介護してくれる家族に負担がかかる」と答えている。同様に、例えば東京都が平成18年に実施した「保健医療に関する世論調査」[12]でも、45％の都民は長期療養が必要になった場合に在宅での療養を希望しているが、そのうちの80％は「実現は難しいと思う」と回答している。「実現は難しいと思う」と回答した人にその理由を聞くと、「家族に負担をかけるから」などの理由が挙げられている。

　また、地域の在宅医療に携わる医師からも、患者の容態急変時や何かあったときに頼める後方支援病院の存在が不可欠との声が寄せられている。24時間の往診等が可能な体制を確保していることなどを要件とする「在宅療養支援診療所」が2006（平成18）年4月の診療報酬改定において新たに位置付けられ、中央社会保険医療協議会資料によると、2006年6月時点では8,595施設が全国で在宅療養支援診療所の届け出をしている[13]。例えば東京都の場合では、2007（平成19）年11月現在において、都内の在宅療養支援診療所数は1,125施設となっている。しかし、すべての在宅療養支援診療所が稼動しているかというと実態はそうではないという結果報告[14]もされており、今後の動向が注目されている。

　在宅医療を推進する上で、訪問看護ステーションは不可欠であるが、全国の事業所数は、平成4年の制度発足以降順調に増加したものの、ここ最近はほぼ横ばいで推移している。背景には、訪問看護ステーションに係る診療報酬・介護報酬が低いことに加え、2006（平成18）年4月の診療報酬改定により病院における看護職員の配置が強化され、看護職員の需要が増大したことなどにより、事業所の廃止数が増加したことも挙げられる。2009（平成21）年4月の介護報酬改定で訪問看護の介護報酬が上がったにもかかわらず、すでに撤退してしまった訪問看護ステーションも散見されている。

　365日24時間対応可能な在宅医療を支えるためには「在宅療養支援診療所」

をはじめ地域の医療機関、訪問看護ステーションや病院など、様々な施設や職種が連携し、地域において切れ目ない診療・看護を提供できるよう、在宅医療の基盤整備を図ることが重要である。しかし現状では、在宅ケアの環境整備が充分なされている地域は少なく、引き続く重要課題となっている。

3. 有料老人ホームという選択肢

在宅ケアの環境整備が思うように進んでいなくても、介護施設整備が充分進んでいれば住民は安心感が得られるのだが、現状はそのような状況ではない。例えば、一般的に特別養護老人ホーム（以下、「特養」という）は終のすみかと考えられているが、実は現状では特養で最期を迎えている人は約2％の少数にすぎない[15]。2009年1月26日の共同通信社の発表によると、特養への入所待機者は少なくとも全国で38万2千人に上っていることがわかっている[16]。要介護認定者に占める割合はわずか8％である。全国で特養への入所者は現在、約40万人であるから、待機者は入所者に近い数がいることになり、国が社会保障費抑制策を続けてきた結果、需要の高まりに施設整備が追いついていない現状が裏付けられた。特に都会での施設整備の遅れは重大な事態となっている。より根本的には、施設と在宅の総合的サービス提供が必要だと筆者には思われる[17]が、在宅も施設も環境整備が遅れている現状では、終のすみかは有料老人ホームという選択肢を検討する、高齢者本人と家族が増加するのは至極当然である。

有料老人ホームは、老人福祉に規定があり、従来は食事の提供その他日常生活上必要な便宜を常時10人以上に供与する施設で、福祉施設ではないものとされてきた。有料老人ホームは、高齢者の住まいとケアについて、最も市場的な事業分野である。介護保険制度導入以前は財政的な支援などはなく、設置運営の主体の種類は法人であれば制限はなく、大部分は株式会社などの民間事業者であった。終身利用権というこの事業特有の形式の契約で入居するのが一般的であるが、このような入居方式をとる住宅は、他の国にはみられないものであり、きわめて日本的な住まいの方法であると筆者は考えている[18]。

このような自由な市場で契約できる入居者は、中堅以上の所得・資産のある人に限られていたが、介護保険制度が導入され、特定施設の制度が設けられて、より所得の低い層も介護付きの有料老人ホームを利用することができるようになっ

たことから、ホームの数も急増した[19]。介護保険による公的な介護サービスについては、当然ながら介護報酬が決まっており、職員配置数、運営などについても規制がある。その点では、有料老人ホームの相当部分は準市場に組み込まれてきたといえよう。しかし、これらのホームでも、介護のため基準以上に職員を配置したり、基準以外の介護サービスを提供するといったことができ、また、施設、介護以外のサービスを充実することもできるので、自由な市場の部分も残っている。

　また、介護保険制度の創設にあたり、特定施設入居者生活介護というサービスが設けられ、有料老人ホームは大きな変化をすることとなった。有料老人ホームが事業者としての指定を受け、要介護認定を受けた入居者が希望すれば、ホームから介護保険の介護を受けられる。事業者としても、社会保険により裏打ちされたこの制度を利用し、また、折からの長期不況の中で社員寮を利用するなどで経費の安い施設をつくったりした。これにより、顧客層を中間所得層まで広げた介護付有料老人ホームが急増することになった。入居者側では、特養に入所するには何年も待機が必要であるなどの理由から、需要も大きかったように思われる。

　介護保険制度改正で、有料老人ホームをめぐり大きく変化したこととして、特定施設に外部サービス利用型が創設されたことが挙げられる。従来は、特定施設の職員が介護にあたり、外部サービスは利用できなかった。しかし、有料老人ホームを含む高齢者の住まいが特定施設となる場合に、要介護高齢者が漸増するような際に柔軟に対応する等のため、外部サービス利用型特定施設が設けられることとなった。これは、生活相談や介護サービス計画、安否確認は特定施設の職員が実施し、介護サービスは事業者が契約して外部から提供を受けるものである。

　現在、介護老人福祉施設（2000年に介護保険制度が始まって、特別養護老人ホームから正式名称が変わったが、本章では引き続き「特養」という）の待機者や病院に入院できない高齢者は、核家族化する中で家族介護に期待できない状況となっている。わが国においても、北欧諸国のように高齢者が要介護状態となる前の早めの住み替えが検討されても良い。そこで本章は、高齢者産業、高齢者に対するサービスが非常に増えてきている中で、最も活気を呈している有料老人ホームと高齢者専用賃貸住宅（高専賃）のうち、有料老人ホームの制度等の変遷と経済的入居条件を中心に考察し、高齢者の住まいとケアについて、高齢者が要介

護状態になる前の早めの住み替えの可能性を検討する。

第2節　高齢者の住まいと医療福祉の研究方法

1. 研究範囲の限定

　本来、高齢者の住まいに関する研究は、高齢者の住宅政策として研究範囲は広い。わが国の研究業績をみると、児玉善郎が「わが国の高齢者住宅政策」を網羅的に紹介している[20]。また、嶺学は「高齢者の住まいとケア」について、詳細な研究を行っている[21]。しかし、本章では、高齢者の住まいに関して全般的な研究報告をする余裕はない。そこで、本章が中心とする研究テーマは、高齢者の住まいとケアに関する研究分野の一部であり、これまであまり研究テーマとして扱われなかった、有料老人ホームの制度等の変遷とホームへの経済的入居条件の考察を中心に検討する。

　有料老人ホームを調査研究の対象としたわが国の業績は、1980年代後半の樋口恵子らの調査研究[22]と久野万太郎の業績[23]・福島善之助の業績[24]以降、全国有料老人ホーム協会の調査研究[25]や国民生活センターが行った調査研究[26]、滝上宗次郎の研究[27]や五十嵐さち子の研究[28]を確認できる。また、有料老人ホームの入居契約をめぐる研究では、丸山英気、内田勝一、山口純夫、後藤清などの論考が見受けられる[29]。本章では、こうした研究業績を先行研究とする。

2. 分析データ

　本研究の分析データは、有料老人ホームの制度等の変遷については、法定法人である全国有料老人ホーム協会が綴った有料老人ホームに関する『20年のあゆみ』[30]を主に参考にした。施設整備等のデータは、厚生労働省が作成した資料、及び基本データを用いた[31]。また、ホームの金額等については、大手新聞社が行った「介護付き有料老人ホームに対する調査」(以下、単に「調査」という)結果[32]を使用した。本章で使用した調査項目と意味するところは、**表5-1**のとおりである。

第五章　高齢者の住まいと医療福祉

表5-1　調査項目と意味

調査項目	意　味
入居一時金	1人入居の場合。様々な料金体系がある場合は、最も標準的な額を、最低額の欄に記載。標準ケースでも幅がある場合は、最低額〜最高額を記載
	介護一時金の有無：介護保険の対象ではない介護費用を一時金で支払う場合
月額費用	1人入居の場合。入居者に共通してかかる食費（1日3食30日分）、家賃相当額、管理費などの基本料金。最も標準的な額を最低額の欄に記載。幅がある場合は、最低額〜最高額を記載。介護の上乗せ費用があり、それが入居者に共通してかかる場合は、それも含める。なお、介護保険の自己負担分は含まない

（資料）読売新聞東京本社社会保障部「全国有料老人ホーム介護・医療体制調査」2008年2月。

3. 分析方法

有料老人ホームの制度等の変遷については、歴史的に重要な出来事に注目して記述し、わが国の高齢者施設の状況については、厚生労働省のデータから本章のテーマに関連する部分を主に分析した。

また本章では、有料老人ホームの入居一時金及び月例標準費用について、それぞれ最低額と最高額を表示した。集計方法は都道府県別に集計したデータを地方別と全国に再集計した。必要な項目では平均±標準偏差（SD）を算出した。

第3節　高齢者の住まいと医療福祉の分析結果

1. 有料老人ホームにかかわる制度の変遷

（1）老人福祉法制定から有料老人ホームの誕生（1963年〜1970年代）

法律制度としての有料老人ホームは、1963（昭和38）年に制定された老人福祉法で、有料老人ホームは「第5章　雑則」の中に規定された。「常時10人以上の老人を収容し、給食その他日常生活上必要な便宜を供与することを目的とする施設であって、老人福祉でないものをいう」（同法29条1項）と規定されたことに始まる。

自立自助の生活をなし得る施設は、公的助成を受けない施設であることから、福祉施設ではないものとして位置付けられ、行政指導が行われることになった。

有料老人ホームの統計数値は、1970（昭和45）年が初めてで、ホーム設立母体をみても、社会保険庁が㈶厚生団に運営委託したホーム、簡易保険郵便年金福祉事業団が運営している半公的ホームが半数近く含まれており、ビジネスの観点より、老人福祉の観点からの事業展開の様相が強かった。

　1970（昭和45）年、わが国は65歳以上の高齢者人口が7％（730万人）を超える高齢化社会に突入した。この年代には、家族構成の変化が顕著に表れ、国民皆年金、そして国民の80％以上が中産階級という意識をもつようになってきた。

　そのような時代背景の中、公的扶助の福祉の範疇ではなく、自立・自助の精神で、老後の安心と終のすみかを求めようとする高齢者のニーズに応えようと、入居一時金方式によるケア付き終身利用権型有料老人ホームの第1号が1973（昭和48）年に静岡県浜松市に開設された。これは、老後の安心を入居時に支払う一時金であがなう「終のすみか」として有料老人ホームを積極的に選び取ろうという高齢者に、最適な住まいとして受け入れられ、その後、有料老人ホームの本命となるに至った。

　民間における有料老人ホーム設置の活発化等を受け、国が入居者の福祉の観点から、少なくとも満たすことが望ましい要件をガイドラインとして、「有料老人ホーム設置運営指導指針」（社老第90号）を定めたのは1974（昭和49）年11月であった。この指針では、「1. 立地条件、2. 設置主体、3. 構造設備、4. 施設の管理及び定員、5. 処遇、6. 利用、7. 契約内容等」の要件を提示した。また、建設費については、政府系金融機関である日本開発銀行からの公的融資も受けられるようになった。

(2) 向陽会サンメディックの倒産と有料老人ホーム問題懇談会報告書（1980年代前半）

　1980（昭和55）年、有料老人ホームは全国で76施設、入居定員5,567人になったが、この年の3月、東京都西多摩郡下にある有料老人ホーム・向陽会サンメディックが総額16億円の負債を残して倒産するという衝撃的な事件が起き、大きな社会問題になった[33]。

　この事件を契機として、1981（昭和56）年4月、厚生省は社会局に「有料老人ホーム問題懇談会」を設置し、同年6月8日『有料老人ホームの健全育成と利

用者保護に関する当面の改善策について』と題する報告書をまとめた。報告書は、「老人の多様なニーズに応えるためには、民間の活力と創意工夫を十分に活用すべき」であり、「民間の自由な活動の中で利用者保護をいかにして確保していくかが行政に課せられた課題」であり、「事業者による団体を結成し、事業者が自主的な努力や規制を行っていくことが最も現実的かつ妥当な方策」と指摘した[34]。これを受けて1982（昭和57）年2月8日「事業者の健全育成と入居者保護」を事業目的とした、社団法人全国有料老人ホーム協会が13法人19ホームで発足した。1981（昭和56）年当時の65歳以上の高齢者人口は1,060万人で、老人福祉施設すべてを合わせても入居定員数は約18万人、高齢者人口の1.47％にすぎず、有料老人ホームに至っては0.06％でしかなかった。たとえ金持ちでも家族構成上、老後の生活の安定が得られない一人暮らしの高齢者が増加していくという時代背景の中で、有料老人ホームがそのような高齢者の老後の住まいとして果たす役割の有用性を社会が認識し始めていた。

　1982（昭和57）年、福祉関係三審議会合同企画分科会から厚生大臣宛に、当面のシルバーサービスの在り方について、「むしろ、民間事業者創造性、効率性を損なうことのないよう充分配慮しつつ、国、地方を通ずる行政による適切な指導とあいまって、サービス提供者である民間事業者自身がその倫理を確立し、高齢者の信頼にこたえるとともに高齢者の心身の特性を充分配慮するという認識の下でサービスの質の向上を図るための自主的な措置を取ることが求められる」等とする、シルバーサービスの背景・シルバーサービスの健全育成の必要性・健全育成の方策からなる「今後のシルバーサービスのあり方について」（意見具申）が提示された。

　1983（昭和58）年老福第98号の改正では、「介護型有料老人ホームの基準の追加」「特別介護室の基準の弾力化」「契約書に明示すべき事項の設定（有料老人ホーム重要事項説明書の導入）」「専用居室等の規定の廃止」「特定有料老人ホーム設置運営指導指針の設定」等の変更がなされた。このほかに、1982（昭和57）年には「社会福祉士及び介護福祉士法」が公布された。続く1983（昭和58）年にはケアハウス建設の方針が決定され、建設省ではケア付き高齢者住宅政策が検討されるなど、高齢人口が10％を超え平均寿命が世界一になったことなどを背景に、高齢社会対策の制度が次々に打ち出されてきた。一方、社会福祉事業関係

にも、民間を活用していくべきとして、「社団法人シルバーサービス振興会」が立ち上げられた。昭和63年法108号「消費税法」の制定がなされたが、有料老人ホームの入居一時金は、家賃相当分として非課税扱いとなった。

1984（昭和59）年3月、「高齢化社会をよくする女性の会」が樋口恵子氏と袖井孝子氏らにより発足した。両氏ら同会のメンバーは、有料老人ホームを子細に点検し成果を発表し、シンポジウムを開催するなど幅広い活動を展開してきた。昭和50年代後半になると、経済状況の好調の中、これまで社会福祉事業に直接かかわりをもたなかった、生命保険会社、建設会社、鉄鋼会社、ガスや電力などの公共事業会社等々、大手の株式会社が社会貢献の一つとして、有料老人ホーム事業を検討、参入の動きをみせてきた。

有料老人ホーム事業は、事業者側からいえば、高齢期の20年前後をそこで暮らすという観点からのハード・ソフト両面の設備費用の投資額の大きさがある。また消費者側からいえば、それら費用を全額自己負担することの重さはあっても、加齢とともに必要な様々なサービスを受けながら終末期を迎えることができる施設として、また、退職金等を生涯家賃としての一時金で支払い、月々は年金の範囲内での支払いで暮らせる。有料老人ホームは、高齢期の収入構造にマッチする仕組みとして消費者の支持を受け、ホーム数を確実に増やしてきた。

老人福祉法制定時、高齢者に対する国としての関連諸施策上、有料老人ホームをどのように位置付け方向付けるかについて明確な方針・姿勢を打ち出すことができなかった。しかし長くなった高齢期の住まいとして、消費者は福祉施設ばかりではなく、新たな選択肢として有料老人ホームを必要とし、経営母体の信頼性を求めながら、参入の後押しをしてきたといえよう。

(3) 有料老人ホーム設置運営指導指針改正等（1980年代後半）

1986（昭和61）年8月2日、厚生省はこれまでの有料老人ホーム設置運営指導指針について改正を行い、50人以上入居できる有料老人ホームにあっては、居室はすべて個室とし、常時介護を行うための専用居室及び定員の5％以上の特別介護室を設けることなどが定められ、有料老人ホームの居住福祉施設としての介護機能の強化が認められた。他に「やむを得ない場合の借地・土地信託の容認」「利用料、入居一時金、介護費用の明確化」等が規定された。それと同日付けの

厚生省社会局老人福祉課長通知「市街化調整区域における有料老人ホームの取扱いについて」（社老第89号）及び建設省建設経済局宅地開発課民間宅地指導室長通知（建設省経民第34号）で、有料老人ホームのうちで一定の基準に該当し実質的に特養等の老人福祉施設に近いものについては、市街化調整区域内に有料老人ホームの建設が認められている。同年11月、厚生省社会局老人福祉課にシルバーサービス振興指導室がおかれ、有料老人ホーム、同事業者及び協会は指導を受けることになった。同年12月26日公布法律109号で老人福祉法29条1項の従来の法文にあった「収容し」は「入所させ」、「給食」が「食事の提供」と改められた。この改正によって、有料老人ホーム規定から、救護法、生活保護法から引きずってきた旧態依然たる用語が排除された。

　1988年2月に発表された『昭和62年度厚生白書』は、国の施策として福祉への民間活力導入を明確に打ち出した最初の文書であった。これは、21世紀になり老年人口が22％にも達する。一方、現在税金や社会保障費に占める国民負担率38％を将来的にも50％以内に抑えたいという国の方針があって、社会保障分野の民営化について国民的な合意が成立したという、老人ケアの民営化による国家財政の肩代わりの方針であった。

(4) 老人福祉法30条に指定された法定団体・全国有料老人ホーム協会（1990年代前半）

　高齢化対策が本格的に打ち出され、1989（平成元）年には、ゴールドプラン（高齢者保健福祉推進10カ年戦略）が策定され、1990（平成2）年には、老人福祉法を含む福祉8法の改正が行われた。「老人福祉法等の一部を改正する法律」（平2法58）で、有料老人ホームの規定が「雑則」から外されて、独立の1つの章に格上げされた。また、有料老人ホームの届出が事後から事前届出に改められたほか、30条に（有料老人ホーム協会）、31条には（名称の使用制限）（協会の業務）（厚生大臣に対する協力）（立入検査等）が新たに設けられ、「社団法人全国有料老人ホーム協会」が30条に指定された法人となった。

　このように協会は、老人福祉法30条に指定された法定団体として、入居者保護を一層求められることになり、第三者委員を中心にした「苦情処理委員会」の設置、入居者保護事業として、入居者1人当たり500万円の支払いを行う「入居

者基金」制度の創設等を行った。2002年1月末現在の加盟入居者数は約8,000名であった。

法改正に伴い、1992（平成4）年、有料老人ホーム設置運営指導指針の全面改正も行われ、「安定的な経営確保のための基準の充実」「入居者に対する情報開示の推進」「適正な契約手続き、入居金の支払いの確保」「借地・借家での設置の容認」「分譲型の基準の追加」等の変更がなされ、有料老人ホームの6類型が定められた。特に「介護専用型有料老人ホームの設置運営指導指針について」では、常時介護を必要とする施設を対象とし、介護居室の定員の約1割とすること、さらに保健婦、看護婦、介護福祉士の資格を有する者、あるいは特別養護老人ホーム等施設で2年以上介護に従事した者が介護に携わることを決めたほか、施設長も協会が実施する施設長研修を修了することなどの資格条件を規定し、看護婦や宿直者数なども定めた（保健婦、看護婦は当時。現在は保健師、看護師）。協会は、「標準介護専用型入居契約書」を策定した。

(5) シルバーサービスに関する行政勧告から有料老人ホーム標準指導指針への名称変更まで（1990年代後半）

有料老人ホームは利用対象者が高齢者であり、終身にわたる家賃を前払い一時金として受領する金額が高額となることから、有料老人ホームは高額商品を扱うシルバーサービスとしての捉え方が強くなってきた。

1993（平成5）年、総務庁は、シルバーサービスに関する利用者の保護及び民間事業者の健全育成を図る観点から、有料老人ホームや在宅サービス事業の実施状況等について、関係行政の改善に資するべく調査を実施、調査結果を報告書としてまとめた。

この結果から厚生省に対し、①募集広告の内容の適正化、②重要事項説明書の交付及び、入居契約書・管理規定の入居希望者への交付を法的に義務付けることの検討、③全国有料老人ホーム協会会員に対する指導及び支援の機能の充実方策について検討するよう同協会を指導すること、などの勧告を行った。

1995（平成7）年には、東京都は表示すべき生活物資等（サービス）として、「有料老人ホーム及び類似施設」を指定した。都は「東京都表示条例による表示」を26項目にまとめ、情報方法・表示例が決められた。消費者保護の観点から、有

料老人ホーム事業者が都内での営業活動を行う場合は、書面の交付を義務付けている。

　他方公正取引委員会は、「近時有料老人ホームの表示について各方面からの指摘があり、また、今後高齢化に伴いその一層の適正化が国民生活において重要となることを鑑み、当委員会は、有料老人ホームの表示について調査を行いました」として、1993（平成5）年に4事業者に対し老人福祉関連施設の表示問題で初めて行政指導を行い、協会に対しても会員が行う広告表示の適正化に一層務めるよう要望した。1996（平成8）年には、公正取引委員会は、終身介護型の有料老人ホームの募集パンフレットに入居後に実際に掛かる費用が明示されておらず、利用者に誤解を招くなどとして6事業者に警告した。さらに1997（平成9）年には、5事業者に対し警告を行うとともに、協会の発行する「有料老人ホーム入居ガイド 輝16号」に不当表示のおそれのある表示が認められるとして警告を行った。

　1996（平成8）年、岡山県にある「しあわせランド」が倒産し、加入していた入居者全員に入居基金から、入居者に500万円の保証金の支払いが行われた。

　このような状況に鑑み、1998（平成10）年、厚生省は今後の民間育成の観点から「有料老人ホーム等のあり方に関する検討会」（委員長・袖井孝子）を設置し、有料老人ホームにかかわる現行制度の課題、介護保険制度の導入と残された課題、有料老人ホーム類似施設に対する行政関与の必要性、高齢者住宅施策の連携と役割分担のあり方、有料老人ホーム協会のあり方等について、『有料老人ホーム等のあり方に関する検討会 報告書』（1998年6月19日）をまとめている。

　介護保険法（法律123号）が、1997（平成9）年12月に成立した。国民の共同連帯の理念に基づき、社会全体で介護を必要とするものの介護を支える仕組みで、新しい社会保障制度として公布された。「介護保険」は、それまで"民間の創意と工夫"で高齢福祉の一翼を担ってきた有料老人ホームに、初めて公的な資金が導入されることになり、有料老人ホームは名実ともに、高齢社会を支える大きな柱の一つとして位置付けられた。

　介護保険法において有料老人ホームにおける介護は、「居宅サービス」に位置付けられ、ケアハウス・軽費老人ホームとともに「特定施設入居者生活介護」として位置付けられた。

　有料老人ホームにおける介護サービスに要する費用は、相互扶助の仕組みで介

護一時金を受領するホームも多く、また月払い、都度払い方式のホームを含め、それらのホームは、介護保険施行までに、公費である介護費用との調整を入居者の同意を得て行った[35]。

　1998（平成10）年の「有料老人ホーム設置運営指導指針」改正内容は、「介護専用型ホームの指導指針との統合」「重要事項説明書の拡充等」「有料老人ホームの類型等の見直し」「情報開示の推進」「特別介護室の名称及び5％以上確保の規定の見直し」であった。1999（平成11）年には、認知症の高齢者や知的障害者の財産管理や生活などを法的に守る制度として「成年後見法」（法律149号による民法一部改正）が施行された。合わせて、判断能力のあるうちに、あらかじめ後見人を決めておく任意後見（契約後見）制度も設けられた。

　超高齢社会を目前に、国の高齢者施設は介護保険を「社会福祉」制度ではなく、新しい社会保険とし、その一翼を民間に依存する方向に大きく転換した。高齢者や弱者を護るべき対象としての側面ばかりではなく、自立する高齢者には、自己選択や自己責任を課す方向に進み出した。そのため、これまで以上に事業者にも積極的な情報開示、コンプライアンス等が強く求められてきている。

　2000（平成12）年には、「地方分権の推進を図るための関係法律の整備等に関する法律」の施行により、有料老人ホームの届出等に関する事務が機関委任事務から自治事務となり、介護保険の実施主体が都道府県であるとともに、有料老人ホームは自治体と結びつきがより一層強化されることになった。これに伴い、有料老人ホームの設置運営指導指針は、「有料老人ホーム標準指導指針」と名称を変更し、一部の改正が行われた。

(6) 介護保険制度施行から現在まで（2000年代）

　2000（平成12）年4月、介護保険制度が施行された。今までの公的な補助、助成の一切なかった有料老人ホームに、一定の条件のもと、介護給付がなされるということは、経営面でも入居者の介護費用負担軽減という面でも大きなメリットが生じた。しかし一方では、高齢者福祉の分野に以前にはなかった「介護ビジネス」という市場原理が導入されることになった。従来の自立から終末期まで長期にわたって暮らす有料老人ホームの事業モデルと異なり、要介護状態になっていることを条件とするホームの急増は、初期投資の額が比較的少なく開設するこ

第五章　高齢者の住まいと医療福祉

とができることもあり、"シルバー産業"と捉えた様々な分野からの参入を以後急激に増加させた。

2002（平成14）年「有料老人ホームの設置運営指導指針」が改正された。標準指導指針の性格は、「各都道府県は、標準指導指針を参考に、地域の状況に応じて指導指針を定めること」となった。そして、「指導上の留意点」として、「有料老人ホームの届出の徹底」「地域に応じた指導指針の策定」「情報開示、報告の徴収等」「立入調査の定期的実施等」「全国有料老人ホーム協会との連携」「介護サービスに係る表示の留意事項」について記述し、主要な改正点として、「介護居室の個室化及び設備構造に係る規定の適正化」「借地・借家により設置運営する場合の規定の適正化」「有料老人ホームの類型化の見直し」を行った。

一方では、国の高齢者福祉における施策も大きく転換してきた。①新型特養（特別養護老人ホーム）でのホテルコストの利用者負担、②PFI法を活用した公設民営方式の施設整備推進、③ケハウス等への株式会社の参入促進、④グループホームにおける情報公開の推進、⑤介護事業者の情報公開、利用者や第三者による評価の推進、⑥介護職員の質の向上、等が逐次実施されている。

ホーム数の増加に伴い、広告量の増大等を踏まえ、2003（平成15）年、公正取引委員会は、有料老人ホーム3事業者に初めて排除命令を適用した。そして、「有料老人ホーム等が提供する各種サービスの内容に係る、消費者に誤認される恐れのある表示を明確にすることにより、不当表示を未然に防止し厳正に対処する」観点から不当景品類及び不当表示防止法第4条第1項第3号の規定により「有料老人ホーム等に関する不当な表示」を2004（平成16）年10月から施行した[36]。

介護保険施行は、自立から入居し終末期まで暮らすという有料老人ホームから、要介護状態で入居する、いわゆる特養型の有料老人ホームの数を激増させ、その数の増加とともに介護サービスに特化した有料老人ホームの事業モデルを確立した。

国の施策の転換とともに、民間事業が高齢者福祉を大きく担っている現状に鑑み、国は2006（平成18）年、老人福祉法に規定されている有料老人ホームの定義を1963（昭和38）年以来、初めて変更した[37]。

人数の撤廃、サービス内容の弾力化は、有料老人ホームの範囲を大きく広げる

249

こととなり、一方では「有料老人ホーム」の内容（居室面積・費用・サービス・設備等）を一括りで論ずることが一層困難になった。

　有料老人ホーム市場は、2000年の介護保険制度開始以降、急拡大している。高い志をもってホーム経営に携わり、まじめに入居者と向き合う経営者もいれば、介護ビジネスは今後急成長が見込めると考え、ビジネス優先で業界に参入してきた企業もある。Ｍ＆Ａ（企業の合併・買収）も盛んに行われていて、既存の有料老人ホームを買収して規模の拡大を図る企業もあれば、ブームに乗って有料老人ホームを始めたものの、思ったほど利益が上がらないので経営権を他社に譲渡する企業も出てくるなど、混沌とした状況になっている。

　競争が激化する中、倒産する有料老人ホームも出てきた。例えば2007年4月、秋田県の介護付き有料老人ホーム「花あかり角館」が開業1年足らずで突然閉鎖し、入居者32人がホームを追われ、他の介護施設や自宅へ移り住んだというニュースが報じられた。同年7月には、関東圏で介護付き有料老人ホームやグループホーム8施設を展開していたトータルケアサポートという会社が約35億円の負債を抱えて倒産し、ホーム事業は他社に継承されている。同じく2007年には「コムスン事件」が起き、全国の介護保険利用者を大きく不安に陥れた。訪問介護大手のコムスンが介護報酬を不正に受け取っていたことが発覚し、介護保険事業の廃業届出を提出、介護ビジネスから撤退したのである。コムスンは訪問介護事業のほかに、全国200カ所の有料老人ホームやグループホームを経営していたが、それらは別の企業に事業継承されて、約4,500人の入居者はそのまま新しい事業主体の経営のもと、ホームで暮らしている。

　介護保険施設や有料老人ホームなどの施設系の老人福祉・介護事業の倒産件数は、2005年と2006年には11件、2007年には17件、2008年上半期（1〜6月）で17件と、増加傾向にある（東京商工リサーチ調べ）。入居希望者は、事業主体の変更や倒産リスクを少しでも回避するためにも、どのような事業主体がどのような理念・方針でホームを経営しているのか、その経営状況はどうかをしっかりと確認しなければならない時代に突入したといえよう。

　以上の有料老人ホームにかかわる制度の変遷等を踏まえて、次に有料老人ホームと老人福祉施設の推移の関係をみておこう。

図 5-1 有料老人ホームと老人福祉施設の推移

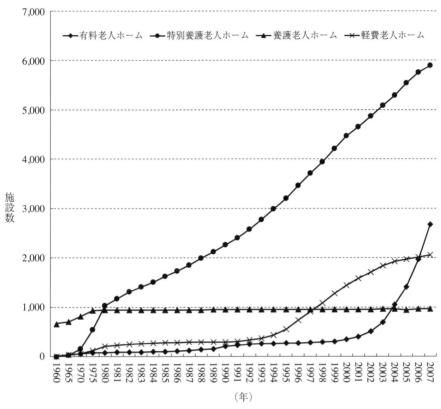

(出所)厚生省統計情報部調べ、厚生省老人福祉課調べ、厚生労働省「社会福祉施設等調査報告」各年より作成。

2. 有料老人ホームと老人福祉施設の推移

図 5-1 は、有料老人ホームと特養、養護老人ホーム、軽費老人ホーム（ケハウス含む）の老人福祉施設の推移を経年で示したものである。

この図の特徴は、第 1 に、1960 年から 1975 年まで緩やかに増加していた養護老人ホームが、1980 年（944 施設）で 950 を前後しながら完全に横ばいになることである。第 2 に、特養は、1979 年の 539 施設から 1980 年に初めて 1 千施設を超えて 1,031 施設まで増加し、1979 年時点から 1.91 倍加したことを契機として 2007 年の 5,892 施設まで右肩上がりに増加していく。28 年間で、1980 年時点の施設数の 5.71 倍加したことになる。第 3 は、漸増していた軽費老人ホームは、

251

表 5-2　有料老人ホームの地方別施設数の推移（上段）と 2000 年との指数比較（下段）

地方	2000 年	2002 年	2004 年	2006 年
北海道	15	14	30	59
東北	7	13	39	91
関東	177	265	486	784
中部	45	64	139	249
近畿	60	83	157	269
中国	14	25	57	130
四国	8	10	25	57
九州	24	34	112	329
合計	350	508	1,045	1,968

地方	2000 年	2002 年	2004 年	2006 年
北海道	1.00	0.93	2.00	3.93
東北	1.00	1.86	5.57	13.00
関東	1.00	1.50	2.75	4.43
中部	1.00	1.42	3.09	5.53
近畿	1.00	1.38	2.62	4.48
中国	1.00	1.79	4.07	9.29
四国	1.00	1.25	3.13	7.13
九州	1.00	1.42	4.67	13.71
合計	1.00	1.45	2.99	5.62

（資料）厚生労働省統計情報部「社会福祉施設等調査」より作成。

　ケアハウスの登場で 1995 年以降、明らかに増加していくことになる。そして第 4 は、軽費老人ホームとともに漸増していた有料老人ホームが、2000 年を境に急増する。厚生労働省の調査では、現在の有料老人ホームは 2,671 施設、定員は 14 万 7,981 人、在所者数は 11 万 4,573 人となっている（「平成 19 年 社会福祉施設等調査結果の概況」より）。さらに、有料老人ホーム情報センターによると、2008 年 3 月時点の施設数は 3,612 施設となっており、4,000 施設まで届く勢いとなっている[38]。

　次に、有料老人ホーム数を地方別にみてみよう。表 5-2 は、都道府県別の有料老人ホーム数を地方別に単純集計したものである。有料老人ホーム数は、関東地方が 784 で他の地方に比べて圧倒的に多い。2 位が九州で 329、3 位は近畿 269、4 位が中部の 249 となっている。北海道、東北、四国は 100 に届かない状況である。
　表 5-3 をみればわかるように、関東に施設数が多いのは東京、神奈川、千葉、

第五章　高齢者の住まいと医療福祉

表5-3　有料老人ホーム都道府県別施設数の推移

	2000年			2002年			2004年			2006年		
	都道府県	指定都市・中核市	合計	都道府県	指定都市・中核市	合計	都道府県	指定都市・中核市	合計	都道府県	指定都市・中核市	合計
北海道	6	9	15	5	9	14	15	15	30	10	49	59
青　森	1		1	4		4	19		19	25		25
岩　手	0		0	0		0	0		0	29		29
宮　城	2		2	1	2	3	1	6	7	2	14	16
秋　田	1		1	1		1	2	1	3	4	3	7
山　形	0		0	2		2	6		6	8		8
福　島	2	1	3	2	1	3	3	1	4	4	2	6
茨　城	10		10	12		12	20		20	28		28
栃　木	3		3	3		3	4		4	8		8
群　馬	11		11	10		10	22		22	29		29
埼　玉	13		13	14		14	26	21	47	53	45	98
千　葉	30	6	36	30	6	36	42	19	61	59	41	100
東　京	48		48	98		98	177		177	282		282
神奈川	51	5	56	72	20	92	48	107	155	77	162	239
新　潟	2	2	4	2	2	4	4	4	8	7	5	12
富　山	0		0	0		0	0		0	0		0
石　川	0	1	1	1	1	2	2	3	5	4	3	7
福　井	4		4	3		3	3		3	6		6
山　梨	3		3	3		3	4		4	6		6
長　野	1	2	3	1	2	3	7	2	9	12	2	14
岐　阜	0		0	1	1	2	5	1	6	12	3	15
静　岡	16	2	18	21	4	25	28	11	39	35	19	54
愛　知	6	6	12	8	14	22	20	45	65	51	84	135
三　重	3		3	3		3	9		9	15		15
滋　賀	4		4	5		5	6		6	8		8
京　都	3	6	9	3	6	9	3	6	9	3	6	9
大　阪	8	6	14	16	14	30	46	27	73	96	48	144
兵　庫	11	12	23	15	14	29	27	20	47	33	40	73
奈　良	4		4	3	1	4	8	2	10	9	6	15
和歌山	3		3	3		3	3		3	3	2	5
鳥　取	2		2	3		3	4		4	9		9
島　根	2		2	3		3	4		4	8		8
岡　山	3	1	4	2	7	9	3	12	15	5	33	38
広　島	1	2	3	1	4	5	4	15	19	8	33	41
山　口	3		3	5		5	15		15	27	7	34
徳　島	0		0	0		0	0		0	6		6
香　川	2	1	3	4	1	5	10	7	17	10	27	37
愛　媛	2	3	5	2	3	5	3	5	8	9	5	14
高　知	0		0	0		0	0		0	0		0
福　岡	6	5	11	7	8	15	33	26	59	98	83	181
佐　賀	1		1	1		1	3		3	9		9
長　崎	1		1	1		1	5		5	5		5
熊　本	0	2	2	0	2	2	2	3	5	34	5	39
大　分	4		4	5		5	12	7	19	16	9	25
宮　崎	1		1	4		4	9		9	25	16	41
鹿児島	3		3	4		4	6		6	9	6	15
沖　縄	1		1	2		2	6		6	10		10
合　計	278	72	350	386	122	508	679	366	1,045	1,210	758	1,968
割合(%)	79.43	20.57		75.98	24.02		64.98	35.02		61.48	38.52	

注）「都道府県」は、中核市・指定都市を除いた施設数を表わす。
（資料）厚生労働省統計情報部「社会福祉施設等調査」より作成。

表5-4 有料老人ホームの入居一時金及び月例標準費用（全国最低額・最高額）

(万円)

	入居一時金			
	n	最小値	最大値	平均±SD
最低額	814	0	6,650	555.759 ± 786.340
最高額	377	15	21,050	2,301.684 ± 2,393.080

(円)

	月額標準費用			
	n	最小値	最大値	平均±SD
最低額	814	15,750	571,500	171,453.816 ± 60,534.986
最高額	436	63,000	714,500	231,516.317 ± 91,247.269

注）栃木県、富山県、滋賀県、和歌山県の回答データはないので、43都道府県からの回答結果である。
（資料）読売新聞東京本社社会保障部「全国有料老人ホーム介護・医療体制調査」2008年2月、より筆者作成。

埼玉に施設が多いからである。九州に多いのは福岡に181施設あり、九州全体の55％の割合を占めているからである。近畿では、大阪、兵庫に多い。そして中部では、愛知に多い状況となっている。

以上の結果を踏まえ、次に有料老人ホームの入居一時金及び月例標準費用について検討してみよう。

3. 有料老人ホームの入居一時金及び月例標準費用

調査の結果を**表5-4**から**表5-8**に示した。集計の結果、入居一時金最低額で最小であった数値はゼロであるが、最大値は神奈川県（関東）の6,650万円であった。最高額では、最小値は福岡県（九州）の15万円から最大値は神奈川県（関東）の2億1,050万円まであった。最低額の平均±SDは555.759±786.340であり、最高額の平均±SDは2,301.684±2,393.080であった（**表5-4〜表5-8**）。

同様に、月額標準費用では、最低額で最小であった数値は沖縄県（九州）の1万5,750円であるが、最大値は大阪府（近畿）の57万1,500円であった。最高額では、最小値は沖縄県（九州）の6万3,000円から最大値は大阪府（近畿）の71万4,500円であった。最低額の平均±SDは171,453.816±60,534.986であり、最高額の平均±SDは231,516.317±91,247.269であった（**表5-4〜表5-8**）。

第五章　高齢者の住まいと医療福祉

表 5-5　有料老人ホームの入居一時金（都道府県別最低額・最高額）

(万円)

都道府県	最低額				最高額			
	n	最小値	最大値	平均値±SD	n	最小値	最大値	平均値±SD
北海道	25	0	2,185	349.512 ± 482.979	9	35	4,215	1,574.822 ± 1,254.319
青森	1	550	550	550.000	0			
岩手	1	0	0	0.000	0			
宮城	9	0	650	176.670 ± 208.626	1	1,300	1,300	1,300.000
秋田	1	0	0	0.000	0			
山形	2	0	30	15.000 ± 21.213	0			
福島	2	0	37	18.549 ± 26.232	0			
茨城	14	45	1,770	533.714 ± 614.798	8	250	5,150	2,425.750 ± 1,558.934
群馬	9	0	1,900	646.944 ± 705.906	3	980	2,200	1,793.333 ± 704.367
埼玉	53	0	2,200	424.753 ± 538.651	30	54	6,289	1,456.721 ± 1,302.131
千葉	41	0	3,230	413.159 ± 665.985	22	360	6,340	1,608.795 ± 1,583.354
東京	189	0	5,290	880.491 ± 934.966	114	180	15,043	2,755.532 ± 2,468.182
神奈川	152	0	6,650	704.952 ± 830.252	86	74	21,050	2,156.865 ± 2,850.503
新潟	2	200	300	250.000 ± 70.711	0			
石川	3	60	1,140	434.333 ± 611.503	2	864	1,865	1,364.500 ± 707.814
福井	2	0	50	25.000 ± 35.355	2	825	900	862.500 ± 53.033
山梨	2	32	800	415.750 ± 543.412	1	2,300	2,300	2,300.000
長野	5	0	1,200	399.000 ± 507.08	2	1,500	3,500	2,500.000 ± 1,414.214
岐阜	5	0	110	31.600 ± 48.506	0			
静岡	28	0	2,680	640.243 ± 708.702	17	120	6,540	2,696.676 ± 1,966.144
愛知	51	0	2,500	317.529 ± 610.093	11	126	5,210	1,974.182 ± 1,668.963
三重	3	7.2	180	65.200 ± 99.422	0			
京都	4	0	2,260	1,450.100 ± 1,039.108	3	3,901	5,368.4	4,620.467 ± 734.114
大阪	47	0	2,266	245.180 ± 528.409	15	138	8,011	1,700.600 ± 2,245.513
兵庫	25	0	3,350	1,097.420 ± 1,082.702	16	50	1,1430	4,183.375 ± 3,566.959
奈良	6	45	2,900	1,563.583 ± 1,267.55	4	3,203	6,140	4,135.750 ± 1,351.678
鳥取	4	0	450	127.800 ± 215.345	2	37.8	3,240	1,638.900 ± 2,264.297
島根	2	0	100	50.000 ± 70.711	0			
岡山	12	0	110	26.033 ± 36.246	2	56.7	110	83.350 ± 37.689
広島	12	0	780	154.292 ± 234.601	2	37.5	390	213.750 ± 249.2551
山口	1	60	60	60.000	1	240	240	240.000
徳島	1	50	50	50.000	1	250	250	250.000
香川	3	0	500	166.667 ± 288.675	0			
愛媛	6	0	61	14.983 ± 23.431	1	150	150	150.000
高知	1	50	50	50.000	0			
福岡	54	0	2,060	215.400 ± 453.886	15	15	5280	1,882.880 ± 1,609.26
佐賀	3	0	15	8.333 ± 7.638	0			
長崎	8	0	670	86.375 ± 235.935	3	36	889	581.733 ± 473.884
熊本	2	0	25	12.500 ± 17.678	0			
大分	9	0	100	62.778 ± 44.659	0			
宮崎	7	0	50	7.143 ± 18.898	1	200	200	200.000
鹿児島	6	0	2,257	470.667 ± 904.033	2	630	4,968	2,799.000 ± 3,067.429
沖縄	1	2,500	2,500	2,500.000	1	6,300	6,300	6,300.000

注）栃木県、富山県、滋賀県、和歌山県の回答データはないので、43都道府県からの回答結果である。
（資料）読売新聞東京本社社会保障部「全国有料老人ホーム介護・医療体制調査」2008年2月より筆者作成。

表5-6 有料老人ホームの月額標準費用（都道府県別最低額・最高額）

(円)

都道府県	最低額				最高額			
	n	最小値	最大値	平均値±SD	n	最小値	最大値	平均値±SD
北海道	25	56,175	294,300	129,244.280 ± 43,744.590	19	87,900	337,350	160,702.895 ± 58,078.735
青森	1	75,000	75,000	75,000.000	0			
岩手	1	111,429	111,429	111,429.000	0			
宮城	9	93,000	211,000	149,331.333 ± 46,867.837	6	133,000	215,250	155,708.333 ± 33,784.766
秋田	1	139,910	139,910	139,910.000	1	159,910	159,910	159,910.000
山形	2	119,000	135,335	127,167.500 ± 11,550.589	0			
福島	2	111,600	148,550	130,075.000 ± 26,127.596	1	150,600	150,600	150,600.000
茨城	14	125,000	199,500	144,950.714 ± 21,919.073	3	200,000	225,750	211,916.667 ± 12,981.557
群馬	9	128,000	186,750	157,342.222 ± 18,165.133	3	133,000	158,000	148,033.333 ± 13247.767
埼玉	53	99,750	280,500	173,657.057 ± 41,606.453	29	134,900	484,610	232,538.931 ± 90,919.189
千葉	41	114,768	517,700	167,319.488 ± 63,384.924	25	139,750	617,750	243,259.040 ± 106,454.312
東京	189	79,800	345,500	205,029.159 ± 58,846.406	114	137,750	391,700	264,152.018 ± 78,877.961
神奈川	152	85,050	329,450	184,784.342 ± 53,731.902	84	136,980	408,860	247,969.607 ± 85,659.874
新潟	2	166,000	190,250	178,125.000 ± 17,147.339	0			
石川	3	129,100	218,540	164,246.667 ± 47,695.121	3	148,150	230,540	189,596.667 ± 41,197.306
福井	2	113,000	148,750	130,875.000 ± 25,279.067	2	174,000	263,750	218,875.000 ± 63,462.834
山梨	2	173,100	175,000	174,050.000 ± 1,343.503	1	269,270	269,270	269,270.000
長野	5	120,000	266,650	164,930.000 ± 58,827.498	1	177,200	177,200	177,200.000
岐阜	5	114,210	203,000	146,322.000 ± 38,854.490	1	138,750	138,750	138,750.000 ±
静岡	28	98,500	212,064	153,906.464 ± 29,917.783	12	138,500	399,580	227,555.000 ± 91,245.574
愛知	51	64,260	314,450	176,482.294 ± 60,125.703	29	113,100	360,650	227,504.828 ± 77,016.250
三重	3	62,750	94,000	81,916.667 ± 16,786.031	1	138,750	138,750	138,750.000
京都	4	117,580	491,500	222,107.500 ± 180,295.371	1	585,000	585,000	585,000.000
大阪	47	110,000	571,500	179,659.957 ± 80,171.412	22	135,000	714,500	257,610.182 ± 132,514.425
兵庫	25	117,200	32,4450	187,222.000 ± 56,554.095	14	162,250	370,650	270,869.643 ± 65,710.370
奈良	6	56,670	159,000	130,503.333 ± 39,426.758	2	267,750	381,670	324,710.000 ± 80,553.605
鳥取	4	56,400	129,000	93,662.500 ± 39,594.263	3	103,000	283,000	171,916.667 ± 97,126.314
島根	2	138,750	176,400	157,575.000 ± 266,22.570	1	233,100	233,100	233,100.000
岡山	12	84,600	241,500	151,062.333 ± 46,061.004	5	99,600	386,400	198,510.000 ± 111,577.800
広島	12	113,768	224,000	158,502.333 ± 32,871.324	5	138,750	220,400	180,890.000 ± 39,483.151
山口	1	136,500	136,500	136,500.000	1	166,500	166,500	166,500.000
徳島	1	135,600	135,600	135,600.000	1	286,100	286,100	286,100.000
香川	3	105,000	173,000	129,333.333 ± 37,898.989	2	146,000	203,000	174,500.000 ± 40,305.087
愛媛	6	88,000	150,000	124,588.333 ± 22,754.007	4	94,000	210,000	145,000.000 ± 49,200.271
高知	1	120,000	120,000	120,000.000	1	130,000	130,000	130,000.000
福岡	54	45,000	224,600	118,424.296 ± 28,170.195	23	86,000	300,650	153,920.130 ± 45,786.776
佐賀	3	69,000	90,000	76,800.000 ± 11,494.346	2	81,000	130,000	105,500.000 ± 34,648.232
長崎	8	46,500	220,500	131,340.000 ± 57,310.749	4	123,000	344,000	205,065.000 ± 96,069.685
熊本	2	108,000	123,000	115,500.000 ± 10,606.602	0			
大分	9	84,300	149,250	125,972.222 ± 22,489.041	2	108,000	146,000	127,000.000 ± 26,870.058
宮崎	7	85,000	131,550	102,009.286 ± 15,084.026	5	120,000	175,000	140,303.000 ± 21,719.036
鹿児島	6	86,200	166,550	121,800.000 ± 31,154.021	2	120,000	175,050	147,525.000 ± 38,926.228
沖縄	1	15,750	15,750	15,750.000	1	63,000	63,000	63,000.000

注）栃木県、富山県、滋賀県、和歌山県の回答データはないので、43都道府県からの回答結果である。
（資料）読売新聞東京本社社会保障部「全国有料老人ホーム介護・医療体制調査」2008年2月、より筆者作成。

第五章　高齢者の住まいと医療福祉

表 5-7　有料老人ホームの入居一時金（地方別最低額・最高額）

(万円)

地方	最低額				最高額			
	n	最小値	最大値	平均値 ± SD	n	最小値	最大値	平均値 ± SD
北海道	25	0	2,185	349.512 ± 482.979	9	35	4,215	1,574.822 ± 1,254.319
東　北	16	0	650	137.944 ± 204.845	1	1,300	1,300	1,300.000
関　東	458	0	6,650	712.470 ± 842.069	263	54	21,050	2,294.685 ± 2,437.789
中　部	98	0	2,680	397.534 ± 619.529	35	120	6,540	2,266.100 ± 1,731.842
近　畿	85	0	3,350	639.252 ± 935.807	38	50	11,430	3,232.826 ± 2,971.530
中　国	31	0	780	91.455 ± 170.532	7	37.5	3,240	587.429 ± 1,176.856
四　国	11	0	500	62.718 ± 146.909	2	150	250	200.000 ± 70.711
九　州	90	0	2,500	203.463 ± 495.691	22	15	6,300	1,913.018 ± 1,892.276

(資料) 読売新聞東京本社社会保障部「全国有料老人ホーム介護・医療体制調査」2008年2月、より筆者作成。

表 5-8　有料老人ホームの月額標準費用（地方別最低額・最高額）

(円)

地方	最低額				最高額			
	n	最小値	最大値	平均値 ± SD	n	最小値	最大値	平均値 ± SD
北海道	25	56,175	294,300	129,244.280 ± 43,744.590	19	87,900	337,350	160,702.895 ± 58,078.735
東　北	16	75,000	211,000	136,550.375 ± 40,455.534	8	133,000	215,250	155,595.000 ± 28,662.316
関　東	458	79,800	517,700	188,530.664 ± 56,631.991	258	133,000	617,750	251,347.798 ± 85,629.566
中　部	98	64,260	314,450	166,582.429 ± 50,236.122	49	113,100	399,580	222,858.367 ± 76,463.750
近　畿	85	56,670	571,500	176,961.976 ± 79,391.768	40	135,000	714,500	270,819.225 ± 119,526.988
中　国	31	56,400	241,500	146,486.323 ± 42,476.025	15	99,600	386,400	187,490.000 ± 75,106.867
四　国	11	88,000	173,000	126,466.364 ± 23,732.780	8	94,000	286,100	168,137.500 ± 61,503.146
九　州	90	15,750	224,600	116,682.189 ± 32,667.318	39	63,000	344,000	150,897.128 ± 52,479.268

(資料) 読売新聞東京本社社会保障部「全国有料老人ホーム介護・医療体制調査」2008年2月、より筆者作成。

第 4 節　高齢者の住まいと医療福祉の考察

1. 有料老人ホームの歴史と課題

有料老人ホームをめぐる歴史をみると、2000（平成12）年4月に介護保険制

度が施行され、今まで公的な補助、助成の一切なかった有料老人ホームに、一定の条件のもと介護給付がなされたことが、経営面でも入居者の介護費用負担軽減という面でも大きなメリットが生じたことは間違いない。しかし一方では、高齢者福祉の分野に以前にはなかった「介護ビジネス」という市場原理が導入されることになり、従来の自立から終末期まで長期にわたって暮らす有料老人ホームの事業モデルと異なり、要介護状態になっていることを条件とするホームの新たなモデルが急増した。従来は自立意識の高い高齢者が有料老人ホームに入居してきたが、今後は新しい価値観に基づく新しい世代とともに、要介護度が高い高齢者が入居してくることは確実である。

　全国有料老人ホーム協会が行った調査[39]でも、「入居動機」をみると、1位から3位までの回答の合計で「身体能力が弱くなっても介護が受けられるから」が51.0％と過半数を超えていることからも明らかである。どちらにしても、有料老人ホームは高齢者の終のすみかの有力な選択肢の一つになっている。

　また、今後もわが国の介護給付の抑制政策の基本が変わらない限り、公的部門だけではサービスが著しく不足するため、介護市場への民間企業の参入を促進するものと思われる。

　有料老人ホームは、一般の営利事業経営にみられるような単なる事業規模やシェアの拡大といったような事業目的とするのではなく、経営の安定と永続性に事業目的が求められるべきであろう。事業者の努力とともに事業と行政関与のあり方、法律的な位置付けの整理、介護保険制度の定着、公的施設との役割分担、多様化する施設間の競争条件の平等化、税制や金融面の支援策などの検討、実施が期待される。

　また、有料老人ホームは複合的、総合的、長期的にサービスが提供されるべきであるが、今後一層利用者の権利を守りサービスの質を担保する仕組みも必要となってくる。これまで以上の情報開示やオンブズマン制度やサービス評価制度などは検討されるべき課題であろうと思われる。

2. 全国で増加する都市、農山村の有料老人ホーム

　次に、有料老人ホームと老人福祉施設の推移をみてみると、2007（平成19）年10月1日時点の特養数5,892、定員41万2,807人に対して、有料老人ホーム

の数は 45.3％、定員では 27.8％にしかならないが、軽費老人ホーム（施設数 2,059、定員 8 万 6,367 人）や養護老人ホーム（施設数 958、定員 6 万 6,375 人）を追い越して、軽費老人ホームの 1.3 倍、養護老人ホームの 2.79 倍まで施設数が増加し、すでに 11 万 4,600 人弱の高齢者が入居しているという事実は重視すべきである（軽費老人ホームと養護老人ホームについては「平成 19 年 社会福祉施設等調査結果の概況」より。特養については「平成 19 年介護サービス施設・事業所調査結果の概況」より）。

　地方別の状況をみると、予想どおり関東に施設数が多いのは東京、神奈川、千葉、埼玉に施設が多いからである。人口も多く、高齢者が多いことから必然的に有料老人ホームも多くなる。そして、所得が高い高齢者数も多いこととも関連しているし、都会の施設整備率が低い状況の反映であることも推測できる。九州に多いのは福岡に 181 施設もあり、九州全体の 55％の割合を占めているからである。近畿に多いのは、大阪、兵庫に多いからである。そして、中部では、愛知に多い状況となっている。

　以上のように、大都市では有料老人ホーム数が多く、農山村の県や地方では少ないことが特徴である。しかし、2000 年を 1 とした指数でみると、6 年間ですべての地方が約 4 倍から 13 倍以上まで伸びており、農山村地方でも有料老人ホームの建設が行われている。

　したがって、地方別に建設数の違いはあるが、全国的には 2000 年と比べて 2006 年は 5.62 倍加しており、有料老人ホームが十分需要があることが推測できる結果となっている。しかも調査年ごとの「都道府県」と「指定都市・中核市」の施設割合をみると、2000 年は 20.57％であった「指定都市・中核市」の施設割合は、2006 年には 38.52％を占有しており、明らかに都市部を中心に増設されていることがわかる。つまり、都道府県別でみると農山村地域でも有料老人ホームは建設されているが、中でも県の都市部で増設されていると結論できる。

　療養病床の削減と有料老人ホーム、高専賃への医療法人の参入解禁で、市場ではさらに有料老人ホームを供給しやすい環境が整備された。そして需要側でも、病院から追い出され行き場を失った高齢者、いわゆる「医療・介護難民」が増加すると思われる[40]。今後の動向を注視する必要がある。

3. 未だ高額な有料老人ホーム

　入居時費用と月額標準費用をみてみよう。入居一時金最低額で最小であった数値はゼロであることは予想されたが、最大値は神奈川県（関東）の 6,650 万円であり、最高額最大値も同じホームの 2 億 1,050 万円まであったことには驚いた。神奈川県のこのホームと東京都の最低額最小値 5,290 万円と最高額最大値 1 億 5,043 万円、そして兵庫の最低額最小値 3,350 万円と最高額最大値 1 億 1,430 万円は、すでに庶民の懐具合を超越してしまっている。

　全国有料老人ホーム協会の調査[41]によると、「入居金の負担可能額」は、「自立型」の「1 人入居」においては「2,000 万円～（3,000 万円未満）」が最も多く、次いで「入居したい」では「3,000 万円～（4,000 万円未満）」、「迷っている」では「1,000 万円～（2,000 万円未満）」となっている。「入居したい」「迷っている」ともに 1,000 万円～4,000 万円未満に回答が集中しており、半数以上を占めている。「2 人入居」においては、「入居したい」では「5,000 万円～」が最も多く、「迷っている」では 1,000 万円～4,000 万円未満に集中している。この調査では「介護型」の「入居金の可能負担額」も調査しているので、それをみると、「1 人入居」においては「1,000 万円～（2,000 万円未満）」が最も多くなっている。「介護型」では「自立型」と比較して「500 万円未満」「500 万円～（1,000 万円未満）」の回答率が高かった。第 5 回調査（2000 年 11 月～12 月）と第 6 回調査（2004 年 11 月～12 月）を、「入居したい」人の最高負担額の平均で比較すると、第 6 回調査のほうが「1 人入居」(5 回；2,932 万円、6 回；2,254 万円）、「2 人入居」(5 回；4,145 万円、6 回；3,299 万円）ともに低く、低価格志向となっていた。

　筆者の調査と全国有料老人ホーム協会の調査結果は、第 1 に、有料老人ホーム数の増加に伴い入居一時金に格差が広がったことを示している。そして第 2 に、協会の調査から、「自立型」と「介護型」では、「介護型」の高齢者と家族は明らかに低価格志向の意識がみられており、「介護型」を希望する高齢者は、介護保険制度施行前までは有料老人ホームは選択肢ではなかった層であることが示唆された。第 3 に、2000 年調査（第 5 回）と 2004 年調査（第 6 回）からわかるように、今まで公的な補助、助成の一切なかった有料老人ホームに、一定の条件のもと介護給付がなされたことが、経営面でも入居者の介護費用負担軽減という面でも大

きなメリットが生じたことは間違いない。その結果、供給の増大が需要の掘り起こしとなった可能性が示唆された。

　地方別状況をみてみると、関東地方最低額平均値712万円と最高額平均値2,294万円は、値ごろ感としては一般感覚に合致している結果といえよう。そして、神奈川県の2,156万円より東京都の2,755万円に最高額最大値も、一般的な不動産動向と一致している。むしろ近畿の最低額平均値639万円から最高額平均値3,232万円のほうが奇妙である。京都、兵庫、奈良の最高額最大値がいずれの都市も4,000万円台であることの反映であるが、サンプル数から市場が成熟していない可能性が示唆され、価格が膠着している可能性も考えられる。例えば、同じ近畿でも大阪が1,700万円まで下がっていることから推測すると、価格競争が起きていない可能性が示唆される。

　月額標準費用では、最低額で最小であった数値は沖縄県（九州）の1万5,750円であるが、最大値は大阪府（近畿）の57万1,500円であり（表5-6）、最低額の平均±SDは171,453.816±60,534.986（表5-4）であり、バラツキが大きいことを示していた。最高額では、最小値は沖縄県（九州）の6万3,000円から最大値は大阪府（近畿）の71万4,500円まであり（表5-6）、最高額の平均±SDは、23,156.317±91,247.269（表5-4）であり、最低額ほどのバラツキはみられなかった。つまり、月額費用のバラツキは最低額で大きく、全国的な格差が示唆されている。月額費用の最小値・最大値とも沖縄県であることは理解できなくもないが、最小値が1万5,750円とかなり安いことは理解できない。本来なら、施設の事情を調査すべきであるが、本研究では余裕がないため解釈できないことは残念である。

　上述同様、全国有料老人ホーム協会調査と比べてみると、「自立型」で「1人入居」においては「15万円〜（20万円未満）」が最も多く、次いで「20万円〜（30万円未満）」となっている。「2人入居」においては、「25万円〜（35万円未満）」が最も多く、特に「入居したい」において高い比率となっている。月々の費用負担可能額の平均では、「入居したい」「迷っている」であまり差異はみられていない。この結果は、筆者が調査した近畿の最低額最大値57万1,500円と最高額最大値71万4,500円と大きな隔たりがあることがわかる。実際に協会の調査のほうが、実態を反映していると考える。なぜなら、協会の調査では、「月々の費用の支払い原資」の調査では、「自立型」「入居したい」の59.1％が「厚生年金」と

回答しており、第2位の45.2%の「預貯金」と合わせて考えると、厚生年金受給者で預貯金をもっていることが入居の条件となっているからである。同様に「介護型」の場合でも、「入居したい」の57.9%は「厚生年金」と回答しており、第2位は42.7%の「預貯金」と回答している。

4. 結論

筆者と協会の調査結果を合わせて検討した結果、「厚生年金」受給者であることと「預貯金」をもっていることが、有料老人ホームへの入居可能条件となっていると結論できよう。

この結果は、有料老人ホームへの入居条件が緩和されたのではないか、というこの間の吹聴にもかかわらず、未だ高齢者の多くは有料老人ホームを終のすみかとすることは難しく、ある程度の所得が必要であるという、これまでの一般的な通説を支持する結果となった。そして、わが国の場合、北欧諸国で実施している早目の住み替えは、人それぞれであり一概にいえないが、身体能力の衰えを感じたときと公的年金受給の時期が関係あると推測された。

また、施設介護と在宅介護を考えたとき、介護における公私の役割分担が必要であることは事実であるが、わが国では公的な介護老人福祉施設（特養）が貧弱であることが有料老人ホームの需要をつくり出しているとも考えられ、その意味では、高齢者の介護負担を誰がするのか、もっと国民的議論が必要ではないかと考える。

結局は、老後の面倒は自分で看るということであるならば、「若いときから老後に備えて貯金をしなければならない」ということになり、識者が指摘するように消費の低迷をつくり出す要因とならざるを得ない。老後の面倒を誰が看るのか、安心して住める住まいはどのように提供されるのか、今後、真剣な国民的議論が求められている。

5. 今後の課題

本研究では、有料老人ホームの構造的なことは検討されていない。例えば、認知症の人とそうでない人とのフロアを分けているホームもある。横浜市にある「ゆうらいふ横浜」（定員132人）の特徴は、居住部分である2～6階のうち、2

階を認知症の専用フロア、3、4階を重度の介護を必要とする人のフロア、5、6階を自立か軽度の介護を必要とする人のフロアに分けている（『朝日新聞』2008年3月12日）。このようなフロアを分ける方法は特養では一般的であるし、筆者のオランダのナーシングホーム視察[42]でも確認されている。しかし、有料老人ホームの場合、認知症のフロアや少人数の生活単位ユニットを設け、そこで認知症の人たちが生活しているホームは、全国的にもごく少数である。フロアやユニットで入居対象者を限定すると、空きが出た場合、経営上マイナスになる点が、専用フロアやユニットでのケアが進まない要因となっている。

また、認知症高齢者グループホームのようにユニットケアが義務付けられていないことも、有料老人ホームで、ユニット化が進まない一因とみられている。認知症の人は一般的に、大人数で落ち着かない環境にいると、混乱しやすい傾向がある。このためスウェーデンでは、10人未満の小グループでケアするのが基本になっている。

本研究は、入居一時金が安い代わりに毎月の月額標準費用が高く設定されている場合や、入居一時金は高いが月額標準費用は安く設定されている場合のシミュレーションはしていない。この場合の計算方法は、入居者本人の寿命とかかわる計算式が用意されており、実際の入居の際はよくよく研究すべきである[43]。

本研究は、有料老人ホームの介護の質については研究範囲外である。現状では、その質は玉石混淆で事業者によってはトラブルや問題が大きくなっているのも事実である。例えば介護者が有資格者であろうがなかろうが誰でもかまわないことになっている。これでは、介護の質を担保する上で基準が明確でないので、改善の必要があると考える。例えば、近藤克則らは、アメリカのナーシングホームの調査から、わが国におけるケアの質確保・向上には、①国レベルによる環境づくりに加え、②行政による指導・監査方法の検討、③各施設内での個人別・課題領域別レビューシステムやケアの質マネジメントの強化など、国レベルだけでなく、自治体レベル、施設レベルにおける取り組みを絡ませること、さらに、事例レベルにおけるケアプロセスを改善することが必要であることを示唆している[44]。

また本研究では、無届けホームについての調査はしていない[45]。2007年2月の厚生労働省の調査では、377カ所の無届けホームが確認されており、行政の目が届かない高齢者施設が増加していることがうかがえる。読売新聞社が「無届け

有料老人ホーム」とみられる施設を全国調査したところ、少なくとも464カ所あることがわかっている（『夕刊 読売新聞』2009年3月24日）。

　最後に、本研究は、高齢者の住まいと医療福祉に関する研究をテーマに掲げたが、住まいの一つである有料老人ホームの展開と現状、課題については若干の問題提起をできたと考えるが、住まいと医療福祉（ケア）の関係の分析は不十分な結果になってしまった。高齢者の住まいと医療福祉（ケア）、または保健医療の関係は、今後ますます重要なテーマとなると思われるので、別の機会に詳細な分析を行うことにしたい。

●注・引用文献
1） 総務省統計局「第8章 高齢者のいる世帯の居住状況」『平成15年 住宅・土地統計調査──解説編』2006年5月（http://www.stat.go.jp/data/jyutaku/2003/10.htm）（わが国の住宅事情が詳細なデータで示されている）。
2） 高齢者が居住する住宅のバリアフリー化率の調査によると、高齢居住で「A 手すりがある（2カ所以上）」は24.5％、「B 段差のない室内」は15.5％、「C 廊下幅が車椅子通行可」は15.4％、「ABC いずれかに対応」は34.4％、「AまたはBに対応（一定対応）」は30.5％、「ABC すべて対応」は7.6％しかなかった（東京都都市整備局住宅政策推進部住宅政策課『2006-2015 東京都住宅マスタープラン』2007年3月、p.105）。
3） 例えば、東京都では、「一人暮らしの者の死亡における発見者」のうち、65歳以上の高齢者のデータをみると、一番多い発見者は「家人」の949人であり、2位は「保健・福祉」の625人、3位は「隣人」の385人、4位は「管理人」の334人、5位は「知人」の290人となっている。つまり、65歳以上高齢者の場合の「一人暮らしの者の死亡における発見者」の70％は家人以外である（東京都監察医務院『事業概要 平成20年版』2008年9月、pp.50-51より筆者計算）。また、成富正信「団地と一人暮らし高齢者〜孤独死問題の背景」日本文化厚生農業協同組合連合会『文化連情報』2009年2月号、pp.18-22、参照。
4） 2001年の「高齢者の居住の安定確保に関する法律」に基づき、高齢者だからといって入居を拒みませんという賃貸住宅は登録するような制度をつくった。
5） 2001年の「高齢者の居住の安定確保に関する法律」に基づき、民間の土地所有者等がバリアフリー仕様や緊急通報装置の設置など一定の整備基準を満たして供給する高齢者向けの優良な賃貸住宅をいう。区市町村が国と都道府県の補助を受けて、建設費と家賃の一部助成を行う。
6） バリアフリー化等高齢者向けに配慮された公的賃貸住宅に安否確認や緊急時対

第五章　高齢者の住まいと医療福祉

応等を行う生活援助員またはワーデン（管理人）が配置された住宅。
7）高齢者であることを理由に入居を拒まない住宅のうち、高齢者に限って賃貸することとして登録された住宅。住宅によっては、見守りや介護等サービスが受けられるところもある。高専賃が最近急増して注目を浴びているが、なぜかというと①住宅面積が25m²以上あること、②住戸内に台所やトイレなどがあること、③前払い家賃を徴収する場合は保全措置を講じること、④介護、食事、洗濯・掃除等の家事、健康管理のいずれかのサービスを提供していること、の4つを満たす高齢者専用住宅は、食事や介護を提供しても有料老人ホームとして届出なくてもよくなったためである。そして、介護保険法における「特定施設入居者生活介護」の指定対象になることができることも急増の要因である。
8）「高齢者の居住の安定確保に関する法律」に基づき、高齢者専用賃貸住宅として登録された住宅のうち、厚生労働大臣が定める基準を満たすとして、介護保険法施行規則第15条に基づき都道府県に届けられた住宅。
9）介護保険法に基づき、事業者指定を受けた介護サービス事業者が、有料老人ホームやケアハウス、適合高齢者専用賃貸住宅などで介護サービスを提供する居宅サービス。
10）『日経ヘルスケア』「特集2 医療法人の有老ホーム、高専賃経営が解禁──医療機関が高齢者住宅で成功する条件」日本経済新聞社、pp.38-49、参照。
11）終末期医療に関する調査等検討会「終末期医療に関する調査等検討会報告書～今後の終末期医療の在り方について～」厚生労働省医政局総務課、2004年7月〔終末期医療に関する検討会編集『今後の終末期医療の在り方』中央法規、2005年11月、pp.2-125〕。
12）東京都生活文化局「保健医療に関する世論調査」2006年5月。
13）中央社会保険医療協議会（中医協）「診療報酬改定結果部会提出資料」2006年6月。
14）厚生労働省が行った「平成19年度調査 在宅療養支援診療所の実態調査 結果概要」（2007年7月～8月実施、n＝3,553）によると、在宅療養支援診療所開設数の推移は、2006年4月時点の届出数を1とした場合に、2007年4月時点では1.20倍超という数値であった。そして、「在宅療養支援診療所1施設当たりの在宅ターミナルケア加算算定患者数（1カ月平均）」は、2006年度が392人であったのに対し、2007年度では762人となっており、約2倍加している。この実態を踏まえて、中医協診療報酬基本問題小委員会（第117回、2007年12月14日開催）では、「在宅療養を支援する病院の評価について」を議題とした協議の中で、「在宅療養支援診療所は平成18年の導入以降少しずつ増加しているところである。在宅で診療している患者数も増加をし続けている」と評価している。厚生労働省によると、在宅療養支援診療所の届出施設数は、2007年7月現在で1,032施設である。しかし、信濃

毎日新聞社によると、長野県内の2008年7月1日までの1年間の在宅療養支援診療所222施設のうち、「在宅で1人以上をみとった」施設は111施設で、「在宅でのみとりがなかった」施設は111施設という結果であった。届出施設のちょうど半数は在宅の看取りを一度もしなかったことが明らかになった（「信濃毎日新聞」2009年2月1日）。読売新聞社の調査では、全国の在宅療養支援診療所が2008年6月末までの1年間に在宅で看取った患者が約3万2,000人に上り、前年に比べて2割増えたことがわかった。在宅療養の体制が徐々に整う一方で、支援診療所の15％が一度も訪問診療せず、看板倒れとなっている実態も明らかになった（「夕刊 読売新聞」2009年2月4日）。また、日本医師会は、全国の在宅療養支援診療所（以下、届出診療所）の医師を対象に運営体制や連携などの現状及び方向性等や課題を把握するための調査を行った。調査結果からは、24時間体制が求められる届出診療所の72.4％で、在宅担当医師が1人体制であった。また、医師1人が週7日担当する届出診療所は73.5％であった。その他、在宅医療の算定は届出診療所の約9割で行われていること、今後「在宅医療のウエイトを減らしたい」と回答した施設は約6％にすぎず、大半が在宅療養の届出診療所を維持していきたいという意向であることなどが明らかになった（日本医師会総合政策研究機構「『在宅医療の提供と連携に関する実態調査』在宅療養支援診療所調査」No.183、2009年1月27日）。

15) 近藤克則・杉本浩章「特別養護老人ホームにおける終末期ケアの現状と課題」日本社会福祉学会『社会福祉学』第46巻第3号、2006年、pp.63-74、参照。

16) 共同通信社は、「今後、市町村が策定する2009年度から3年間の介護保険事業計画で、待機者数に応じた特養増設などを求める声が強まりそうだ」と報じている。特養は、介護型療養病床や老人保健施設と同じ介護施設の1つである。入所期限がない"ついのすみか"と位置付けられており、24時間ケアが受けられる上、一般的に他の施設より費用が安いため、入所希望者が多い。このため、待機者には今後削減される療養病床やリハビリ目的の老健施設などから特養に移りたい人も含んでいる。待機者に数える基準が自治体で異なるため、比較は難しいが、待機者が多いのは東京、広島、北海道などである。要介護認定者に占める割合は、広島が21％、三重が20％、山梨が19％と高いことを指摘している。2009年2月11日の「信濃毎日新聞」によると、長野市社会福祉審議会老人福祉専門分科会は、2009-11年度の高齢者福祉計画・介護保険事業計画「あんしんいきいきプラン21」を協議し、2011年度までに整備する高齢者福祉施設の定員数値目標を定めた市提案の答申案を了承したと報じた。この中で、特養と定員29人以下の小規模特養は、06-08年度計画では増やすことを凍結していたのを解除し、特養は現在より150床増の1,440人に、現在市内にない小規模特養は145床とする方針を決めた。認知症高齢者グループホームなどの定員も増やす方向である。

17) 小磯明『地域と高齢者の医療福祉』御茶の水書房、2009年1月、pp.179-181、参

第五章　高齢者の住まいと医療福祉

照。
18）J. David Hoglund, *Housing for the elderly: privacy and independence in environments for the aging*, 1985.〔J・デイヴィッド・ホグランド／湯川利和・延藤安弘訳『世界の高齢者住宅――プライバシーと自立の実現』鹿島出版会、1989年〕、参照。世界の高齢者住宅は高層化マンションのような住居ではなく、庭付きの住宅が主流であることがよくわかる。
19）有料老人ホームについて述べるとき、注意すべきこととして、類似施設や無届施設もあることに留意が必要である。届出をすると監査や指導の対象となり、「設置運営指導指針」に従わなければならないため、言い逃れしているケースが散見されている。濱田孝一は、類似施設や無届施設は全国で377カ所以上あるといわれていると述べている。以上というのは、どれだけあるか実はわからない、ということであり、調べていない都道府県もあるためである。濱田は、「行政としては、劣悪なサービスを提供しているものまで有料老人ホームだと届けられて、自分の管轄下に置くのが嫌なのかもしれませんが把握が遅々として進んでいないのが現実です」と述べている（濱田孝一「高齢者住宅の現状と課題」大原社会問題研究所ワーキング・ペーパー No.31『高齢者の在宅ケア――一歩を進めるために　高齢者のQOLの背景（医療、リハビリテーション、住まい）』加齢過程における福祉研究会記録その14、2008年12月、p.90）。
20）児玉善郎「わが国の高齢者住宅」秋山哲男編『高齢者の住まいと交通』日本評論社、1993年、pp.96-114。
21）嶺学編著『高齢者の住まいとケア』御茶の水書房、2008年3月。
22）例えば、樋口恵子・袖井孝子『有料老人ホームどこが居よいか住みよいか』岩波ブックレット No.70、1986年。樋口恵子編『われら有料老人ホーム探検隊』亜紀書房、1991年9月。樋口恵子編『有料老人ホーム いまここが問題』岩波ブックレット No.271、1992年9月。及び、三浦文夫監修・樋口恵子編『有料老人ホームを買う』新芸術社、1994年9月、参照。
23）例えば、久野万太郎『平成3年版 有料老人ホーム事情』同友館、1991年。及び、久野万太郎『改訂版 有料老人ホーム 企画・管理・運営』同文社、1992年、参照。
24）福島善之助『入居者からみた有料老人ホーム 選び方住み方』ミネルヴァ書房、1988年。
25）全国有料老人ホーム協会では、1982年の『全国有料老人ホーム実態調査』『有料老人ホーム入居契約書の調査研究』などの調査研究報告以降、毎年多くの調査研究報告書を発行している。詳しくは、「刊行物一覧」『社団法人全国有料老人ホーム20年のあゆみ』2002年2月、pp.140-145を参照されたい。ここでは、社団法人全国有料老人ホーム協会産業高度化推進事業推進委員会『有料老人ホーム業における雇用をめぐる現状と問題点、対応策の検討～従業者・事業者・入居者調査結果から

の考察～』平成16年度有料老人ホーム業産業雇用高度化推進事業報告書 労働力有効活用・確保調査事業、2005年3月、及び、社団法人全国有料老人ホーム協会『有料老人ホーム入居者希望者意識調査～第六回有料老人ホームに関する基礎調査～』2005年9月、の2つのみ紹介する。

26) 国民生活センター『有料老人ホームをめぐる消費者問題に関する調査研究——有料老人ホームの暮らしが快適であるために——』2006年3月。

27) 滝上宗次郎「第四部 比較劣位にあるシルバー産業」『厚生行政の経済学——病院経営・医薬品・有料老人ホーム——』勁草書房、1993年7月、pp.135-268。及び、滝上宗次郎『やっぱり「終のすみか」は有料老人ホーム』講談社、2006年6月。

28) 五十嵐さち子「第7章 有料老人ホーム——経過、現状、課題」嶺学編著『高齢者の住まいとケア』御茶の水書房、pp.207-228。

29) 丸山英気「有料老人ホーム契約の性格」『ジュリスト』No.949、有斐閣、1990年2月1日、pp.19-24、及び、内田勝一「有料老人ホーム利用契約関係の特質と当事者の権利・義務」『ジュリスト』No.949、有斐閣、1990年2月1日、pp.25-29。山口純夫「有料老人ホーム契約——その実態と問題点」『判例タイムズ』No.633、判例タイムズ社、1987年7月1日、pp.59-69。後藤清「有料老人ホームに関する若干の考察」『民商法雑誌』有斐閣、1991年7月、p.455。

30) 社団法人全国有料老人ホーム協会『20年のあゆみ』2002年2月。

31) 厚生労働省発表の「社会福祉施設等調査結果の概況」、「介護サービス施設・事業所調査結果の概況」、「介護給付実態調査結果の概況」、いずれも各年を使用。

32) 読売新聞東京本社社会保障部「全国有料老人ホーム介護・医療体制調査」2008年2月。

33) このホームは、敷地8,500平方メートル上にRC造建物4棟（3階建、一部7階建）が建てられていて、専用居室数は136で、床面積9.75平方メートルから43.34平方メートルまで6タイプあるが、1979年（昭和54）年5月の入居開始から38人が入居しただけで入居者数が増えず経営的に行き詰ったことが倒産の原因であった。正確にいうと、1980（昭和55）年3月に銀行取引停止、翌1981（昭和56）年11月に東京地裁八王子支部で破産宣告を受けた。

34) この懇談会報告書が出た直後に、厚生省では有料老人ホームの設置運営指導指針の改正を行った。1981（昭和56）年社老第68号「有料老人ホームの設置運営指導指針の改正について」では、①有料老人ホーム設置の計画段階での把握、②届出義務の履行、③調査、勧告、④情報の収集、提供等について改正された。そして、設置前の市場調査の義務付け、借地・借家の原則禁止、体験入居制度の創設等が盛り込まれた。

35) これまで、有料老人ホームは、介護費用については、ホーム単位で入居者間の共同連帯の理念の下に入居者が負担するということで、入居者から入居時までに一定

第五章　高齢者の住まいと医療福祉

のまとまった金額を一時金としてきた。ところが、介護保険制度の施行によって、入居者がその保険制度による要介護・要支援の認定を受け入居ホームから特定施設入所者介護サービスを受けた場合には、その者に支払われる保険給付金は、介護サービスを提供したホームが代わって受け取ること（代理受領）ができることになった。その結果、代理受領を同意した入居者についての保険給付金は、ホームに支払われることになる。そのため、ホームは、入居者に対し行った介護保険サービスについて受け取る保険給付金と事前に入居者から一括で前受けしている介護費用との関係を調整する必要があるのではないのかなどという問題が生じることになった。これがいわゆる介護費用調整問題である。

36）有料老人ホームの表示に関する検討会「有料老人ホームの表示の適正化に向けて──有料老人ホームの表示に関する検討会報告書──」2003年10月、参照。また、「公正取引委員会事務総長定例会見記録（平成15年10月1日付）」は、「有料老人ホームの表示に関する検討会報告書」公表にあたっての公正取引委員会の考え方が述べられているので参照されたい。

37）老人福祉法第29条「有料老人ホーム（老人を入居させ、入浴、排泄若しくは食事の介護、食事の提供又はその他の日常生活上必要な便宜であって厚生労働省令で定めるもの（以下「介護等」という）の供与（他に委託して供与をする場合及び将来において供与することを約する場合を含む）をする事業を行う施設であって、老人福祉施設、認知症対応型老人共同生活援助事業を行う住居その他厚生労働省令で定める施設でないものをいう。以下同じ）を設置しようとする者は、あらかじめ、その施設を設置しようとする地の都道府県知事に、次の各号に掲げる事項を届けなければならない。」

38）有料老人ホーム情報センター（http://park3.wakwak.com/~maple/）。有料老人ホームなどの都道府県別検索システムで、全国の有料老人ホームの名称・所在地、連絡先を知ることができる。この検索システムを使い、都道府県ごとに筆者がすべて検索した結果、全国3,612施設が確認できた。最も施設の多かったのは東京都の404施設であり、次は神奈川県の342施設、第3位は福岡県の272施設であった。この3都県の施設数は1,018施設で全体3,612施設のうちの28％の割合であった。最も施設が少なかった県は8施設で福井県と山梨県であり、次に低かったのは11施設で栃木県と滋賀県であった。

39）全国有料老人ホーム協会『有料老人ホーム業における雇用をめぐる現状と問題点、対応策の検討〜従業者・事業者・入居者調査結果からの考察〜』（調査対象時期：2004年12月〜2005年1月）2005年3月、p.104。

40）吉岡充・村上正泰『高齢者医療難民』PHP新書、2008年12月、p.26、参照。

41）社団法人全国有料老人ホーム協会『有料老人ホーム入居希望者意識調査〜第6回有料老人ホームに関する基礎調査〜』2005年9月。

42）小磯明「オランダの病院とナーシングホーム——フリースランド州とアムステルダム市の病院視察を中心として——」『オランダ医療施設及び一般建築視察ツアー報告書』フォルボ・フロアリングジャパン、2007 年 8 月、pp.1-9。
43）中村寿美子『こんな介護で幸せですか？——知らなければ絶対に後悔する終の棲家の選び方——』小学館 101 新書、2009 年 2 月、pp.96-99。
44）近藤克則・澤田如「米国のナーシングホームにおけるケアの質マネジメントシステム——行政監査と施設レベルの取組みに焦点をあてて——」日本医療・病院管理学会『日本医療・病院管理学会誌』Vol.45、No.1、2008 年 1 月、pp.49-58。
45）2009 年 3 月、群馬県渋川市の高齢者施設の火災で、出火当日の夜に 1 人で当直勤務にあたっていた女性職員が、死者 10 人のうち 7 人の遺体が見つかった別館の居室と食堂の間の通路にある引き戸に、「いつものようにつっかい棒をかけて（入居者が）外に出ないようにしていた」と県警に説明した。その後の調査で、施設の無申請増築が被害を拡大した可能性があることもわかっており、国土交通省は同月、全国の無届け有料老人ホームについて、建築確認を受けずに増築するなど建築基準法違反がないかどうか緊急点検するよう自治体に指示した（『読売新聞』2009 年 3 月 24 日）。この事件の背後には、東京都 23 区の生活保護受給者のうち、自立して生活できない 1,500 人以上が、都外の福祉施設などに入居している実態が明らかになっている。今回の火災で死者を出した高齢者施設のような無届けの施設が使われていた理由には、都内の施設不足も指摘されていた（『読売新聞』2009 年 3 月 26 日）。

第六章　有料老人ホームが終のすみかとなる可能性

——東京都内ホームの経済的入居条件と保健医療の考察——

第1節　本章の目的

1. 問題の背景

わが国の有料老人ホーム（以下、「有老ホーム」という）は、高齢者に対し、食事や介護サービスなどを提供する施設である[1]。これまでは、特別養護老人ホーム（2000年に介護保険制度が始まって、特別養護老人ホームから介護老人福祉施設に正式名称が変わったが、本章では、従来の名称である「特養」で統一している）などの公的な老人福祉施設と異なり、民間企業などが入居者の自己負担により運営してきたが、2000（平成12）年の介護保険制度施行後、介護サービス部分に介護保険（公費）が使えるようになったため急増し、2006（平成18）年4月の老人福祉法の改正により有老ホームの対象が拡大されたため、現在は3,600以上の有老ホームがある[2]。

介護サービスの提供方法などにより、「介護付き」は原則、介護サービスをホームの職員が提供する。ほかに、入居者が個別に契約を結び、訪問介護などの外部のサービスを利用する「住宅型」、介護が必要になったら契約を解除し、退去する必要がある「健康型」がある[3]。介護保険施行前の有老ホームは、自立の高齢者を対象とした高額なタイプが主流であったが、現在は要介護者向けが増え、価格も多様化している。特養は定員がいっぱいですぐには入居できず、医療・介

護が必要な高齢者向けの療養病床も長期入院是正の観点からベッド数が減らされるため、有老ホームの需要は高まる一方である。有老ホームは、東京、神奈川、大阪、福岡などの大都市に集中しているが、急速な高齢化を踏まえ、地方での開設も増えている。

2. 研究の目的

本研究は、東京都のデータ、及び民間会社が調査したデータを再構成し、東京都の有老ホームの現状と政策、入居条件と介護・医療体制等について分析したものである。本研究の目的は、わが国の増え続ける要介護高齢者[4]に対し、急増する有老ホームは入居者が利用しやすい実態となっているのかどうかを入居条件面と介護・医療面から分析し、有老ホームが、現在減らされつつある介護療養病床の部分的受け皿となることや高齢者の終のすみかとなることがどこまで可能かについて、考察することである。

わが国の有老ホームに関する研究業績では、国民生活センターが行った『有料老人ホームをめぐる消費者問題に関する調査研究』[5]が優れている。また、啓蒙書では、滝上宗次郎の業績[6]はたいへん参考になる。その他では、ホームの入居方法などの実務書[7]や賢い選び方などのノウハウ本[8]が散見されており、入居条件を評価した研究は見当たらない。

現在、わが国の有老ホーム利用希望者が今後一層増加すると予想される中で、高すぎる入居一時金や優良誤認の不適切な表示をしている施設でトラブルが発生している事実[9]から、筆者は、わが国の有老ホームは一般の健康な高齢者、及び要介護・要支援高齢者の誰もが入居しやすい施設となっていないのではないか、という疑問をもっている。わが国の有老ホームに関する研究業績の中で、有老ホームの経済的入居条件と保健医療の現状に関しての本研究は、政府の政策が施設介護から在宅介護へとシフトする中で、今日的に重要であると考える。

第六章　有料老人ホームが終のすみかとなる可能性

第2節　有料老人ホームが終のすみかとなる可能性の研究方法

1. 分析データ

　本研究の分析データは、東京都の高齢者の状況[10]と施設整備等のデータ[11]は、東京都が作成した資料、及び基本データを用いた。また、ホームの金額等については、大手新聞社が行った「介護付き有料老人ホームに対する調査」(以下、単に「調査」という)結果[12]を使用した。新聞報道された調査項目と意味するところは、**表6-1**のとおりである。

表6-1　調査項目と意味

調査項目	意　味
地　　域	所在地：原則、市(区、町)まで掲載
入　居　者	入居者の人数
入居一時金	一人入居の場合。様々な料金体系がある場合は、最も標準的な額を、最低額の欄に記載。標準ケースでも幅がある場合は、最低額～最高額を記載
	介護一時金の有無：介護保険の対象ではない介護費用を一時金で支払う場合
月額費用	一人入居の場合。入居者に共通してかかる食費(1日3食30日分)、家賃相当額、管理費などの基本料金。最も標準的な額を最低額の欄に記載。幅がある場合は、最低額～最高額を記載。介護の上乗せ費用があり、それが入居者に共通してかかる場合は、それも含める。なお、介護保険の自己負担分は含まない
職員体制	介護にかかわる職員の体制。看護及び介護職員一人当たり(常勤換算)の要支援・要介護の入居者数を表示。尚、外部サービス利用型とは、介護付き有料老人ホームではあるが、介護サービスは、ホームが契約している外部の事業者から受けるタイプのこと
認知症ケア	・認知症ケアマニュアル：認知症のケアマニュアルに従って対応している ・専門医の早期診断：専門医による認知症の早期診断を心がけている ・行動制限なし：施錠など、認知症の入居者の行動制限は行っていない ・拘束マニュアル：身体拘束の排除に関するマニュアルに従って対応している
	認知症ケアの体制：認知症で徘徊、暴力、暴言、異食、弄便など、対応困難な入居者に対し、ケアを行う体制が整っているか
医療体制	次の医療ケアが必要な人を受け入れることができるか ・経管栄養(胃ろうを含む)　・中心静脈栄養法　・在宅酸素療法 ・気管切開　　　　　　　　・人工透析　　　　・インシュリン注射
	ターミナルケア体制：ホーム内で最期を迎えたいと希望する人に、ターミナルケアを行って応えることができるか
	24時間往診協力医：24時間体制で往診してくれる協力医がいるかどうか

(資料)　読売新聞東京本社社会保障部「全国有料老人ホーム介護・医療体制調査」2008年2月。

また、「月額費用最低額」と「個人住民税 1 人当たり負担額」、及び「個人住民税 1 世帯当たり負担額」の相関分析では、読売新聞社調査結果と都主税局税制部歳入課「東京都税務統計年報」のデータを使用した。

2. 分析方法

東京都の高齢者と施設の状況については、東京都発行の各種発行物から、本研究のテーマに関連する部分を主に分析した。東京都全体のホーム数等の集計は、ホーム数を区市町村別に集計し表示した。また、都区内と多摩地域とでは、一般に「三多摩格差」と呼ばれる格差が指摘されているので、都区内と多摩地域でデータを分けて、**表 6-1** の調査項目ごとにデータを集計し、必要な項目では平均±標準偏差（SD）を算出した。次に、都区内群と多摩地域群とにデータを区別して集計し、両群の量的変数について地域差検定を t 検定で行った。t 検定では、母分散が等しいと仮定する場合と仮定しない場合では計算方法が異なるため、「等分散を検定する t 検定」と「等分散を検定しない t 検定」のどちらを採用するかを決めるために、Leven 検定の結果を参考にした。

また、「月額費用最低額」と「個人住民税 1 人当たり負担額」、及び「個人住民税 1 世帯当たり負担額」の相関分析では、「月額費用最低額」を目的変数とし、「個人住民税 1 人当たり負担額」と「個人住民税 1 世帯当たり負担額」を従属変数として、Pearson の相関分析を行った。

第 3 節　有料老人ホームが終のすみかとなる可能性の分析結果

1. 東京都の高齢者

「東京都保健医療計画」[13)] によると、東京都の将来人口は、2010（平成 22）年から 2015（平成 27）年までにピークに達し、その後減少に転じると推計されている。また、老年人口の割合が高まり、1995（平成 7）年以降、年少人口が老年人口を下回り、2025（平成 37）年には 4 人に 1 人が 65 歳以上の高齢者となり、本格的な高齢社会が到来すると予想されている。そして、老齢人口の増加に伴い、寝たきりや認知症などで介護を必要とする高齢者数は増加を続け、2015（平成

27) 年には40万人を超えると予測されている。特に、団塊の世代が65歳以上の前期高齢者となり、東京都の高齢者人口は300万人を大きく超え、都民の4人に1人が高齢者となる超高齢社会の到来が見込まれている。さらに「東京都高齢者保健福祉計画 中間のまとめ」[14]によると、2035（平成47）年には30.7％に達し、都民のおよそ3人に1人が65歳以上の高齢者というきわめて高齢化が進んだ社会が到来することが見込まれている。

　高齢者人口はその後も増加し続け、75歳以上の後期高齢者の人口の伸びが著しくなり、2020（平成32）年には後期高齢者178万2千人、前期高齢者155万9千人となり、後期高齢者人口が前期高齢者人口を初めて上回ることが見込まれる[15]。要介護認定者数の推移は、2015（平成27）年には54万6千人、2020（平成32）年には64万4千人、2035（平成47）年には83万6千人と予想されている[16]。特に、都内の要介護高齢者の約半数は何らかの介護・支援を必要とする認知症の症状をもっており[17]、認知症になっても適切な環境において適切な支援を行っていくことで、その人らしく尊厳をもって地域で暮らし続けていけることが明らかになってきた。

　また、東京都における65歳以上の者のいる世帯の構成割合の年次推移は、1986年（昭和61）年には46.5％であった「子と同居」の割合は年々低下する一方で、1998（平成10）年には、「単独及び夫婦のみ」の世帯の割合が合わせてほぼ6割となった[13]。高齢単身者（65歳以上の単身者）は、2005年は49.8万人で、2000年と比べて28.3％と大幅に増加し、1985年の3.7倍の人数となっている。高齢男性の約6人に1人が単身者であり、高齢女性の約4人に1人が単身者である[18]。

2. 東京都の保健・福祉政策

　これまでの東京都の政策をまとめておこう。本格的な高齢社会を迎え、人口減少社会が現実のものとなる中、都は2006（平成18）年2月に『福祉・健康都市東京ビジョン』[19]を発表し、2007（平成19）年1月には『10年後の東京』（平成18年12月策定）[20]で示した都市の実現を目指すとともに、『福祉・健康都市東京ビジョン』の基本方針に基づき、2007（平成19）年度に実施する重点プロジェクトをまとめた『東京の福祉保健の新展開2007』[21]を発表した。その後、国の医療構造改革以外にも様々な出来事があり、福祉・保健・医療をめぐる状況は、

大きく変化した中で、都では、2007（平成19）年12月に『「10年後の東京」への実行プログラム2008』[22)]を策定し、今後の都の事業展開を明らかにした。『東京の福祉保健の新展開2008』[23)]は、『「10年後の東京」への実行プログラム2008』[22)]を踏まえ、2008（平成20）年度に展開する福祉保健局の重点プロジェクトをまとめたものである。そして、2007（平成19）年12月の『東京都地域ケア体制整備構想』[16)]の中で、施設系サービスの整備を行うとしている。

2009年1月現在、東京都では『東京都高齢者保健福祉計画 中間のまとめ』[14)]を策定した。この計画は、大都市東京の特性を活かし、高齢者の自立を支援し、高齢者が尊厳をもって住み慣れた地域で、自分らしく生き生きと暮らせる安全・安心な社会を構築するため、都が目指す基本的な政策目標を定め、その実現に向けて取り組む施策を明らかにすることを目的として策定されたものである。

3. 施設整備状況

東京都の高齢者の状況や保健・福祉政策を踏まえ、東京都保健福祉局の集計データ[11)]、及び「東京都地域ケア体制整備構想」[16)]を中心に、都内の施設整備の現状を述べる。

表6-2は、東京都の有老ホーム数と定員・病床数について、2005年と2007年を比較したものである。東京都の各区市町村別に数と定員・病床数の集計は、2006年4月の老人福祉法の改正により対象が拡大されたことを証明した。特に、有老ホームの定員が小規模化したことから、都区内での数と定員・病床数が増加する傾向がうかがわれた。例えば、世田谷区では、数で18施設、定員・病床数では1,557の増床が行われ、2005年と2007年では、数で2.3倍加、定員・病床数で2.8倍加となり、2位の練馬区と比べて定員・病床数で2.3倍加した。2007年実績で、都区内と多摩地域とで施設数と定員・病床数を比較すると、都区内の有老ホーム数212、定員・病床数1万3,813（63.13％）であり、多摩地域のそれは115と8,068（36.87％）であった（**表6-3**）。

次に、施設整備の状況を**表6-4**からみると、まず特養の整備状況は、2006（平成18）年度実績では計画値を達成しており、2007・2008（平成19・20）年度もおおむね達成する見込みである。介護老人保健施設の整備状況は、2006（平成18）年度実績で計画値を達成できておらず、2007・2008（平成19・20）年度見込み

第六章　有料老人ホームが終のすみかとなる可能性

表 6-2　東京都の有料老人ホーム数と定員・病床数（2005 年・2007 年）、及び最低月額費用

所在地 (区・市・町)	2005 年 数	2005 年 定員・病床数	2007 年 数	2007 年 定員・病床数	2005 → 2007 年増減 数	2005 → 2007 年増減 定員・病床数	月額費用最低額 平均額（円）
千代田	0	0	0	0	0	0	—
中　央	2	119	3	219	1	100	268,000
港　区	0	0	1	66	1	66	147,600
新　宿	5	268	9	470	4	202	186,025
文　京	4	339	6	446	2	107	202,367
台　東	0	0	2	193	2	193	166,400
墨　田	0	0	2	140	2	140	226,000
江　東	3	119	3	119	0	0	196,875
品　川	3	75	5	191	2	116	178,333
目　黒	6	228	9	342	3	114	265,500
大　田	9	442	17	816	8	374	195,126
世田谷	13	855	31	2,412	18	1,557	267,951
渋　谷	1	38	2	83	1	45	292,500
中　野	3	111	5	235	2	124	217,875
杉　並	11	662	17	988	6	326	246,810
豊　島	1	38	2	60	1	22	181,650
北	1	52	2	106	1	54	223,000
荒　川	1	111	2	191	1	80	180,845
板　橋	8	427	14	819	6	392	188,135
練　馬	12	864	23	1,528	11	664	200,546
足　立	18	1,872	27	2,464	9	592	146,530
葛　飾	9	642	10	727	1	85	199,750
江戸川	15	918	20	1,198	5	280	177,310
八王子	13	1,208	18	1,840	5	632	153,160
立　川	6	370	6	370	0	0	174,734
武蔵野	3	243	3	243	0	0	191,246
三　鷹	6	624	8	608	2	−16	233,113
青　梅	0	0	1	27	1	27	150,000
府　中	6	393	9	539	3	146	247,483
昭　島	2	106	3	135	1	29	112,737
調　布	5	465	5	465	0	0	255,725
町　田	9	1,062	10	1,084	1	22	185,770
小金井	4	124	5	158	1	34	223,520
小　平	3	223	4	274	1	51	178,500
日　野	4	236	6	380	2	144	169,996
東村山	1	40	4	198	3	158	128,487
国分寺	1	46	3	149	2	103	178,000
国　立	2	101	2	101	0	0	113,737
福　生	2	160	2	160	0	0	—
狛　江	1	45	2	85	1	40	205,625
東大和	0	0	1	44	1	44	—
清　瀬	2	79	3	108	1	29	—
東久留米	0	0	3	225	3	225	225,750
武蔵村山	0	0	1	23	1	23	183,750
多　摩	4	171	5	234	1	63	175,625
稲　城	3	170	3	170	0	0	150,226
羽　村	1	155	1	155	0	0	176,119
あきる野	1	27	2	45	1	18	114,172
西東京	1	52	5	248	4	196	177,059
合　計	205	14,280	327	21,881	122	7,601	—

（資料）東京都福祉保健局『社会福祉施設等一覧 平成17年版』（2005年4月1日を基準に編集）2005年6月、及び、同『社会福祉施設等一覧 平成19年版』（2007年4月1日を基準に編集）2005年6月、（http://WWW.fukushihoken.metro.tokyo.jp/）、及び、読売新聞東京本社社会保障部「全国有料老人ホーム介護・医療体制調査」2008年2月より筆者作成。

表 6-3　都区内と多摩地域の有料老人ホーム数と定員・病床数（2005年・2007年）

所在地	2005年			2007年			2005 → 2007年増減		
	数	定員・病床数	割合	数	定員・病床数	割合	数	定員・病床数	割合
都区内	125	8,180	57.28	212	13,813	63.13	87	5,633	74.11
多摩地域	80	6,100	42.72	115	8,068	36.87	35	1,968	25.89
合　計	205	14,280	100.00	327	21,881	100.00	122	7,601	100.00

注）「割合」は、「定員・病床数」の割合である。

表 6-4　東京都の施設整備状況

（人・%）

	2006年度			2007年度			2008年度		
	計画	実績	達成率	計画	実績	達成率	計画	実績	達成率
特別養護老人ホーム	34,038	34,143	100.3	35,387	34,651	97.9	36,650	35,633	97.2
介護老人保健施設	17,370	15,904	91.6	18,469	16,224	87.8	18,915	17,219	91.0
介護療養型医療施設	10,562	8,379	79.3	10,855	8,003	73.7	11,153	7,439	66.7
合　計	61,970	58,426	94.3	64,711	58,878	91.0	66,718	60,291	90.4

注1）計画値は第3期介護保険事業支援計画による必要入所（利用）定員数。ただし、介護療養型医療施設の整備状況の計画値は、第3期介護保健事業支援計画による必要入所定員総数（国の療養病床の再編成方針が出される前のもの）である。
注2）2006年度実績、2007・2008年度見込みは竣工ベースの値。ただし、介護療養型医療施設の整備状況の2006年度実績は開設ベースの値である。そして、2007・2008年度見込みは2007年7月に行った「療養病床転換意向等アンケート調査」に基づく療養病床転換計画の介護療養病床に認知症疾患病床（378床）を加えた値である。
（出所）東京都福祉保健局『東京都地域ケア体制整備構想』2007年12月、pp.26-27 より筆者作成。

でも計画値の達成は不可能と見込まれていた。介護療養型医療施設は2006（平成18）年度の実績達成率が他の施設より低いことに加えて、2007・2008（平成19・20）年度の達成率の見込みも70%前半から60%台まで落ち込む見込みとなっていた。都内の入院状況をみても、1999年の平均在院日数（総数）が2003年のそれと比較しても、32.4日から28.8日へと3.6日短くなっている。特に、精神病床は280.1日から253.8日へと26.3日短くなっている[24]。

4. 有料老人ホーム調査結果の基本統計

表 6-5 で、データの属性を地域別にみると、都区部が116施設（61.38%）であり、多摩地域が73施設（38.62%）であった。入居数（n = 189）の最小値は5であり、最高値は388であった。平均値は51.52であり、標準偏差は37.97であっ

第六章　有料老人ホームが終のすみかとなる可能性

表 6-5　調査結果の基本統計

	項目	全体 (n＝189)	都区部 (n＝116)	多摩地域 (n＝73)	地域差 #
地域	都区部 OR 多摩地域（%）	100.00	61.38	38.62	
入居者	平均±SD	51.52±37.97	45.34±20.57	61.33±54.13	p＜0.05 &
	最小値	5	5	7	
	最大値	388	115	388	
入居一時金	最低額：平均±SD	880.49±934.97	928.44±962.05	804.30±891.44	n.s.
	最低額：最小値（万円）	0	0	0	
	最低額：最大値（万円）	5,290	5,290	5,200	
	最高額：平均±SD 注1)	2,755.53±2,468.18	2,763.41±2,386.10	2,738.46±2,672.47	n.s.
	最高額：最小値（万円）	180	180	360	
	最高額：最大値（万円）	15,043	15,043	14,700	
	介護一時金の有無（件・%）	6 (0.03)	4 (3.4)	2 (2.7)	
月額費用	最低額：平均±SD	205,029.16±58,846.41	217,884.53±5,803.37	184,601.45±54,520.72	p＜0.001 ※
	最低額：最小値（円）	79,800	102,500	79,800	
	最低額：最大値（円）	345,500	145,500	319,459	
	最高額：平均±SD 注2)	264,152.02±78,877.96	278,989.42±71,573.66	237,734.20±85,077.93	p＜0.05 £
	最高額：最小値（円）	137,750	139,750	137,750	
	最高額：最大値（円）	391,700	391,700	365,650	
職員体制	1.5 人未満（%）	18.5	21.6	13.7	
	1.5 人以上 2.0 人未満（%）	18.5	19.8	16.4	
	2.0 人以上 2.5 人未満（%）	34.9	31.0	41.1	
	2.5 人以上 3.0 人未満（%）	14.8	12.9	17.8	
	3 人（%）	13.2	14.7	11.0	
	外部サービス利用型（%）	0.0	0.0	0.0	
認知症ケア	認知症ケアマニュアルに従って対応（%）	56.1	50.0	65.8	
	専門医の早期診断の心がけ（%）	73.5	76.7	68.5	
	行動制限なし（%）	84.7	87.1	80.8	
	拘束マニュアルに従って対応（%）	94.7	96.6	91.8	
	体制　整っている（%）	72.5	75.9	67.1	
	整っていない（%）	1.6	2.6	0.0	
	どちらとも言えない（%）	25.9	21.6	32.9	
医療体制	経管栄養　可（%）	31.7	31.0	32.9	
	不可（%）	2.1	1.7	2.7	
	条件次第で可（%）	66.1	67.2	64.4	
	中心静脈栄養法　可（%）	6.3	9.5	1.4	
	不可（%）	35.4	31.9	41.1	
	条件次第で可（%）	58.2	58.6	57.5	
	在宅酸素療法　可（%）	48.1	46.6	50.7	
	不可（%）	0.5	0.0	1.4	
	条件次第で可（%）	51.3	53.4	47.9	
	可（%）	3.7	5.2	1.4	
	気管切開　不可（%）	62.4	59.5	67.1	
	条件次第で可（%）	33.9	35.3	31.5	
	可（%）	27.0	19.8	38.4	

項目		全体 (n=189)	都区部 (n=116)	多摩地域 (n=73)
医療体制	人工透析 不可（%）	11.1	6.0	19.2
	条件次第で可（%）	61.9	74.1	42.5
	インシュリン注射 可（%）	28.6	27.6	30.1
	不可（%）	1.1	0.9	1.4
	条件次第で可（%）	70.4	71.6	68.5
	ターミナルケア体制 できる（%）	37.6	37.9	37.0
	できない（%）	6.9	6.0	8.2
	どちらとも言えない（%）	55.6	56.0	54.8
	24時間往診協力医あり（%）	81.0	83.6	76.7

平均±SDは、小数点第三位を四捨五入して小数点第二位まで表示した。
#：地域差の検定はt検定で行った。
&：t＝－2.415、自由度85.237、p＝0.018
※：t＝3.928、自由度187、p＝0.000
£：t＝2.627、自由度71.816、p＝0.011
注1）全体n＝114、都区部n＝78、多摩地域n＝36
注2）全体n＝114、都区部n＝73、多摩地域n＝41
（資料）読売新聞東京本社社会保障部「全国有料老人ホーム介護・医療体制調査」2008年2月。

た（以下、「平均±SD」で表示する）。

入居一時金と月額費用の最低額と最高額で最小値と最大値をみると、入居一時金は最低額で最小値0円から最大値では5,290万円まであり、平均は880.49±934.97万円であった。同様に入居一時金の最高額では、最小値180万円から最大値では1億5,043万円まであり、平均は2,755.53±2,468.18万円であった。このように入居一時金は、同じ東京都内であっても、施設によってバラツキが大きかった。

次に、月額費用を最低額と最高額で最小値と最大値をみると、最低額で最小値7万9,800円から最大値では34万5,500円まであり、平均は205,029.16±58,846.41円であった。同様に最高額では、最小値13万7,750円から最大値では39万1,700円まであり、平均は264,152.02±78,877.96円であった。入居一時金と違い、月額費用のバラツキはそれほど大きくなかった。以上の調査結果は**表6-5**のとおりである。

都区内と多摩地域との地域差を検定したところ、地域差があった項目は「入居者数」「月額費用 最低額 平均±SD」「月額費用 最高額 平均±SD」であった。「入居一時金」には地域差はなかった。

5. 月額費用最低額と個人住民税負担額の相関関係

表6-6は、「月額費用最低額」と「個人住民税1人当たり負担額」、及び「個人

第六章　有料老人ホームが終のすみかとなる可能性

表6-6　月額費用最低額と個人住民税1人当たり負担額・1世帯当たり負担額の相関

(n＝45)

	変数	相関係数	p	
Pearson	個人住民税1人当たり負担額	0.316	0.0342	＊
	個人住民税1世帯当たり負担額	0.222	0.1434	―
Kendallのτb	個人住民税1人当たり負担額	0.358	0.0005	＊＊
	個人住民税1世帯当たり負担額	0.277	0.0074	＊
Spearmanのρ	個人住民税1人当たり負担額	0.474	0.0010	＊＊
	個人住民税1世帯当たり負担額	0.362	0.0146	＊

＊：p＜0.05　＊＊：p＜0.001

注）郡部、及び、島部には有料老人ホームは所在しないため、n＝45で分析している。
（資料）読売新聞東京本社社会保障部「全国有料老人ホーム介護・医療体制調査」2008年2月、及び、東京都主税局税制部歳入課「東京都税務統計年報」。

住民税1世帯当たり負担額」の相関分析を行った結果である。

結果は、「個人住民税1人当たり負担額」との相関係数は0.316（P＝0.0342）で有意な相関関係であった。一方、「個人住民税1世帯当たり負担額」との相関係数は0.222（P＝0.1434）で、相関関係はなかった。

Kendallの順位相関分析の結果は、「個人住民税1人当たり負担額」とのKendall τb相関係数は0.358（P＝0.0005）で有意な相関関係であった。そして、「個人住民税1世帯当たり負担額」とのKendall τb相関係数は0.277（P＝0.0074）でやはり有意な相関関係であった。

Spearmanの順位相関分析の結果は、「個人住民税1人当たり負担額」とのSpearmanのρ相関係数は0.474（P＝0.001）で有意な相関関係であった。そして、「個人住民税1世帯当たり負担額」とのSpearmanのρ相関係数は0.362（P＝0.0146）でやはり有意な相関関係であった。

第4節　有料老人ホームが終のすみかとなる可能性の考察

1．施設整備状況と高齢者の住み替え

2015（平成27）年には、特に、団塊の世代が65歳以上の前期高齢者となり、

東京都の高齢者人口が300万人を大きく超えて、都民の4人に1人が高齢者となる超高齢社会の到来が見込まれる中で、寝たきりや認知症などで介護を必要とする高齢者数が40万人を超えると予測されている。都内区市町村での有老ホームの増設は本研究から確認されたものの、東京都の介護施設整備の現状は、2008（平成20）年度計画の約9割しか達成できない見込みである。これは、「東京都地域ケア体制整備構想」が、「必要入所（利用）定員総数に対するアンケート結果反映後の平成20年度末の定員数の割合」では、3施設合計定員数の90.6%しか満たせず、必要入所（利用）定員総数には6,249人分満たない状況である、と指摘しているとおりである。

　特に、介護療養型医療施設の達成率が低い状況は深刻である。これは、介護療養病床は国の再編成政策により、2011（平成23）年度末に廃止されることが決まっており、段階的な他施設等への転換が必要になっているためである。したがって、今後の東京都地域ケア体制整備計画の中では、介護療養病床の転換先としての介護療養型老人保健施設（介護老人保健施設）や有老ホームへの転換を急ぐ必要がある。しかし実際は、東京都が行った介護療養病床の転換意向調査[25]では、2011（平成23）年度末に、「介護療養病床のまま」が2,805床（36.7%）と最も多く、「未定」が2,608床（34.2%）と次に回答が多かった。「介護老人保健施設への転換」は969床（12.7%）であり、有老ホームへの転換はわずか24床（0.3%）しかなかった。その他の回答は、「医療療養病床への転換」1,124床（14.7%）、「一般病床への転換」97床（1.3%）、「廃止」6床（0.1%）という結果であった。「東京都地域ケア体制整備構想」でも、「療養病床の再編成に伴い、療養病床に入院している患者の受け皿が大きな課題」となると指摘せざるを得ない結果であった。

　2008（平成20）年4月の診療報酬改定では、介護療養型老健施設[26]の点数が設定されたが、この点数に魅力を感じて介護療養病床から介護療養型老健施設への転換を進める施設があるかもしれないが、その数を予想することは現在難しい。国は各都道府県の医療費適正化計画が出揃った段階で全国計画を策定することとなっていたが、すでに第1期の計画期間が半年ほど過ぎた2008（平成20）年9月にようやく告示された。告示が遅れた要因は、都道府県が療養病床の目標数を設定するにあたり、関係者との調整に時間を要したためである。医療費適正化計画の中で、国が目標の見積もりのための参酌標準を示した病床数は、ベースとな

第六章　有料老人ホームが終のすみかとなる可能性

る算定式を全国レベルで機械的に計算したもので約 15 万床であった。しかし実際に、都道府県の目標値を積み上げてみると 21 万床と国の目標数を上回っていたため、2012（平成 24）年度に目標とする医療療養病床数を約 22 万床に修正した。したがって、介護療養病床の転換の施策はいよいよこれから重要であることだけは確かである。

では、民間の有料老人ホームに高齢者は住み替えをするのであろうか。確かに、以上述べた状況を踏まえるなら、早い段階での住み替えが必要と思われる。現に、東京都の調査（n = 1,989)[27]では、健康状態の評価を性・年齢別に行ったところ、70 歳以上の 23.1％の男性、26.5％の女性が、「健康状態はよくない」と答えている。しかも、別の調査（n = 4,242)[28]では、現在住んでいる住宅で、日常生活をする上でバリア（障壁）になっているところが「ある」と答えた人を、住宅の種類別にみると、「一戸建て」29.7％、「共同住宅」32.3％といずれも 3 割前後であった[29]。このような高齢者は、できるだけ早い時期に住み替えたほうが良いと考える。しかし、東京都でさえも、「有料老人ホーム等の『居住系サービス』も住まい方の選択肢と考えると、高齢者の住まい方には様々な形態」があると述べた上で、高齢期における「住み替え」の考え方は都民に十分浸透しているとはいえない[16]と指摘しているとおり、公的施設から民間のホームへという流れは、現実は高齢者の意識として難しい状況であろうと考える。

2. 入居条件と地域格差

次に、調査結果から、入居条件として金額面を検討してみよう。検討の視点としては、地域性を加味する必要がある。そして、金額面での入居条件は果たして妥当な金額になっているかどうか、介護付きホームとはどのようなサービスが付帯しているのか、等についての視点が必要と思われる。そこで、まず、都区内と多摩地域とに分けて、地域格差について考察してみよう。

都区内と多摩地域とで、標本数に違いがあるのは、単に回答ホーム数の違いによる標本数の偏りであるが、都区内のほうが、当然ホーム数が多いことと一致している（**表 6-3** 参照）。

まず、入居者数に有意な地域差があったことは予想外であった。これは、多摩地域に最大 388 人という入居者の有老ホームが存在していることが要因の一つで

ある。当該ホームの運営期間をみると、すでに 11 年 5 カ月経っており、介護保険制度施行前の古い有老ホームであった。入居者数が 228 人と次に多い有老ホームも 12 年 1 カ月経っており、両ホームとも八王子市に所在している。これは、多摩地域のほうが都区内より、土地の手当てが容易であったことの反映であると推測できる。そして、今日的な有老ホームと違って、入居者数が多いことが当時の有老ホームの特徴である。

入居一時金には有意な地域差はなかった。平均値でみると、最低額の平均は 880.49 ± 934.97 であり、最高額の平均は 2,755.53 ± 2,468.18 であることは、入居者の現役時の所得が高かったり、貯蓄をしていた高齢者が入居対象になると推測して差し支えあるまい。しかも最低額、最高額とも標準偏差が大きく、有老ホームによって入居一時金のバラツキがひじょうに大きいことが特徴である。さらに、入居一時金の最低額の最大値が 5,290 万円と高額であり、最高額の最大値に至っては 1 億 5,043 万円であったことは驚きであった。元データからは、目黒区、世田谷区、杉並区などでは入居一時金は高い傾向が読み取れ、足立区、葛飾区、江戸川区などでは比較的安い傾向が読み取れた。東京都の中でも、ホームの入居一時金の地域差が大きいことは、そのまま現役時代に居住していた区での高齢者の所得に左右されるであろうという、一般感覚に合致した結果と推測された。

そこで、読売新聞社調査の「月額費用最低額」を目的変数とし、都主税局税制部歳入課「東京都税務統計年報」より「個人住民税 1 人当たり負担額」と「個人住民税 1 世帯当たり負担額」を従属変数として、Pearson の相関分析を行った。その結果、「個人住民税 1 人当たり負担額」との相関係数は 0.316（P = 0.034）で有意な相関関係であった。一方、「個人住民税 1 世帯当たり負担額」との相関係数は 0.222（P = 0.143）で、相関関係はなかった。

しかし、順序尺度にこだわった Kendall の順位相関係数と Spearman の順位相関係数では、いずれも傾向は同じであった。結果は、「個人住民税 1 人当たり負担額」との Kendall τb 相関係数は 0.358（P = 0.0005）で有意な相関関係であったし、「個人住民税 1 世帯当たり負担額」との Kendall τb 相関係数は 0.277（P = 0.0074）でやはり有意な相関関係であった。

Spearman の相関分析の結果も、「個人住民税 1 人当たり負担額」との Spearman の ρ 相関係数は 0.474（P = 0.001）で有意な相関関係であり、「個人住民税 1 世帯

第六章　有料老人ホームが終のすみかとなる可能性

当たり負担額」との Spearman の ρ 相関係数は 0.362（P＝0.0146）でやはり有意な相関関係であった。

　本来なら、入居一時金を目的変数とした相関分析を行うことが望ましかったが、読売新聞データに欠損値が多く分析できなかった。「月額費用最高額」についても同様の理由で分析できなかった。そこで、本研究ではやむを得ず「月額費用最低額」を目的変数としたが、順位相関分析では、「個人住民税 1 人当たり負担額」と「個人住民税 1 世帯当たり負担額」双方に有意な正の相関関係があったことは、高所得者の個人・世帯ほど高月額費用のホーム志向があり、低所得者の個人・世帯は低月額費用のホーム志向が示唆された。また、個人住民税負担額が大きい区市町村に住む者は、個人と世帯の双方で高月額費用を支払うことが可能であることが示唆された。

　これらの結果は、東京都の中でもホームの入居一時金や月額費用に地域差がある中で、就業時代の高齢者の所得に左右されるであろうという、一般感覚に合致した結果を支持するものであった。今後は、高齢者のみの「個人住民税 1 人当たり負担額」を従属変数として相関分析を行うならば、もっと鮮明に高齢者所得との関係が明らかになると考える。

　しかし、入居一時金自体に大きな問題があることを滝上宗次郎は次のように指摘している。「有料老人ホームに入居するときに入居一時金という高額なお金を払いますが、それで得られる対価とはいったい何でしょうか。それは『終身利用権』という権利です。この終身利用権という言葉は、六法全書には載っていません。すなわち、法的には守られていないきわめて弱い権利なのです」[30]と滝上は述べている。さらに、滝上は、認知症になった入居者は共同生活を乱すということで、退去させられたりする。これも居住権という強い権利がないからである。現在すでに 170 万人という認知症の人がいるという時代に、有料老人ホームの権利が終身利用権ということは、これは「終身介護ではない」ということかもしれない[30]、と指摘している[31]。

　また、後藤清は、入居一時金は一定期間が過ぎると払い戻しがないことを指摘している。後藤は、丸山英気や内藤勝一の入居契約の混合契約説[32]に対し、山口純夫の反対説[33]を紹介しながら、後藤自身の考えを、「入居契約は賃貸借とサービスの提供と結びついた混合契約であるといっても、両者の結合は偶然的なも

のではなく、不可分的なもの、融合的なものであるから、借家法一条一項の保護は、サービス提供にも及ぶ、と見るべきである」[34]と述べている。

介護一時金を入居者から取得しているホームはわずか6件しかなく、全体に占める割合は0.03％であった。この項目の意味するところは、「介護保険の対象ではない介護費用を一時金で支払う場合」である。調査からは、介護一時金は何に使われているか不明である。介護保険で介護費が足りているのにさらに余計に取られている可能性が推測される。そのため、本当に人件費がそれだけかかっていることを明示することを、公正取引委員会は厳しく定めている[35]。

月額費用では、都区部と多摩地域とで有意な地域差があった。都区部のほうが、多摩地域より3万3,000円以上月額費用が高くなっていることは、通常の支払い家賃と同様の傾向であろうと思われる。全体の平均では、最低額の平均は、205,029.16±58,846.41であり、最高額の平均は264,152.02±78,877.96となっている。現在、わが国の公的年金の被保険者は、高齢者になれば老齢年金を、障害や遺族の状態になれば障害年金や遺族年金を受給する。受給者を平均した老齢年金月額は、国民年金5.3万円、厚生年金16.8万円となっている（平成16年度末）。高齢者世帯の1世帯当たり平均所得金額は290万9千円となっており、公的年金や恩給は高齢者世帯の所得の7割程度を占めている。また、年金受給高齢者世帯の6割は、公的年金以外の収入がまったくない状態である[36]。

東京都の調査（n=4,583）[37]でも、収入源のうち主な収入源を1つ尋ねたところ、「公的な年金・恩給」が71.6％で最も多く、次いで「仕事による収入」13.2％、「家賃・地代・配当金」6.8％となっている。仕事をしている高齢者でも、主な収入源が「仕事による収入」である割合は46.0％にとどまり、「公的年金・恩給」と答えた者が37.9％にのぼっている。

受給している公的年金の種類は、「国民年金」が57.2％で最も多く、次いで「厚生年金」56.1％、「各種共済年金」10.1％と続いている。高齢者本人の年収（税込み）について尋ねたところ、「50万円以上100万円未満」が17.0％と最も多く、次いで「300万円以上500万円未満」14.1％、「100万円以上150万円未満」12.8％と続いている。200万円未満を合計すると48.9％であり、約半数の高齢者は年収200万円未満であることがわかった[38]。

一方、東京都の別の調査結果（n=3,775）[39]では、生計中心者（世帯主）である

高齢者（65歳以上）の場合では、300万円未満の男性は44.7％であるが、300万円未満の女性は80.8％と2倍近い結果となっている。つまり、男性で生計中心者である高齢世帯主の場合は、たとえ65歳以上高齢者であっても、男性の場合には300万円以上2,000万円未満の高齢世帯主が55.3％もいるということであり、高額な有料老人ホームに差し支えなく入居できる人たちがいることを証明している。

このように、本調査のホームの月額費用は厚生年金の受給金額を大きく上回る金額であり、さらに、都区部の最低額最小値10万2,500円や多摩地域の最低額最小値7万9,800円においてさえ、国民年金受給者では、入居不可能な金額設定となっている。最高額最大値でみると、都区部で月額40万円近い月額費用を払える高齢者は少数であろうと推測された。

こうした金額設定は、有老ホームの立地や建物の価値、サービス内容に左右されるものと思われるが、少なくとも年金で生活する普通の高齢者が入居できる水準でないことは明らかである。したがって、有老ホームの入居一時金と月額費用の設定状況からは、「終のすみか」として、有老ホームに住み替えられる高齢者は、受給される年金と所持する貯蓄額によって決定されることが明らかとなった。また、介護型療養病床などから退院したり、特養ホームへの入居が不可能な高齢者にとっても、お金がない高齢者には有老ホーム入居は不可能であり、特養が空くまで在宅での療養しか選択肢がないことも容易に予想された。もともと高所得の高齢者を対象とする有老ホームは、今後ますます増大する要介護の高齢者を受容するには、入居一時金と月額費用のハードルは高すぎると結論できた。

3. 認知症への対応と保健医療体制

認知症への対応については、認知症ケアマニュアルや拘束マニュアルの整備、専門医による早期診断に心がけていたり、入居者の行動制限を設けていないなどの回答が多く、体制が整っていると回答した有老ホームが73％近くあったことは社会のニーズに対応しようとする有老ホームの努力がみてとれた。しかし一方では、未だ3割弱の有老ホームでは「整っていなかったり、どちらとも言えない」の回答を寄せていることは入居希望者にとって不安といわざるを得ない。現在、日本には認知症の高齢者が170万人以上おり、今後ますます増え続けることは確実である。認知症になって他の入居者に迷惑をかけたときは有老ホームから出さ

れるかもしれないとすれば、そのような有老ホームへ入居することは何の意味もないと考える。

　職員体制は「2.0 人以上 2.5 人未満」が全体の 35％で最も割合が多く、2.0 人未満では全体の 37％となっている。「1.5 人未満」は 18.5％であった。「職員 3 人」は 13.2％であったが、外部サービスを利用している有老ホームがまったくないことと併せて考えても、今後認知症ケアの体制づくりのために、職員を増やすことが必要であろう[40]。しかし、職員体制で問題なのは、資格をもっていない寮母でも働いていいという、質が担保されていないことであろう。介護福祉士が国家資格化されつつある中で、いつまでこのような無資格者の人員体制でよいのかを考える必要がある。認知症の高齢者の介護の基本は見守りにあり、これから認知症の高齢者が増えることを考えると、職員は余裕があるように人数は多めに配置すべきであろう。

　医療体制についてみると、経管栄養、中心静脈栄養法、人工透析、インシュリン注射は、「条件次第で可」が圧倒的に多くなっている。気管切開に至っては「不可」が 65％と最も多い回答となっている。かろうじて在宅酸素療法が「可」48％、ターミナルケア体制が「できる」38％となっている。医療行為は医療法で決められた医師によって提供されるものである以上、有老ホームで医師を抱えることは経営上不可能であるとしたら、これらの項目での「不可」は当然であり、「条件次第で可」の回答が多くなることは必然であろう。むしろ、医療体制についての質問の仕方を、もっと工夫する必要があったと筆者には思われた。

　有老ホームの医療体制は、外部の医療提供体制との関係づくりが最も重要であり、外から訪問看護師や開業医の往診、そして、ターミナル期では在宅療養支援診療所[41]からの医師の診療などをどのように確保するかが重要であろう。このような地域連携を推進することは有老ホーム側の努力というよりも、むしろ地域包括支援センターが機能し、医療資源の調達と提供をコーディネートすべき課題であろうと思われる。

4．結論

　本研究は、東京都内で今後増大する高齢者は、現状の介護施設整備状況から推測して、施設での介護サービスを受けられる状況が担保されていないことを示唆

第六章　有料老人ホームが終のすみかとなる可能性

した。では、民間の有老ホームを当てにすることができるかというと、東京都内の有老ホームへ入居することは、平均的な年金暮らしの高齢者にとって難しい選択肢であることを明らかにした。また、従来からいわれ続けているとおり、都区内と多摩地域との格差は、有老ホームについてもあることも証明した。したがって、本研究では、東京都内に住む高齢者の行き場は、入居待ちでいっぱいの福祉施設や有老ホームではなく、そしてもちろん病院でもなく、在宅（介護）という選択肢が有力であることを示唆した。そのために、例え要介護状態になっても家族介護に頼らなくてもすむような、地域の介護サービスの基盤整備を地域で促進する必要がある[42]。

　一般に、在宅ケア認知症高齢者への介護をみれば、ホーム全体の実力がわかるといわれている。万一、運良く介護付き有老ホームに入れたとしても、本当にサービスの質が担保されているかどうかは不明であり、優良誤認の不適切な表示をしている施設もあるので、入居にあたっては、十分な医療提供サービスについての調査は欠かせない。この点については、本研究は研究範囲外であるため、今後、必要な事例を調査する必要がある。なお本研究では、大都市の子供のいない高齢夫婦が、自宅の売却により有老ホームへの入居資金の手当てを行って、入居するといった場合についてのシミュレーションはしていない。

　本研究の限界は、分析対象とした資料が大手新聞社の調査結果であり、各施設からの回答はあくまで自己申告であるため、回答の真偽を確かめる方法がないことである。また、筆者の集計違いなどの可能性は現在では検証しようがない。

　今後の課題は、団塊の世代が首都圏に多数居住していることから、首都圏まで範囲を拡げて分析することである。そして、厚生労働省が進める施設介護から居宅介護への施策[43]は、首都圏において団塊世代の要介護高齢者を受容することがどこまで実現可能かを検討する必要がある。

　最後に、今後さらに増加が予想される有老ホームに関して、入居者が必要とする保健医療サービスの量と質の両面での研究が求められていると考える。

●注・引用文献
1）有料老人ホームとは、老人福祉法第 29 条において、「老人を入居させ、入浴、排せつ若しくは食事の介護、食事の提供又はその他の日常生活上必要な便宜であって

厚生労働省令で定めるものの供与（他に委託して供与をする場合及び将来において供与をすることを約する場合を含む）をする事業を行う施設であって、老人福祉施設、認知症対応型老人共同生活援助事業を行う住居その他厚生労働省令で定める施設でないものをいう」と定義されている。これまでは、人数が10人以上であること、食事の提供を行っていることが要件となっていたが、老人福祉法の改正により、2006年4月から有料老人ホームの対象が次のように拡大された〈人数要件：なし、サービス要件：①食事の提供、②介護の提供、③洗濯、掃除等の家事、④健康管理（これらのサービスを、(1)委託で行う場合や、(2)将来これらのサービス提供を行うことを約束する場合も該当する場合も含めて、いずれかを行っていること)〉。東京都では「東京都有料老人ホーム設置運営指導指針」（2007年7月1日施行）によって、設置・運営要件等が事細かく決められている。

2）有料老人ホーム情報センター（http://park3.wakwak.com/~maple/）。有料老人ホームなどの都道府県別検索システムで、全国の有料老人ホームの名称・所在地、連絡先を知ることができる。この検索システムを使い、都道府県ごとに筆者がすべて検索した結果、全国3,612施設が確認できた。最も施設の多かったのは東京都の404施設であり、次は神奈川県の342施設、第3位は福岡県の272施設であった。この3都県の施設数は1,018施設で全体3,612施設のうちの28％の割合であった。最も施設が少なかった県は8施設で福井県と山梨県であり、次に少なかったのは11施設で栃木県と滋賀県であった。

3）有料老人ホームの類型については、東京都が発行している「あんしん なっとく 有料老人ホームの選び方」2007年7月、p.4の「ステップ1 有料老人ホームとはどのようなところ」がわかりやすいので参照されたい。大きくは「介護付」「住宅型」「健康型」の3類型に分類されている（**表6-7**）。

表6-7　有料老人ホームの類型

ホームの類型	介護サービスの提供	介護サービスの提供方法	入居できる方	
			自立	要支援・要介護
介護付有料老人ホーム（特定施設入居者生活介護）	あり	入居ホームにて、ホームスタッフが立てたケアプランに基づき、ホームからサービスを受ける	○	○
住宅型有料老人ホーム	あり	入居ホームにて、（自宅にいるときと同様に）入居者自身が選択・契約した外部サービス事業者からサービスを受ける	○	○
健康型有料老人ホーム	なし	介護が必要になったら、原則、契約を解除し、退去しなければならない	○	×

注）介護付有料老人ホームは、介護保険法に基づき「特定施設入居者生活介護」の指定を受けた介護サービス事業者が提供する、居宅サービスとして位置づけられている。
（資料）東京都福祉保健局高齢社会対策部「あんしん なっとく 有料老人ホームの選び方」2007年7月。

第六章　有料老人ホームが終のすみかとなる可能性

4）国立社会保障・人口問題研究所は、団塊の世代が後期高齢者となる 2015 年の 2 年後の 2017 年における要介護高齢者数は 521 万人弱と推計しており、そのうち、40 歳以上の介護保険サービス全受給者の 84％にあたる 439 万人が 75 歳以上の後期高齢者であると推計している（国立社会保障・人口問題研究所「日本の将来推計人口（平成 14 年 1 月推計）」）。日医総研は、この要介護高齢者数をもとに、2017 年における所在地別サービス受給者数を計算しており、施設でのサービス受給者数は 107.8 万人（20.7％）、グループホーム等でのサービス受給者数は 10.9 万人（2.1％）、在宅でのサービス受給者数を 402.2 万人（77.2％）と推計している（日医総研『医療のグランドデザイン［2017 年版］』2003 年 6 月、p.75）。

5）国民生活センター『有料老人ホームをめぐる消費者問題に関する調査研究──有料老人ホームの暮らしが快適であるために──』2006 年 3 月。本調査研究は、2006 年 4 月から介護保険法改正により「介護サービス情報の公表」が制度化され、有料老人ホームも介護サービス情報の公表が義務づけられたことを受けて、法改正が消費者被害の未然防止と救済につながる方途を探り消費者の権利擁護に資することを目的に行われたものである。調査の内容は、①有料老人ホーム対象調査、②都道府県（有料老人ホーム所管部局）対象調査、③有料老人ホーム重要事項説明書調査であった。調査実施にあたっては、「有料老人ホームをめぐる消費者問題に関する研究会」（座長 高橋紘士）を設置し検討を重ねた。報告書の中で高橋紘士は、有料老人ホームをめぐる環境条件が今後大きく変化することを踏まえ、消費者契約法のアプローチからの有料老人ホーム利用者の保護、介護サービス利用者の保護、そして借地借家法からの入居者保護、成年後見制度等の権利擁護制度からの高齢者保護の課題が輻輳することになると問題提起している（『報告書』p.7）。

6）滝上宗次郎『やっぱり「終のすみか」は有料老人ホーム』講談社、2006 年。滝上は、2006 年 4 月の介護保険制度改正はどういうことかというと、「要介護度の低い人のところにはホームヘルパーや訪問看護師は行かなくなり、代わりに週に二日か三日、施設に日中だけ集合して介護を受ける『通所サービス』を利用してほしいということですから、残りの日は家族が面倒をみろということです」と述べ、重度の要介護者を診る「在宅療養支援診療所」が介護する家族を支えるということだが、家々を回って診察することのできる医師はそんなに増えないと予想している。その上で、要介護度が高くなって家族が耐えられなくなったら、公的施設に入居できるという希望も、本人や家族にある程度の収入があると入居が難しくなってしまったことで、「介護する家族にとっては、いよいよ逃げ場がありません。これからは、まさに有料老人ホームの時代ということになります」と述べている（pp.31-32）。滝上の達観した考え方に筆者もまさに同感である。

7）例えば、岸本和博『有料老人ホームの理論と実務』明石書店、1999 年 2 月。

8）例えば、土屋有・武谷美奈子『これで失敗しない！有料老人ホーム賢い選び方』

日経 BP 社、2006 年 11 月。

9）都内の消費生活センター等に寄せられている消費生活相談のうち、「有料老人ホーム等」にかかわるものの件数は、2001 年度から 2005 年 6 月末日現在までの過去 5 年間で 2,001 件となっている。相談内容としては、「契約（解約）」にかかわるものが最も多く 142 件（全体の 70.6％）となっており、「返金」に関するものは 69 件（34.3％）となっている。例えば、相談事例では、「5 カ月前に有料老人ホームと契約したが、特定施設の申請中だということだったのに出入り業者が不正をしたということで未だ認定されないし、契約時の説明とは違い費用がどんどん増える」や、「入居前に月々約 33 万円と説明を受け、お試し期間終了時には約 45 万円を言われた。その後、入居金を 315 万円支払ったが、月々の負担が当初よりも高く支払いが難しい。解約したら入居金は戻ってくるのか、解約すべきか良く分からない」、などである（東京都生活文化局「『有料老人ホーム等』に係る消費生活相談の状況」『有料老人ホームの表示・広告に関する調査・指導結果報告書』2005 年 7 月、p.12 参照）。また、国民生活センターによると、全国的には、届出をしていないホームを含む有料老人ホームに関する相談（入居金や入会金の返還、介護サービスの質のまずさ、介護事故）は、2000 年以降 900 件近く寄せられており、それらは、全国消費生活情報ネットワーク・システム PIO-NET に入力されている。

10）引用資料、及び出所については、結果及び考察の際に当該文献を注で表示したので、参照されたい。

11）東京都福祉保健局『社会福祉施設等一覧 平成 17 年版』（2005 年 4 月 1 日を基準に編集）2005 年 6 月、及び、同『社会福祉施設等一覧 平成 19 年版』（2007 年 4 月 1 日を基準に編集）2007 年 6 月（http://www.fukushihoken.metro.tokyo.jp/）。

12）読売新聞東京本社社会保障部は、介護付き有料老人ホームに対する調査を行い、2008 年 2 月 17 日に調査結果についての総論を報道し、同月 18〜20 日には「全国有料老人ホーム介護・医療体制調査 上・中・下」として詳細を報道している。調査は、全国の介護付き有料老人ホーム 2,086 ホーム（2007 年 11 月開設分まで）に、2007 年 11 月末から 12 月初めにかけて調査表を郵送し、12 月 26 日締め切りで原則インターネットによる回答を得た、814 ホーム（回答率 39％）についての調査結果である。調査結果の表示は、ホーム名、所在地、運営年数、入居者数（最低額・最高額）、介護一時金の有無、月額費用（最低額・最高額）、職員体制について回答を求めているほか、認知症ケアマニュアル、専門医の早期診断、行動制限なし、拘束マニュアル、認知症ケアの体制については、「整っているか」「いないか」「どちらとも言えない」で回答を求めている。医療体制については、経管栄養（胃ろうを含む）、中心静脈栄養法、在宅酸素療法、気管切開、人工透析、インシュリン注射について、「可」「条件次第で可」「不可」で回答を求め、24 時間往診協力医が「いる」か、ターミナルケア体制（ホーム内で最期を希望する人に、ターミナルケアを行っ

第六章　有料老人ホームが終のすみかとなる可能性

て応えることができるか）について、「できる」「できない」「どちらとも言えない」で回答を求めている。
13）東京都健康局『東京都保健医療計画』2003年3月、p.20、p.23。
14）東京都福祉保健局『東京都高齢者保健福祉計画 平成21年度～23年度 中間のまとめ』2009年1月。
15）東京都福祉保健局『東京の福祉保健の新展開2008～福祉・健康都市の充実に向けて～』2008年2月、p.20。
16）東京都福祉保健局『東京都地域ケア体制整備構想』2007年12月、p.12、p.22、pp.26-27。
17）東京都福祉保健局『東京都高齢者保健福祉計画（平成18年度～平成20年度）——高齢者の自立と尊厳を支える社会の実現に向けて』2006年3月、p.50。

表6-8にみるとおり、認知症高齢者が生活している場所が最も多いのは「居宅」である。この場合の「居宅」には有料老人ホームも入っており、資料からは自宅との割合は不明であるが、認知症高齢者が増えてくれば、「居宅」での割合は一層増加すると予想される。『東京都保健医療計画（平成20年3月改定）』では、高齢者のうち、「何らかの認知症の症状を有する要支援・要介護認定者」が占める割合は高齢者の約10.8％、約23万人となっており、「日常生活に支障を来たすような症状等を有する要支援・要介護認定者」のうち、地域で生活している人の割合は約3分の2を占める、と述べている（東京都保健福祉局『東京都保健医療計画（平成20

表6-8　認知症高齢者が生活している場所

(％)

		要介護 (要支援) 認定者	認定申請時の所在					
			居宅	特別養護 老人ホーム	老人保健 施設	介護療養型 医療施設	認知症 グループホーム	その他の 施設
総　数		100.0	73.5	7.3	3.8	2.0	0.9	12.5
内訳	うち、認知症高齢者 自立度Ⅰ以上	68.5	65.7	10.2	5.2	2.8	1.3	14.8
	うち、認知症高齢者 自立度Ⅱ以上	47.4	57.2	13.7	6.5	3.8	1.8	17.0
	うち、認知症高齢者 自立度Ⅲ以上	24.9	45.5	19.5	7.3	5.9	2.0	19.8

注1）認定データ（46区市町村）に基づいた推計値である。
注2）「総数」の数値はそれぞれの区分の人数の要介護（要支援）人定数総数に占める割合、「内訳」の数値はそれぞれの区分の人数の自立度別認定者に占める割合である。
注3）認知症高齢者自立度Ⅰ：何らかの認知症の症状を有するが、日常生活は家庭内及び社会的にほぼ自立している。
　　認知症高齢者自立度Ⅱ：日常生活に支障を来たすような症状、行動や意志疎通の困難さが多少みられても、誰かが注意していれば自立できる。
　　認知症高齢者自立度Ⅲ：日常生活に支障を来たすような症状、行動や意志疎通の困難さがときどきみられ、介護を必要とする。
（資料）東京都福祉保健局高齢社会対策部「認知症高齢者自立度分布調査」2005年10月。

年3月改定)』2008年3月、p.148)。
18) 東京都総務局『東京都社会指標~「社会生活統計指標」から見た都民生活の現状~平成19年度』2008年3月、p.15。
19) 東京都福祉保健局『福祉・健康都市 東京ビジョン 改革をさらに前進させ確かな「安心」を次世代に引き継ぐ』2006年2月、pp.32-86。
20) 東京都生活文化局『10年後の東京~東京が変わる~』2006年12月、pp.70-87。
21) 東京都福祉保健局『東京の福祉保健の新展開2007~福祉・健康都市の実現を目指して~』2007年1月。
22) 『「10年後の東京」への実行プログラム2008』2007年12月、pp.115-138、及びpp.148-149。
23) 東京都福祉保健局『東京の福祉保健の新展開2008』2008年2月。
24) 東京都福祉保健局「第Ⅱ編 病院報告」『東京都の医療施設――平成15年医療施設(動態)調査・病院報告結果報告書――』2005年3月。
25) 東京都福祉保健局「介護療養病床転換等意向調査」2007年7月。
26) 2008年3月3日に開催された第49回社会保障審議会介護給付費分科会において、介護療養型老人保健施設における介護報酬等の見直しにかかわる諮問・答申が行われた。諮問の基本的な内容は、①療養病床から転換した介護老人保健施設への転換を促進するため、介護療養型老人保健施設であって、夜間対応に要する看護職員を確保すること等の要件を満たしたものについて、新たな施設サービス費を創設する。②療養病床から転換する医療機関の選択肢を拡大する観点から、本体施設からの支援を受ける小規模施設であるサテライト型施設において、本体施設とサテライト型施設の新たな組合せを認めるなどの基準の緩和を行う。③経過型介護療養型医療施設について、療養病床の円滑な転換を支援する観点から、既存の経過型介護療養型医療施設と看護職員配置が異なる新たな施設サービス費を創設する、の3点であり、諮問どおり了承する旨、厚生労働大臣に答申された。また、厚生労働省からは「介護療養型老人保健施設」の介護報酬単位が示され、同日厚生労働大臣に答申された。要介護5の利用者が多床室に入所し、介護職員4：1配置として基本施設サービス費のみで試算した場合、月額33万4,000円となり、介護療養型医療施設の月額41万円より約20%も下回る報酬となった。同省の試算では、自己負担は平均的な食費、居住費等を含め約1割安い月額8万5,100円になる。逆に、従来型老健に比べて、報酬月額で約8%、自己負担で3%程度高くなった。
27) 東京都生活文化スポーツ局「健康に関する世論調査」2008年3月、p.5。
28) 東京都福祉保健局「福祉のまちづくりに関する都民の意識 平成16年度 東京都社会福祉基礎調査報告書」2005年12月、p.20。
29) 東京都では、民間賃貸住宅における高齢者や障害者、外国人等が、不合理な入居制限を受けることなく、可能な限り市場を通じて、それぞれに適した住まいを円滑

第六章　有料老人ホームが終のすみかとなる可能性

に確保できるよう、環境整備を行っている。同時に、高齢者円滑入居賃貸住宅への登録を行うことを要件として、建設・改修資金に対し民間金融機関による優遇融資を行う制度を創設し、高齢者等の入居を拒まない民間賃貸住宅の供給を促進している（高齢者等の入居を拒まない賃貸住宅の登録戸数、2006 年末までの累計約 1 万 5,000 戸を 2015 年度末までの累計 10 万戸にする政策指標を都民に提示）。また、高齢者、障害者等が安全で安心して生活を営むことができるよう、区市町村等と連携し、バリアフリー改修への助成を行うなど、民間住宅のバリアフリー化の促進に取り組んでいる（高齢者が居住する住宅のバリアフリー化率、一定のバリアフリー化 2003 年 31％から、2015 年 75％まで引き上げる政策指標を都民に提示）（東京都生活文化スポーツ局『2006-2015 東京都住宅マスタープラン』2007 年 3 月、pp.74-76、p.79）。

30）滝上宗次郎『やっぱり「終のすみか」は有料老人ホーム』講談社、2006 年、pp.120-121。滝上は、「日本の法律は高齢な消費者を守る方向に次々と変わっています。たとえば平成 13 年 8 月からは、正式に『終身借家権』という権利が、国土交通省の主導で進められた『高齢者の居住の安定確保に関する法律』という長い名称の法律によって認められました。しかし、有料老人ホームの業界には終身借家権は波及していないのです」と述べている。

31）国民生活センターが、「退去した人の理由は何か」を複数回答で求めたところ、介護付き有料老人ホームの場合、「病気治療」が 63.7％で第 1 位、「けがの治療」が 20.3％で第 2 位、「大声や暴力、徘徊など入居者が迷惑」は 8.8％、「ホームのルールや指示を守れない」は 6.8％であった（国民生活センター『有料老人ホームをめぐる消費者問題に関する調査研究——有料老人ホームの暮らしが快適であるために——』2006 年 3 月、p.93）。調査は、滝上の指摘を支持する結果であった。

32）丸山英気「有料老人ホーム契約の性格」『ジュリスト』No.949、有斐閣、1990 年 2 月 1 日、pp.19-24、及び、内田勝一「有料老人ホーム利用契約関係の特質と当事者の権利・義務」『ジュリスト』No.949、有斐閣、1990 年 2 月 1 日、pp.25-29。

33）山口純夫「有料老人ホーム契約——その実態と問題点」『判例タイムズ』No.633、判例タイムズ社、1987 年 7 月 1 日、pp.59-69。

34）後藤清「有料老人ホームに関する若干の考察」『民商法雑誌』有斐閣、1991 年 7 月、p.455。

35）公正取引委員会「有料老人ホーム等に関する不当な表示」改正 2005 年 6 月 29 日公正取引委員会告示第 12 号。東京都の調査では、公正取引委員会告示違反とこれに対する指導について、調査結果を発表している（東京都生活文化局「有料老人ホームの表示・広告に関する調査・指導結果報告書」2005 年 7 月、n＝168）。調査員から寄せられた広告やパンフレットを調査した結果、29 の事業所が行った表示について告示違反が認められ、これに対し行政指導を行った。違反内容については、

告示に定められた 12 項目のうち 7 項目にわたっており、特に介護職員等についての表示や管理等についての表示、医療機関との協力関係についての表示に多くの違反がみられた。

36) 厚生労働省『平成 16 年 国民生活基礎調査』2004 年より。厚生労働省の「厚生年金・国民年金平成 11 年財政再計算結果」からの算出では、2010 年には、老齢基礎年金のみの受給者割合は 2 割となり、老齢基礎年金＋老齢厚生年金の割合は、8 割となる見通しを立てている。また、厚生年金と共済年金の被用者年金の離婚時の年金分割が平成 19 年 4 月からスタートしている。本沢一善は、夫の「老齢厚生年金」の分割は一人となった女性の老後の生活保障にとって画期的な制度であると述べている（本沢一善「夫婦の年金分割と老後の所得保障」『社会保険旬報』No.2294、社会保険研究所、2006 年 10 月、pp.20-26）。こうした厚生年金と共済年金の被用者年金の離婚時の年金分割は、高齢者の女性にとって多少老人ホームへの入居条件を有利にすることができるかもしれないが、それでも東京都内の有料老人ホームに入居するには不十分と思われる。

37) 東京都福祉保健局「高齢者生活実態 平成 17 年度 東京都社会福祉基礎調査報告書」2006 年 10 月、pp.135-139。

38) 東京都福祉保健局「都民の生活実態と意識 平成 18 年度 東京都福祉保健基礎調査報告書」2007 年 10 月、p.44。

39) 「都民生活に関する世論調査」は、「暮らしむきの変化」を聞き、「苦しくなった」と答えた人に、理由を尋ねている。ライフステージ別の回答では、「税金や保険料の支払いが増えた」ことで「暮らしむきが苦しくなった」と答えたのは、「高齢期」で、全体の 50.4％より高い 65.9％の回答であった。「高齢期」の他の回答の中でも、2 位の「家族の増加や物価の上昇などで毎日の生活費が増えた」26.0％に圧倒的な差をつけている。また、「これからの暮らしむき」についての回答では、70 歳以上の男性は「楽になる」0.6％に対して、「苦しくなる」53.1％の回答を寄せていることは注目すべきである（東京都生活文化スポーツ局『都民生活に関する世論調査』2007 年 11 月、p.8、p.20）。

40) 厚生労働省の行政指導では、有料老人ホームは、要介護者 3 人に対して直接介護にあたる職員 1 人以上を配置しなければならないことになっている。注意すべきは、この 3 対 1 という比率では、それほどいい介護はできないということである。というのは、特別養護老人ホームと異なり、有料老人ホームの建物は介護を第 1 の目的として設計されていないからである。そして 3 対 1 といっても常に要介護者 3 人に対して寮母が 1 人働いているということではない。寮母には休日があり勤務時間は残業を入れても週に 40 数時間にすぎないから、実際に現場で働いている寮母の人数は、要介護者 6 人に対して日中でも 1 人といったところであろう。したがって、要介護者と寮母の人数は 3 対 1 ではなく、できるだけ 2 対 1 に近づくほうが良い。

第六章　有料老人ホームが終のすみかとなる可能性

41) 中央社会保険医療協議会「診療報酬改定結果部会提出資料」(2006年6月)によると、全国の在宅療養支援診療所届出総数は8,595施設であり、これを2006年3月末時点の一般診療所数で計算すると、8.7%であった。その後、厚生労働省が行った「平成19年度調査 在宅療養支援診療所の実態調査 結果概要」(2007年7月~8月実施、n=3,553)によると、在宅療養支援診療所開設数の推移は、2006年4月時点の届出数を1とした場合に、2007年4月時点では1.20倍超という数値であった。そして、「在宅療養支援診療所1施設当たりの在宅ターミナルケア加算算定患者数(1カ月平均)」は、2006年度が392人であったのに対し、2007年度では、762人となっており、約2倍加している。この実態を踏まえて、中央社会保険医療協議会(中医協)診療報酬基本問題小委員会(第117回、平成19年12月14日開催)では、「在宅療養を支援する病院の評価について」を議題とした協議の中で、「在宅療養支援診療所は平成18年の導入以降少しずつ増加しているところである。在宅で診療している患者数も増加をし続けている」と評価している。厚生労働省によると、在宅療養支援診療所の届出施設数は、2007年7月現在で1,032施設である。しかし、信濃毎日新聞社によると、長野県内の2008年7月1日までの1年間の在宅療養支援診療所222施設のうち、「在宅で1人以上をみとった」施設は111施設で、「在宅でのみとりがなかった」施設は111施設という結果であった。届出施設のちょうど半数は在宅の看取りを一度もしなかったことが明らかになった(「信濃毎日新聞」2009年2月1日)。また、日本医師会は、全国の在宅療養支援診療所(以下、届出診療所)の医師を対象に運営体制や連携などの現状及び方向性等や課題を把握するための調査を行った。調査結果からは、24時間体制が求められる届出診療所の72.4%で、在宅担当医師が1人体制であった。また、医師1人が週7日担当する届出診療所は73.5%であった。その他、在宅医療の算定は届出診療所の約9割で行われていること、今後「在宅医療のウエイトを減らしたい」と回答した施設は約6%にすぎず、大半が在宅療養の届出診療所を維持していきたいという意向であることなどが明らかになった(日本医師会総合政策研究機構『在宅医療の提供と連携に関する実態調査』在宅療養支援診療所調査」No.183、2009年1月27日)。

42) 東京都福祉局『東京都高齢者保健福祉計画 平成15年度~平成19年度』2003年3月、pp.47-49。東京都福祉保健局「(5) 高齢者への支援」『東京の福祉保健 2005年度』2005年4月、pp.30-39。及び、東京都福祉保健局『福祉・健康都市 東京ビジョン――改革をさらに前進させ確かな「安心」を次世代に引き継ぐ』2006年2月、pp.41-49。

43) 介護保険利用者数の増加については、今後ますます在宅サービス(ホームヘルプなど)の利用者数の増加が大きくなると考えられている。全国的には、在宅サービスの利用者は、2000(平成12)年4月には97万人であったが、2005(平成17)年2月には246万人となっている。これを、在宅サービスと施設サービス(特養ホー

ムなど）の利用者の比率でみると、2000（平成12）年に約2：1だったものが、2005（平成17）年には3：1となっており、在宅サービスの伸びが大きくなっている。一方、保険給付費の額でみると、2005（平成17）年2月現在で、ほぼ1：1となっている（厚生労働省「介護保険事業報告（2月サービス分）」2005年4月、より計算）。このような状況から、今後より一層、在宅への政策誘導が行われてくることは確実である。

第七章　高齢者住宅への政策転換

——サービス付き高齢者向け住宅の考察——

　本章は、第1節で問題の所在について述べる。第2節で、高齢者の住まい法改正とサービス付き高齢者向け住宅について述べる。第3節は、東京都の高齢者向け住宅に対する取組みについて述べる。第4節は、高齢者住宅・介護施設への住み替えについて述べる。

第1節　問題の所在

1. 高齢者住まい法の改正に至った背景

　高齢者住まい法の改正に至った背景には、第1に、高齢者単身・夫婦世帯の急激な増加がある。2005（平成17）年に「高齢者単身世帯」は387万世帯、「高齢夫婦世帯」は465万世帯で、合わせて852万世帯であった。「高齢者がいるその他世帯」と「その他の世帯」を合わせた全世帯数4,907万世帯のうち、高齢者単身世帯数が7.9％であり、高齢夫婦世帯数は9.5％にすぎず、合わせても17.4％であった。2010（平成22）年には、高齢者単身世帯は466万世帯、高齢夫婦世帯は534万世帯で、合わせて1,000万世帯であった。「高齢者がいるその他世帯」と「その他の世帯」を合わせた全世帯数5,030万世帯のうち、高齢者単身世帯数は9.3％であり、高齢夫婦世帯数は10.6％となり、合わせて19.9％であった（国立社会保障・人口問題研究所「日本世帯数の将来推計（全国推計）」2008年3月推計）。

2015（平成27）年には、高齢者単身世帯は562万世帯、高齢夫婦世帯は599万世帯で、合わせて1,161万世帯となる。「高齢者がいるその他世帯」と「その他の世帯」を合わせた全世帯数5,060万世帯のうち、高齢者単身世帯数は11.1％であり、高齢夫婦世帯数は11.8％となり、合わせて22.9％と推計されている（厚生労働省）。さらに2020（平成32）年になると、高齢者単身世帯は631万世帯、高齢夫婦世帯は614万世帯で、合わせて1,245万世帯となる。「高齢者がいるその他世帯」と「その他の世帯」を合わせた全世帯数5,044万世帯のうち、高齢者単身世帯数は12.5％であり、高齢夫婦世帯数は12.2％となり、合わせて24.7％と推計されている（厚生労働省）。

　高齢者単身・夫婦世帯は、2005（平成17）年の17.4％と比べると、2020年の24.7％は、15年間で7.3ポイント上昇したことになる。全世帯数の約4分の1が高齢者単身世帯・高齢夫婦世帯になると推計されている。

　第2に、要介護度の低い高齢者も特養申込者となっている現況がある。特別養護老人ホームの申込者数を要介護度別にみると、要介護1は5万2,914人、要介護2は7万8,657人、要介護3は11万372人、要介護4は9万9,806人、要介護5は7万8,719人である。申込者数合計は42万468人である（厚生労働省2009年12月集計）。申込者数の要介護度別の構成割合を計算すると、要介護1は12.6％、要介護2は18.7％、要介護3は26.2％、要介護4は23.7％、要介護5は18.7％である。要介護1・2は31.3％であり、要介護3～5は68.6％となる。つまり、全体の3割強の要介護1・2の高齢者が特養申込者である。

　第3は、高齢者住宅が諸外国と比較し不足していることである。全高齢者に対する介護施設・高齢者住宅等の割合を日本、デンマーク（北欧）、英国、米国の4カ国でみると、英国は11.7％（施設系3.7％・住宅系8.0％）、デンマークは10.7％（施設系2.5％・住宅系8.1％）、米国は6.2％（施設系4.0％・住宅系2.2％）となっている〔社会保障国民会議サービス保障（医療・介護・福祉）分科会（第8回）〕。日本は現在、4.4％（施設系3.5％・住宅系0.9％）でしかない。政府は、2020（平成32）年までに3～5％に住宅の比率を引き上げるという「住生活基本計画」を、2011（平成23）年3月に閣議決定している。

　以上の背景から、介護・医療と連携して高齢者の生活を支援するサービス付き住宅の供給を促進する必要がある。

2. 高齢者住まい法等の改正概要

　旧高齢者住まい法は、国土交通大臣及び厚生労働大臣が基本方針を策定することとなっていた。都道府県は基本方針に基づき、高齢者居住安定確保計画を策定することとなっていた。この点での変更はない。

　高齢者向け住宅の供給に関しては、「高齢者円滑入居賃貸住宅（高円賃）の登録」（高齢者の入居を拒まない住宅の情報提供）、「高齢者専用賃貸住宅（高専賃）の登録」（もっぱら高齢者を受け入れる住宅の情報提供）、「高齢者向け優良賃貸住宅（高優賃）の認定」（良好な居住環境を備えた住宅の供給促進）の3つがあったが、いずれも国土交通省の管理のもとにあった。

　改正によって、高円賃・高専賃・高優賃を廃止し、サービス付き高齢者向け住宅に一本化し、都道府県知事の登録制度を創設した。老人福祉法との調整規定を措置し、登録を受けた場合には有料老人ホームの届け出は不要となった。そして、住宅金融支援機構の保険の特例として、サービス付き高齢者向け住宅の入居一時金にかかわるリバースモゲージを住宅金融支援機構の保険の対象に追加した。これらは、国土交通省・厚生労働省共通管理制度に変更になった。

　その他として、終身賃貸事業の認可制度（借家人の死亡時に終了する借家契約による事業）は、そのまま国土交通省の管理のもとで、終身賃貸事業の認可申請手続が緩和された。

　その他にも国土交通省管理のもとで、高優賃の整備にかかわる支援措置が2つあり、1つは地域住宅特別措置法で「高優賃の整備について交付金を交付」であり、2つは住宅金融支援機構の「高優賃とするための住宅の購入資金貸付け」であったが、高優賃に替え、サービス付き高齢者向け住宅への支援措置を規定した。つまり、地域住宅特別措置法は「サービス付き高齢者向け住宅の整備について交付金を交付」となり、住宅金融支援機構は、「サービス付き高齢者向け住宅とするための住宅の購入資金貸付け」となった。

3. 高齢者住まい法に関する法制度の課題

　2011（平成23）年5月に「高齢者の居住の安定確保に関する法律等の一部を改正する法律」が施行され、同年10月から「サービス付き高齢者向け住宅」の

登録制度が創設されたが、その改正前の法制度と課題について述べてみよう。

　高齢者住まい法の基本方針は、国土交通大臣及び厚生労働大臣が策定した。「高齢者居住安定確保計画」は、都道府県が基本方針に基づき策定していたが、高齢者賃貸住宅・老人ホームの供給目標、供給促進の確保等についての内容が主であった。

　高齢者賃貸住宅の供給については、①高齢者円滑入居賃貸住宅（高円賃）の登録があった。高齢者の入居を拒まない住宅の情報提供を目的としており、登録基準は床面積原則 $25m^2$ 以上、設備は洗面、便所の必置等であった。指導監督は住宅の管理に関する報告徴収、基準適合指示等であった。

　高齢者専用賃貸住宅の登録は省令で位置付けられていた。もっぱら高齢者を受け入れる住宅の情報提供を行い、登録基準、指導監督は高円賃と同様であった。

　高齢者向け優良賃貸住宅（高優賃）の認定は、良好な居住環境を備えた住宅の供給促進のためのものであった。認定基準は、床面積、設備（高円賃と同様）に加え、バリアフリー構造、入居者の公募等の基準があった。指導監督は住宅の整備・管理に関する報告徴収、改善命令等であった。

　その他、終身建物賃貸（借家人の死亡時に終了する借家契約）と住宅のバリアフリー化に対する支援措置があった。

　また、老人福祉法では、有料老人ホームの届け出があり、その定義は「老人を入居させ、介護、食事提供等の便宜を供与する事業を行う施設」であり、指導監督は施設の運営に関する報告徴収、立入検査、改善命令等であった。

　このような改正法前の制度があったが、課題も多かった。

　高齢者向け賃貸住宅（賃貸契約による賃貸権方式）に関する第1の課題は、医療・介護事業者との連携が不十分なことであった。制度上、生活支援サービスの提供は任意で、介護が必要となった場合に、再度の住み替えが必要となるケースがあった。第2に、行政の指導監督が不十分で、サービス部分についての行政の指導監督権限や事業者の情報開示のルールがなかった。第3には、高齢者に適した住まいの絶対的不足が挙げられよう。また、第4には、高齢者の住まいの制度が複雑で、非常にわかりにくい状態であった。第5には、居住の安定性が弱いことであった。事業者の判断で、要介護となった場合の居室移動や、入院した場合の入居契約解除を余儀なくされるケースがあった。第6には、入居一時金に関す

るトラブルである。入居後すぐに解約しても初期償却が大きく、一時金が返金されないケースなどがあった。特に有料老人ホームの場合には、利用権方式が多かった。

以上のような課題を挙げることができる。

第2節　高齢者の住まい法改正とサービス付き高齢者向け住宅

1. サービス付き高齢者向け住宅の登録状況

2011（平成23）年5月に「高齢者の居住の安定確保に関する法律等の一部を改正する法律」が施行され、同年10月から「サービス付き高齢者向け住宅」（以下、「サ付き住宅」という）の登録制度が創設された。制度化から2年半が経過した2014（平成26）年4月時点で、登録数は14万7,526戸、4,582棟と急速に伸びている（**表7-1**）。

2013（平成25）年12月時点では、サ付き住宅が制度化される以前の、旧高齢者専用賃貸住宅（高専賃）から、サ付き住宅に移行した住宅が1,100件、戸数では約3万7,000戸から3万8,000戸にのぼるとみられている。つまり、登録制度が導入されてから新規に開設されたサ付き住宅は約10万戸以上にのぼり、これだけのサ付き住宅が実際に増加したことになる。

登録制度開始から1年後の2012（平成24）年10月には7万7千戸、2年後の2013（平成25）年10月には13万戸を超えて、2年半後の2014（平成26）年4月には約14万7千戸を超える登録状況になっていることは急激な増え方をしているといえるもので、こうした状況のもとで、付随サービスとして医療や介護サービス等をセットできない住宅も増えつつある現状もある。

なぜこれだけのペースでサ付き住宅が増えたのかは、特別養護老人ホームや老人保健施設、介護療養病床という介護施設の整備が進まないこともあり、施設に入りたくても入れない要介護者の入所先がなく、その代替手段としてサ付き住宅への入居ニーズが増えていることが最も大きいと推測できる。さらに国土交通省がサ付き住宅の整備費に補助金を支給していることや社会保障・税一体改革に伴う消費税引き上げが目前に迫っていたことも要因して、早めに住宅を整備したい

表 7-1　サービス付き高齢者向け住宅の登録状況

(棟・戸・%)

月数	年月	棟数	2011.11を1とした指数	前月比	戸数	2011.11を1とした指数	前月比
1	2011.11	30	1.0	100.0	994	1.0	100.0
2	2011.12	112	3.7	373.3	3,448	3.5	346.9
3	2012.01	248	8.3	221.4	8,200	8.2	237.8
4	2012.02	542	18.1	218.5	18,586	18.7	226.7
5	2012.03	889	29.6	164.0	31,094	31.3	167.3
6	2012.04	1,253	41.8	140.9	42,080	42.3	135.3
7	2012.05	1,465	48.8	116.9	47,802	48.1	113.6
8	2012.06	1,749	58.3	119.4	56,137	56.5	117.4
9	2012.07	1,877	62.6	107.3	59,764	60.1	106.5
10	2012.08	2,092	69.7	111.5	66,552	67.0	111.4
11	2012.09	2,245	74.8	107.3	70,999	71.4	106.7
12	2012.10	2,424	80.8	108.0	77,599	78.1	109.3
13	2012.11	2,587	86.2	106.7	82,809	83.3	106.7
14	2012.12	2,772	92.4	107.2	89,122	89.7	107.6
15	2013.01	2,922	97.4	105.4	93,911	94.5	105.4
16	2013.02	3,143	104.8	107.6	100,925	101.5	107.5
17	2013.03	3,391	113.0	107.9	109,239	109.9	108.2
18	2013.04	3,425	114.2	101.0	110,134	110.8	100.8
19	2013.05	3,478	115.9	101.5	111,966	112.6	101.7
20	2013.06	3,543	118.1	101.5	114,315	115.0	102.1
21	2013.07	3,642	121.4	102.8	117,601	118.3	102.9
22	2013.08	3,765	125.5	103.4	122,086	122.8	103.8
23	2013.09	3,906	130.2	103.7	126,803	127.6	103.9
24	2013.10	4,020	134.0	102.9	130,447	131.2	102.9
25	2013.11	4,105	136.8	102.1	132,639	133.4	101.7
26	2013.12	4,205	140.2	102.4	135,352	136.2	102.0
27	2014.01	4,296	143.2	102.2	138,254	139.1	102.1
28	2014.02	4,254	141.8	99.0	145,736	146.6	105.4
29	2014.03	4,555	151.8	107.1	146,544	147.4	100.6
30	2014.04	4,582	152.7	100.6	147,526	148.4	100.7

注）2014年6月末時点。
（資料）厚生労働省資料より作成。

という事業者側の思惑もあり、急増したとも推測できる。

　内閣府が2015（平成27）年5月15日に発表した2014年1〜3月期の国内総生産（GDP、季節調整済み）速報値は、物価変動の影響を除いた実質で前期比1.5％増、年率換算で5.9％増であった。4月の消費税増税を前にした駆け込み需要があり、個人消費などが上昇した。1〜3月期の実質GDPを主な項目別にみると、自

第七章　高齢者住宅への政策転換

動車やパソコンなどを中心とした消費税増税前の駆け込み需要で個人消費が前期比2.1％増、住宅投資は3.1％増、設備投資は4.9％増となるなど、明らかに増税前駆け込み効果があったといえよう。表7-1の「サービス付き高齢者向け住宅の登録状況」の棟数が、2013年6月の3,543棟から2014年4月には4,582棟まで1,039棟増加しているのは、消費税増税前の駆け込み需要の可能性が高いと思われる。

　これらを2011（平成23）年11月を1.0とした指数で計算してみると、登録開始から16カ月後の2013（平成25）年2月には棟数で104.8となり、30カ月目の2014（平成26）年4月時点で152.7まで増加した。同様に、戸数でみると、やはり登録開始から16カ月後の2013（平成25）年2月には101.5となり、30カ月目の2014（平成26）年4月時点で148.4まで増加した。棟数と戸数はパラレルで増加していることがわかる。前月比でみても、棟数と戸数の増加率は2カ月目で300％台、3カ月目で200％台となり、5カ月目で160％台となる。そして、10カ月以降の前月比の増加率は100％台で推移する。当然であるが、最初の30棟994戸から2014（平成26）年4月までの1,582棟14万7,526戸までは結果的に150倍加したものの、10カ月後を過ぎたころから増加率の伸びは鈍化している。つまり現在も順調に増加し続けているというわけではないということである。

　さらに、どの都道府県で棟数と戸数が増加しているかをみた表7-2は、都道府県別に戸数の多い順で並べ直してみた表である。1位は大阪府であり、353棟1万4,738戸、2位は北海道で278棟1万425戸、3位は東京都で208棟7,981戸、4位は埼玉県で223棟7,972戸、5位は兵庫県で196棟7,135戸である。5位までの棟数の合計は1,258棟、戸数は4万8,251戸で、全都道府県合計のそれぞれ27.5％、32.9％を占めている。さらに上位10位までで計算してみると、神奈川県、福岡県、愛知県、千葉県、広島県が加わって、絶対数で2,111棟と7万8,899戸となり、占有率はそれぞれ46.1％と53.8％となる。大まかにいえば、上位5位までの都道府県で約3割、上位10位までの都道府県で約5割だが、より正確に検討するために戸数を指標としてみれば、上位5位までで33％、上位10位までで54％といった数値と計算できる。都道府県別のデータでみただけでも、これまでサ高住が多くつくられてきたのは、首都圏と地方都市であるといっても間違いではない。それは下位6位までの山形県988戸、山梨県956戸、奈良県949戸、宮崎県742戸、高知県709戸、佐賀県448戸はいずれも農業県で1,000戸に満たな

表7-2 サービス付き高齢者向け住宅の都道府県別登録状況

No.	都道府県	実数		構成割合	
		棟数	戸数	棟数	戸数
1	大阪府	353	14,738	7.7	10.1
2	北海道	278	10,425	6.1	7.1
3	東京都	208	7,981	4.5	5.4
4	埼玉県	223	7,972	4.9	5.4
5	兵庫県	196	7,135	4.3	4.9
6	神奈川県	180	6,804	3.9	4.6
7	福岡県	169	6,756	3.7	4.6
8	愛知県	176	6,035	3.8	4.1
9	千葉県	161	5,753	3.5	3.9
10	広島県	167	5,300	3.6	3.6
11	群馬県	129	3,722	2.8	2.5
12	三重県	118	3,464	2.6	2.4
13	茨城県	136	3,216	3.0	2.2
14	静岡県	94	3,197	2.1	2.2
15	山口県	108	2,829	2.4	1.9
16	岡山県	79	2,534	1.7	1.7
17	栃木県	82	2,405	1.8	1.6
18	京都府	63	2,384	1.4	1.6
19	宮城県	90	2,324	2.0	1.6
20	熊本県	91	2,317	2.0	1.6
21	長崎県	87	2,291	1.9	1.6
22	福島県	82	2,282	1.8	1.6
23	沖縄県	64	2,099	1.4	1.4
24	岐阜県	77	2,020	1.7	1.4
25	和歌山県	78	1,989	1.7	1.4
26	新潟県	70	1,913	1.5	1.3
27	大分県	59	1,886	1.3	1.3
28	青森県	81	1,884	1.8	1.3
29	長野県	67	1,861	1.5	1.3
30	鹿児島県	72	1,815	1.6	1.2
31	愛媛県	100	1,648	2.2	1.1
32	徳島県	58	1,592	1.3	1.1
33	香川県	52	1,484	1.1	1.0
34	滋賀県	58	1,370	1.3	0.9
35	富山県	51	1,253	1.1	0.9
36	石川県	38	1,251	0.8	0.9
37	秋田県	50	1,220	1.1	0.8
38	鳥取県	33	1,203	0.7	0.8
39	岩手県	59	1,159	1.3	0.8
40	福井県	40	1,139	0.9	0.8
41	島根県	31	1,084	0.7	0.7
42	山形県	43	988	0.9	0.7
43	山梨県	47	956	1.0	0.7
44	奈良県	32	949	0.7	0.6
45	宮崎県	18	742	0.4	0.5
46	高知県	20	709	0.4	0.5
47	佐賀県	14	448	0.3	0.3
	合計	4,582	146,526	100.0	100.0
	単純平均	97	3,118		

い県であることからもわかる。

2. サービス付き高齢者向け住宅制度

(1) サービス付き高齢者向け住宅の登録制度の概要と登録基準
①登録制度の概要

第1は、登録基準であり、ハードとソフトと契約内容の3つに区分できる。そして、有料老人ホームも登録可能である。

まずハード面では、床面積は原則 $25m^2$ 以上で、構造・設備が一定の基準を満たすことが条件である。廊下幅や段差解消、手すり設置などのバリアフリーが条件となっている。

サービス面では、少なくとも安否確認と生活相談サービスを提供することが必要であり、その他のサービス例としては、食事の提供、清掃・洗濯等の家事援助等のサービスが挙げられる。

契約内容については、長期入院を理由に事業者から一方的に解約できないこととしているなど、居住の安定が図られた契約であること、敷金、家賃、サービス対価以外の金銭を徴収しないこと、前払い金に関して入居者保護が図られていること（初期償却の制限、工事完了前の受領禁止、保全措置・返還ルールの明示の義務付け）が契約内容に入っている必要がある。

第2は、登録事業者の義務についてである。契約締結前に、サービス内容や費用について書面を交付して説明すること、登録事項の情報開示、誤解を招くような広告の禁止、契約に従ってサービスを提供すること、が登録事業者に義務付けられている。

第3は、行政による指導監督である。報告徴収、事務所や登録受託への立ち入り検査、業務に関する是正指示、指示違反、登録基準不適合の場合の登録取り消しの行政による指導監督ができるようになっている。

②登録基準

登録基準は、**表7-3** のとおりである。「入居者」「規模・設備等」「サービス」「契約関連」に分けて表にまとめているが、特に「サービス」の基準を取り上げてみると、状況把握（安否確認）サービスと生活相談サービスの提供が重要であり、

表7-3 登録基準

入居者	①単身高齢者世帯（「高齢者」とは60歳以上の者または要介護・要支援認定を受けている者） ②高齢者＋同居者（配偶者／60歳以上の親族／要介護・要支援指定を受けている親族／特別な理由により同居させる必要があると知事が認める者）	
規模・設備等	○各居住部分の床面積は、原則25m²以上。※（ただし、居間、食堂、台所その他の住宅の部分が高齢者が共同して利用するため十分な面積を有する場合は18m²以上） ○各居住部分に、台所、水洗便所、収納設備、洗面設備、浴室を備えたものであること。※ （ただし、共用部分に共同して利用するための適切な台所、収納設備または浴室を備えることにより、各戸に備える場合と同等以上の居住環境が確保される場合は、各戸に台所、収納設備または浴室を備えずとも可） ○バリアフリー構造であること（段差のない床、手すりの設置、廊下幅の確保等）※	
サービス	○少なくとも状況把握（安否確認）サービス、生活相談サービスを提供 ・社会福祉法人、医療法人、指定居宅サービス事業所等の職員または医師、看護師、介護福祉士、社会福祉士、介護支援専門員、介護職員初任者研修課程を修了した者が少なくとも日中常駐し、サービスを提供する。※ ・常駐しない時間帯は、緊急通報システムにより対応。※	
契約関連	○書面による契約であること。 ○居住部分が明示された契約であること。 ○権利金その他の金銭を受領しない契約であること。（敷金、家賃・サービス費および家賃・サービス費の前払金のみ徴収可） ○入居者が入院したことまたは入居者の心身の状況が変化したことを理由として※、入居者の同意を得ずに居住部分の変更や契約解除を行わないこと。 ○サービス付き高齢者向け住宅の工事完了前に、敷金及び家賃等の前払金を受領しないものであること。	
	家賃等の前払金を受領する場合	・家賃等の前払金の算定の基礎、返還債務の金額の算定方法が明示されていること。 ・入居後3月※以内に、契約を解除、または入居者が死亡したことにより契約が終了した場合、（契約解除までの日数×日割計算した家賃等）を除き、家賃等の前払金を返還すること。 ・返還債務を負うこととなる場合に備えて、家賃等の前払金に対し、必要な保全措置が講じられていること。
	○基本方針及び高齢者居住安定確保計画（策定されている場合）に照らして適切なものであること。	

※都道府県知事が策定する高齢者居住安定確保計画において、告示で定める基準に従い、登録基準の強化又は緩和ができる。（※※は期間の延長のみ可）

　医療・介護に関する有資格者が少なくとも日中常駐しなければならない点は重要である。また、入居者が入院や心身の状況の変化を理由に、入居者の同意なしに居住部分の変更や契約解除を行わないこともまた重要な点であろう。

(2) サービス付き高齢者向け住宅の供給促進のための支援措置

　2013（平成25）年度当初予算案340億円の高齢者等居住安定化推進事業では、

サービス付き高齢者向け住宅の供給促進のための支援措置は、新たに創設される「サービス付き高齢者向け住宅」も供給促進のため、建設・改修費に対して、国が民間事業者・医療法人・社会福祉法人・NPO 等に直接補助を行うこととされた。対象は、登録されたサービス付き高齢者向け住宅等で、補助額は建築費の 10 分の 1、改修費であれば 3 分の 1 で、国費で 1 戸当たり 100 万円の上限である。

税制面でいうと、所得税・法人税にかかわる割増償却等によるサービス付き高齢者向け住宅の供給促進では、所得税・法人税は、5 年間の割増償却 40％（耐用年数 35 年未満は 28％）であった。ただし、2015（平成 27）年 4 月 1 日～2016（平成 28）年 3 月 31 日までの間に取得したものの割増償却は半分となる。これは 2016（平成 28）年 3 月 31 日までに取得した場合に適用された。

固定資産税では 5 年間税額を 3 分の 2 に軽減する。また、不動産取得税は家屋の場合、課税標準から 1 戸当たり 1,200 万円を控除する。土地の場合には、家屋の床面積の 2 倍にあたる土地面積相当分の価格等を減額する。これらは、2015（平成 27）年 3 月 31 日までに取得等した場合に適用される[1]。

融資面ではどうか。独立行政法人住宅金融支援機構が実施する融資として、サービス付き高齢者向け賃貸住宅融資がある。「サービス付き高齢者向け住宅」として登録を受ける賃貸住宅の建設・改良に必要な資金・または当該賃貸住宅とする中古住宅の購入に必要な資金を貸し付ける。担保設定は不要である。そして、住宅融資保険の対象とすることによる支援がある。民間金融機関が実施するサービス付き高齢者向け住宅の入居一時金にかかわるリバースモゲージ（死亡時一括償却型融資）に対して、住宅融資保険の対象とすることにより支援するものであった。

以上が、高齢者住まい法の改正の背景からサ付き住宅の登録制度までの主な内容と供給促進のための支援措置であるが、2014 年 4 月現在、14 万 7,526 戸あるサ付住宅について**表 7-4〜12** までを示して、簡単に分析してみよう。

3. サービス付き高齢者向け住宅の分析

(1) サービス付き高齢者向け住宅事業の法人等種別と業種

法人等種別では、株式会社 56.1％、医療法人 14.3％、有限会社 13.3％、社会福祉法人 8.5％で全体の 9 割を占めている。主な業種としては、介護系事業者が 6

表7-4　法人等種別

(件・%、n=4,319)

種別	実数	割合
医療法人	617	14.3
社会福祉法人	369	8.5
株式会社	2,424	56.1
有限会社	573	13.3
NPO法人	149	3.4
各種組合	18	0.4
その他	86	2.0
個人	83	1.9
合計	4,319	99.9

注1) 2014年3月末現在。
注2) その他は、一般社団法人、合同会社等。
(出所) 厚生労働省「サービス付き高齢者向け住宅の現状と分析（2014年3月末時点）」より作成。

表7-5　主な業種

(件・%、n=4,319)

業種	実数	割合
介護系事業者	2,747	64.8
医療系事業者	676	16.0
不動産業者	345	8.1
建設業者	121	2.9
ハウスメーカー	11	0.3
その他	336	7.9
合計	4,236	100.0

注1) 2014年3月末現在。
注2) その他は、警備会社、農協・生協、電気設備会社等。
(出所) 厚生労働省「サービス付き高齢者向け住宅の現状と分析（2014年3月末時点）」より作成。

表7-6　住宅戸数

(件・%、n=4,555)

戸数	実数	割合
10戸未満	260	5.7
10戸以上20戸未満	989	21.7
20戸以上30戸未満	1,130	24.8
30戸以上40戸未満	887	19.5
40戸以上50戸未満	504	11.1
50戸以上60戸未満	360	7.9
60戸以上70戸未満	181	4.0
70戸以上80戸未満	97	2.1
80戸以上90戸未満	53	1.2
90戸以上100戸未満	40	0.9
100戸以上	54	1.2
合計	4,555	100.1
平均	32.1	

注) 2014年3月末現在。
(出所) 厚生労働省「サービス付き高齢者向け住宅の現状と分析（2014年3月末時点）」より作成。

表7-7　専用部分の床面積

(戸・%、n=146,544)

床面積	実数	割合
$13m^2$以上$18m^2$未満	145	0.1
$18m^2$以上$20m^2$未満	86,657	59.1
$20m^2$以上$25m^2$未満	23,467	16.0
$25m^2$以上$30m^2$未満	23,170	15.8
$30m^2$以上$40m^2$未満	7,415	5.1
$40m^2$以上	5,690	3.9
合計	146,544	100.0
平均	22.2	

注1) 2014年3月末現在。
注2) 高齢者居住安定確保計画に基づき登録基準を緩和したもの。
(出所) 厚生労働省「サービス付き高齢者向け住宅の現状と分析（2014年3月末時点）」より作成。

割強を占め、次いで医療系事業者が16.0％、不動産業者が8.1％となっている。

(2) サービス付き高齢者向け住宅の戸数、住宅面積

住宅戸数では「10戸以上20戸未満」21.7％、「20戸以上30戸未満」24.8％が

表 7-8　サービス付き高齢者向け住宅において提供されるサービス

(件・%、n=4,555)

サービス内容	提供する		提供しない	
	実数	割合	実数	割合
状況把握・生活相談サービス	4,555	100.0	—	—
食事の提供サービス	4,313	94.7	242	5.3
入浴等の介護サービス	2,155	47.3	2,400	52.7
調理等の家事サービス	2,294	50.4	2,261	49.6
健康の維持増進サービス	2,709	59.5	1,846	40.5

注1) 2014年3月末現在。
注2) 併設施設等からサービスが提供されているケースが含まれている場合がある。
(出所) 厚生労働省「サービス付き高齢者向け住宅の現状と分析（2014年3月末時点）」より作成。

多く、全体の8割以上が50戸未満である。専用部分の床面積は、25m² 未満が7割以上を占める。

(3) サービス付き高齢者向け住宅において提供されるサービス

状況把握・生活相談サービス以外に、94.7％の物件において「食事の提供サービス」が提供される。入浴等の介護サービス、調理等の家事サービス、健康の維持増進サービスについては、おおむね半数程度の物件において提供されている。状況把握・生活相談サービスのみを提供する物件は、168件で3.7％である。

(4) 状況把握・生活相談サービス

常駐する者は、ホームヘルパー2級以上の資格を有する者が73.5％と最も多く、次いで居宅介護サービス事業者の職員が41.5％と多い。状況把握及び生活相談サービスの提供時間は、24時間常駐が約4分の3を占める。

(5) サービス付き高齢者向け住宅と併設される高齢者居宅生活支援事業を行う施設

全体の約8割が併設施設を有している。併設施設の種類は、通所介護事業所が48.0％、訪問介護事業所が40.4％、居宅介護支援事業所が28.5％と多い。

表 7-9　常駐する者

(件・%、n=6,210、MA)

	実数	割合
社会福祉法人の職員	386	8.5
自らの設置する住宅を管理する医療法人の職員	570	12.5
委託を受けてサービスを提供する社会医療法人の職員	18	0.4
居宅介護サービス事業者の職員	1,889	41.5
ホームヘルパー2級以上の資格を有する者	3,347	73.5

注1) 2014年3月末現在。
注2) 割合は、対象物件数4,555件を母数として算出。
(出所) 厚生労働省「サービス付き高齢者向け住宅の現状と分析（2014年3月末時点）」より作成。

表 7-10　提供時間

(件・%、n=4,573)

	実数	割合
24時間常駐	3,369	73.7
夜間は緊急通報サービスによる	1,204	26.3
合計	4,573	100.0

注) 2014年3月末現在。
(出所) 厚生労働省「サービス付き高齢者向け住宅の現状と分析（2014年3月末時点）」より作成。

表 7-11　併設施設の有無

(件・%、n=4,555)

	実数	割合
なし	991	21.8
1件	1,402	30.9
2件	945	20.7
3件	666	14.6
4件以上	551	12.1
合計	4,555	

(出所) 厚生労働省「サービス付き高齢者向け住宅の現状と分析（2014年3月末時点）」より作成。

4. まとめ

(1) 設立主体やハード面での現状

「サービス付き高齢者向け住宅事業の法人等種別と業種」において、株式会社が56.1％と過半数を超えて有限会社の13.3％と合せて69.4％を占有している結果は、いわば予想どおりであった。一方、医療法人の実数が617件で全体の14.3％しか占有していないことは少し意外であった。「主な業種」でみても、介護系事業者の占有率が65％を占めるのに対して、医療系事業者が16％しかないのは、サ付住宅が介護系事業者によって進められていることを示している。しかし、不動産業者が8.1％しかなく、建設業者も2.9％、ハウスメーカーが0.3％というのは少なすぎる結果といえよう。これは、介護事業者と建設業者・ハウスメーカー等が出資し合って別会社をつくり、介護系事業者を標榜している可能性が高いと

第七章　高齢者住宅への政策転換

表7-12　併設施設の種類

(件・％、n＝7,730、MA)

	実数	割合
通所介護事業所	2,185	48.0
訪問介護事業所	1,841	40.4
居宅介護支援事業所	1,299	28.5
小規模多機能型居宅介護事業所	395	8.7
訪問看護事業所	372	8.2
食事サービス施設	270	5.9
診療所	264	5.8
短期入所生活介護事業所	197	4.3
グループホーム	135	3.0
通所リハビリテーション事業所	127	2.8
訪問リハビリテーション事業所	28	0.6
短期入所療養介護事業所	16	0.4
その他	601	13.2

注1）2014年3月末現在。
注2）その他には、介護保険三施設、定期巡回・随時対応型訪問介護看護、病院等を含む。
注3）割合は、対象物件数4,555件を母数に算出。
(出所) 厚生労働省「サービス付き高齢者向け住宅の現状と分析（2014年3月末時点）」より作成。

推測できる。

　サ付住宅の戸数と住宅面積をみると、全体の24.8％が20戸以上30戸未満、10戸以上20戸未満が21.7％、そして3番目は30戸以上40戸未満の19.5％となっており、66％が10戸以上40戸未満というのは、大規模住宅ではなく、30戸未満、多くても40戸未満といったところが採算的に考えると良いのかもしれないと推測できる。

　専用部分の床面積では18m^{2}以上20m^{2}未満が59.1％と6割近い結果となっているのは、「居住部分の床面積は原則25m^{2}以上」という登録基準に反しているように思われるが、「ただし、居間、食堂、台所その他の住宅の部分の高齢者が共同して利用するため十分な面積を有する場合は18m^{2}以上」という「ただし書き」によるものである。

　以上は設立主体やハード面での現状について述べたものであるが、サ付住宅に提供されるサービスについて述べてみよう。

313

(2) サ付住宅に提供されるサービス

「状況把握・生活相談サービス」は100%提供されていることは当然であるが、食事の提供サービスが94.7%というのもいわば当然であるといえよう。「健康の維持増進サービス」が6割しかないことをどう考えるかは難しいところである。「調理等の家事サービス」50.4%、「入浴等の介護サービス」47.3%についても中身をよく検討してみる必要があるが、要はサービス付き高齢者向け住宅の「サービス」には最低限の「状況把握（安否確認）サービスや生活相談サービスの提供」は登録基準に書かれているが、それ以外は任意であるということである。したがって、どのようなサービスを提供するかは、事業所次第となっている。この点は事業者が入居者から選ばれるための差別化ともなっているともいえよう。

「常駐するもの」と「提供時間」についてみると、「ホームヘルパー2級以上の資格を有する者」が73.5%と最も多いのは当然であるが、「提供時間」では「24時間常駐」が73.7%であることは、「夜間は緊急通報システムにより対応」と「登録基準」に書かれているためであり、この点は「24時間常駐」にすべきである。仮にも「サービス付き」を標榜し入居費に含まれていることを考えると、やはり「24時間常駐」するのが当然であろう。

(3) サ付き住宅と併設される高齢者居宅生活支援事業

全体の約8割が併設施設を有していることは当然であるが、「なし」の回答が21.8%もあることのほうが意外だといえよう。すべてのサ付住宅が併設施設を有しているとは考えないが、2割も併設施設がないというのは意外であった。

併設施設の種類についていえば、通所介護事業所が48.0%、訪問介護事業所が40.4%、居宅介護事業所が28.5%となっており、複数回答なので、1つの事業所のところもあれば2つ、3つの事業所と併設しているところもある。通所介護と訪問介護が併設していることは当然と考えるが、訪問看護事業所が8.2%、診療所が5.8%と医療との連携がとれていないことは問題である。リハビリテーションに至っては、通所が2.8%、訪問が0.6%しかなく、在宅介護の整備の遅れと相まって、大きな課題となっている。併設施設のないサ付住宅の医療と介護の連携状況については、別途調査が必要であろう。

第3節　東京都のサービス付き高齢者向け住宅に対する取り組み

1.　東京都における高齢者の状況

(1)　都市部の高齢者の急増

　団塊世代の高齢者は65歳を超えて75歳に近付いている。都内の高齢化率は非常に速いスピードで進展しており、2015(平成27)年の高齢化率は23.1％で、およそ4人に1人が高齢者である。2035(平成47)年は29.8％に達し、3人に1人が高齢者となるきわめて高齢化の進んだ社会が到来する。

　介護が必要な人、あるいは認知症の人、そういった人を地域でどう支えていくかが非常に重要になってきている。こういった高齢化は、東京をはじめとした関東圏と大阪など地方よりも都市部で高齢者人口の著しい増加が見込まれている(**表7-13**)。

　高齢者の中でも特に後期高齢者といわれる、要介護度が高い人と認知症の人が増えてくる。2020(平成32)年には高齢者人口は324万人となり、後期高齢者

表7-13　都市部の高齢者人口の増加数

	2010年時点の 高齢者人口(万人)	2020年時点の 高齢者人口(万人)	増加率 (％)	増加数 (万人)	順位
東　京　都	267.9	324.1	21.0	56.2	1
神 奈 川 県	147.0	194.3	30.0	54.8	2
大　阪　府	133.9	176.4	24.3	48.2	3
埼　玉　県	183.0	237.8	32.1	47.2	4
千　葉　県	113.2	144.6	31.7	42.5	5
徳　島　県	36.2	40.6	16.3	3.5	43
和 歌 山 県	22.0	24.6	12.1	3.3	44
高　知　県	32.3	35.9	11.8	2.6	45
鳥　取　県	32.1	35.7	14.9	2.3	46
島　根　県	20.9	23.0	10.3	2.1	47
全　　国	2,948.4	3,612.4	664.0	22.5	

(資料)　国立社会保障・人口問題研究所「日本の地域別将来推計人口(平成25年3月推計)」から作成。

（171万人）が前期高齢者（153万人）を逆転する（2015年の高齢者数は308万人、後期高齢者147万人、前期高齢者160万人）。

(2) 世帯構成割合の変化

同時に問題になるのは世帯構成割合の変化である。単身高齢世帯では老老介護とか認認介護とかいわれるが、都内の65歳以上の単独世帯は一貫して増加傾向で、2025（平成37）年には82万1千世帯となり、世帯主が65歳以上の夫婦のみ世帯の総世帯に占める割合は9.6％、65歳以上の単独世帯の総世帯に占める割合は13.0％となる（国立社会保障・人口問題研究所「日本の世帯数の将来推計」平成21年12月」）。

東京都「高齢者の生活実態調査」によると、「高齢者のみの世帯」は、2000（平成12）年度は49.5％、2005（平成17）年度には52.4％となり、2010（平成22）年度には55.3％となる（東京都福祉保健基礎調査）。

高齢化と核家族化の進展により、高齢者単身世帯が増加し、長期にわたりひとり暮らしを続けることにより、社会や地域とのつながりが希薄になる高齢者も出現している。その結果、都内23区では、2007年～2009年の3年間で3,000人前後だったひとり暮らし高齢者の不自然死は、2010年～2012年の3年間では3,500人を前後し2012年には約3,700人に上っている（**図7-1**）。

図7-1 ひとり暮らし高齢者における不自然死者数（23区内）

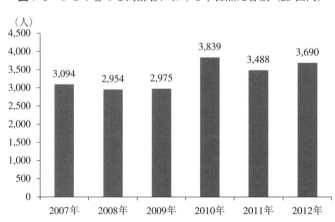

（資料）東京都監察医務院「東京都23区内における一人暮らしの者の死亡者数の推移」。

第七章　高齢者住宅への政策転換

(3) 高齢者世帯の所得状況

図7-2をみるとわかるように、1世帯当たり平均所得金額と世帯人員1人当たり平均所得金額をみても、世帯主が65歳以上の世帯の平均所得金額は440.8万円であり、1世帯当たり平均所得金額538.0万円と比べると97.2万円の差となるが、他の年齢階級と比較すると29歳以下の140％、30～39歳の85％、40～49歳の70％、50～59歳の62％、70歳以上の106％となっている。しかし世帯人員1人当たり平均所得金額200.4万円と比較すると、65歳以上の世帯人員1人当たり平均所得金額194.4万円はわずか6千円の差しかなく、29歳以下の1.2倍、30～39歳の1.16倍だが、それ以外の年齢階級別の1世帯当たり平均所得金額では大きな差はない。

全国の高齢者世帯の所得額割合の分布を厚労省「国民生活基礎調査」（平成23年）（**図7-3**）からみてみると、65歳以上の単独世帯は100万円未満で25％から始まり、100～200万円未満の40％超で分布の山を築き、その後所得が高くなるにつれ300～400万円未満まで急下降して400～500万円未満で5％程度となり、

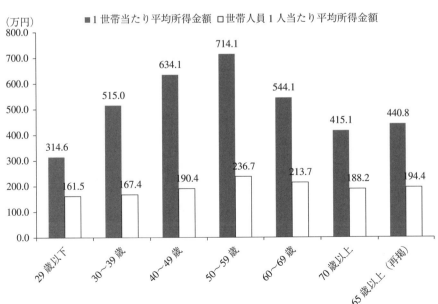

図7-2　高齢者世帯の所得状況（全国）

（資料）厚生労働省「平成23年　国民生活基礎調査」。

図 7-3 高齢者世帯の所得額割合の分布（全国）

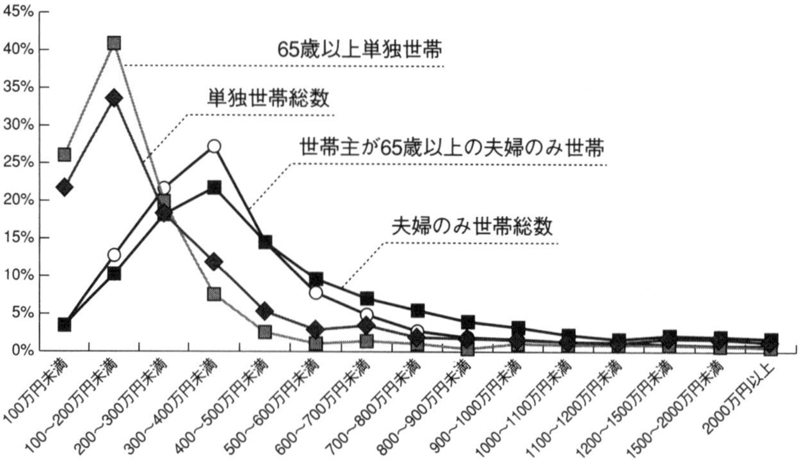

（資料）厚生労働省「平成 23 年　国民生活基礎調査」。

そこからほぼ横ばいに近い形でなだらかに 0％まで傾斜してゆく。この傾向は単独世帯総数でも同じで、100 万円未満が 20％超から始まり 100～200 万円未満で 35％を頂点に分布の山を築き、その後所得が高くなるにつれ 400～500 万円未満まで急下降して 500～600 万円未満で 5％程度となり、そこからほぼ横ばいに近い形でなだらかに 0％まで傾斜してゆく。これが 1 つめの分布を形成している。

2 つめの分布は、世帯主が 65 歳以上の夫婦のみ世帯で、100 万円未満の 5％以下から始まり 300～400 万円未満で山を築き、その後所得が高くなるにつれて 800～900 万円未満で 5％程度となり、そこまで下降してからはほぼ横ばいに近い形でなだらかに 0％まで傾斜してゆく。この傾向は夫婦のみ世帯総数でも同じで、100 万円未満が 5％以下から始まり 300～400 万円未満で 20％を頂点に分布の山を築き、その後所得が高くなるにつれ 400～500 万円未満まで急下降して 800～900 万円未満で 5％程度となり、そこからほぼ横ばいに近い形でなだらかに 0％まで傾斜してゆく。これが 2 つめの分布を形成している。

つまり 65 歳以上単独世帯は 100～200 万円未満で 40％超であること、単独世帯総数では 100～200 万円未満で 35％弱、世帯主が 65 歳以上の夫婦のみ世帯は 300～400 万円未満で 25％超、夫婦のみ世帯総数でも 300～400 万円未満で 20％超ということになる。

第七章　高齢者住宅への政策転換

表 7-14　第 1 号被保険者と要介護認定率の推移

(人、%)

	第 1 号被保険者数	要介護認定率
2000 年	187	9.1
2001 年	195	10.6
2002 年	202	12.1
2003 年	210	13.6
2004 年	215	15.0
2005 年	222	15.6
2006 年	230	15.9
2007 年	238	15.5
2008 年	246	15.5
2009 年	254	15.5
2010 年	259	15.9
2011 年	262	16.6
2012 年	269	17.1

注）各年 4 月現在。
（資料）東京都福祉保健局「介護保険事業状況報告（月報）」
　　　より作成。

高齢者世帯の所得の状況については以上のようにまとめることができる。

(4) 要介護認定者数

　要介護（要支援）高齢者はこれから増加してゆく。2011（平成 23）年 4 月時点では、第 1 号被保険者の約 6 人に 1 人が要介護（要支援）認定をうけている（**表 7-14**）。また、要介護度別の割合に大きな変化はないが、要介護（要支援）認定者数は毎年増加していく（**図 7-4**）。

　図 7-5 をみればわかるように、特に、75 歳以上の後期高齢者数の増大が見込まれている。2012（平成 24）年に 39 万人だった後期高齢者は 2025（平成 37）年には 60 万人まで増加し、1.5 倍加すると推計されている。

2. 都内高齢者の住まいの状況

(1) 介護サービス量の見込み

　「東京都高齢者保健福祉計画（平成 24～26 年度）」をみると、2014（平成 26）年度の施設・居住系サービス利用者数は、2010（平成 22）年度と比較した場合に、介護老人福祉施設、介護老人保健施設でそれぞれ約 1.2 倍へと増加することが見

図7-4 要介護度別認定者数の推移

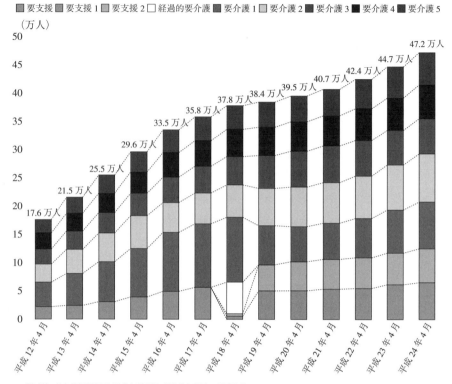

（資料）東京都福祉保健局「介護保険事業状況報告（月報）」。

込まれている（**表7-15**）。高齢者数が増加しているので、施設が増加するのは当然である。

介護サービス量の見込み（**図7-6**）は、2014（平成26）年度と2006（平成18）年度とを比較した場合、施設・居住系サービス利用者数は54.2％増加し、第1号被保険者数の22.1％の増加と比べ、大幅に増加する見込みである。

(2) 特別養護老人ホームへの入所申込者の状況

都内における特別養護老人ホームの入所申込みをしている高齢者は約4万3千人である。そのうち、在宅高齢者が約45％（約1万9千人）、在宅でない高齢者（介護老人保健施設）、介護療養病床、病院等に入所または入院中の方）が約

320

図7-5 前期・後期高齢者別の要介護認定者の将来推計

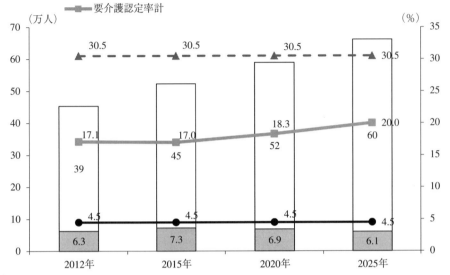

注1）平成24年4月の要介護度別の認定率を前・後期高齢者ごとに算出し、前・後期高齢者の人口推計に乗じた。
注2）介護保険事業状況報告（平成24年4月月報）における要介護認定率と国立社会保障・人口問題研究所「日本の地域別将来推計人口」（平成25年3月推計）を用いて、東京都福祉保健局高齢社会対策部が作成［平成27年～37年］。
（資料）介護保険事業状況報告（平成24年4月月報）。

55％（約2万4千人）となっている。在宅高齢者約1万9千人についてみると、要介護4～5の高齢者（約8千人）よりも要介護3以下の高齢者（約1万1千人）が多くなっている（**表7-16**）。

　特養は要介護度の高い高齢者が入所する施設だが、実際申し込んでいる高齢者は要介護1～3の高齢者が多くなっている。ちなみに都内の特養ホームの入所者のうち、要介護度が重度（4と5）の入所者が占める割合は約7割である。今後、75歳以上人口の増加に伴い、要介護度が重度の高齢者数は、2012（平成24）年（約11.3万人）に比較し、2025（平成37）年には約1.4倍（約15.7万人）となる。こういった高齢者は今後どこに住むのか、これが大きな課題の一つとなっている。今後の重度要介護高齢者の増加を見据え、特別養護老人ホームの中長期的な整備が課題だが、施設の基準などを国が全国一律で定めていることから、土地が狭く

表7-15 施設・居住系サービス利用者数の見込み

(単位:人)

	2010年度	2012年度	2013年度	2014年度	10年度比
施設サービス利用者数	64,556	69,093	72,682	76,528	—
介護老人福祉施設	37,150	40,498	43,061	45,531	122.6%
(うち地域密着型介護老人福祉施設)	(101)	(384)	(563)	(626)	(621.3%)
介護老人保健施設	19,622	21,426	22,497	23,701	120.8%
介護療養型医療施設	7,784	7,169	7,124	7,026	90.3%
居住系サービス利用者数	32,880	40,197	43,979	47,459	—
認知症対応型共同生活介護	5,613	7,825	8,994	9,927	176.9%
(うち介護予防認知症対応型共同生活介護)	(15)	(36)	(39)	(45)	(297.3%)
特定施設入居者生活介護	27,267	32,373	34,985	37,531	137.6%
(うち地域密着型特定施設入居者生活介護)	(116)	(165)	(221)	(228)	(197.1%)
(うち介護予防特定施設入居者生活介護)	(2,971)	(3,389)	(3,619)	(3,872)	(130.3%)
合　計	97,436	109,290	116,661	123,717	—

(資料)「東京都高齢者保健福祉計画(平成24年度〜26年度)」。

図7-6 施設・居住系サービス利用者数の実績及び見込み(平成18年度〜26年度)

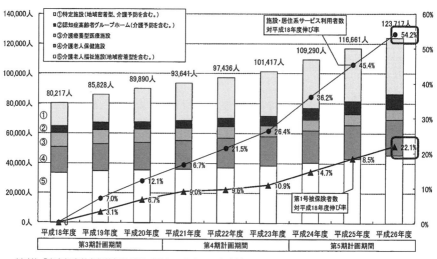

(資料)「東京都高齢者保健福祉計画(平成24年度〜26年度)」。

地価が高い東京において整備を進めることは困難な状況にある。

特別養護老人ホームの整備だけでは、超高齢社会が進展してゆく中で、東京都

第七章　高齢者住宅への政策転換

表 7-16　特別養護老人ホームの入所申込者

	要介護 1〜3	要介護 4・5	計
全体	21,028 人 (48.8%)	22,032 人 (51.2%)	43,060 人 (100.0%)
うち在宅の人	11,170 人 (25.9%)	8,040 人 (18.7%)	19,210 人 (44.6%)
うち在宅でない人	9,858 人 (22.9%)	13,992 人 (32.5%)	23,850 人 (55.4%)

（資料）東京都福祉局高齢社会対策課調べ。

図 7-7　高齢者の経済状況・要介護度と施設・住宅との関係（イメージ）

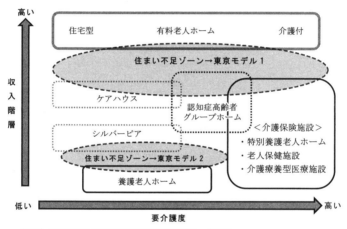

（出所）東京都福祉保健局高齢社会対策部資料を一部改編。

の高齢者の増加に対応するのは困難である。つまり、要介護度の低い高齢者の住まいを整備してゆく必要がある。

図 7-7 のイメージから検討すると、要介護度が中重度の中堅所得者層が、適切な負担で入居できる住まいが必要であると理解できる。東京モデル 1 とは、サービス付き高齢者向け住宅である。要介護度が低い高齢者から高い高齢者まで対応する住宅である。実際のサービス付き高齢者向け住宅の状況をみると、自立の高齢者から要介護度 5 の高齢者までみている実際がある。色々な介護層に対応しているのがサービス付き高齢者向け住宅で、都では 2014（平成 26）年度までの整備目標を約 1 万戸考えていた。

(3) 東京モデルの提案

それと比較的収入階層が低くて、要介護度もそれほど高くない高齢者には東京モデル2を提案している。東京モデル2は「都型ケアハウス」で、生活保護受給者を含む低所得者層である。未届施設の利用者の受け皿であり、緊急時対応や安否確認等の機能を備えている。必要な場合は介護サービスが利用可能である。東京都では2016（平成28）年度までの整備目標を240カ所・2,400人と考えていた[2]。

東京都ではモデル3として、「シルバー交番設置事業」を提案している。24時間ワンストップサービスの窓口機能をもち、高齢者への訪問活動を行う。高齢者情報の一元的収集・把握・管理・共有化を図り、民間・地域の力を活用したサービス提供体制のコーディネート機能を発揮する。緊急通報システム・生活リズムセンサーを設置する。高齢化が顕著な地域に優先的に設置を検討し、単身世帯高齢者、夫婦のみ世帯高齢者、日中独居高齢者が主な対象者となる。

例えば港区では、孤立死をなくそうという一環で、シルバー交番制度を独自で実施している。港区はこの制度を活用し、「ふれあい相談員」事業を2011年6月に創設し、区内の一部地域でモデル的に活動をスタートさせている。生活困難を抱えているにもかかわらず制度の利用につながっていない人々に対し、行政側からアプローチしようとする新たな試みである[3]。

2012年度港区で介護保険や福祉制度を一切利用していないひとり暮らし高齢者をリストアップしたところ、約4,000人という数になった。ふれあい相談員がこの4,000人を全数訪問した。さらに、2015年度からは、「港区における75歳以上高齢者を含む2人世帯の生活に関する調査」の結果[4]を受けて、複数の75歳以上の高齢者のみで構成する世帯のうち、世帯全員が介護保険や区の高齢者サービス等を利用していない約1,500世帯を、ふれあい相談員の訪問対象に加えて、全数訪問調査を実施している。行政によるアウトリーチ（公共機関などが積極的に働きかけて支援の実現を目指すこと）の取り組みである。

(4) サービス付き高齢者向け住宅

図7-8は都内のサービス付き高齢者向け住宅の登録件数の推移を示している。累計戸数は2013（平成25）年5月で6,233戸であり、うち1,899戸が旧高専賃である。サ付住宅は、累計で163棟となっている。

図 7-8 都内サービス付き高齢者向け住宅の登録件数の推移

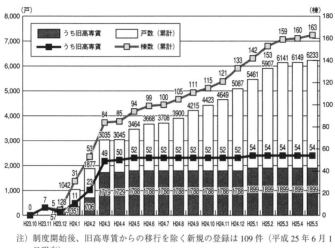

注）制度開始後、旧高専賃からの移行を除く新規の登録は 109 件（平成 25 年 6 月 1 日現在）。

図 7-9① 平均戸数 38.6 戸（n = 163）

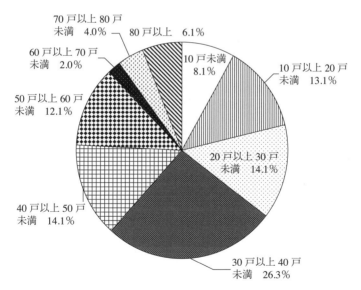

東京都では、2013（平成 25）年 6 月 1 日時点の都内サービス付き高齢者向け住宅の登録状況を調査している。平均戸数は 38.3 戸（**図 7-9①**）、平均専有面積は

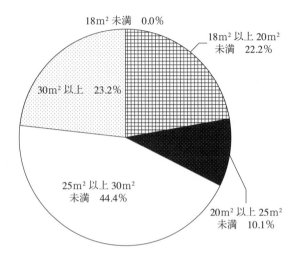

図 7-9② 平均専有面積 25.7m² （n = 163）

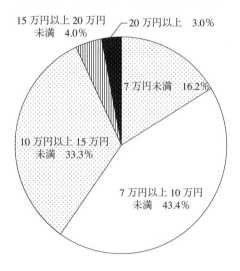

図 7-9③ 平均家賃は 10.1 万円 （n = 163）

25.7m²（**図 7-9②**）、平均家賃は 10.1 万円（**図 7-9③**）であった。住宅事業者は、株式会社が最も多く 80％であった（**図 7-9④**）。以上が東京都の調査結果であった。

次に、サービス付き高齢者向け住宅の入居者はどのような状況になっているの

第七章　高齢者住宅への政策転換

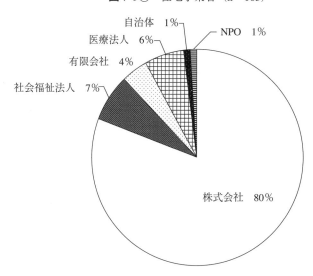

図 7-9④　住宅事業者（n = 163）

か、全国的な傾向をみてみよう。入居者の要介護度等の範囲は「自立」も含めて幅広く、比較的「要支援」「要介護1・2」の入居者が多く、全体としての平均要介護度は1.8となっている。一方で、開設からの期間が比較的短い住宅も多い中、「要介護4・5」の入居者も相当数認められることから、制度上は同じ「サービス付き高齢者向け住宅」であっても、個別の住宅によって機能が多様化しているものと考えられる。認知症高齢者の日常生活自立度については、「自立」「Ⅰ」で約4割を占めている。入居者の年齢については80代が最も多く、約5割を占めている（第1回都市部の高齢化対策に関する検討会資料）[5]。

3. 質の確保とケアの充実に向けて

こうした中、都としては、生活支援サービス等の質の確保、介護・医療サービスと連携した住まいの整備促進など、高齢者のさらなる安心確保に向けた取り組みを推進している。

都では独自基準を追加し強化している。①都が定める「高齢者向け住宅における生活支援サービスのあり方指針」を遵守すること、②サービス契約書等の東京都ホームページでの公表に同意すること、③国が定める必須サービス（安否確認

サービス、生活相談サービス）に加え、緊急時対応サービスを実施すること、④高齢者の虐待防止及び高齢者の権利利益の不当な侵害防止に向けた適切な対策を講じること、としている。

一方、都として独自基準を追加して緩和している。①既存建物を改修してサ付き住宅を整備する場合、各住宅の面積基準を緩和している。「25m² 以上」という基準を「20m² 以上（居間・食堂・台所その他の住宅部分が高齢者が共同して利用するため十分な面積を有する場合は 18m² 以上から 13m² 以上）」としている。②サ付き住宅に常駐する者の資格要件の緩和として、国が定める資格等を有するものに加え、「高齢者向け住宅において生活援助員等の業務に 2 年以上従事し、かつ入居者への適切なサービス提供を行うことができると認められる者」でも可能とした。

サ付き住宅に対して国が財政面、税制面、資金面で支援することで、量的な整備が進むことが期待されている。今後は、多様な主体が参入する中で、様々なサービスが提供されるとともに、適切な競争の中でサービスの質が高まっていくことが求められている。

第 4 節　高齢者住宅・介護施設への住み替え

1. 足立区の高齢化の実際

2010 年国勢調査によると、1995 年には 11.9％であった高齢化率は 2000 年には 15.9％となり、2005 年には 19.8％へと増加した。そして 2010 年には 22.1％へと増加し、1995 から 2010 年までの 15 年間で 10.2 ポイント上昇したこととなる。東京都全体の高齢化率 20.3％よりも 1.8 ポイント高く、日本全体の高齢化率の 23.0％よりも 0.9 ポイント高い結果となっている（**表 7-17**）。

全国の高齢者の生活実態を世帯構成別（厚生労働省「2010 年　国民生活基礎調査」）にみると、65 歳以上の要介護者と同居している主な介護者の年齢は 40 歳未満が 2.9％、40～49 歳は 8.3％、50～59 歳では 26.6％、60～69 歳では 29.3％、70～79 歳では 20.6％、80 歳以上は 12.3％となっており、60 歳以上の介護者は 32.2％を占めている。このデータは、いかに老老介護世帯が多いかを示している。

第七章　高齢者住宅への政策転換

表 7-17　足立区の高齢化の実際

年齢	人数（人）	割合（％）
0～14歳	83,948	12.2
15～64歳	444,696	65.0
65歳以上	151,696	22.1
合　計	680,340	100.0

（資料）2010年国勢調査より。

同時に、在宅介護の限界レベルに達しているという現実を垣間みることができる[6]。

そこで考えられるのが早めの住み替えである。しかし現在わが国で進められている高齢者の住まいには公的施設と民間施設の2種類があり、しかも多種多様な住まい方がある。それらを検討することが必要である。

2.　高齢者の住まい

(1) 公的施設

表 7-18 は、公共型の高齢者の住まいについてまとめている。

どれくらいの所得があるかによって、費用が変わってくる。だいたい5万円から高いほうでは15万円くらいである。特別養護老人ホームの場合には、個室なのか多床室なのかで金額が変わってくる。待機情報としては数百人といわれている。全国で特別養護老人ホームを待っている高齢者は50万人といわれている。特別養護老人ホームはなかなか入れないという認識を一般的にはもっている。

ただし、特別養護老人ホームに入る順番は、入りたいと手を挙げて、手を挙げた順番に早い者勝ちで入れるという状況ではない。高齢者の身体状態、住まいの状態、誰か面倒をみられる人がいるのかどうか、そういった状況を点数化する。要介護5という重い高齢者の場合、誰もみる人がいなければ原則は入れるというように、点数の高い人の順番に入居できる仕組みなので、待機の人数が何百人と書かれていても、必ずしも手挙げ順ではないことは理解すべきである。しかし、「特養には絶対入れない」ということでもない。状況によってはスムーズに入れる可能性もある。都心部の足立区の場合では、優先順位の高い要介護者であっても数年待ちという状況であると区では述べている。これらは都心部では決して珍

表 7-18　高齢者の住まい：公的施設

公共型		
施設の種類	特徴	状況
特別養護老人ホーム	・費用の安い公共型老人ホーム ・新型もあり個室仕様 ・多床室の場合含め、5～8万円程度。	・待機人数が数百人ということもある。 ・平成27年度から申込は要介護3以上になる可能性あり。
介護老人保健施設	・在宅復帰を目的とした、リハビリや看護・介護を必要とするための施設。 ・原則入所は3カ月間。 ・費用は10～15万円程度。	・老健を転々とするなど社会問題化。
療養型病床群	・病状が安定しており、長期間にわたり療養や介護を必要とするための施設。 ・費用は、10～12万円程度。	・平成29年度で廃止が予定されており、どうなるか不明。
軽費老人ホーム：A型	・低額で食事や日常生活に必要なサービスを提供する。 ・月収の所得制限がある。 ・費用は13万円程度。	・身の回りのことが自分でできるのが条件のため、原則要介護状態になったら退去が必要。 （C型の中には一部例外があり）
軽費老人ホーム：B型	・自炊を基本としており、日常生活のサービスは必要最低限となっている。 ・費用は13万円程度。	
軽費老人ホーム・ケアハウス	・身体機能の低下がある人や、独居では不安がある人を対象とした施設。 ・サービスはA型と同様。 ・費用は13万円程度。	

しいことではないように思われる。

　介護老人保健施設は、一般的には老健と呼ばれる施設である。例えば脳梗塞を起こした患者が病院に搬送されたとしよう。手術をし、治療し、その人にはもう治療することがなくなり、在宅へ復帰するようになった場合に、すぐに自宅へ戻ることが難しい場合には、在宅復帰を目的としたリハビリや看護を施すための施設が介護老人保健施設なので、あくまで在宅復帰を目指したものであって、原則入所期間は3カ月に限られてしまっている。場合によっては6カ月ということもあるが、原則は在宅への復帰が目的の施設であるので、高齢者の住まいにはなりきれない。ただ現状は、在宅復帰もできない、特別養護老人ホームに申し込んでいるが順番が回ってこない高齢者の中には、老健施設を転々としている人も増えてきている。これらによって家族の負担も変わるし、高齢者自身の身体的精神的

第七章　高齢者住宅への政策転換

負担感も変わってくることは否めない。

　療養型病床群は病状が安定していて、長期にわたって療養や介護が必要な人のための施設だが、2017（平成29）年には廃止が予定されている。療養型病床群は政治的にどうなるかわからない部分もあるが、高齢者の終の棲家でないことは明確である。

　そして、軽費老人ホームA型、B型、ケアハウスといった施設もあるが、基本的には身の回りのことが自分でできるのが条件であるため、例えば寝たきりになったような場合には軽費老人ホームでは対応はできない。A型は低額で食事や日常生活に必要なサービス提供があるが、B型では自炊を基本としており、日常生活のサービスは必要最低限となっている。介護度が高くなってくると、転居が必要になってくる。費用は13万円くらいでおさまるような金額なので、非常にニーズが高くなかなか入れない。

　老健については幅があるが、だいたい10万円から15万円くらいの費用がかかる。療養型病床群の場合には10万円から20万円と幅があり、その人の身体的状況に応じて費用が変わってくる。特別養護老人ホームの場合には多床室の場合だと5万円から8万円くらいで入れるので人気が高い。

　以上が公的な施設、住まいについての概況である。

　足立区の例でいうと、「空きがある」という特別養護老人ホームはどこもなく、満室である（足立区担当者より）。入所を申し込んでいる方の人数、つまり待機人数は合計1万1,013人となっており、定員2,283人の4.82倍となっている。各施設の定員と待機者の内訳は**表7-19**のとおりである。最も少ない待機者はNo.22の98人であり、最も多い待機者はNo.10の1,059人である。こういった数字をみる限りでは、順番がなかなか回ってこないと思われがちであるが、順番で入れるわけではないことと、注意を要するのは、入居希望者は、1人当たり第1希望から第3希望まで書けるので、合計の延べ人数になってしまっていることである。したがってこれらの待機者数のすべてが実人数ではない。足立区の担当者によると、優先度が高い高齢者でも「数年待つ」ことも珍しくないという事実もあるという。

　これが足立区の特別養護老人ホームの状況であるが、足立区では新設の特別養護老人ホームをつくっている。1つの特別養護老人ホームをつくると100名くらいが入所できるので、決して入れないとか10年や20年も待つということは考え

表 7-19　足立区の特別養護老人ホーム

(人)

No.	定員	待機者	No.	定員	待機者
1	220	1,025	12	96	421
2	120	447	13	150	628
3	100	563	14	30	187
4	76	442	15	100	499
5	50	580	16	100	526
6	50	398	17	150	686
7	150	674	18	100	287
8	60	450	19	74	158
9	60	613	20	120	141
10	130	1,059	21	100	144
11	147	987	22	100	98

注）2014 年 4 月時点。定員合計 2,283 人、待機数合計 11,013 人。
（資料）足立区調査。

られない。

　したがって、特別養護老人ホームへの入所を待ちながら、民間の高齢者の住まいを利用するということも考える必要がある。そのような考え方をしたほうが、現実的な賢い住まい方であろうと考える。では、民間ではどのような種類の住まい方の可能性があるのか。

(2) 民間の多種多様な住まい

　表 7-20 は、「高齢者の住まい」について、「民間の多種多様な住まい」としてまとめた表である。

　まず有料老人ホームには、介護付と住宅型の有料老人ホームがある。有料老人ホームは入居費用が高いイメージがある。実際に入居一時金が高い有料老人ホームが多く見受けられており、入居できるのはやはり一部の高齢者といったところであろう。一方では、入居一時金 0 円の有料老人ホームもある。民間がやっているところでは、競争の中で入居できる価格帯を形成するために、入居一時金を 0 円にし、月額利用料もある程度の価格まで落としている有料老人ホームも出現し増えてきている。つまり入居一時金 0 円から数億円まで様々である。そして介護が必要な高齢者向けの有料老人ホームもあれば、比較的元気な高齢者が入居する有料老人ホームまである。元気な高齢者の場合、共用部分には、例えば温泉が

第七章　高齢者住宅への政策転換

表7-20　高齢者の住まい：民間の多種多様な住まい

民間型		
施設の種類	特徴	状況
介護付 有料老人ホーム	・要支援・要介護の人が多く入居。 ・介護サービスはホームのスタッフが提供。	・入居一時金0円～数億円まで様々。 ・介護が必要な人が多いが、自立の方向けホームもあり。
住宅型 有料老人ホーム	・自立～要介護まで幅広く入居。 ・介護サービスは外部サービスを利用。	・ここ数年、ホーム数が増えている。 ・重介護になった時の対応が分かれる。
グループホーム	・認知症の診断を受けている人で、その市区町村の住民が対象。	・ニーズが高く満室が多い。 ・介護が必要になった場合、退去しなければならないこともある。
グループ リビング	・比較的元気な高齢者が自立支援や生活支援などを目的に、一つの屋根の下で助け合って生活する住まい。 ・対象は独居の高齢者。	・全国でも数が100に満たない。
サービス付き 高齢者向け住宅	・2011年10月からスタートした新しい住宅。 ・バリアフリー、安否確認サービス、生活相談サービスが基本。	・10年間で60万戸を整備する方針で、激増中。

あったり、ダイニングリビングのほかにリハビリテーションマシーンが充実していたり、バーカウンターがあったりといった、有料老人ホームもあったりする。入居する人の層によって、有料老人ホームの展開の仕方も変わってきているのが実際である。だから有料老人ホームは高い、だから入らないという時代ではなくなってきていると考えられる。有料老人ホームについての考察は、第五章と六章で詳しくみたとおりである。

　次は、グループホームである。誰でも入れるというわけではなく、認知症の診断を受けている人で、その市区町村の住民が対象である。たとえ家の近くにグループホームができたからといっても、認知症の診断を受けていなければグループホームに入れないことは当然である。つまり普通の高齢者は入りたくても入れないということである。しかも認知症の人が非常に多いので満室のところが多い。グループホームの特徴としては、共同生活なので、「みんなでお掃除しましょう」「みんなで食事をしましょう」という、みんなで日常生活を送るところであり、介護が必要になって重介護や寝たきりになったときに、退去しなければならないこともある。

グループリビングは、まだまだ数が少ない。全国でも100に満たない状況だが、今後数が増える可能性はあるが、現状では数はまだ少ないということである。比較的元気な高齢者が自立支援や生活支援などを目的に、一つの屋根の下で助け合って生活する住まいで、独居の高齢者が多い。グループリビングは、今後増えていくと考えられている。

　国として力を入れているのが、サービス付き高齢者向け住宅である。10年間で10万戸整備するという国の方針が出たことで、民間の系列会社にどんどん補助金を出している。足立区の近隣などでも、サービス付き高齢者向け住宅は増えてきている。全国的な傾向は、第1節ですでにみたとおりである。

(3) 変化する介護と住まいの意識

　図7-10は、自分が「介護を受ける場所としてどこがいいですか」という問いへの答えである。当然、みんなは「自宅がいい」という。ただし「自宅がいい」といっても、2003年の44.7％と比較すると、2010年には37.3％となり、7.4ポイント下がっている。どこが増えているかというと、「民間の介護付き有料老人ホームと高齢者住宅等」で、2003年時点では9.0％しかなかったが、2010年には18.9％まで9.9ポイント上がってきている。そもそも民間の介護付き有料老人ホームとかサービス付き高齢者向け住宅、少し前の呼び方でいうと高齢者専用賃貸住宅だが、それらが数的に増えてきているためであろうと推測できる。普通に身の回りにそういった住宅が増えてきているということである。

　もう一つは、「自分の子どもの世話にはなりたくない」という高齢者である。「子どもの世話にはなりたくないから早めにこういうところに入りたい」ということであろう。こういった意識が増えてきていることが、データから読み取れる。

　これまでは、自宅で過ごして、自宅で最期を迎えるのが多くの高齢者の希望であった。子どもが結婚等で他出し、自宅で介護ができない世帯も多くなってきている状況では、自宅で頑張っていて介護度が上がった場合に、特別養護老人ホームや有料老人ホームなどに入ることが多かった。しかし、サービス付き高齢者向け住宅などの多種多様な住まいが提供できる時代になってくると、高齢者の新しい住み替えの流れとして、サービス付き高齢者向け住宅に一度住み替えをして、さらに有料老人ホームや特別養護老人ホームに住み替えたり、もしくは最期まで

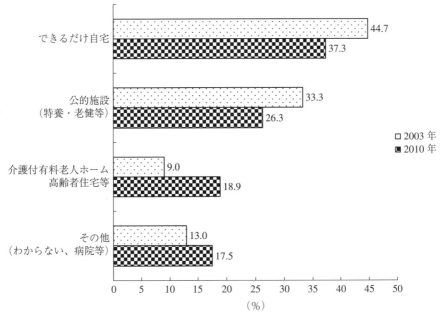

図 7-10　変化する介護と住まいの意識

（資料）内閣府調査。

高齢者住宅にいるという可能性が広がってきた。「まだ介護は必要でないけれども、独居で不安も多い」、特に男性で多いのは「食事の用意が億劫になってきた」といった高齢者は、サービス付き高齢者向け住宅を選ぶ人が多い。また、息子または娘の要望で多いのは、「遠方にいる母親を近くに呼び寄せたい」という人もいるであろう。さらに、「費用的に有料老人ホームは難しい」ので、サービス付き高齢者向け住宅にまず入れたいという人も多い。

このように住み替えの流れが少しずつ変わってきているのが、最近起きている流れであろう。それでは、「サービス付き高齢者向け住宅とは何か」について述べてみよう。

3. サービス付き高齢者向け住宅

（1）サービス付き高齢者向け住宅とは何か

大きく分けて3つある。「建物」と「サービス」と「契約」である（**表 7-21**）。

335

表 7-21 サービス付き高齢者向け住宅の要件

	要件
建物	○各戸の床面積は原則 25m² 以上 　（ただし、居間、食堂、台所その他の住宅の部分が高齢者が共同して利用するため十分な面積を有する場合は 18m² 以上） ○各戸の台所・トイレ・浴室など構造・設備があること 　（ただし、共有部分に共同して利用するため適切な台所、収納設備または浴室を備えることにより、各戸に備える場合と同等以上の居住環境が確保されている場合は、各戸に台所、収納設備、または浴室を供えずとも可） ○バリアフリー構造（段差解消・廊下幅・手すりの設置）
サービス	○安否確認サービス ○生活相談サービス ○ケアの専門化が少なくとも日中常駐 ○常駐外の時間帯は緊急通報システムで対応
契約	○対象者は 60 歳以上の高齢者 ○書面による契約 ○敷金、家賃、サービス対価のみ受領　⇒権利金は× ○入院などを理由に事業者から一方的な解約は× ○前払金に関して入居者保護が図られていること

　まず「建物」について述べる。「床面積は原則 25m² 以上にしなさい」ということである。「ただし、居間、食堂、台所その他の住宅の部分が、高齢者が共同して利用するため十分な面積を有する場合は 18m² 以上」であること。これはどういうことかというと、共有部分に食堂や台所があれば床面積は 25m² 以上でなくてもよく、18m² 以上でよいということである。意外と 18m² というところが多い。6 畳くらいの広さである。次は、「各戸の台所・トイレ・浴室など構造・設備があること」ということである。「ただし、共有部分に共同して利用するため適切な台所、収納設備または浴室を備えることにより、各戸に備える場合と同等以上の居住環境が確保されている場合は、各戸に台所、収納設備、または浴室を供えずとも可」である。もちろんバリアフリー構造で、段差解消、廊下幅、手すりの設置も条件である。

　2 番目はサービスである。「安否確認サービス」「生活相談サービス」「ケアの専門家が少なくとも日中常駐」「常駐外の時間帯は緊急通報システムで対応」。これは何かというと、建物の中に人の目を入れなさいということであり、見守りを入れなさいということである。日中だけ人がいるところは、夜間帯は緊急通報シ

図7-11 サービス提供内容は住宅ごとに異なり、ニーズにあった住まいの選択

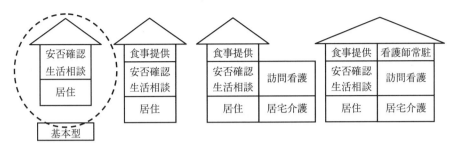

ステムで対応しなさいということで、万が一何かあったときは、すぐに対応できる体制を整えなさいということである。電球が切れたり、高いところのものが取れなくなってしまったとか、色々なことで日常の些細なことだけれどもそういったところで対応できる、ちょっと声を掛けることができるような人を配置しなさいということがポイントである。

3番目が契約である。これもそんなに特別なことを書いてはいない。「対象者は60歳以上の高齢者」であること、「書面による契約」であること、「敷金、家賃、サービス対価のみ受領で、権利金はだめ」だということ、昔あった「権利金」とはどんなふうに計算したのかが不明であった。ちゃんと説明ができるサービス対価のみ受領してくれということである。そして、「入院などを理由に事業者から一方的な解約はだめ」である。「前払金に関して、入居者保護が図られていること」といったことである。ひどいところでは、昔は口約束であったので、こういった契約を結ぶようになったのは当然のことであった。

それでは実際のサービス付き高齢者向け住宅とはどういったものであろうか。

(2) サービス付き高齢者向け住宅の実際

図7-11をみてみよう。

まずは基本型である。居住があり、安否確認と生活相談がある。その右隣には、基本型にプラスして食事の提供がある。さらに右隣をみると、食事の提供のほかに訪問看護と居宅介護があり、いわゆる介護事業所が併設されている。さらに、一番右の住宅には看護師が常駐している。それぞれのモデルは目的によって異なる。例えば、基本型は元気な高齢者の場合はこれでいいわけだが、介護が重度の

高齢者の場合医療度が高ければ看護師が常駐していたほうがいいわけである。看取りの体制まで必要なら、看護師を常駐させなければならない。訪問看護、居宅介護が併設されていないと、介護が必要になった人に対し、サービス提供はできない。民間のよいところといってもいいのだが、多種多様なサービスをそろえた物件があるので、高齢者はそれらの中から物件を選択しなければいけないわけである。

　基本型のほかに、住宅により食事の提供、来訪者への対応やゴミ出し、イベントやサークルなど催し物の開催、介護やサービスを受けることも可能である。食事の提供サービスがいらなければ、そのサービスを受けなくてもよいわけで、個人の自由、生活の自由度が高いわけである。しかし、必要な分だけ、使った分だけ支払が発生する。鍵の管理なども基本的には入居者本人で管理する。しかし問題となってくるのは認知症の発症の場合である。鍵の管理であるとか自身の部屋がわからなくなってしまうといった場合は、対応ができないという物件もでてくる。逆に、認知症の高齢者もどうぞ来てくださいという物件もある。

　家の近くにサービス付き高齢者向け住宅ができたからちょっといってみようかと思って行ってみたところ、車椅子の高齢者ばかりだったという物件もある。逆に、入居者みんなが元気で普段は自分の部屋にいて人の気配が感じられないが、食事のときだけ集まってくるといった物件もある。自身が望んでいた物件とは違うといった可能性も出てくる。

　次に、費用面についてみてみよう。

(3) サービス付き高齢者向け住宅の費用

　1つのモデルとして、**図7-12**のように費用を計算することができる。敷金、総合保険などの初期費用のほかに、月額合計は11万9,500円〜15万9,900円の費用が必要である。そのほかに食費や介護保険の1割負担が必要である。

　ここでは、実際の介護付き有料老人ホームとサービス付き高齢者向け住宅の比較をしながら、どちらがよいかを比較検討してみよう。

　サービス付き高齢者向け住宅の費用例（**図7-12**）を、実際の介護付き有料老人ホームの費用例（**表7-22**）と比較しながら述べてみよう。

　介護付き有料老人ホームの場合では、料金表にはプランAとプランBとがある。

第七章　高齢者住宅への政策転換

図 7-12　サービス付き高齢者向け住宅の費用例

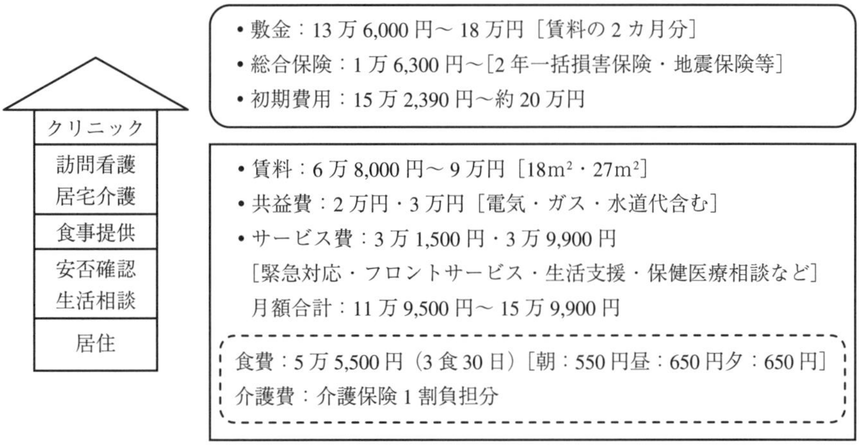

```
クリニック
訪問看護
居宅介護
食事提供
安否確認
生活相談
居住
```

- 敷金：13 万 6,000 円〜 18 万円［賃料の 2 カ月分］
- 総合保険：1 万 6,300 円〜［2 年一括損害保険・地震保険等］
- 初期費用：15 万 2,390 円〜約 20 万円

- 賃料：6 万 8,000 円〜 9 万円［18m²・27m²］
- 共益費：2 万円・3 万円［電気・ガス・水道代含む］
- サービス費：3 万 1,500 円・3 万 9,900 円
  ［緊急対応・フロントサービス・生活支援・保健医療相談など］
- 月額合計：11 万 9,500 円〜 15 万 9,900 円

- 食費：5 万 5,500 円（3 食 30 日）［朝：550 円昼：650 円夕：650 円］
- 介護費：介護保険 1 割負担

表 7-22　介護付き有料老人ホームの料金表（実際例）

■プラン A

月額利用料 **204,000 円**（税込 212,000 円）	入居一時金 **0 円**	
	家賃相当額	104,000 円（非課税）
	管　理　費	50,000 円（税込　54,000 円）
	食　　　費	50,000 円（税込　54,000 円）

■プラン B

月額利用料 **184,000 円**（税込 192,000 円）	入居一時金 **100 万円**	
	家賃相当額	84,000 円（非課税）
	管　理　費	50,000 円（税込　54,000 円）
	食　　　費	50,000 円（税込　54,000 円）

　プラン A の場合は、入居一時金が 0 円としたとき、月額使用料は 20 万 4,000 円（税込 21 万 2,000 円）である。内訳は、家賃相当額 10 万 4,000 円（非課税）、管理費 5 万円（税込 5 万 4,000 円）、食費 5 万円（税込 5 万 4,000 円）である。

　プラン B の場合は、入居一時金が 100 万円としたとき、月額使用料は 18 万 4,000 円（税込 19 万 2,000 円）である。内訳は、家賃相当額 8 万 4,000 円（非課税）、管理費 5 万円（税込 5 万 4,000 円）、食費 5 万円（税込 5 万 4,000 円）である。

　最初に多く支払うか、月々で支払うかで、家賃相当額が変わってくる。その差

が出てくるわけである。

　例えば、プランCとして入居一時金500万円を最初に支払ったとしたら、月額使用料は16万円くらいに下がるはずである。入居一時金はもちろん入居時に支払う。月々使用料は毎月絶対額がかかる。すなわち、ある程度資産を売却する高齢者の場合、最初の入居一時金を多くして、月々の支払を抑える高齢者が多い。

　これらはあくまで月額使用料の話であって、介護付き有料老人ホームなので、これ以外に当然月々介護にかかる支払が発生する。それが**表7-23**である。

　介護保険料の1割負担分がかかる。要支援1の方は6,000円、要介護5の方だと2万5,680円が先述した月額利用料のほかにかかる。介護付き有料老人ホームの特性として、自立の方は生活サポート費用として3万9,000円かかる。本来なら自立で元気だから何も手がかからず費用はいらないではないかと思われるが、でも一番高い3万9,000円がかかる。これはなぜかというと、介護付き有料老人ホームは入居一時金と月額利用料と介護保険料で賄う仕組みだからである。入居者の1割負担分のほかの9割は国・市区町村からもらっている。しかし自立の方が入居してきた場合には介護保険料が入ってこないので、自立の方はその分を負担しなければならないということである。したがって、おかしなことに自立の方だと一番高い費用がかかってしまうことになる。

　その他の費用をみると、入浴や洗濯にも費用がかかる。入浴の例でいうと、週2回まで介護保険内でサービス提供する。高齢者の方は毎日風呂に入ると疲れてしまう方が多いということで、週2回も入れば十分だという考え方である。そして週3回とか4回とか入浴したいという方には、1回につきいくらという別途費用がかかる仕組みである。同様に洗濯の場合であれば、週2回まで介護保険内でサービス提供する。

　つまり、月々の料金20万4,000円（プランA）のほかに、介護保険料としてプラス5万円はみてほしいということになる。重度の要介護5になれば月額2万5,680円がかかり、そのほかに医療費がかかるのである。これが介護付き有料老人ホームの料金である。

　以上のことを念頭に、次にサービス付き高齢者向け住宅の実際例をみてみよう（**表7-24**）。

　これもタイプ別月額費用になっていて、AタイプとBタイプとがある。Aタイプ

表7-23　月額利用料の他にかかる料金（実際例）

介護保険料 自己負担分 （非課税）	目安 （30日分）	要支援1	6,000 円
		要支援2	13,890 円
		要介護1	17,160 円
		要介護2	19,230 円
		要介護3	21,450 円
		要介護4	23,520 円
		要介護5	25,680 円
※自立の場合は実費		自立	生活サポート費用　39,000 円（税込　42,120 円）

その他の料金（実際例）

ケアサービス料金	
入　浴	週2回まで介護保険内　3回目から有料（個別対応サービス） ※介助が必要ない場合　1回 500 円（税込 540 円）
洗　濯	週2回まで介護保険内　3回目から有料　1回 500 円（税込 540 円）
掃　除	週2回まで介護保険内　3回目から有料　1回 500 円（税込 540 円）
シーツ交換	週1回まで介護保険内　2回目から有料　1回 500 円（税込 540 円）
包布交換	週1回まで介護保険内　2回目から有料　1回 500 円（税込 540 円）
付き添い	個別対応サービス ※協力病院は料金はかからない
買物代行	週1回指定日は無料　2回目から有料（個別対応サービス）
居室配膳	体調不良時は無料　それ以外は1回 500 円（税込 540 円）
個別対応サービス	10分 500 円（税込 540 円）10分経過ごとに 500 円（税込 540 円）加算

実費料金	
医療費	実費（協力医療機関の医師による訪問診療）
消耗品・介護用品	実費
排泄用品廃棄料	使用量に係わらず、一律 1,000 円（税込 1,080 円）／月（お持込の方のみ）
理美容	有料サービス（月1回　訪問美容あり）
マッサージ	実費

は18.24m^{2}であり、Bタイプは27.36m^{2}の広さである。Aタイプの賃料は5万5,000円～5万9,000円である。Bタイプの賃料は8万4,000円～8万7,000円である。
　以下、Aタイプで計算してみる。共益費は2万円、生活支援サービス費は3万1,500円である。一般の不動産物件ではないが高齢者向け住宅で特徴的なものがこの生活支援サービス費である。では、生活支援サービス費を支払うことによっ

341

表 7-24　サービス付き高齢者向け住宅の料金（実際例）

	A タイプ [18.24m^2]	B タイプ [27.36m^2]
賃　料	55,000 円～59,000 円	84,000 円～87,000 円
共益費	20,000 円	30,000 円
生活支援サービス費	31,500 円	39,900 円
合　計	106,500 円～	153,900 円～

注 1) 入居に際しては、別途敷金（賃料 2 カ月分）がかかる。
注 2) 共益費は、居室の電気・ガス・水道代を含む。
注 3) 総合保険 2 年一括 15,300 円～（家財保険・個人賠償保険含む）に加入できる。

図 7-13　生活支援サービス内容

緊急時対応サービス	フロントサービス
各居室内に緊急通報装置を設置し、突発的な事故や急な体調不良に、直ぐ駆けつけます。	1 階フロントで来訪者対応、宅配便。郵便物の一時預かりや近隣の地域情報等を提供させていただきます。

状況把握生活相談	健康医療相談サービス
安心した生活が送れるよう、スタッフが 24 時間 365 日常駐し、安否確認や日常でお困り事の相談を受け付けます。	状況に応じて、提携医療機関へのアドバイスを受けることができます。まずはスタッフへ声を掛けてください。 ※治療・処置ではありません。

て、いったい何をしてもらえるのか。それが図 7-13 の生活支援サービス内容である。緊急時対応サービス、フロントサービス、状況把握生活相談、健康医療相談サービス、の 4 つである。いわゆる「住宅の中に人が常駐しているわけなので、その人のサービスとして一人当たり 3 万 1,500 円を下さい」ということである。

　なので、一般の賃貸住宅に比べたら、生活支援サービス費がかかるので高いということになる。ただし、すでに述べたように、住宅内には必ず人がいるので、具合が悪くなった場合などには介護してもらえたりなど、色々なサービスがあることは便利である。

第七章　高齢者住宅への政策転換

図 7-14　住まい選びのフローチャート

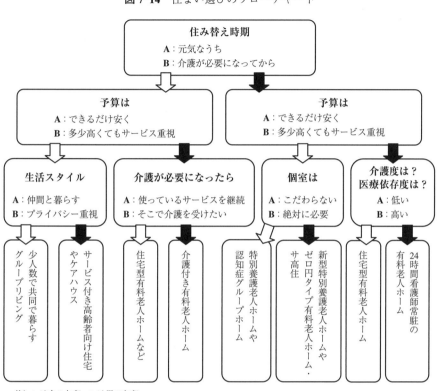

注）A は白の矢印。B は黒の矢印。

　食事サービスについては、食べた分だけ費用がかかる。1 食当たりの料金をみると、朝食 400 円、昼食 600 円、夕食 550 円で、1 日 3 食食べたとすると、1,550 円がかかる。これを 30 日間毎日食べたとすると、4 万 6,500 円がかかるわけである。つまり、A タイプの合計 10 万 6,500 円に食事代 4 万 6,500 円を足すと、15 万 3,000 円となる。ただし、サービス付き高齢者向け住宅にキッチンが付いている住宅であるなら、全然食事代はいらないという高齢者もいる。朝・昼はいらないので、夕食だけ用意してくれればいいという高齢者がいるかもしれない。このあたりは自由度が高いところともいえる。

　以上のように、サービス付き高齢者向け住宅は介護付き有料老人ホームに比べたら安く抑えられている。それなので、民間の介護付き有料老人ホームに入られていた高齢者の方がサービス付き高齢者向け住宅に入りなおす高齢者の方も多い。

訪問看護と介護が整ったサービス付き高齢者向け住宅に入るということである。

　住み替えを考える場合のポイントを挙げて、自分に合った住まい探しが必要になってきている。例えば、**図7-14**は、住まい選びをフローチャート化したものである。一度、自分に合った住まい選びを、できるだけ早めに検討したほうが良い。

4. 住まいで生活はどう変わるのか

(1) 自分の自由で住宅を選択

　図7-15をみればわかるように、自宅で生活する場合には住宅の改修や食事の面倒、介護保険制度における限度額の問題など、予想することができる。介護付き有料老人ホームの場合には始めからバリアフリーで安全だし食事も1日3食、バランスよく提供される。24時間の介護サービスも定額料金で提供される。サービス付き高齢者向け住宅では、バリアフリーで安全だし、食事は体の状態に合わせて自分の自由度が高い。介護は自宅と同様に訪問介護やサービスが受けられることになっている。

　高齢者が、どのような生活スタイルを欲するかによって、自分の自由で住宅を選択できるようになったといえよう。

図7-15　住まいで生活はどう変わるのか

自宅	介護付き有料老人ホーム	サービス付き高齢者向け住宅
・段差や階段で転倒のリスク ・食事の支度が億劫、栄養失調も懸念 ・訪問介護も限度額オーバーの可能性も	・バリアフリーで安全 ・食事は1日3食、バランス良く、体の状態に合わせ提供 ・24時間介護でも料金は定額	・バリアフリー ・食事は1日2〜3食、体の状態に合わせられない場合も ・介護は自宅と同様に訪問介護
↓	↓	↓
・自宅改修や配食サービス利用で生活継続 ・重介護になったら施設検討も	・料金や設備は多様 ・重介護者でも追加料金なく安心の住処	・住宅毎にサービスが異なり、見極めが必要 ・在宅では難しい特養の待機者も多い

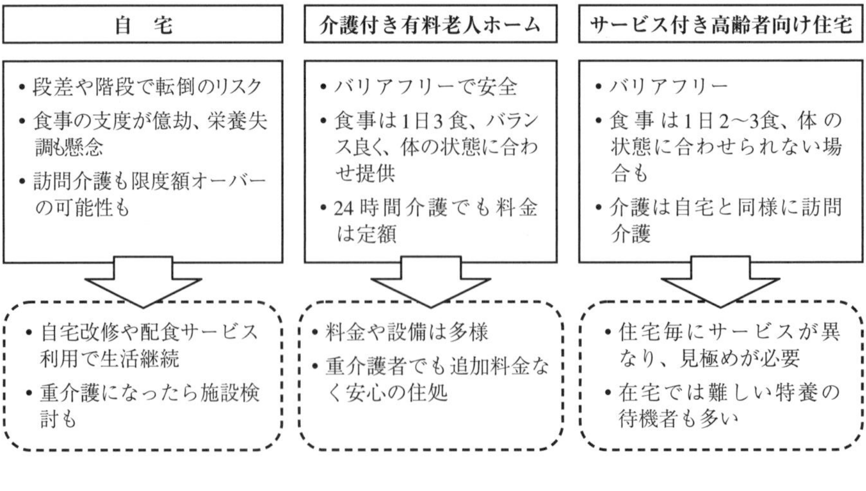

（2）注意するポイント

　入居一時金の額は入居時に支払う額で済むが、月々の費用がずっとかかってくる。自分自身の収入だけで賄う場合と息子などの多少の補助を期待できるなどのことが考えられる。月々の費用は非常に重要なファクターである。

　次は場所である。現在住んでいる場所で探すのか、娘・息子が別の都道府県にいるので、そこで探す、海がみえるような静岡がよいとか、考えるべきである。

　求めるサービスはどうか。サービスの内容によって、施設の種類も金額も変わってくることに注意が必要である。元気な高齢者をターゲットに考えているところと、重度の要介護高齢者をターゲットに考えているところと、サービス内容をどう考えるか重要である。

　入居条件については、年齢・介護状態・医療依存度など、場合によっては受け入れ不可の場合もある。暴力行為が顕著な場合や、夜間対応に医療的な処置が必要な人などは要注意である。

　一番難しいのは、経営状態をチェックすることである。コムスンのように倒産してしまった会社もあるので、どういう会社が経営しているのか注意が必要である。介護業界では、倒産や合併も多いのが実状である。預けて大丈夫か十分に確認をする必要がある。

　これまでの高齢者の住まいというのは、病院から退院するときに、家に戻れないので、仕方なく息子、娘が選んでいた。当事者の高齢者は仕方なくそこに行くという場合が非常に多かった。仕方なくそこに入るのではなくて、自らがどういう住まい、または生活をしてゆくのかを考えて選ぶことが大切である。

　第1に、情報収集を早めに始めることが重要である。自分らしい安心な生活を求めるには、何かあってからでは遅い。

　第2に、希望の条件を満たすことが重要である。例えばずっとここに住んでいたからこの地域から離れたくないとか、ペットの猫と一緒に入れる住宅でないと嫌であるとか、介護が必要なので介護の手厚いところに入りたい、など優先順位を付けてゆくことが必要である。

　第3は、計画をするということである。その際に、一つ計画するだけではだめで、複数物件で比較検討できるものを探すことである。一つの物件ではなく、複数の物件をみるようにすることで、自分にあった物件に出会うことができるよう

になると思われる。

●注

1) 厚生労働省は、平成27年1月7日付けの報道発表で「平成27年度厚生労働省関係税制改正について」を公表し、次のとおり固定資産税と不動産取得税の優遇措置を2年延長した（http://www.mhlw.go.jp/stf/houdou/0000070200.html）。

> ＊○サービス付き高齢者向け住宅供給促進税制の延長
> 〔固定資産税、不動産取得税〕
> サービス付き高齢者向け賃貸住宅に係る固定資産税の減額措置について、最初の5年間において、市町村の条例で定める割合（※）を減額することとした上、その**適用期限を2年延長**する。
>
> （※）3分の2を参酌して、2分の1以上6分の5以下の範囲内で定める割合。
>
> また、一定の新築のサービス付き高齢者向け賃貸住宅及びその用に供する土地に係る不動産取得税の特例措置の**適用期限を2年延長**する。

この結果、固定資産税と不動産取得税の税制上の優遇措置は2年延長され、平成29年3月31日までとなった。

2) 現在の東京都の施策としては、東京モデル「ケア付きすまい」都市型軽費老人ホームがある。都市型軽費老人ホームとは、身体機能の低下等によりひとり暮らしを続けることが不安な方などを対象とし、困ったときには支援を受けられる「ケア付き住まい」の創設が必要であるとの東京都の提言を契機に創設された、新しい種類の高齢者施設である。地価が高い都市部でも整備が進むよう、従来の軽費老人ホーム（ケアハウス）と比較すると、居室面積や職員配置に関する基準が緩和されている。また、所得の低い高齢者でも安心して生活できるよう、利用料も低く抑えており、収入に応じた減免処置がある。居室は個室であり、月額利用料は家賃や食費、高熱水費を含めておおよそ10〜12万円程度である。1日3食の食事が提供される。夜間は職員による見守り等がある。相談員による生活支援サービスもある。そして、全施設にスプリンクラーが付いており、生活設備や防災機器などの施設基準を充足している、などの特徴がある。2015年2月1日現在、29施設が整備され、合計定員数は496人となっている（東京都福祉保健局「東京モデル『ケア付きすまい』都市型軽費老人ホーム　施設の特徴と事例　〜高齢者が住み慣れた地域で暮らし続けるために〜」2015年2月）。

3) 河合克義「東京都における高齢者の暮らしと福祉政策をめぐる課題」東京保険医協会『診療研究』第491号、2013年10月、pp.5-10。

4) 港区政策創造研究所『港区における75歳以上高齢者を含む2人世帯の生活に関する調査報告書』2013年5月。

5) 厚生労働省老健局総務課「第1回都市部の高齢化対策に関する検討会資料」2013

年5月20日。

6)『毎日新聞』は、2016年1〜2月、介護者支援に取り組む全国の8団体を通じ、在宅介護者にアンケートを実施し、245人（男性62人、女性181人、性別不明2人）から回答を得た。介護によって精神的・肉体的に限界を感じたことが「ある」とした人は73％（179人）に上った。全体の22％（54人）は介護中に被介護者に暴力をふるった経験があると回答した。さらに、介護している家族を殺してしまいたいと思ったり、一緒に死のうと考えたりしたことがあると答えた人も約2割（48人）いた。どんな時に殺人・心中を考えたかを尋ねると（複数回答）、77％は「介護に疲れ果てた時」と答えた（『毎日新聞』2016年4月4日付け1面）。これらは、自宅で介護している人の約7割が精神的・肉体的に限界を感じていたことを示している。負担や孤立に悩みながら、愛する家族を支える介護者の姿が浮かび上がった。今回の調査結果を、毎日新聞は「在宅介護『限界』7割」との見出しを付けた。

第八章　在宅ケアの限界点をいかに高めるか

――欧州の地域ケア調査からの示唆――

　本章では、社会保険制度で運営されているフランスとドイツ、税（公費）で運営されているデンマークの24時間在宅ケアシステムについて、それぞれの国での調査と帰国後に得られた知見をもとに述べることとする。調査は、2005年11月20日〜28日の日程で実施された。

第1節　フランスの24時間在宅ケアシステム
――パリ公立病院協会所属在宅入院連盟（HAD：L'hospitalisation à domicile）と
　在宅看護・介護事業所（soins infirmiers à domicile）の活動――

　本節は、フランスのパリ郊外で、2005年11月24日、25日に実施された調査内容の一部である。調査は、現在及び今後のわが国の在宅医療、介護政策に多くの示唆を与えるものであった。本節では、フランスの24時間在宅ケアシステムについての概要と、パリ公立病院協会所属在宅入院連盟／HADと在宅看護・介護事業所の活動を中心に述べる。

　2005年11月24日、パリ公立病院協会所属在宅入院連盟／HADを訪問した。この組織は、パリ公立病院に所属する在宅部門であり、病院入院に対して在宅入院というコンセプトで、特に高度医療と在宅看護サービスを提供する事業所である。そして、翌11月25日、パリ郊外の訪問看護振興協会（Association pour le développement des services de soins infirmiers à domicile）を訪問した。そこでは、ディレクター及びスタッフたちとディスカッションを行った。この組織はNPOで、

看護師たちが1983年に創設した在宅訪問看護・介護事業所である。この地域の障害者から患者、高齢者ケアまでの在宅ケアの実際について説明を受けた。

1. フランスの在宅ケアシステム

フランスの人口は約5,900万人、高齢化率は16％である（調査当時）。当然、フランスでも他の先進諸国同様に在院日数は短くなっており、ベッド数も削減されている。フランスの医療制度の特徴は、非常に強力な医療地図（医療計画）で医療資源が統制されていることである。この点は、今回の調査でも垣間みられた点である。しかし、筆者が驚いたことは、高度医療を在宅で提供する「在宅入院」といわれるシステムが、普通に患者にサービス提供されていることであった。しかもこのシステムを制度として主体的に担っていたのが看護師であった。このシステムの歴史を聞くと、フランスの在宅医療・ケアは、1970年頃から始まっており、戦後はアメリカに学び、1950年代の病院ベッド不足の時代には"在宅入院"という名で、「在宅高度医療事業所」（HAD：L'hospitalisation à domicile）が存在していた。

また、わが国の制度に類する一般的なケアを提供するのは「在宅訪問看護・介護事業所」（soins infirmiers à domicile）である。そして、フランスでは開業するのは医師だけでなく、開業看護師と呼ばれる看護師が1人でオフィスをもって開業することができる。こうしたフランスの在宅医療サービス提供の構造は重層的である。詳しくいうと、フランスでは3種類の組織がある。まず、HAD、在宅入院である。そして、ナーシング、看護師の出番が一番多い在宅ケアである。3つ目は、在宅メンテナンスで、ケータリング、買い物などを行うものである。こうした重層的な在宅ケアのためか筆者らが訪問した2006年11月のフランスの平均在宅入院日数は20日間になっていた。

開業訪問看護師は、地域におけるプライマリケアの担い手であり、医療処置や看護サービスの提供者である。医師の「処方箋」（日本の「指示書」という言葉はフランスにはない。もちろんデンマークやドイツにもなかった。）に基づいて動脈血採血や中心静脈の確保まで、あらゆる医療行為の実施が行われている。しかし、輸血は医師の仕事になっている。

1992年法律で、在宅看護の役割が法律化された。そして、2002年2月11日に

制定された「看護職実践・職業行為に関する省令」(雇用連帯省) には、看護職の裁量権が明確化されており、それらの行為を「行わなくてはならない」と明記されている。

フランスの開業看護師、高度医療在宅入院事業所、看護・介護事業所は、患者のもつ医療・介護ニーズによって疾病金庫または要介護度に応じて介護手当てから報酬支払いを受ける。特に個人開業看護師の報酬体系は、ベーシックな訪問看護に出来高で医療処置行為を積み上げるもので、働けば働くほど収入になる。つまり、開業自営は、自信と実力がある独立志向の看護師には魅力的なのである。

2. パリ公立病院協会所属在宅入院連盟 (HAD：L'hospitalisation à domicile)

フランス全体では、連盟：HAD (以下、単に HAD という) は 160 存在する。予算規模をみると、5 床予算から 1,200 床予算のところまである。フランスには県が 95 (海外県含む) あり、それぞれに HAD がある。パリでは、5 つの NPO なり民間の HAD がある。

筆者らが訪問した組織は、ケモテラピー等の在宅高度医療を行う組織で公立である。パリ市公立病院に所属しており、在宅部門を担当している。筆者らは、広報担当ディレクターのダニエレ・レペーレさんから在宅入院連盟の役割と事業活動について説明を受けた。

連盟は、50 年の歴史をもっている。1957 年設立で、戦後まもない時期だった。当時は、国民のニーズをカバーする機関として発足した。現在は、主として医療経済効果のために在宅医療が行われているという。

この連盟には、総人員数 630 名がおり、そのうち、看護師は 250 名、新生児看護師 25 名、リハビリが 15 名、食事・栄養には 10 名のスタッフがいる。そして、ヘルパーやソーシャルワーカーなどのほかに、事務、管理、宅配、薬剤管理がいる。ここは最大で 820 床まで在宅入院をみられるようになっている。ARH (地方病院庁) が在宅病院の病床数を増やす計画をしていて、この HAD では、病院入院と同じことを在宅でやっている。疾病金庫からこの HAD に、2009 年までに 1,200 人 (床) に増やすようにという目標値が示されていた。つまり日本でいうと、現在 820 床の許可病床が地域にあるが、それを医療計画上で 1,200 床まで拡充してくださいということと同じである。1 地域当たり 40～50 床を担当している。

ミニマムでは40床で、看護師の欠員などがある地域もあるそうである。

在宅入院は、コーディネートに一番重要な役割がある。その役割を看護師が担っており OT、PT などを看護師がコーディネートする。高齢化が進む中で、対象患者も多くなってきたわけだが、出産からケモテラピー（chemotherapy：抗癌剤や抗生剤などを用いた治療法）、精神科疾患、ALS（Amyotrophic Lateral Sclerosis：筋萎縮性側索硬化症）の患者もすべて在宅で医療・看護サービスを提供している。在宅入院している人の疾病は、がん、悪性疾患、神経疾患、循環器系疾患など100近くある。また、患者への糖尿病教育、家族教育なども看護師の役割となっている。つまり、在宅入院とは、入院が家で行われているということであり、病院入院と同じことを在宅でやっており、日本の訪問看護とはニュアンスが違う。

入院手続きは、パリ市内のいくつかの外来診察のときに病院から連絡が来たり、退院するときに連絡が来たりする。また、家業医からの依頼も受ける。これらにはもちろん患者の同意が必要である。入院手続きは、退院窓口から連絡が入ったら、まず、コーディネーション看護師が患者宅まで行き、ケアプランをたてる。作成したケアプランに基づいて色々な人に連絡が行く。次に、家族がいない独居老人では環境が大事なので、かかりつけ医、担当医がいない場合は探す。そして、患者の同意後にすべてがスタートすることになる。HAD では、在宅入院を受ける条件として、患者家族の安全が確保されていなければ受けないそうである。

ベッド、経口栄養、デバイス（装置）などをすべて HAD から支給する。ベッドなどは入札購買を行う。この HAD の現在の1日のケア数は750名であった。

「HAD が支給するディスポ品は無料か患者の自己負担かどうか」という調査者からの質問が出された。「支給するディスポ品は日額のなかにすべて入っており、患者の自己負担は軽度である」との回答であった。同様に、患者の在宅入院費用については、疾病状態が重いものは自己負担がない。しかし、骨折などは30%の自己負担がある。また、高額ケアの患者は、1日250ユーロ（3万5,000円：視察当時の1ユーロ140円で計算。以下同様）（がん患者のケモテラピーも）、それ以外は1日130ユーロ（1万8,200円）の医療費なので、それらの30%が自己負担である。これら在宅での医療費は、入院した場合の1/3〜1/2といわれている。

それでは、実際の病院入院日数はどれくらいなのであろうか。そして、その後の在宅入院日数はどれくらいなのであろうか。これには、ばらつきがあって、例

えば神経系の場合ではかなり長い入院のあと在宅入院へ移る。小児の場合も長くなる。一方、ケモテラピーの場合はすぐに在宅へ切り替える。周産期の場合、産後のケアは2、3日の入院後退院となる。

このHADでは、250名の看護師のうち、何人がコーディネーション看護師の資格をもっているのか尋ねてみると、50名がコーディネーション看護師であった。医療機関での経験3年以上、救急外来、集中ユニット、ケアの経験者をコーディネーション看護師としてリクルートしているそうである。しかし、特にコーディネーション看護師という資格はない。また、このHADにはソーシャルワーカーが21名おり、彼らも他のスタッフと一緒に訪問する。例えば、生活保護の必要のある人をケアしたり、独居老人の疾病金庫提出書類もソーシャルワーカーがやっている。

医師と看護師の関係は、制度上はまったく対等である。医師の役割の1つは、新しい技術が入ったときに看護師への指導を行うことである。医師はすべて常勤というわけではなく、パートタイム医師として契約している医師もいる。

1人の看護師が訪問している患者数は6～8名で、24時間勤務形態をとっている。2シフトを組んでおり、朝7時～21時の勤務と、夜21時～翌朝7時までの勤務形態がある。すべての看護師に勤務形態が手渡され、パリ近郊を17に分けてチーム制をとっている。夜間のケアは何をするのか。継続点滴などや、死亡の場合の体の清拭処置などに限られている。HADには、夜間の看護師は12名いるが、治安上2人ペアで訪問する。

在宅で死亡を望む患者の場合には、在宅死できるようにするのも看護師の役割である。フランスでは、経済状況が変わると仕事があるところに労働者は移っていくので、どうしても独居ができてくる。こうしたかなり多くの独居老人はテレアラームをつけている。ただし、テレアラームをつけるのは患者本人のためでなく、スタッフのためである。独居の老人を1人で死なせてしまったことに対し、受け持ちの看護師スタッフがバーンアウトしてしまい、精神的なケアが必要になる。つまり患者を孤独死させてしまった自分を責める看護師がいるのでその対策である。

在宅入院と病院入院の連携病院はどれくらいあるのか尋ねたところ、パリ市内のすべての病院と連携しているそうである。しかし、在宅志向が強い病院とは連

携しやすいし実際しているとの回答であった。また、フランスでは、例えば80歳の高齢者で、大腿骨頚部骨折の場合などは、患者はリハビリ施設に入るため、在宅入院は必要ない。

　看護師は、患者宅には事務所から行く場合と自宅から行く場合のどちらのケースもある。移動方法は車とか自転車を利用している。ちなみに全看護師の30％がパートタイムの身分であった。

　看護師の給与は、フルタイムの場合でどれくらいか質問すると、新人では月額2,000ユーロ（28万円）で、他の職業と比べても決して悪くない。しかも、夜間手当て、祝日手当てが加算される。病院勤務看護師とまったく同じ給与だそうである。給与を決めるのは、看護連盟が厚生省と交渉し契約を結ぶ。

　看護師は、なぜ在宅で働きたいのか。そして動機は何か。答えは、「病院から独立してやりたいから」である。「訪問時に心がけていることは、患者と話す時間を多くとるようにしていること」である。病院で機械的に仕事をやることが嫌いで、在宅看護師になるケースが多い。しかし、中には、病院に戻りたい人は戻っていってしまう場合もある。

　看護師の教育はどのようにしているか聞くと、HADにトレーニング科という部署があり、「在宅とは」、「ケモとは」などを教育している。新人教育では、40日間、記録の方法や3週間の現場での新人教育を指導者とともに行うそうである。その後、バリデーション（単に科学的な考察のみならず、その結果を文書として保存するという一連の検証方法）として1人で行かせるそうである。

　私たちは、広報担当ディレクターのダニエレ・レペーレさんから以上のような在宅入院連盟の役割と事業活動について説明を受け学ぶことができた。

3. 在宅看護・介護事業所（soins infirmiers à domicile）の活動

　私たちが訪問した看護・介護事業所はパリ郊外にあり、1983年に看護師仲間がNPOで開設し理事会の元に運営されていた。この事業所では、看護・介護職約50人のスタッフが働き、201名（基準上の患者数）を1日にケアする事業を行っていた。利用者のうち195名が高齢者で、在宅と医療ケアのないホームに訪問看護サービスを提供していた。ここで私たちは、マーチン・テルニシエンさん、ガブリエル・ローベルサックさん（Director）とスタッフたちとディスカッションを

第八章　在宅ケアの限界点をいかに高めるか

行った。

　この事業所は、県下28市をカバーしていた。そして2006年には、もう1つのサイトが増える方向だという。1回当たり患者数は201名、そのうちの195名は高齢者（フランスでは60歳以上を高齢者という）以上だという。それから重度障害者6名に予算が決まっている。当然ながらドクターからの処方箋が必要になる。

　法律2002年1月2日法律により、ソーシャルメディカルとは何か等法律が制定された。そして、在宅医療についての定義は、2004年6月24日法によって制定され、2005年2月25日通達発令で詳細を表わした。

　スタッフは、老年科のドクターに理事会メンバーの1人に毎年なってもらっている。事務スタッフ（女性）が2人、コーディネーター看護師が1人、看護師は7人、看護助手は38名いる。看護助手は高卒後1年の教育を受けた人に資格を与えられる。看護師の資格を取得するには看護師の教育と看護助手の教育の両方をやることになっている。

　利用の手続きは、患者自身及び家族の紹介で受け入れることになる。電話を受けたところで、疾病ケアを認識できて訪問する場合と待機の場合と、他の機関を紹介する場合の3つに分けられる。この最初のアセスメントをするのがコーディネーターの仕事で、看護量はどれくらい必要かの測定、そして家族環境（家族は近くにいるのか遠いのか）、セキュリティー状況を検討する。

　さらに、どこから情報を得ているのかを聞くと、市役所など公的役場の広報活動、病院や社会施設などからの患者の紹介が多い。HADなども重要なパートナーで、ディスチャージした人がここのようなNPOの事業所を紹介される。また転倒教育委員会、糖尿病団体などとパートナーシップをもってやっている。

　申請手続きでは、法定後継人がいるかいないかなども書類に書いてもらい、疾病保険金庫から手当てをもらう手続きを行う。そして、週に何回、月に何回訪問が必要なのかを測定する。まず1回目の訪問は、患者はまったく介護行為だったとしても必ず看護師が同行する。そして次回からどの職種がくるのかを患者のところのファイルに残しておき、そのあとは患者からの連絡がくるかこないかはその患者自身の判断による。

　事業所が対象としている患者は65歳以上だが、在宅の場合もあるが、医療ケ

アのない患者のところにも訪問する。生活介護ヘルパーや看護助手などには患者の清拭などをお願いしているが、何か問題が起きたら必ず事務所に連絡するよう義務付けている。

勤務シフトは、朝8時から12時に事務所に来てミーティングを行ってから訪問に出かける。お昼は自宅に帰りランチタイムをとってもらい、14時から17時で午後の部が終わる。場合によっては、さらにもっと遅くの19時半までやる人もいる。

看護助手1人当たり、午前では5〜6人の患者を訪問して、顔拭き、身体清拭などを行う。午後は、オムツの患者をみている。15時から16時はミーティングの時間として事務所に集まるのでできるだけ訪問は入れないようにしている。

週末は8時から20時まで当直の看護師が必ず事務所に常駐している。この看護師が中心となって看護助手への指示を出す。訪問は365日で、インシュリンはするがそれ以外は週末にはしない。

医療機器については、すべてこの事業所で扱っているので、在宅で体を起こす器械の普及率は大変高い。スタッフがやめてゆく原因に背中痛めが多いので、できるだけ普及するようになっている。看護学校の実習生の研修義務期間があるので、そのときには2人でゆく。それ以外は基本的に1人なので、こういった器械が必要である。

またこの地区では、1カ月に1回地方自治体と一緒にレクリエーションもしている。患者も楽しみにしており、消防局が一緒に参加して協力してくれるので、自力で動けない人にも参加してもらえる。また、この組織にも車と運転手はいるが、このときには赤十字にも協力してもらい、必要な車と運転手を貸してもらっている。

主な看護・介護内容は何かを尋ねると、7名の看護師は管理者だが、その他の訪問看護師は日常生活のナーシングで、清拭やオムツ替えなどとのことであった。ごくまれに皮下注射などもナースがしている。先述したように、HADは医療ニーズの高い患者が対象だが、ここでは医療ニーズが低い患者が対象になっていた。

疾病金庫から総枠予算制度のもとで人頭制の予算があり、1日201人をみるための予算を疾病金庫から出してもらっている。ここで行っていることの98%が日常ナーシングである。ここに入っていると保険でカバーしてくれる。

第八章　在宅ケアの限界点をいかに高めるか

　1日日額1人につき32ユーロ（4,480円）。これが、総枠予算制度によるものである。施設は介護保険から支払われるが、ここは1人につき32ユーロだけである。つまり201人×32ユーロ（約90万円）が1日当たりの疾病金庫支払額となる。
　なぜ生活介護なのに、疾病保険から支払いを受けるのかを聞くと、看護行為がまったくできない施設ではないので、疾病金庫から支払われてくるという。患者の自己負担はなく、100％保険適用なので、疾病金庫からの支払いが行われる。一方介護保険の場合は、ジールという要介護測定と個人の収入を引かれて支給される。こちらは認められた人にだけ32ユーロが支払われる仕組みである。32ユーロの収入に対して、出費はどうかを尋ねると、配給する資材は含まれないため、患者が自己負担するか患者自らが疾病保険に申請して買うことになる。それでも、収入のほとんどが人件費で消え、赤字経営になってしまうという。
　NPOとしてドネーション（donation：寄付）はあるのか聞くと、患者に年会費52ユーロ（7,280円）納めてもらっているという。クリスマスパーティーや遠足など特別予算目的の市からの補助はあるが、日常の運営費にあてることはできない。あとは小額の寄付があるのみだという。
　開設以降の経過を聞いたところ、1983年スタート時は、1日80人の患者であったが、2005年には1日201人となり、そして2006年には、ARH（地方病院庁）からあと100人診てくれといわれており、1日301人を計画している。1日当たり患者数200人以下と以上では、日額が違ってくるそうである。
　どのように計画がなされるかというと、政策としてこの地域にはこれくらい必要といった方向性が打ち出される。すると看護師等の配置人員も違ってくる。そこで、配置人員100人は必要になるという予算を書類であげる。人口の高齢化でニーズは明らかなので、政府としてはありがたいことである。レギュレーション（Regulation：規制または規則）について聞くと、1人当たり0.46人が必要とのことであった。フランス政府の政策はなるべく介護保険のほうにもっていって、介護を厚くしようという考えをもっている。医療経済政策が変わっただけで、現場のニーズは何も変わっていない。政策が介護保険にいって欲しいというのは、介護保険はその人の収入によって給付されるからである。疾病金庫では収入が無い人もある人にも給付しなければならない。

看護助手と看護師との関係や教育について尋ねたところ、1日1回のミーティングを行い看護助手に倫理を含めた教育も行っていたり、看護助手との関係をよくするのはとても大切だと思っていると述べた。看護師の役割として、2004年6月24日法で看護を中心としてのパラメディカル・スタッフ（paramedical staff）をコーディネートする権利が高らかに決められた。フランスでは看護学校しかなく教育は37.5カ月必要である。例えばベルギーでは看護学校と大学の2つがある。フランスにも大学教育があるとよいと思う。どうして大学教育にしないのかというと、厚生省と文科省の折り合いがつかないからだそうである。すでに25年以来の課題となっている。現状でも教育は3年以上かけて行っているが、大学はもっと年数がかかる。それに現在は、マネージメント教育はないので必要なことである。日本では、1991年看護師の人材確保法をつくった。当時10校しかなかったが現在は10倍以上ある。1県1看護大学ができた。1980年代は看護師不足であったが、1991年に法律をつくってから増加した経過があることをいうと、フランス側にはどよめきが起こった。

　質の確保について聞くと、2002年法律で自己評価したあとに、第三者評価を受けることが義務化されたという。そのための改善と目標達成のために、民間のコンサルタンツ会社にお願いすることもある。しかし、第三者評価を受けなければ仕事はできないほどではなく努力義務である。そもそも事業所を立ち上げるときのレギュレーションはと聞くと、地域の保健計画によって申請を許可されるという。

4. 日本の在宅ケアへの示唆

　フランスの在宅入院というシステムは、ヨーロッパで最初に始めたシステムである。在宅入院創生期は1790年にあった。アメリカは1946年に始まっているので、はるか昔に始まっているといえよう。日本でも人工呼吸器をつけて長く入院する人が多くなっているが、在宅入院の方向になるのではないか、との考えも多少頭に浮かんでくる。

　日本では、在宅ケアの制度化は1983年からである。1993年から看護師が事業所をもつことができるようになった。日本看護協会が厚生省と一緒に制度をつくってきた経過がある。1993年以前は市町村役場や病院から訪問看護サービス

第八章　在宅ケアの限界点をいかに高めるか

を提供していた。現在では訪問看護利用者の80％以上は65歳以上の高齢者で、介護保険適用である。そして利用者の20％は65歳未満で医療保険適用である。

　独立開業看護師の中には、出来高払い制のため、「1日50人診るわ」という看護師もいる。逆にそれくらい診ないとやれないほど報酬が低いといったほうが正しいようである。フランスの診療報酬にはサイエンスはまったくない。しかし、こんなに努力しても独立開業看護師は、背中を痛めることが多く、やめる人も多々あり、その後、老人施設に移っていく人もいる。若くて体力があるうちはいいが、年老いてくるとたいへんきつい職業である。若いうちに稼いでやめていくライフコースもあるようである。

　フランスの診療報酬は医療と介護で違っている。医療保険では、1看護ユニット2.9ユーロをAMS医療行為すべてにかける。そして、介護保険では、1介護ユニット2.4ユーロをAIS介護行為すべてにかける。介護手当ては6段階の1が認定されている。報酬は1,067ユーロ（14万9,380円）で、日本の半分くらいである。施設の場合は335ユーロ（4万6,900円）である[1]。「ジール」とは測定ツール6段階の単位のことで、老人ホームでよく使われている。

　日本の場合も1回訪問するといくらという出来高である。ナース、患者1人当たり30分4,350円、30～60分8,300円、60分以上1万3,200円である。ケアワーク、患者1人当たり30分4,250円（以下同様）である。そして、患者1人当たりには上限があるので、組み合わせてケアプランを立てる。ケアプランをつくるのはケアマネジャーである。

　フランスには、「指示書」という言葉はない。すべて医師から「処方箋」が出される。日本も「指示書」という呼び方から「処方箋」にすべきと考える。

　ヘルパー職にも国家資格が設けられた。看護師と看護助手とヘルパー、付き添いの違いは、看護師は37.5カ月の専門教育が必要で、身体に触れることを許されている。看護助手も身体に触れることを許されている。しかし、ヘルパーは身体に接触できない。付き添いは無資格である。看護助手以下の職種は独立できない。

　調査者らの中の3人は、在宅訪問を行った。1人が2～3人の自宅を訪問したが、「日本でいうなら90歳近いおばあちゃんがリクライニングに座っている」との感想や、「老夫婦で寝たきり状態の家を訪問」して日本の歌を歌って励ました。「左

半身不随、35歳首から下が外性麻痺の患者を訪問して、処置の手伝いをした」などが報告された。3人の印象は、自宅で寝たきりの人は少なくて皆ソファーなどに座った状態であった。また、1人当たりの処置がとてもスピーディーで、看護師とヘルパーとの連携がとられていた。看護と介護は同じ事業所でやるべきと思った。入浴という習慣がなく、袋状のタオルに石鹸をつけて両面を使って拭きとるだけのサービスは、国柄の違いもあって、効率的だったとの感想をもった。

第2節　ドイツの在宅ケアと介護保険改革
　　──バイエルン州MDKとミュンヘン・カリタス・ゾチアルスタチオンの事業
　　　からの示唆──

　ドイツ第3の都市であり人口およそ130万人、外国からの移住者も人口の4分の1に及ぶという州都ミュンヘン。2005年11月23日、筆者らは、そのミュンヘン市にあるバイエルン州MDK（疾病金庫）で介護保険認定部総責任者ロルフ・ジョイ氏から介護保険の概況について説明を受けた。次に、同市にあるゾチアルスタチオン（Sozialstation）を訪問し、ステーションの実際の活動について所長のクリスティーナ・ハックさんから説明を受けた。ゾチアルスタチオンとは地域在宅サービスステーションのことであり、文献によってはソーシャルステーションの呼び名で日本に紹介されている（以下、本節でも「ソーシャルステーション」という）。

　ソーシャルステーションは、1970年以前は訪問看護とホームヘルプサービスとは別の組織であることが一般的であったが、1960年代末までに教育の宗教分離が進んでいく過程で、資格をもった看護師不足が進行したのをきっかけに、看護師を雇用しより良い労働条件をつく出すことを可能にする目的で、ラインラント・ファルツ州で1970年にソーシャルステーションという概念が導入されたのが最初である。そこからソーシャルステーションはドイツ全土に広がった。そして、訪問看護とホームヘルプサービスの中の数種類の在宅ケアサービスが、ソーシャルステーションにおいて結合したのである。私たちが訪問したカリタスのソーシャルステーションは、当然介護保険適用の事業所である。

　本節ではまず、MDKで得られた所見をもとに、制度開始から10年経ったドイ

ツの介護保険制度について概略を述べ、次に、カリタス会の事業とソーシャルステーションの活動を紹介する。おわりに、ドイツの介護保険制度について所見を述べる。

1. 苦悩するドイツの介護保険——バイエルン州MDKの視察と最近の動向から

本項では、ドイツの介護保険事情について、バイエルン州MDK（Medizinicher Dienst der Krankenversicherung：疾病金庫。医療保険・介護保険の医療サービス機構）の調査とその後日本で開催された、医療経済研究機構主催の「日独社会保障シンポジウム2006」への参加を通じて得られた所見、そして、ドイツの介護保険の現状と課題について述べることにする。

(1) ドイツ介護保険の概要

ドイツの社会保険には、疾病保険（医療保険）（1883年）、事故保険（1884年）、年金保険（1889年）、失業保険（1927年）があり、介護保険（1995年）は社会保険システムの5番目の柱として公的に運営されている。公的介護保険には、ドイツ全人口約8,000万人のうち7,000万人が加入している。

1995年4月、在宅サービス先行施行でドイツの介護保険制度は始まった。施設サービスの実施は1996年7月からである。ただし、保険料徴収は1995年1月からである。ドイツの介護保険事務は公的医療保険を運営しているMDKが行うが、財政的には明確に分離されており、介護金庫間で財政調整が行われて保険料は全国一律になっている。

対象者は原則として全国民で、日本の対象者が40歳以上の国民であることと大きく異なっている。そして民間医療保険加入者は原則として民間介護保険加入者となっている。保険料負担は医療保険料率への介護保険料率の上乗せ方式をとっており、保険料率は1996年7月から1.7％になっている。労使折半だが、年金受給者の場合は年金保険者が事業主分を負担する。日本のように公費は入っておらず、財源はすべて保険料で賄われる。

サービスの給付は、原則として福祉サービスを給付の対象としており、日本のように保健医療サービスは給付対象としていない。在宅サービスは、訪問介護、通所介護、夜間通所介護、短期入所介護、代替介護、福祉用具の貸与・購入、住

宅改修費の支給、老人居住ホームなどがある。施設サービスでは、老人介護ホーム、老人ホーム、老人複合施設などがある。

　日本の介護保険では現金給付はないが、ドイツの場合は要介護度に応じ支給される介護手当てがある。また、代替介護費用の給付という家族介護を前提とした、介護者が休暇、病気等のため介護できない場合に費用を支給する。要介護認定は後述するようにMDKが行う。利用者負担は保険給付の範囲内であれば自己負担はない。ドイツの介護保険は部分負担といわれており、日本のように一部負担はあるが保険給付の対象外の負担がある。保険給付額は、必要額のおよそ3分の2程度だそうである。保険給付で足りない分は、本人または家族がサービス提供者に支払う仕組みである。以上がドイツ介護保険の概略であるが、日本の介護保険と大分違う。

(2) バイエルン州MDKの介護保険運営状況

　筆者らは、ドイツ第3の都市であり人口およそ130万人、外国からの移住者も人口の4分の1に及ぶという州都ミュンヘン市にあるバイエルン州MDKで、介護保険認定部総責任者ロルフ・ジョイ氏から詳しく介護保険の運営状況について説明を受けた。

　介護保険におけるMDKの役割は、介護の必要度の判定（要介護認定）であり、そして、介護サービスの品質管理などである。また、地域では介護保険の相談も行っている。MDKは、自主独立した利益で事業が成り立っている。

　MDKの鑑定人が要介護者宅を訪問し、どの程度の介護が必要かを診断するわけだが、徹底的に権利を主張する国柄らしく、納得がいかない場合は再審査請求をし、それでも不服の人は裁判に訴える。再審査請求者は全体の5％で、そのうちの10％くらいが裁判になるそうである。

　ドイツの要介護度は、基本は3段階である。I段階は、1日1回、最低90分の介助が必要といった一番軽いものである。II段階は、1日3回、最低3時間の介助が必要で、1週間に数回の日常面での援助が必要な人である。典型的な介護度2の人とは、脳梗塞、半身麻痺の人、切ってあげれば自分で食べられる人などである。III段階は、主に寝たきりの人が対象で、1日5時間以上の介助を24時間体制で必要としている人である。例えば、エイズ末期、がん末期、アルツハイマー

第八章　在宅ケアの限界点をいかに高めるか

図8-1　介護保険の給付

家族介護（一般家庭に1カ月に1回支払われる家族介護費の額）

Ⅰ：205€	Ⅱ：410€	Ⅲ：665€
（28,700円）	（57,400円）	（93,100円）

在宅介護（訪問介護が必要になる。2/3介護保険、1/3本人払い）

Ⅰ：384€	Ⅱ：921€	Ⅲ：1,432€
（53,760円）	（128,940円）	（200,480円）

老人ホームなり施設に住む場合

Ⅰ：1,023€	Ⅱ：1,279€	Ⅲ：1,432€
（143,220円）	（179,060円）	（200,480円）

注）1€＝140円で計算。
（出所）Rolf Scheu: *Die Pflegeversicherung in Deutschland SGB XI*, 2006.11.

の人などである。このⅢ段階の人は、家庭でのケアは無理なので、介護ホームに入ってもらう。

　概略で述べたように、介護保険の対象者の年齢制限はない。乳児・幼児でも介護保険の給付を受けられる。例えば、家庭で人工呼吸器をつけている小児は、介護保険の給付を行わなければ生きていけない。こうしたたいへんな出費をしている人は、ミュンヘンでは100人くらいの若い人たちであり、障害者でももちろん同様に給付を受けられており、むしろ高齢者は少ないそうである。

　図8-1から、介護への給付をみてみよう。これは、制度発足の際に、誰が介護するかで議論になった経過があり、失業対策になるので家族がよいといった意見や、施設より安く、家族の愛情があるなどの意見があって、決まったものである。その家族介護で一般家庭に1カ月に1回支払われる家族介護費の額は、家族の要介護者が1段階の場合は205ユーロ（2万8,700円）、2段階では410ユーロ（5万7,400円）、3段階では665ユーロ（9万3,100円）となっている。訪問介護が必要になる在宅介護では、1段階で384ユーロ（5万3,760円）、2段階で921ユーロ（12万8,940円）、3段階で1,432ユーロ（20万480円）となる。これが、施設介護の給付費になると、1段階で1,023ユーロ（14万3,220円）、2段階で1,279ユーロ（17万9,060円）、3段階で1,432ユーロ（20万480円）となるから、施設介護が高く付

くという政府の言い分は、この点については正しいことになる（1ユーロはいずれも2005年11月の訪問時の140円で計算）。

現在、ドイツ全体で介護保険被保険者総数は7,089万人だが、保険給付を受けている人は約195万人（保険者総数の28％）で、そのうち134万人が在宅（保険給付者の69％）、61万人が施設（同31％）で暮らしている。ジョイ氏の説明では、ドイツの高齢化率は現在16.4％だが、高齢化はさらに進みつつある。医療技術の進歩も貢献して、介護保険受給者は増加することは間違いないので、介護保険はさらに赤字になっていく。この対応は、現在政府の財政問題となっている。また、核家族化は身寄りのない独居の高齢者を増加させているが、ミュンヘン市では、55歳以上の人が地域でケアしていけるように4〜7人が1つのアパートに住んで助け合うモデルプロジェクトも行っている。「施設はお金がかかるので、できる限り長く在宅介護をしましょう」という国の方針実現は、今後一層施設から在宅への流れを加速させると予想されている。

以上が、筆者が2005年11月にドイツを訪問した調査内容の一部だが、そのおよそ1年後に日本で、日独社会保障シンポジウムが開催され、ドイツの介護保険事情が報告されているので、当時の動向を紹介しよう。

(3) ドイツ介護保険の動向

2006年10月に開催された日独社会保障シンポジウムは、「日本とドイツの医療・介護・年金、新しい連帯と競争の形」をテーマに開かれ、ブレーメン大学のハインツ・ロートガン教授が報告した。教授によると、ドイツの介護保険財政は赤字傾向が続いているものの、支出増は適度なものであり、比較的安定していると述べた。しかし、認知症ケアへの対応の遅れやサービスの質の改善が課題となっているなど、日本と同様の課題を抱えているそうである。

まず、要介護度別受給者数の推移は、ロートガン教授がシンポジウムに提出したデータを筆者が図にしたものである（**図8-2〜5**）。**図8-2**をみると、重度（Level II）と最重度（Level III）が減少傾向にある一方で、最もランクの低い中度者（Level I）の割合が増加しており、2004年には51.5％と過半数を超えた。ロートガン教授によると、その理由は「医学的理由はなく、審査が厳しくなったから」だそうである。

第八章　在宅ケアの限界点をいかに高めるか

図 8-2　要介護度別受給者割合（％）

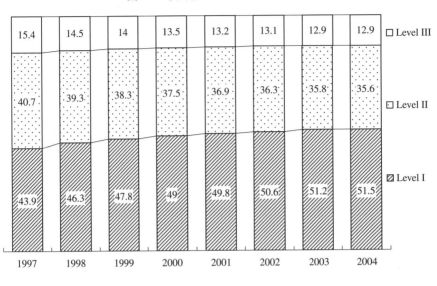

図 8-3　受給者の在宅・施設別の割合（％）

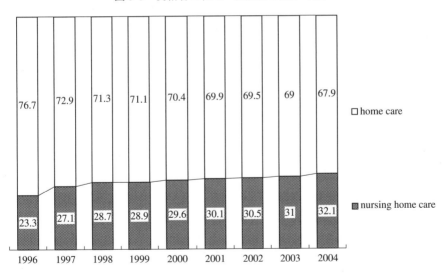

　次に、在宅・施設別の受給者の割合をみると図 8-3 のとおりで、ドイツでは施設利用者の占める割合が年々増加しており、97 年には 27.1％だったが、2004 年には 32.1％となっている。教授は、「在宅介護から施設介護へという傾向は今後

365

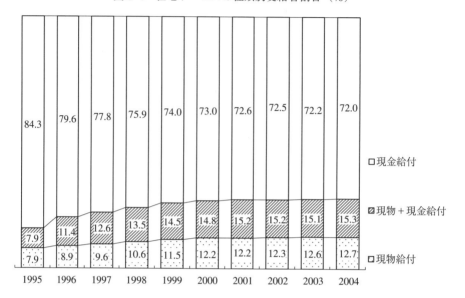

図 8-4 在宅サービスの種類別受給者割合（％）

　も続く」と予測している。ケア付き住宅（シェルタード・ハウジング）という新たなサービスの提供も始まっているが、「まだ主流ではなく、ケアの内容が見守りだけのところもある」のが現状だそうである。なお、介護施設利用者の約 3 分の 1 は、社会扶助を受けている低所得者層だそうである。

　ドイツの在宅サービスは、大きく現物給付、現金給付、その組み合わせの 3 種類があり、その推移をみると、図 8-4 のとおりで、現金給付は 95 年には 84.3％と 8 割を超えていたが、2004 年には 72.0％と 10％以上も低下している。それに対して、現物給付と現物給付と現金給付の組み合わせは増加傾向にあり、現物給付は 1995 年の 7.9％が 2004 年には 12.7％へと約 6 割上昇している。現物＋現金給付の増加率はさらに高く、7.9％から 15.3％へと 2 倍近くなっている。ドイツでは在宅介護を受けている人の半数以上が家族介護を受けているが、ロートガン教授は、現金給付は、「家族に渡すこともあるが、家族介護を安定・強化させ、支出も安定させることができる」と高く評価している。

　こうしたドイツの介護保険だが、財政をみてみると、図 8-5 のとおり、1999 年から単年度赤字が続いており、特に 2002 年からその額が急速に増大している

第八章　在宅ケアの限界点をいかに高めるか

図8-5　ドイツの介護保険財政の推移

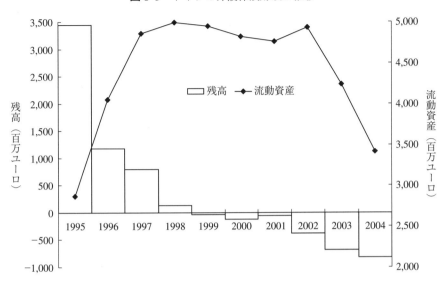

ことがわかる。資産残高も2002年には49億3千万ユーロだが、2年後の2004年には34億17百万ユーロにまで減少している。

こうした近年の赤字要因について、①受給者数の増加と②保険料の減少の2点を指摘した。教授によると、1997年から2004年の間に受給者数は平均年率2.0％増加し、同様に支出額の年増加率は2.2％増となっている。一方、ドイツの介護保険の財源は保険料と利子のみで、肝心の保険料は年率0.8％で上昇しているもののインフレ率を下回っていることから、実質的な保険料収入は減少しているそうである。支出の増加が比較的穏やかであった理由は、①審査機関による厳しい審査、②日本と比べて要介護の定義が狭い、③給付額に上限があり、④それが引き上げられていない、ことによる。しかしながらその一方で、認知症への対応が十分ではなく、要介護認定において見守りが考慮されていない。社会扶助の果たす役割が依然として大きい、公民の混合資金調達、介護保険給付の購買力の低下、といった問題点がある。

その他の特徴としては、介護サービスの質の問題が挙げられており、ロートガン教授は介護の質を上げる試みは「失敗した」と厳しい評価をくだした。また、問題点として、①過度の規制、②家族介護の質に対する関心が低い、③現場の透

明性がきわめて低い、と指摘した。労働市場に関しては、約70万人の介護専門職の85％超は女性で、仕事の大半はパートタイムであり、実収入は中程度だが、「どちらかというと低い」のが現状であり、「今後の人口の推移を考慮し、かつ労働市場の傾向を一定のものと仮定すると、将来的には労働力の供給不足が予測される」と指摘した。

以上のような現状を踏まえて、ロートガン教授は、これからの課題として、給付面については、①増加が見込まれる認知症ケアへの追加的給付の検討、②3ランクに分かれる要介護度のうち最も低いIの者に対する給付の適正化、③介護の質の改善の3つがあると指摘し、その他に、リハビリテーションが少なすぎることや、ケース・マネジメントが十分ではないこと、居住型施設の人員不足も問題だと指摘していた。

収入の急激な減少によって悪化している財政については、その収支均衡のための方策として、給付及び認定要件の厳格化、1件当たり給付費の削減、新たな財源の開拓、の3つがあるが、前二者についてはマイナスの影響が出てきていることから、「今後は追加的な財源に焦点があたる」と予測していた。

(4) 日本の在宅ケアへの示唆

以上、ドイツ介護保険の事情について述べたが、視察と当時の動向からわが国に示唆する点は何であろうか。

第1は、やはり介護保険の財政問題が挙げられる。高齢者数が増大する中で要介護者数は当然増えることになるし、対象者に年齢制限がなく乳幼児から高齢者まで障害者も含めて、高額なサービス利用者が増えれば当然、介護保険からの給付も増えることになる。保険原理からして保険料と給付の関係で財源が必要になるのは必然である。しかし、ドイツの介護保険はもともと介護力の確保と介護費用の負担が問題となって介護保険を構築したわけだから、介護保険給付により確実に家族の介護負担は軽減し、老後の生活に安心感を与えていることは調査から事実であった。ちなみにイギリス、フランス、スウェーデン、デンマークの財源はすべて公費である。ドイツの保険による運営が今後どうなるかは、わが国の介護保険の将来を知る上で大変参考になる。

第2は、ドイツでも看護・介護サービスの質の問題は重要課題であった。ドイ

第八章　在宅ケアの限界点をいかに高めるか

ツでは介護の質保障法が2001年9月に制定され、2002年1月から施行された。その内容は、すべての介護保険の指定を受けたホーム及び在宅介護事業者に、包括的な質の管理の導入を義務付けた。介護金庫と施設間で「サービス及び質に関する合意」を結び、人員配置その他のサービスの質を定めるとともに、これを元に介護報酬を算定する。また、独立した専門家による定期的な施設の質の検査も行われている。要介護者への相談事業と情報公開の強化及び、MDKによるホーム監査、監査に関する州との連携も行われている。

また、ホーム法の改正も同時に行われた。ホーム法は、介護保険の指定如何にかかわらず施設を規制するものである。入所者の自己決定権を確保し施設の自己責任を強化した。そして、入所者の意見を代表する評議会の権限も強化した。各ホームに対し、毎年1回の監査、予告なしの監査も可能になった。その質の向上に対する試みは、ロートガン教授によれば「失敗」したというから大変なことになった。質の改善に向けて、基準の開発を担当する新たな機関の設立が最近提言されたので、やはり今後注目してゆくことが必要である。

介護保険の質をあげるために、ドイツは法律で監査を厳しくする方法をとったわけだが、わが国では介護の質の問題をどうするのか、今後の動向が注目されるところである。

第3は、「介護の社会化」の問題である。一般にドイツの制度は補完制の原則に基礎をおいているので、公的なサービスが必要なときは、家族がその費用を負担しなければならない。特に子供の負担はとても大きなものがある。「自立」と「自己決定」はドイツの介護保険の特徴だが、筆者が現地を訪問して考えてみても、ドイツで1人暮らしの老人が、ストレスなく介護サービスだけで在宅で余生をおくれるとはやや考え難いものがあった。ドイツでは介護の社会化はどこまで実現されたのであろうか。日本にはない、現金給付については、ドイツで在宅介護を受けている人の半数以上が家族の介護を受けていることとかかわって、ドイツの介護の社会化はどのように実現されるのか興味深く思われた。

2. ミュンヘン・カリタス・ゾチアルスタチオンの事業

(1) カリタスの概要

①組織と活動範囲

　ドイツでは、法律に拠らない非営利を基礎とする社会支援の形態を総称して、任意慈善事業（Freie Wohlfartspflege）と呼んでいる。任意の慈善事業の内部では、教会、赤十字、労働関係など複数の福祉団体が合同して、6つの全国的包括組織を形成している。筆者らが訪問したカリタス会は、6つのサービス提供者団体の1つである。カリタスとはカトリックのことであり、カトリック系の教会組織のことである。筆者らが視察したのは、カリタスの一部のソーシャルステーションで、MDK（Medizinicher Dienst der Krankenversicherung：医療保険の医療サービス機構）から要介護認定を受けた患者（老人・障害をもつ人）への在宅サービスを提供している。

　まず、カリタス会の組織と活動範囲を**図 8-6**からみてみよう。子供から若者、老人までを対象としてのソーシャルサービス、または移民への援助（図中では省略したが、ポルトガル、イタリア、クロアチア、アルバニア他を対象としている）、そしてエイズ相談まで含めて、非常に多彩な活動を行っている。これは、もともとドイツでは、社会生活上のケア及び福祉的サービスは、主に独立した慈善団体が行っていたという歴史的経過から辿ることができる。

②活動内容

　カリタス会の活動をハックさんの説明から拾ってみたい。会がやっていることは、相談センター、子供の保育所2カ所、家庭に問題ある人の相談センターなどである。16歳までの子供たちは昼前に学校が終わるので、ここで宿題をみてもらう。同時に自由な遊び場となっている。エイズの相談所は、いまやヨーロッパ25カ国のマルチカルチャーになっている。外国の子供たちが日常を過ごすのに必要な母国語を学ぶ場所も設置されている。もちろん高齢者に対するサービスでは在宅介護も行う。他の社会福祉関係のサービスとしては、社会福祉を申し込んでも現在食べていけない方に対するソーシャルサービスも提供されており、市内4カ所で行っている。内、2カ所では、高齢者なら誰でもがそこに行ってセラミッ

第八章　在宅ケアの限界点をいかに高めるか

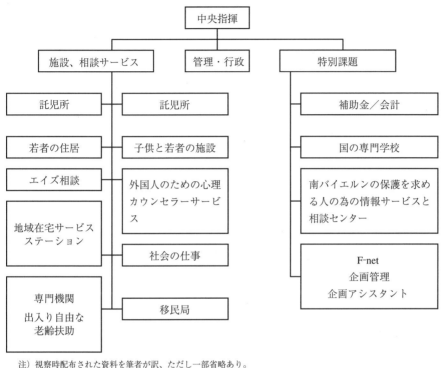

図8-6　カリタスの活動概要

注）視察時配布された資料を筆者が訳、ただし一部省略あり。
（資料）Organigramm CZ innenstadt.

クを作ったりダンスしたりするといった活動を行い、1人住まいの孤独な人へのサービスも行っている。経済難民、政治難民の人のために、ポルトガル語、イタリア語、クロアチア語、アルバニア語など外国語の勉強ができるようになっている。短期間のコースもあって、コンピューターコース、インフォメーションコースなどがある。カリタスの2005年9月から12月までの活動を紹介したパンフレット（Caritas, *Alten-und Service-Zentrum Westend, Programm 2005*, September Oktober November Dezember）をみると、初心者のための英語や陶芸、高齢者の体操、国際的チェスの集まり、コーラス、ボーリング、老人のためのヨガ、フラストレーションのないダイエット、ハイキング、ドイツ博物館への遠足などのコースもあって、実に楽しい企画が盛りだくさんである。

　私たちが訪問したのが水曜日の午後だったこともあって、建物の中庭では経済

371

援助を必要としている人たちに食事を配っている最中であった。社会サービスとして、毎週水曜日に食料を配っている。食事だけではなく、着なくなった洋服をもってくる人がいるかと思うと、必要な人はその洋服をもっていくサービスもあるそうである。カトリック（保守的プロテスタント）の機関だが、人種、宗教にかかわらず誰にでもサービスを提供する。国から、州から、ミュンヘン市から援助金が出ても財政的には赤字だが、幸いにもカトリック教会から支援されていることで何とか頑張っている。例えば、エイズは連邦政府からの支援があり、そして福祉部門では教会からの支援がある。それでも足りないときは追加支援もしてもらう。一般に訪問看護もホームヘルプサービスも同じく、ドイツの制度は補完制の原則（または、「補足性の原則」ともいう）に基礎をおいている。すなわち、公的でないサービスが供給されている場合は、公的なサービスは提供されない。公的なサービスが必要なときは、家族がその費用を負担しなければならない（ただし、健康保険によって給付されるサービスは除く）。家族がその費用を負担できない場合にのみ、公的な供給者（社会福祉）がそれを負担する仕組みである。

(2) ソーシャルステーションの活動
①活動状況

　カリタスのソーシャルステーションは27年の歴史があり、もちろん介護保険導入前から活動していた。当時のステーション数は23カ所であったが、現在では財政問題から13カ所に減ってしまった。ステーションは統合されて、23人の所長は13人になった。私たちに説明してくれたハックさんもその1人である。教会がある地域を中心として、カリタスはミュンヘン全体をカバーしている。かつては40人くらいのケアをしていたステーションは、今ではほとんどのステーションが100～120くらいのケアをしている。このソーシャルステーションには看護婦（士）および介護士13人のスタッフが働いている。筆者らが事務所で紹介された、今まさに訪問に出かけようと準備をしていた2人の看護師は、壁にかけてある大きな鍵箱から要介護者の家の鍵をもって出てゆくところであった。ドイツの高齢者は1人暮らしが多いので、訪問看護婦（士）は鍵を預けられている。私たちのインタビューのあと、彼女たちは、カリタスの名前が入った白い制服を着て出かけて行った。

第八章　在宅ケアの限界点をいかに高めるか

　ハックさんは、介護保険導入によって書類作成が増え、要介護者と過ごす時間が少なくなったことが悩みだと述べた。13人の看護婦（士）が120〜130人の要介護者の看護と介護をしているが、他には小児専門看護婦、高齢者介護士、正看護婦の3人の学生が実習にきていた。また、兵役に服さない男子の市民ボランティア（良心的兵役拒否者）が1〜2人いた。買い物の手伝いなどを行うが、活動は彼らの次の職業教育の単位になる。35人のヘルパーは、学生、年金生活者などで、要介護者の家事手伝いなどを行っている。

　スタッフの中には、午後1時半には自分の幼稚園児をピックアップする人もいるから、それらの条件に合わせて人を配置するようにしている。大体多くのヘルパーや看護婦（士）は、2シフトで働いており、必要なら朝7時から働くし、土日でも必ず事務所には1〜2人を常駐させるので、こうしたスタッフをどのように配置するかがハックさんの大変難しい仕事である。

　120人の要介護者は、全員が在宅看護を必要とする人たちで、介護等級Ⅰの人（相当程度の介護を要する人）は40％、等級Ⅱ（重度の介護を要する人）が25％、等級Ⅲ（最重度の介護を要する人）は15％の割合になっている。利用者の80％は高齢者であり、中には100歳の誕生日を迎えた人もいた。要介護者にもよるのだが、ヘルパーと看護婦（士）が一緒に訪問することは基本的にない。看護婦（士）は毎日同じ人を訪問するようになっている。

　介護報酬は行為別であり、例えば脳梗塞の患者には、着替えが2.5ユーロと決まっている。看護師の活動は合理的で、予め用意された用紙には要介護者に必要な看護・介護内容が記載されており、チェックする欄が設けられている。看護婦（士）はいつもこの用紙とリュックサックをもっていく。リュックの中身は手袋、消毒液など看護に必要なすべてが入っている。

　彼女らの行動を筆者らに配布された11月25日のプランからみてみよう。朝7時5分には最初の要介護者宅にてインシュリン注射、着替え、皮膚の手入れ、清拭、家事、ベッドメイク、若干の調理などの行為が記載されており、13時23分まで19人の要介護者がリスト化されていた。1人目の要介護者は31分かかるが、次の要介護者の家まで11分で移動し、7時45分には血糖値を計りインシュリンを打つまで5分である。その5分後の7時56分には3番目の要介護者宅で圧迫靴下を着用させる。これも5分。その他には、下肢の圧迫包帯を巻くだけの看護

や髭剃り、顔の手入れ、排泄、買い物、住居の住み替えの手伝いなどの要介護者へのサービス内容が記載されている。どの看護、介護とも滞在時間は短くて5分、長くても31分である。5分や10分台の滞在時間が多いのは、ドイツは行為に対する点数設定であるから、必要なことを急いで行うことが重要だからであるが、要介護者が自分でできるところは自分でやって看護婦（士）は自立できないところを助けるという考えもあるからである。それと、お互いが顔見知りなので、信頼関係が構築されていて日常生活の一部になっているようである。しかしそれにしても、看護婦（士）泣かせの分刻み看護であることには違いない。患者はこういった時間に追われた看護をどう思っているのかハックさんに質問したところ、昔からの患者は少なく介護保険導入後の患者が多いことから、これが当たり前と思っているとのことであった。

②現場での悩みや問題点

　介護保険導入後に、時計をみながらケアするようになった。導入前は、もっと人間的なゆとりをもって介護をしていたと思うが、今では時間が気になってしまう。在宅看護ではどうしてもお金の問題になってしまう。この事業所では看護婦（士）13人を雇うのが財政面から精一杯で限界だとハックさんはいう。

　「訪問看護は、赤字だけど他で黒字になるのか」。私たちが視察したステーションでは何とかうまくやりくりしているが、他のステーションはそうではない。介護報酬が低いことが財政面の厳しさの原因である。例えば、このステーションでは、車を使っているスタッフは4人だけで、他は自転車を使っている。冬でも自転車を利用しており、小回りが利いて効率的だと説明を受けた。それにドイツ人は、体温が日本人より高いのであまり寒くないというが、この日のミュンヘンの朝はマイナス6度で筆者らは震え上がっていた。道路が凍りついた日でも自転車で元気に訪問するそうだが、やはり財政的厳しさは少なからず影響していると推測された。

　「利用者からこれもやってくれといわれたらやるのか」の質問に、「喜んでサービスを提供するがお金は払ってもらう」との答えであった。つまり、あと30分家にいて欲しいといわれたとして、保険適用できないものは自己負担になるそうである。

第八章　在宅ケアの限界点をいかに高めるか

　このステーションでは、病院、開業医、家族、子供などから患者が紹介されてくる。全ドイツのサービス提供者の中で一番大きいのがカリタスなので、利用者はカリタスに相談すれば何とかなると思っている。しかしリハビリについてはリハビリセンターで行っているので、ここでのサービス範囲には入っていない。
　スタッフ間の意思疎通は大切で、毎日昼のミーティングと月2回は全員が集まってミーティングを行うことが決められている。研修としては、スタッフの希望を聞いてセミナーなどを行うことになっている。
　筆者は、一般の看護婦〔正看護婦（士）、または地域看護婦（士）〕と老人介護士〔高齢者介護士（婦）と訳している文献もあるが、本節では「老人介護士」と呼ぶ〕の違いは何かに関心があった。そこで、ステーションで働く13人のスタッフは、訪問看護婦（士）と老人介護士の割合はどうなっているのか、資格の違いによる仕事の違いを尋ねてみた。すると、11人が一般の看護婦（士）〔地域看護婦（士）〕で2人は老人介護士とのことだが、業務の違いはないとのことであった。老人介護士は老人心理学をたくさん勉強するが、一般の看護婦（士）は当然医学的知識を必要とするので、教育内容は異なると説明された。ちなみに正看護婦（士）は3年間の教育を要するが老人介護士（婦）は、2年ないし3年の教育を要する。
　ドイツでも看護・介護の質の問題は重要で、MDKが抜き打ちで立ち入り検査をする。これは1994年12月に、在宅サービスの「社会法典XIの第80条による在宅介護の質の調査の実施手続きを含む、質と質の保障の共通原則と基準」が策定されたことによる。このステーションではどうであったかを尋ねたところ、2002年と2006年に検査が入ったが、特に問題はなかったとのことであった。
　ハックさんがいうには、介護は、本人が希望しなければ、子供など家族が希望したとしても、永くは続かない。逆に本人が希望すればうまくいく。そのためにスタッフは訓練を怠らない。例えば、難しい患者がいた場合、メンバーの1人に患者になってもらい、別の1人が左側から体を支えるという訓練を全員でするとのことである。
　ハックさんが看護婦（士）に「この患者に30分で看護をやってくれ」というと、訪問して看護するには時間が短すぎるとのクレームがつく。いつもスタッフともめるとのことである。引継ぎのときは2人がペアで1週間かけて訪問に出かけて

いくが、報酬は1人分しか支払われない。「訪問看護婦（士）の給料は月額いくらか」と尋ねたところ、「町のどこに住んでいるのか、年齢、子供がいるかいないかで変わるが、それにしても低すぎる」との答えであった。「病院看護婦（士）より低いのか」との質問には、「准夜勤、夜勤手当を除くとあまり変わらない。ドイツでは病院で働く医師の給与も低く、この前は医師のストライキがあった」という。ハックさんから「ドイツは工業国で、健康福祉などは第3第4の政策で、幼稚園の先生や看護婦（士）などの賃金は総じて安い」といった国の産業政策への不満も吐露された。

ターミナルケアの事例を聞くと、1日6回訪問することもあるらしい。ホスピスのシステムは別にあり、手を握って一緒にいるのもホスピスとの答えであった。患者によってケースバイケースで、ボランティアになる場合もあるそうである。

(3) 得られた所見
ゾチアルスタチオンの活動とドイツの介護保険について所見を述べる。

ハックさんが熱っぽく語ってくれた話を想像しながら聞いていて、現場で働く看護婦（士）たちはどこの国でも本当に良く頑張っていると素直に感じられた。看護婦（士）たちが自転車でミュンヘンの路地裏を、冷たい北風を受けながら要介護者宅を訪問し介護する姿を思い浮かべると、看護士でない筆者にはつくづくヒューマニティがなければできない仕事だと思われた。ドイツと日本は歴史や文化は違うけれども、要介護者がいてそれを看護するという行為は共通のようである。しかも日常生活の一部のごとく定着しているのはすごいことである。こうした現場での頑張りにもかかわらず、財政的には苦しいというハックさんの話も非常によく理解できた。

医療技術の向上も貢献して社会の高齢者数が増大する中で、MDKが認定する要介護者数は当然増えることになる。当然介護金庫からの出費も増えることになる。保険原理からして保険料と給付の関係で財源が必要になるのは必然である。しかし、ドイツの介護保険はもともと介護力の確保と介護費用の負担が問題となって介護保険を構築したわけだから、介護保険給付により確実に家族の介護負担は軽減し、老後の生活に安心感を与えていることは嬉しく思われた。ドイツでも現在、将来の財政問題は現場担当者にとっても関心の的であった。無駄をなくし質

の良いサービス提供を行うための仕組みづくりは、先進諸国の喫緊の課題であることが実感できた。

　もう1つ、筆者がドイツで感じたことは、ドイツの「介護の社会化」は未だ未成熟ではないのか、という疑問である。一般にドイツの制度は補完制の原則に基礎をおいているので、公的なサービスが必要なときは、家族がその費用を負担しなければならない。特に子供の負担が大きい。「自立」と「自己決定」はドイツの介護保険の特徴だが、デンマークのプライエムで私たちが会った老人が老後に不安なく生活している姿と比べると、ドイツで1人暮らしの老人が、ストレスなく介護サービスだけで在宅で余生をおくれるとはやや考え難かった。

　今回のミュンヘンでは、現場への同行訪問ができなかったことはとても残念であった。百聞は一見にしかず。同行訪問できたらもっと別のものがみえてきたかもしれない。また、カリタスの活動では、住民や利用者の意見がどのように取り入れられるのかを聞くことはできなかった。住民参加の仕組みも関心があるところであった。機会があったらまた現地を訪れたいものである。

3. ドイツにおける介護保険改革構想——介護保険導入から12年を経て、人材養成の動向を中心に

　2007年10月、国際福祉機器展2007は、「創設から10年、ドイツの介護保険の現状」をテーマにした国際シンポジウムを東京で開催した。そこで、ドイツから招待されたドイツ保健省EU議長国タスクフォース全欧州保険政策企画部長のOrtwin Schulte（オートウィン・シュルテ）氏の講演を聴く機会があった[2]。氏の講演は、今後のドイツ介護保険の改革の構想を述べた重要な内容を含んでいた。また、同月、日本介護福祉学会が埼玉県で開催された。その中で、ドイツにおける介護、看護、ソーシャルワーク人材養成の最近の動向が研究者から2題報告された。本稿では、そのうちの高木剛の報告要旨[3]を参考に論述した。

　したがって本項は、ドイツの介護保険の現在の課題と今後の改革の構想について、シュルテ氏の講演の概要から紹介することを目的として、特に人材養成の最近の動向を中心として述べて、おわりに、本報告に関連して、日本の福祉人材の確保について筆者の考えを述べる。

(1) 介護保険導入から 12 年を経て

現在ドイツの介護保険についての政治的議論は、社会保障改革の最も重要な課題を反映し、改革構想の根拠となっている全体的な財政課題がいくつか挙げられるに至っている。その中で、長期介護はドイツの社会保障にとって重要な要素の1つとなっている。現在、平均寿命の伸びと出産率低下という深刻な人口構造の変化と家族構造の変化により、介護を必要とする人々の家族（配偶者、子供、親戚など）だけでは、十分な介護ができなくなっている。このこと等から長期介護に関する社会保障の仕組みを必要とする声は徐々に高まっている。

長期介護にかかわるリスクは、社会連帯での仕組みを必要とするリスクであり、社会連帯から提供される保障は社会保障によって再配分されるが、長期介護に関する保障の場合は、介護保険によって再配分される。社会連帯とは、フランスの理念「自由・平等・博愛」の「博愛」に通じるものであり、人々が参加し助け合うという概念である。現在、社会連帯の概念は、欧州各国に共通してある。その一方で明らかなのは、「社会保障では長期介護に絡んで生じる費用の全額をまかなうことができない」ということである。なぜならそれは、家族介護など非賃金労働費用を急激に膨れ上がらせることになるからである。政治的世論の一致するところ、すなわち「介護保険給付金は費用の一部を補うものとすること」は、ドイツ介護保険制度の基本原則である。

導入後 12 年を経た介護保険制度は、ドイツの社会保険制度の集大成であり、現在、以下の主な改善が達成されている。

①200 万人以上の受給者に対し、安定した給付金を支給した。②充実した外部の介護ネットワークや非金銭的補助などを利用することにより、長期介護を必要とする国民の3分の2が在宅介護を選択するに至り、在宅介護の役割が強化された。③介護保険の給付により社会扶助の受給者が減少した。④介護インフラの整備により、25 万人に及ぶ新規雇用を創出できた。

以上のような成果をシュルテ氏は述べている。その上で、改革構想について次のように述べた。

2003〜2004 年に発表された社会改革パッケージ〈プログラム〉では、医療、年金、労働市場の改革から成る「アジェンダ2010」[4]と 2007 年からの医療改革が、第2次世界大戦後から絶え間なく改善され続けているドイツの社会保障の伝統に、

新たな要素を加えることになった。それは、社会制度の構造が近代化され、社会保障給付の中でも特に雇用と医療にかかわるものが削減された。長期介護は、このプログラムから除外され、「アジェンダ2010」以降は憲法裁判所からの要求により、子をもたない被保険者の負担金増額が導入されたのみであった。

ドイツの連立政権与党内で同意された介護保険に関する改革パッケージが、11月に国会に上程された。これは、統合医療制度の導入、認知症にかかった被保険者に対する給付金の改善、そして、1996年の介護保険導入以来初の全体的な給付金の増額等の政策を含むものであった。この改革の財源は、被保険者の負担金の増額、つまり、介護保険制度からは現在1.7％の保険料を1.95％へ引き上げることでまかなわれ、2014～2015年までに持続可能な財源の基盤となる。

政治システム及び保険制度や市民社会にとっての将来的な課題は、「制度には給付限度があるということを明確にした費用補助」という、介護保険制度の性質を明確に保つ必要がある。

こういった視点からみると、介護保険制度は、「社会連帯」「平等」「高品質」といった介護への権利からなる「欧州社会モデル」の原則に従う社会体制の構築に大きく貢献することになる。国際機構内における全世界的なあるいは2国間的な対話のみならず、EU諸国内での十分な対話のプロセスが、EU加盟国の自主的な決定を促すことになる。

(2) ドイツ介護保険の現在の課題

シュルテ氏がシンポジウムで述べた中から、介護従事者の課題を考えてみよう。

1つは、財政的問題であり、2つには、社会的問題として、介護の人材問題を考えなければならない。

まず、財政問題としては、介護従事者の待遇の課題がある。ドイツで介護に従事する人の月収は、1,700～1,800ユーロ（27万2,000～28万8,000円／1€＝160円で計算）である。その中から社会保険料を引いた手取りでは1,100～1,200ユーロ（17万6,000～19万2,000円／1€＝160円）になる。介護従事者の収入は、ドイツ全体からすると低収入に入り、もっと多くの報酬が得られて当然である。

社会的問題としての移民の問題については、EUの各国は自由に、例えば、東ヨーロッパのウクライナ、クロアチアと協定を結び、介護職につくなら良いとし

た。しかし、自国の失業者がいるのに、移民を受け入れてよいのかという疑問が国内にはある。EU系以外からくる労働者は労働許可を得ることができるのは、国内ではその仕事が存在しない、または希望者がいない場合に労働許可がおりる。国内に400万人の失業者がいるのに、ドイツ人で介護職への希望者がいないというのは驚きである。そして、女性の場合には介護職への復職率が低いことも問題である。

しかし、介護の担い手問題の解決方法は2つしかない。1つは、スカンジナビアのようにプロに任せることで報酬を高くする方法であり、2つには、イタリアのように外国人を雇い入れて安い労働力で介護の担い手とすることである。

実際には現在でも介護労働にヤミ市場ができていて、外国人労働者が入ってきている。特に、家族介護の場合にヤミの安い労働者を雇っていることも多い。つまり、在宅ケアサービスでは資格のない人も介護労働に混ぜて使っている。在宅ケアの場合は、介護者の資格はいらないからである。

だから、日本のように経験を積んだ人はケアマネジャーになれるというように、キャリアアップできるとしたら介護職につきたいと思う人も出てくるかもしれない。この議論も改革の中で行われている。

次に、日本では馴染みがない現金給付に関して考えみよう。

例えば、要介護度I（日本では要介護度3に相当）の要介護者の場合、現金給付を選択する割合は7対3である。要介護度が高くなれば現金給付から現物給付を選択する割合が高くなる。介護のプロの手による現物給付を選ぶのは政府にとってはコスト高となる。例えば、1日10分間のプロの介護の場合には30〜40ユーロ（4,800〜6,400円）の支払が発生する。

そして、要介護者が家族と一緒に住んでいる場合は現金給付を選択する傾向が高い。しかし、この場合でも休暇をとる場合には、代替サービスとして誰かにきてもらうこともある。逆に、独居老人の場合は現物給付と生活保護を入れる。お金をどう使うかは本人の自由であり、使い方を決めた法律はドイツにはない。場合によっては悪用されたり、家族に横取りされる場合もあるが、チェック機能は緩やかである。例えば、現金給付に対しては、利用者は必ずプロのコンサルタンツのチェックを年2回受けなければならない、といったところである。ドイツでは個人の自由が強く主張されるので、自分のことは自分で考える。たとえ要介護

第八章　在宅ケアの限界点をいかに高めるか

度が高くても介護サービスを誰も強制的に押し付けられない。これは、介護を受けないという選択肢も自己決定できるということである。だからチェックするというのは難しい。

　家族介護は、介護の質が担保されているかどうかについては、国は、家族内のサービスの質については意識的に避けている。家族間でも虐待のケースがある。プロの場合は当然質の問題は重要であるが、家族介護の質のチェックはドイツでも様々議論されてきたが結論は出ていない。例えば、要介護度Ⅰには現金給付を廃止しようという議論もあったが、実際にはそれはなされていない。つまり、現金給付を残そうということが決定された。結果として、選択肢として現金給付か現物給付かという議論は、ドイツ政府が何年もかかって議論してきた結果残したのだということである。

　これまでプロの介護の質の確保は重要なテーマとして、立法過程で議論が行われてきた。現在は介護金庫とサービス提供者の間で質とサービスの合意が結ばれている。ここ数年間「給付と質の合意」を加えたが、管理面で複雑化してしまった。例えば、書類を書いたりチェックリストの作業時間が多くなり、目的と手段が本末転倒になってしまった。そこで、外部にサービス認定機関のMDKをつくり、そこで認定してもらうことにした。介護サービス提供者をランキングしようという議論もあったが、これはされるほうにとっては不愉快で難しいかもしれない。情報開示については、積極的に情報開示する施設もある一方で、処罰の対象となる施設もあった。それで、ドイツ国内では介護の質に対する人々の目が厳しくなった。このようにプロのサービス提供者には、社会全体でチェックしてゆくことが必要であろう。

　最後に、要介護認定の際の認知症の認定と権利擁護の課題について考えてみよう。

　要介護者の認定の仕方は、まず、法定介護の申請を保険会社に出し、保険会社がMDKにまわす。MDKには全国に1,000人の医師がいて要介護者を認定する。まず医学的見地から審査を行う。質問用紙で審査を行い、認定するかしかないかという作業をする。認定しないケースではそもそもそういったサービスが必要なのか、という医学的見地で行う。この医者の専門家に拒否された場合に不服とする高齢者は司法の場で争う。地方裁判所にもち込み認定の是非を争う。判決の大

半のケースをみると、ほぼ MDK の判断が正しいようだが、割合として 15％くらいは要認定になるケースが出ている。特に、肉体的には問題ないが、モビリティ、日常生活に一定の制限がある認知に問題があるというケースの場合には、要介護という概念でまとめてゆくには若干問題があり、現在でも「要介護状態とは何か」という議論がなされている。その結果、現在は要介護Ⅰの前の段階として、認知症の人は年間 400 ユーロ（6 万 4,000 円）受けることができるようになった。また、法定後見人制度があり、地区裁判所で後見人を申し立てることができる。ほとんどの場合、家族ではなく必ず第三者にし、社会福祉士や弁護士などを認知症の後見人にすることが多い。

以上、シュルテ氏の講演とシンポジウムの発言をまとめて紹介した。次に、日本介護福祉学会での高木剛の研究報告を紹介する。

(3) 介護、看護、ソーシャルワーク人材養成の最近の動向

ドイツでは現在、高齢者ケアを担う人材養成の改革が行われている。高齢者介護の中心的担い手である Altempfleger（アルテンフレーガー：日本の介護福祉士に相当）の連邦国家資格化や看護の担い手である Krankenpfleger（クランケンフレーガー）から Gesundheits-und Krankenpfleger（ゲスントハイツ・ウント・クランケンフレーガー：日本の看護師）への名称変更、養成教育の見直し等の法改正が行われている。並びに、これらの統合型教育の実験的試み、さらには生活上の相談、助言等の担い手である Sozialarbeiter（ゾチアルアルバイター：日本の社会福祉士に相当）の学位取得に関するボローニャ宣言に基づく教育改革なども行われている。

従来ドイツ各州（16 州）で 2〜3 年間の期間で養成されてきた Altempfleger は、資質向上、社会的地位の確保、労働条件の改善などを図るため、2003 年 8 月施行の「Altempfleger の職業に関する法律」により、連邦国家資格化された。本施行法に伴い、養成期間 3 年間に統一され、標準的養成教育は 4,600 時間（理論・演習 2,100 時間、実習 2,500 時間）となった。理論・演習の内訳は、「Altempfleger の役割とコンセプト」1,200 時間、「高齢者の生活様式における支援」300 時間、「Altempfleger 業務における法的、制度的な枠組み」160 時間、「職業としての Altempfleger」240 時間、「自由に構成できる授業」200 時間であり、介護に加え、

看護、保健に関する科目（内容）が盛り込まれている。

また、介護の担い手であるKrankenpflegerは2003年7月の法改正（2004年1月施行）により、予防、リハビリテーションを重視する観点から、Gesundheits（保健）が名称に加えられ、Gesundheits-und Krankenpflegerとなった。養成教育は理論・演習2,100時間、実習2,500時間で、小児看護を担うGesundheits-und Kinder-Krankenpfleger（ゲスントハイツ・ウント・キンダークランケンフレーガー）と多くの部分で共通教育カリキュラム化された。理論・演習の内訳は、「保健－看護、保健－小児看護、看護及び保健科学に関する知識」950時間、「自然科学および医学に関する知識」500時間、「精神学、社会科学に関する知識」300時間、「法律、政治、経済に関する知識」150時間、「各科目への配分」200時間である。実習は病院の外科、内科、精神科などで行われるが、「一般領域」1,300時間、「区分領域」700時間、「各領域への配分」500時間で構成されており、区分領域では保健－看護または保健－小児看護のどちらかを選択することになっている。

当時、2008年までの期間限定でこれら3種類の統合型教育への試み（Modell-project：モデルプロジェクト）が行われている。ベルリン州、バイエルン州、ヘッセン州など、8つの州で8通りのモデルプロジェクトがあり、合計15校の養成施設で300名の学生参加のもとで行われており、将来3種類を統合し、欧州連合（EU）レベルでの相互承認を可能にする、新たな資格創設のための実験的試みと思われる。

さらに、生活上の相談、助言等を担うSozialarbeiterは、AltempflegerやGesund-heits-und Krankenpflegerとは異なり州資格である。各州の専門単科大学等で養成されており、卒業時にDiplom-Sozialarbeitの学位が授与される。養成期間は各州法で規定されている最低条件をクリアしていれば、教育カリキュラム、修了試験等を各大学で自主的に決めることができるため、大学間で教育内容にバラツキがみられる。一般的にSozialarbeiterの養成期間は4年間（8学期）で、うち1年間程度は実習に費やされる。

このように、現在、ドイツでは、ボローニャ宣言に基づき、2010年までに大学教育制度を見直し、〔新たな学位制度（Bachelor、Master）、欧州単位相互認定制度（ECTS）などを採用〕、国内のみならず、欧州圏内で人材の動きを活発化し、国際競争力を高めるための改革を推し進めている最中で、大学教育再編に伴う今

後の Sozialarbeiter 養成のあり方が注目されている。

4. 日本の在宅ケアへの示唆

　日本においても、国民の介護・福祉ニーズが多様化・高度化しており、認知症ケア等の身体介護にとどまらない心身の状況に応じた介護や相談援助などに的確に対応できる人材の確保・資質の向上が喫緊の課題となっている。このため、資格の取得方法の見直し等を行う、「社会福祉士及び介護福祉士法等の一部を改正する法律案」が第 166 回国会から継続審議されていた。法案は、2007 年 4 月 27 日に参議院で可決されたが、6 月 15 日の衆議院厚生労働委員会で提案理由を説明したまま継続審議になった。また、参議院厚生労働委員会では、フィリピンと早急に調整を行い、その結果を踏まえ速やかに介護福祉士への統一化を図る旨の全会一致の付帯決議が行われた（2007 年 6 月）。すでに、フィリピンのグロリア・アロヨ大統領と小泉首相（当時）がフィリピンからの看護・介護職の受入を約束した「日比経済連携協定に基づく看護師・介護福祉士候補者の受け入れ関係」（平成 18 年 9 月 9 日協定署名）が行われているので、政府は、経済上の連携に関する日本国とフィリピン共和国との間の協定に関する日本国政府とフィリピン共和国の間の協議の状況を勘案し、この法律の公布後 5 年を目途として、准介護福祉士の制度について検討を加え、その結果に基づいて必要な措置を講ずることになっていた。

　2009（平成 21）年度から新しい教育カリキュラムによる養成を行うためには、これに対応する教材の準備や教員の確保、学習指導要領の改正・周知等に 1 年程度の準備期間を要するため、新制度を円滑に実施するためにも、政府は本法案を 2007 年 11 月 28 日の第 168 国会（臨時会）で可決・成立させた。このように、将来は介護福祉士の国家試験を受けた人に介護を担ってもらう方向が明確に示されている。こうした介護者の身分を引き上げることはいいことだと思われるが、一方でハードルを高くした場合の労働報酬をどう高くするかが課題となってくる。

　厚生労働大臣告示「福祉人材確保指針の見直しの概要」（平成 19 年 8 月 28 日、第 289 号）は、見直しの背景や福祉・介護サービスにおける就業の状況を踏まえ、「人材確保のための措置」を検討している。第 1 に、ホームヘルパーの多数を占める中高年層や就職期の若年層など、それぞれのライフスタイルに応じた働きや

すい労働環境の整備であり、第2に、従事者のキャリアアップの仕組みの構築とその社会的評価に見合う処遇の確保である。第2の「社会的評価に見合う処遇の確保」が、筆者が考える介護者の労働報酬の課題と同じである。

　ドイツは介護に必要な費用を100％補償しようとしていない。足りない分をカバーするときに年金と貯金がなければ社会扶助がなされる。日本は、福祉は措置制度から出発しており、これまでは応能負担という支払能力に応じて支払ってきた。そして、サービス提供は公だったので、税金＋保険料で財源を大きくしてサービスを大きくしようとした。その結果、在宅サービスの支給限度基準額は、要介護5では36万円弱の給付となった（当時）。今後は限りある財源をいかに有効に使っていくのか、それとも財源を抜本的に引き上げるのか、つまり人材確保のための財源をどのようにするのか、早急に検討が必要である。

　ドイツは社会連帯と自立のバランスの中で、生産年齢人口が1995年から減り続ける一方で65歳以上人口が増えていることもあって、応能負担から応益負担重視に変わった。日本の介護保険を成熟した制度にするための施策の検討は早急に求められているといえよう。

第3節　デンマークの高齢者福祉
―― リュンビュー・トーベック・コムーネ（Lyngby Taarbæk Kommune）のプライエム・バウネホイ（Plejehjem Baunehøj）併設ホームケアセッティング（Home Care Setting）の事業――

　本節は、デンマークのコペンハーゲン郊外で、2005年11月21日に実施された調査内容の一部である。

　本節では、デンマークの24時間在宅ケアシステムとそれを支えるホームケアセッティング（在宅ケア組織）の活動を、地方行財政分権改革の近況に触れながら報告する。

　筆者らは、まず、午前中はスカンジナビアホームケアコンサルタントで、日本でも著名なレネ・ホーランダーさん（元デンマーク国コペンハーゲン市在宅ケア課長・主任看護婦）からデンマークの在宅看護・介護事情について説明を受けた[5]。そして、午後には、コペンハーゲン郊外にある、リュンビュー・トーベック・コ

ムーネ（市町村）のプライエム（PLEJEHJEM・デンマーク語で「介護の家」の意味）・バウネホイ（日本でいうと、市立の特別養護老人ホーム）併設のホームケアセッティング（在宅ケア組織）を訪問した。ホーランダーさん同席のもとで、看護師長のバングさんからその地域の24時間在宅ケアについて状況を聞き、プライエムの視察と入居者2名から話を聞くことができた。

以下、ホーランダーさんからの説明をもとに、デンマークの高齢者福祉政策の概要を述べ、次に、プライエム・バウネホイ併設ホームケアセッティングでの調査内容を報告する。そして最後に、日本との比較を含めた所見を述べる。

1. デンマークの高齢者福祉政策

デンマークというと、童話作家のハンス・クリスチャン・アンデルセンを思い出す人もいるだろう。中には哲学者セーレン・オービエ・キルケゴールを想い浮かべる人もいるかもしれない。そして、医療や福祉に携わる者にとってのデンマークは、ノーマライゼーションの言葉とともに、高齢者福祉や少子化対策などの福祉国家としてのデンマークを考えることであろう。現在のデンマークの社会福祉と制度の基本的考え方は、「社会が個人に代わって、弱者を助ける」ことである。また、日本から9,000キロの距離にあるデンマークこそ、2005年1月の世界幸福度調査（オランダロッテルダムエラスムス大学の90カ国1万人対象のアンケート調査結果）で「世界一幸福な国民」と発表されたことは意外と知られていないようである。

この国で高齢者福祉が発展してきた背景には、高齢者に対する理解とそれに基づく取り組みの変化がある。デンマークでは、1960年代に核家族化が進み、ほとんどの高齢者は子供と別居となり、3世代同居はまれとなった。

デンマークでは、家族は老親の扶養義務はなく、介護・看護の責任はない。それらはコムーネ（市町村）の責任である。コムーネは、自治体規模と面積で編成されている。人口約541万人、高齢化率15％のこの国では、国、県、市町村による医療・福祉の在宅システムは「税方式」で構築されており、租税負担率は50％を超えている。それでもデンマーク国民は、このシステムに満足し、不満をいうものはいない。むしろ、まだ租税負担が高くても良いという人さえいる。負担に見合ったサービスが受けられれば文句はないし、自分たちが選択した社会政

第八章　在宅ケアの限界点をいかに高めるか

表 8-1　デンマークの病院の減少と効率化

	1980 年	1990 年	2000 年	2005 年
病院数	117	94	71	40？
病床数	32,000	26,000	19,000	17,000？
外来患者数	3,295,000	3,680,000	5,294,000	？
在院日数	9.9	6.9	5.4	4.5？

（資料）*Ministry of Health 2002 & Almen Medicine*, LEON principle, 1997.
（出所）レネ・ホーランダー「デンマークのホームケア」2005. 11. 21、配布資料。

策だから当然だという考え方のようである。それだけに国民は、自分たちの税金の使われ方に関心をもち、政治家を選ぶ投票率は高い水準にある。もちろん、国民の意に沿わない政策を実行しようものならその政治家は次の選挙で落選する憂き目に会う。女性の就業率も 1950〜1970 年代にかけて高くなり、当時は 80％くらいになっていた。

　デンマークの高齢者福祉制度は戦後に構築されたものである。福祉政策は、1980 年代には施設から高齢者住宅（プライエムからプライエボーリ）へと転換し、1998 年の社会サービス法では「施設」という概念をなくした。そして現在は、24 時間在宅ケアが強力に推進されている。在宅への資源のシフトが進めば進むほど当然ベッドは必要なくなり、現在まで病院数、ベッド数は削減され、同時に在院日数も短くなってきている（**表 8-1**）。ホーランダーさんによれば、地方行財政改革で、病院、ベッドともさらに削減される見通しだそうである。筆者は、ホーランダーさんに病院数が減れば医師、看護師も減ったのであろうかと尋ねたところ、それらは減っていないとの答えであった。それまで病院で働いていた医師、看護師は、地域で働くようになっただけのことである。よく聞くと、ホームドクターは、病院勤務医師より収入は高いそうである。

　デンマークの医療システムでは、住民は必ず GP（General Practitioner）に登録する。GP はプライマリケアを担当し、入院のゲートキーパーの役割を果たしている。このシステムで 90％も入院が削減されたらしい[6]。

　デンマークでは、病院から退院後の行き先は本人の希望が最優先される。そしてそれを、必ずしも医師がコーディネートするわけではない。看護・介護資源のサービス調達などを含めたケアプランは、地域看護師が当事者や家族と話し合い

コーディネートして作成している。つまり、ケアマネジャーはすべて看護師で、4年間の教育を受けたものである。デンマークでは、病院からの退院連携が義務付けられている。なぜなら、1日でも入院が予定より長引けば市町村の税のもち出しになるからである。在宅およびナーシングホームの責任者は看護師と位置付けられていることもあり、看護師は幅広い裁量権と責任をもっている。

在宅ケアシステムを受けられる対象は、年齢、状態に関係ない。ニーズが査定さえされれば24時間ケアが当然受けられる。これは、コムーネ（市町村）に法的に義務付けられている。このシステムは、1980年代に確立されて以降、財源は税金で賄われ整備されているので、病院同様利用料は無料である。

訪問は、訪問看護師と訪問介護士が一緒のチームで行う。勤務は、日勤、准夜勤、夜勤の勤務形態があり、夜勤のスタッフは一晩5～10人で行う。朝7時からスタートし午後4時までの勤務があり、そして夜中でも8時間ごとに勤務する。コペンハーゲンの例でいうと、昼も夜も10～15人の利用者を訪問する。

ケアの内容は、市長の審議会が決めている。行政への住民参加の組織として高齢者理事会があり、行政は高齢者理事会の意見を聞かなければならないという法律がある。高齢者理事会の代表は、政治家ではないが隠れた権力をもっている。

筆者が驚いたのは、訪問看護利用者は、高齢者のみではなく年齢を問わず、創傷の処置、白内障の日帰り手術後の看護、がんの化学療法、腎カテ、ターミナルケア、精神など多岐に渡る看護の提供を受けていたことであった。しかしこれは、デンマークでは当たり前のことであった。

在宅医療・看護・介護の現場では、看護師、ホームケアアシスタント、ホームヘルパーの3職種が働いているが、ホームヘルパーはわが国同様、家事・生活援助を主な業務としていた。そして、ホームケアアシスタントは、状態の安定したケースの簡単な処置もでき、教育的にも看護師へのステップアップの道が開かれている。

デンマーク人に限ることではないと思われるが、特別な事情がない限り自分の家で生活したいと思うであろう。だから、ホームドクターにしても、在宅ケアと協力して病院入院を極力避けることが大事である。さらに、病院看護師と在宅看護師は緊密に連絡を取り合う関係にある。例えば、病院の中の会議であっても、本人、家族も入ってみんなで退院後のリハビリケアの計画を立てる。おかげで大

第八章　在宅ケアの限界点をいかに高めるか

腿骨骨折でも 5 日間の入院ですむ。病院の医師と病院看護師、そして訪問看護師が協力して、患者や利用者が満足する医療サービスを提供しているのがデンマークの在宅医療サービスである。

2. リュンビュー・トーベック・コムーネのプライエム・バウネホイ併設ホームケアセッティング（Home Care Setting）のケア

筆者らは、コペンハーゲン郊外にある、リュンビュー・トーベック・コムーネ（市町村）のプライエム・バウネホイ（市立の特養ホーム）併設のホームケアセッティング（home care setting）を訪問した。ここで私たちは、看護師長のバングさんや他の訪問看護師たちとミーティングを行い、現状抱えている問題点についてディスカッションし、プライエム入居者 2 名から話を聞くことができた。

デンマークのホームケアセッティングは、日本でいう在宅ケアセンターである。デンマークでは人材の有効活用のために、特養併設で施設と在宅の両方の業務を担っていることが多い。つまり、ホーム（施設）併設の在宅ケアセンターで、介護と看護のサービスを一括して提供する仕組みになっている。こうした介護・看護地域センターがデンマークの 15 の地区に配置されている。

リュンビュー・トーベックの人口は 5 万 3,000 人くらいで、その内 23％が 65 歳以上の高齢者である。つまり、この地域には 1 万 2,000 人の高齢者がいることになる。このセンターでは、施設外の在宅ケアサービスを地区の高齢者 320～350 人に提供している。独居の利用者がほとんどで、訪問看護師は地区の 320～350 軒の家を訪問している。このセンターのサービス利用者の年齢は、全国平均より 5～7％高い高齢化率だという。センターのプライエムには 78 の部屋がある。そして、センターには精神障害者のアパートが 30 戸ある。

センターでは、申請のあった高齢者に対し、必要なサービスについて本人を含めて話をして判定する。審査官は訪問看護師の資格をもっている人である。どのようなケアを行うのか、在宅ケアについてもこのセンターで決めている。訪問看護師の場合は、その高齢者にどのくらい時間をかけるか自分で決める。つまり、デンマークでは、当該の高齢者にケアサービスの種類や量を本人や家族と話し合いコーディネートするのは看護師であり、ヘルパーに指示をするのも看護師である。

389

このホームケアでは、日中は10人のホームヘルパーと7人の訪問看護師が働いていた。しかし、准夜勤は4人のスタッフが担当する。看護師は1名でホームヘルパーは3人である。夜勤では、必要最小限で緊急のものだけになるため、2人の看護師になる。この准夜勤や夜勤の看護師は、以前はローテーションを組んでいたが、今は可能な限り専門にしている。看護師長のバングさんは、「理由はというと、夜型の人もいるから」と話していたが本当であろうか。
　患者とホームドクターとは親密な関係にある。介護スタッフが患者に代わってホームドクターに連絡するのではなく、直接患者がホームドクターと連絡を取り合えるシステムである。夜中には当番医師もいて、救急の診療や相談にも応じられるようになっている。ホーランダーさんは、「病院に入院すると負担がかかる。その負担は税金だから」といっていた。
　筆者らは、「ターミナルケアで亡くなったとき、死亡診断書を書けるのは誰か」と質問した。「ドクターは、本来その場にいなければならないが、特別な場合は、6時間以内くらいに医師に連絡すればよい」との答えが返ってきた。つまり、24時間ケアが導入されたことによって、最近ではこのようなことが理解されてきた。プライエムの場合も同様である。亡くなっているのが発見されても病院に送ることはない。翌日FAXでドクターに知らせるだけだという。バングさんからは、「亡くなった人の人権を尊重して、最後はきれいに美しくみんなで見送りする環境を作るシステムになっている」との説明を受けた。
　私たちは、「ホームドクターの訪問診療はどのように行っているか」を尋ねたところ、デンマークと日本とのターミナルケアの考え方の違いが明らかになった。日本では、がんの場合には6カ月以内に死亡する人がターミナルケアと呼ばれている。しかし、デンマークでは、ターミナルの患者とは、月を越えないであと幾週間しか生きられない人をいう。しかも、医師が判断するのではなく、ナースに判断を任せている。この場合でも、医師の報酬は、登録患者の登録報酬と出来高払いである。したがって、死ぬ間際の濃密医療は行われない。医療費が無駄に使われる心配もない。これらは、日本とデンマークとの死生観の違いも大きい。日本では最後まで延命のための積極医療を家族が望むが、デンマーク人の考え方は違っていて、ホーランダーさんがいうには、「本人も家族も死ぬ間際まで良い人生をおくれたかどうかが重要であって、ただ単に長生きすることが目的ではな

い」。

　ちなみに、高齢の利用者の中には、宗教上の理由からスカーフをつけるのを嫌がる人がいたり、ヘルパーが若すぎるから嫌だとか女性は嫌いだなどの利用者もいるという。例えば80〜85歳の独身女性に男性ヘルパーがきたら嫌がるケースもある。こういった利用者の好みや意見は日本でも同様だが、デンマークでもこういった場合は配慮するそうである。

　次に、筆者らが訪問したプライエムの状況と2人の入居者と面会した感想について述べる。

　筆者らが訪問したプライエムは、デンマークでも古いタイプのもので、建設からざっと60年以上経っていた。デンマークの全国平均よりもレベルが低く、確かに設備は古く部屋も狭いらしいが、それでも、すべて個室で窓の外にはベランダがついていて、鉢植えが並べてあるし、自分の持ち物はもちろんもち込みができる。ベッドやソファー、トイレなどは当然すべての部屋に備わっている。壁には一面入居者のお気に入りの絵画や家族の写真が飾られている。考えてみると、2002年にやっとユニットケアが制度化された日本は、デンマークよりかなり遅れている。現在では、プライエムからプライエボーリやグループホームなどの高齢者住宅への住み替えが行われているデンマークでは、すべての高齢者の部屋には2部屋と台所が付いていなければならないということが法律で決まっているのだから、いわれてみればかなりこのプライエムは低レベルではある。

　筆者らは入居者と面会し、現在のデンマークの福祉制度やプライエムでの生活について感想を聞くことができた。

　まず、1人目は90歳の男性で、なぜプライエムに来たのか理由は不明である。車椅子に座りながら、私たちが遠く日本から訪問してくれたことを喜んでくれて、1人1人に満面の笑みを浮かべながらひじょうにしっかりと握手して迎えてくれた。この男性は、「ここで暮らせて幸せだ」と繰り返し語った。看護師長のバングさんが、「何か不満はないか」と尋ねると、「何もない。満足している。デンマークのシステムはすばらしい」と答えた。身支度をきちんとしていて、日本の入居者とはとても対照的である。帰り際にも1人ずつ丁寧に握手しながら別れの挨拶をしてくれた。

　2人目は、両足骨折で入所してきた96歳の女性である。私たちとの面会時は

もちろんきちんと身支度しているし、化粧もしていて椅子に腰掛けて出迎えてくれた。骨折後なので歩くのは不自由そうだが、歩行器を利用して狭い部屋の中を自由に移動しておりとても96歳の高齢にはみえない。日本では、両足骨折なら当然寝巻き姿で寝たきり状態だと思われる。施設スタッフが用意した花束を視察団の中で筆者の次に若い男性から手渡されると、顔を赤らめ満面の笑みを浮かべた表情はとても愛らしかった。

　入居者から感想を聞いた後、さらにホーランダーさんとバング看護師長に、日本の実情と比較しながら質問を続け、2人からも日本の現状に興味をもって質問が出された。

　まず、ホーランダーさんから質問が出されたのは、日本の介護保険のことである。「日本の介護保険導入以前から政治家や役人が頻繁に来て、なるほどデンマークモデルがよいと納得して日本に帰っていったが、結局はドイツ型のモデルになった。それはいったいなぜなのか」というものであった。筆者には、コペンハーゲンの在宅ケアシステムを自らつくってきた経験をもつホーランダーさんの疑問はもっともだと思われた。同時に、日本では、デンマークのように税金で介護保険制度を設計する決断ができなかったのだから、ドイツ型になったのはいわば必然とも思われた。しかし、税と保険という違いはあるが、わが国でこれから実施される24時間巡回型の介護・看護サービスはデンマーク型である。デンマークから大分遅れて、やっと緒についたわが国の24時間在宅ケアは、今後の取り組みが最も注目されるところである。

　また、参加者の1人から、「デンマークでは、チューブ・フィーディング（経管栄養）は行っているのか」との質問が出された。バングさんは、「デンマークではそういったケースはほとんどない。点滴などもしないし、自分で飲めるようにする」との答えであった。さらに、バングさんは、終末期でも「医者との協力のもとに在宅でもペインコントロールを行う。必ずしも在宅ケアのスタッフ任せにするのではなく、病院医師やホームドクターとともに行う」と明快に答えた。現場の看護師である参加者が、日本の現状を話すのを聞いて、お互いに顔を見合わせ半ば呆れ顔に笑うホーランダーさんとバング看護師長の表情はとりわけ印象的だった。また、ホーランダーさんは、「大事なことは、家で生活することである。ベッドに寝るために生きているのではない。生活できることが大事だ」と繰り返

し述べた。当たり前のことだが、今の日本ではとても難しいことのように思われた。

また、バング看護師長から面白い話を聞いた。参加者の1人が、「顧客満足を高めるために何をしているのか」という質問をしたときだった。バングさんは、少し考えて、「たとえば子供に会いに行きたいとか、別荘に行きたいなどのときは、ケアワーカーがみんなでついてゆく」と答えた。何とも大げさな話だが、とどのつまりは、その人の望みを叶えるためにケアワーカーが手助けするということのようである。ただしすべてケアワーカーがしてあげるわけではない。その人自身がどのように子供に会いに行こうとしているのかを尊重する。こうした行動はその人がまだもっている能力を精一杯引き出そうとする残存機能の活用というデンマークの介護の基本的考え方があるから可能であって、日本では1人の入居者が子供に自分から会いに自力で行きたいといったとき、いったいどこまで願いは叶えられるのであろうか、その人の願いに対し周りのスタッフはどのように対応するのであろうかと考えてしまう。

筆者らは、「病院から地域に来て、すぐに訪問看護ができるのか、訪問看護師の教育は専門的に誰が教育しているのか」を尋ねた。ホーランダーさんは、「病院で働いていたからすぐに在宅ケアとはいかない。内科、外科、整形などの能力が求められる。そうでないとコムーネが採用しない。つまり、ナースの能力をみて採用する。それにプラスして、介護、看護を受ける側からみて人間としてやさしい人と判断されたら採用になる」と答えた。コペンハーゲンの場合には、訪問看護師は3カ月間の研修を受けてから現場に出てゆく。プライエムに勤務する場合は、そこで教育することもあるそうである。私もこれまで、日本ではいくつかの訪問看護ステーションを訪問し、時には患者宅まで同行させてもらったが、私の知る訪問看護師も病棟師長クラスの実力をもっていたり、常に患者に優しく接している姿を思い浮かべることができた。

3. 日本の在宅ケアへの示唆

最後に、デンマークのケアシステムが、わが国での24時間在宅ケアシステムに示唆することは何であろうか。本項を終わるにあたって、デンマークと日本を比較しながら、所見を述べることにする。

先述したとおり、デンマークでは病院ベッドは減り続けている。地方行財政改革が2007年からスタートすると、ベッドはさらに減少する。すると、病院ベッドは少なくなったとしても、ホームケアの負担は大きくなる。それでも入院医療より在宅医療のほうが費用は安くて済むわけだから、デンマークでいえば使われる税が少なくて済むことになる。ただ、医療費は確実に減っているのかをホーランダーさんに質問したとき、横ばいとの答えが返ってきた。在宅であっても高齢者の絶対数が多くなり高度な医療サービスが提供されれば、当然そこに投下する医療資源は増加する。施設ケアは高くつく、在宅ケアは安くできるとはいい難いのではあるまいか。デンマークでは、住み慣れた環境で生活を続けるという、生活の継続性を原則としている。しかし、重度の要介護状態になる前の早い段階からの住み替えをする場合には、当事者が長年使い親しんでいる家具や身の回りの物とともに入居する。グループホームなどもその1つである。デンマークでは、65歳以上の高齢者数の4％を施設生活の目標値としている。日本の参酌基準は3.2％だから、それよりは高いことになる。また、高齢者が生きがいをもてるような社会政策も実行し、健康でいられる時期をできるだけ長くなるようにしている。ボランティアグループの活動などは、「自分が社会に役立っている。社会が自分を必要としている」という気持ちが高齢者の自尊心を高め、生きがいにつながっている。

　世界一汚職のない国デンマークと日本では、政治の透明性も政治への市民の参加度合いも比較にならない。そして、税と保険という制度の違いもあって、一概に比較できない。しかし、時代の要請に応じた介護・看護のあり方、医師等との連携のあり方とは何かという点を考えると、わが国の在宅医療政策にはまだまだ多くの課題がある。まず、患者のニーズに応じて、より良い医療・看護サービスを提供していくために、看護師等は、医師、薬剤師その他医療関係職種や介護職種と大いに連携することも必要と思われた。

　また、日本の在宅医療は今後どのように進むのであろうか。わが国の在宅の概念をどのように捉えるか、そして定義するかで、今後の状況は大きく変わってくるものと思われる。介護保険制度が見直され、在宅ではない居宅への訪問診療の扱いが変わってきた。また、介護型療養病床は2012年に全廃する方針のため（当時）、日本でもいっきに在宅ケアが進むのではないかと指摘する声もある。現実

問題として、介護型・医療型療養病床を居住系施設へと転換したとしても、地域に十分な在宅ケアは出現するのであろうか。デンマークでは、福祉施設はすべてコムーネの所有であり、労働者は公務員であるから容易に改革を遂行できる素地がある。しかし日本では、施設には公共もあれば民間もある。労働者も施設から地域の在宅ケアへと簡単に移れる状況ではない。市場原理万能論を頼りにする政策だけでは限界は自ずとみえてくる気がする。

● 注・文献

1）奥田七峰子「Bonjour パリの看護婦さん」『看護学雑誌』Vol.61. 1～4、医学書院、1997年。
2）Ortwin Schulte「ドイツにおける介護保険──導入から12年を経て」全国社会福祉協議会保険福祉広報協会『第34回国際福祉機器展 H. C. R. 2007 国際シンポジウム 創設から10年、ドイツの介護保険の現状』2007年10月3日、pp.2-41。
3）高木剛「ドイツにおける介護、看護、ソーシャルワーク人材養成の最近の動向」日本介護福祉学会『第15回日本介護福祉学会大会プログラム・要旨集』2007年10月、p.148、から引用。
4）経済再建案「アジェンダ2010」は、医療制度改革案では下記のように患者の負担割合を増加させることで、2007年時点で医療保険の支出を231億ユーロ（約3兆）ほど削減できる見通しとされている。具体的には、医療費では、通院料を4半期ごとに10ユーロ（約1,300円）を新たに支払う。入院料を1日10ユーロを新たに支払う。医療保険料率では、現在14.4％（労使折半）は、2007年から13％へ低下させる。改革後は労使折半の原則を崩し、事業主が約6％、労働者などの被保険者が約7％を負担する。参考としては、日本政策投資銀行・フランクフルト駐在員事務所『ドイツの労働市場・社会保障改革「アジェンダ2010」リフォーム・パケット』2003年9月、参照。
5）レネ・ホーランダー「デンマークのホームケア」2005. 11. 21、配布資料。
6）*Ministry of Health 2002 & Almen Medicine*, LEON principle, 1997.

終章　医療・介護一体改革と住まい・地域ケア

——地域で自分らしく安心して暮らすために——

　本章は、これまで述べてきたことをもとに、「地域に住み続ける」意義と方向性について述べる。第1節で、現在進められている「医療と介護の一体改革」について述べる。第2節は、エイジング・イン・プレイスについて述べる。第3節では、日本の住まいの実情と住宅政策のひずみについて述べる。第4節は、地域の中で自分らしく安心して暮らすために、何が必要かについて述べる。

第1節　医療と介護の一体改革

1. 矢継ぎ早に進められる医療政策

　2014年6月に「地域における医療及び介護の総合的な確保の促進に関する法律」（医療介護総合確保推進法）が成立し、現在進行中である。その中で重要な政策を2つだけ述べると、地域医療構想と地域包括ケアシステムである。

　1つ目の地域医療構想では、とりわけ病床再編が課題となっている。高齢化等により医療ニーズが増えても病床数の増加を認めない、急性期大病院にヒト、モノ、カネを集中させて入院期間を短くして回転率を上げ、病床数は慢性期を中心に削減し、「在宅」で対応するというものである。もう1つは、医療より介護に、「施設」より「居宅」への流れである。高齢化の進展で医療より介護に比重が高まる。特養、老健、介護療養病床の「施設」より、それ以外での「居宅」のケアが重視されるということである。

地域医療構想は、2014年10月から11月14日まで、病床機能報告を受けて、現在作業が進んでいる。都道府県は、地域の医療需要の将来推計や報告された情報等を活用して、二次医療圏等ごとの各医療機能の将来の必要量を含め、その地域にふさわしいバランスのとれた医療機能の分化と連携を適切に推進するための地域医療のビジョンを策定し、医療計画に新たに盛り込み、更なる機能分化を推進する。そのため国は2015年3月に、「地域医療構想策定ガイドライン」を策定した。現在、都道府県は、「地域医療構想調整会議」を設置して、構想実現の調整を行っている。医療機関の自主的な取り組みが基本とされるが、地域医療構想実現のために消費税を財源とした基金（毎年900億円）[1]による補助金の活用や、ペナルティとして病院名の公表、融資・補助金の制限などもあるがあくまでも自主的な取り組みが基本である。

　都道府県は構想区域ごとに2025年度を最終年度とする地域医療構想を策定する。2016年1月18日現在の各都道府県の地域医療構想の策定予想時期は、**表終-1**のとおりである。この表を、2015（平成27）年度中と2016（平成28）年度中に分けてみると、**表終-2**のとおりである。2015（平成27）年度中は14府県であり、2016（平成28）年度中は33都道府県である。

　もう1つの「施設」より「居宅」への流れは、地域包括ケアシステムの在宅までの流れである。医療介護総合確保推進法でも、第一条で、「国民の健康保持及び福祉の増進に係る多様なサービスへの需要が増大していることに鑑み、地域における創意工夫を生かしつつ、地域において効率的かつ質の高い医療提供体制を構築するとともに地域包括ケアシステムを構築することを通じ、地域における医療及び介護の総合的な確保を促進する措置を講じ、もって高齢者をはじめとする国民の健康の保持及び福祉の増進を図り、あわせて国民が生きがいを持ち健康で安らかな生活を営むことができる地域社会の形成に資することを目的とする」と述べている。第二条では「地域包括ケアシステム」とは、「地域の実情に応じて、高齢者が、可能な限り、住み慣れた地域でその有する能力に応じ自立した日常生活を営むことができるよう、医療、介護、介護予防、住まい及び自立した日常生活の支援が包括的に確保される体制をいう」と定義している。

　「地域包括ケアシステム」には「システム」という言葉が付いているが、「システム」というよりネットワークではないかとの指摘もある[2]。地域（包括）ケアは、

終章　医療・介護一体改革と住まい・地域ケア

表終-1　都道府県の地域医療構想の策定予定時期

	10月調査	1月調査		10月調査	1月調査		10月調査	1月調査
北海道	28年夏頃	28年度半頃	石川県	28年半ば頃	28年半ば	岡山県	27年度中	27年度中
青森県	27年度中	27年度中	福井県	28年度中	28年半ば	広島県	27年度中	27年度中
岩手県	27年度中	27年度中	山梨県	28年5月	28年5月頃	山口県	28年夏頃	28年夏頃
宮城県	28年度半ば	28年度半頃	長野県	28年度中	28年度中	徳島県	28年前半	28年度半頃
秋田県	28年半ば	28年度半頃	岐阜県	27年度中	27年度中	香川県	28年半ば頃	28年半ば頃
山形県	28年半ば	28年度半頃	静岡県	27年度中	27年度中	愛媛県	27年度中	27年度中
福島県	27年度中	27年度半頃	愛知県	27年度中	27年度中	高知県	28年度中	28年度中
茨城県	28年半ば	28年度半頃	三重県	27年度中	28年度中	福岡県	28年12月目途	同じ
栃木県	27年度中	27年度中	滋賀県	27年度中	27年度中	佐賀県	27年度中	27年度中
群馬県	27年度中	27年度中	京都府	28年度半頃	28年中	長崎県	28年9月	28年度半頃
埼玉県	28年半ば	28年度半頃	大阪府	27年度中	27年度中	熊本県	28年度中	28年度中
千葉県	27年度中	27年度以降	兵庫県	未定	28年6月頃	大分県	28年半ば	28年6月頃
東京都	28年5月頃	28年6月以降	奈良県	27年度中	27年度中	宮崎県	27年度中	27年度中
神奈川県	28年10月頃	28年10月頃	和歌山県	27年度中	27年度中	鹿児島県	28年10月目途	28年度半頃
新潟県	未定	28年度中	鳥取県	28年9月	28年度半頃	沖縄県	28年9月	28年度半頃
富山県	28年半ば	28年度中	島根県	28年半ば	28年度半頃			

注1）2016年1月18日現在。
（資料）「第13回地域医療構想策定ガイドライン等に関する検討会　参考資料6」2016年2月4日。

表終-2　都道府県の地域医療構想の策定予定時期（27・28年度別）

27年度中（14府県）	28年度中（33都道府県）
青森県、岩手県、栃木県、千葉県、岐阜県、静岡県、愛知県、滋賀県、大阪府、奈良県、和歌山県、岡山県、愛媛県、佐賀県	北海道、宮城県、秋田県、山形県、福島県、茨城県、群馬県、埼玉県、東京都、神奈川県、新潟県、富山県、石川県、福井県、山梨県、長野県、三重県、京都府、兵庫県、鳥取県、島根県、広島県、山口県、徳島県、香川県、高知県、福岡県、長崎県、熊本県、大分県、宮崎県、鹿児島県、沖縄県

随分前から言われていたし実践もされていた。例えば、広島県尾道市の公立みつぎ総合病院は有名である。色々な地域で地域包括ケア的なものはやられていた。問題は、第二条の定義で述べているような体制が本当につくれるかどうかである。システムを客観的に評価する方法が示されていないことから、評価ができない。厚労省の事例集[3]はあるが、ターゲットとされる大都市で果たしてできるかどうか事例集からは判断できない。国は市町村にシステム構築の責任を持たせ、「多様性」と「自助」を強調するが、市町村からは「丸投げ」との厳しい指摘もある。医療機関によっては在宅医療を視野に入れる必要があり、「居宅」における介護事業所との関係を密にすることも必要である。地域包括ケアシステムが本当にう

まくいくかどうかはこれからの課題であり、未来は不確実である。

2. 国の医療改革

①改革の重要性

　国の医療・介護制度改革はきわめて重要な位置付けがある。まず病院経営＝ヒト、モノ、カネである。ヒトについては研修医制度、看護師の7対1などの人員配置基準が重要であり、モノについては介護療養病床が2017年3月に廃止の予定である。カネについては、2016年4月からの診療報酬の改定で、これまでの採算部門が不採算部門になる[4]。国の「政策」を理解し、病院は「対策」を立てる必要がある。地域医療構想には、住民は登場するが十分ではない。住民・コミュニティの役割が強調されるのは地域包括ケアシステムのほうである。医療機関も住民も、現状をよく理解し、改革の方向性を見据えて中長期的に改定に合わせて対応する必要がある。

　国が「医療と介護の一体改革」を進めようとしているので、当然、病院も医療だけではなく、介護との一体対策を講じる必要がある。住民は改革が自分たちにどのように影響するかを学び、考える必要がある。例えば、岡山県倉敷市では、17の医療機関が集まり、病院完結型医療から地域完結型医療への転換を試みている。そのために、倉敷市の地域医療への住民参加の試みとして、「わが街健康プロジェクト。」を立ち上げた。国の医療政策の転換や、岡山県県南西部医療圏の現状について、住民が学ぶ機会を設けている[5]。

　国の政策は次の3つである。1つ目は、診療報酬改定による医療費抑制とサービスの誘導である。医療費抑制をしたい理由は、国民が保険料や税の引き上げに反対しているからであり、サービスの誘導は、最も分かりやすいのは地域包括ケア病棟の新たな点数設定などを挙げられる。2つ目は、地域医療構想による病床再編である。高齢化等による医療ニーズが増えても、今後は病床の増加を認めない方向で進めようとしている。急性期大病院にヒト、モノ、カネを集中させ、入院期間を短くして回転率を上げることで対応する。病床数は慢性期療養を中心に削減し、在宅で対応する。3つ目は、医療よりも介護に、施設よりも居宅にという流れである。高齢化の進展で医療よりも介護に比重が高まるため、特養、老健、介護療養病床の施設より、サ高住などそれ以外の居宅での介護にシフトしていく

方向である。

②地域医療構想

　地域医療構想は、社会保障制度改革国民会議の報告書、及び医療介護総合確保推進法を受けての政策展開である。同報告書において、団塊世代全員が後期高齢者になる2025年を見据えて、病気と共存しながらQOLの維持・向上を図るために、病院完結型から地域完結型の医療に改めることが目標とされている。そしてこの目標を達成するためには、現状では病床数が多く、人員配置が少ないので、選択と集中によって病床を機能分化すべきである、という基本認識である。具体的には急性期医療に人的・物的資源を集中投入して入院期間を短縮する一方で、退院後の在宅の受け皿として地域包括ケアシステムを構築し、かつ全体をデータで制御するという方法である。

　改革案は、病床を機能分化すれば提供体制を効率化できるという前提に立っている。合併症のない患者に対する腹腔鏡下の胆嚢摘出や関節置換術等の場合は、治療過程を標準化できるので患者を集約化することによって効率化が期待できる。しかし、超高齢社会では、こうしたニーズの患者は限られており、むしろ様々な合併症があり、急性増悪により入退院を繰り返す「在宅時々入院」の患者の方が今後ますます増えることとなる。したがって、より弾力的な対応が必要であり、虚弱高齢者が病院・病棟の機能に合せて転院・転棟を繰り返した場合の弊害は大きい。もう1つの前提は、病床の種類を4つ（高度急性期、急性期、回復期、慢性期）に分け、各構想区域において区分ごとの「必要病床数」を規定すれば、機能分化が促進され、病床数を減らすことができる、という点である。ここでの留意点は、一般・療養が1つに括られる「基準病床数」よりも過不足が大幅に増えることである。そして不足する病床区分において増床を認めれば、これまで受療率の低下と平均在院日数の短縮によって減少してきた病床数がかえって増えることとなる。地域医療構想にはこのほかにも多くの課題がある。特に、病床ごとのマンパワーの問題は重大であり、医師数と看護師数の適正数はどれくらいで、人員が必要な場合に、その職種の養成を誰がどのように行うのか、よく検討することも重要であろう。

　地域医療構想策定によって目指すところは関係者によって異なる。財政当局は、

この構想によって病床数を削減し、医療費適正化への道筋をつけたい考えが露骨に表れている。2020年のプライマリーバランス（国債費関連を除いた基礎的財政収支）の黒字化が喫緊の政策課題になっている以上、当局のこうした意向は当然といえよう。他方で、医療現場の厳しさも理解すべきである。急性期病院の多くは高齢化の進行によって、高齢入院患者の増加や病態の複雑化に直面しており、また、在院日数の短縮に伴う患者の重症化により、業務が多忙化している実際がある。

③地域包括ケアシステム

　高齢者が急増することに伴って、死亡者も増加する。病院に入れず、自宅で死ぬことも望めないという"死亡難民"を出さないためには、地域包括ケアシステムは必要な対策である。ただし地域包括ケアシステムは、国が決める一律の制度ではない。ガイドラインもなく、介護保険が始まったときのような大型の財源投入も期待できない。うまくいくかどうかは地域次第といったところである。

　問題は国ではなく、「なぜ地域に任せるのか」である。介護保険や医療保険は国がやるが、それだけでは足りない見守りや生活支援などは、地域の実情に合せなければ立ち行かなくなったためである。ケアの中身は地域任せで、（悪く言えば）国の開き直りとも捉えられなくもない。

　自治体の戸惑いもある。尾道市や柏市など先進地域はあるが、それを他の自治体がまねようとしても難しい。介護保険の軽度者向けサービス（地域支援事業）も市町村の事業になるが、自らの裁量で必要なサービスを考えなければならない方向に国は舵を切ったわけである。理想の形はなく、地域にあったやり方を探すしかないことが、いっそう困難さを増している。

　どこが中心になってやるかが問題である。市町村はコーディネート役であり、病院や診療所など医療機関が中心になる地域が多いのではないかとの指摘もある。医療関係者の間では、地域包括ケアシステムは介護の問題として当事者意識がない医師もいたが、現在では医療と介護は同じくらい重要な役割を果たすことが期待されている。

　自宅での看取りは増えるのだろうか。医療費の伸びを抑えようと、国は2005年、病院で死亡する人を減らし、自宅で亡くなる人の割合を2割から4割に引き上げ

ようとした。その後、達成は難しいと気付いて「在宅でも、病院でも」という方向に軌道修正した経緯がある。在宅の定義も今は自宅だけでなく、サービス付き高齢者向け住宅（サ高住）なども含めている。今後も看取りの場所は、病院が中心的な役割を果たすことに変わりはないと考えるが、サ高住や介護施設などが補うことと予想される。

問題の1つは、これによって「医療費は減るだろうか」ということである。亡くなる前の医療費が高額で、これが医療費増加の原因という見方があるが間違いである。日医総研の推計によると、70歳以上の人の死亡前入院医療費は2005年度、高齢者医療費全体の3.4％に過ぎなかった[6]。今後も病院での看取りは減らないし死亡場所の変化による医療費の削減もほとんど期待できない状況である。

1人暮らし高齢者が増えている。孤独死の増加は避けられない。東京では自宅死が増えているが、これは在宅医療が充実しただけではなく、孤独死が増えたためである。自宅死を選んだ場合、誰にも看取られないリスクはある。厚労省の地域包括ケア研究会12年度報告書でも「常に『家族に見守られながら自宅で亡くなる』わけではないことをそれぞれの住民が理解した上で在宅生活を選択する必要がある」と明記されている[7]。1人で亡くなる孤独死は避けられないと認め、国民にその覚悟を求めた格好である。

地域包括ケアシステムで何が変わるのか。システムが機能すれば、亡くなるときは1人でも、長期間発見されないという悲惨な孤独死を減らせる可能性がある。しかしながら、課題も大きい。看護師や介護士らの人材不足は深刻であり、公的サービスを補う地域の取り組みにもばらつきがでてくることは必至である。

3. 今後の行方

①人材不足・施設不足への対応

安倍政権の「3本の矢」の第1の矢は「大胆な金融政策」であり、第2の矢は「機動的な財政政策」、第3の矢は「民間投資を喚起する成長戦略」であった。首相官邸は、「すでに第1の矢と第2の矢は放たれ、アベノミクス効果もあって、株価、経済成長率、企業業績、雇用等、多くの経済指標は、著しい改善を見せています。また、アベノミクスの本丸となる『成長戦略』の施策が順次実行され、その効果も表れつつあります」と成果を述べている[8]。しかし金子勝は、「アベ

ノミクスは 2 年の間に、物価上昇率 2％、名目成長率 3％以上という目標を掲げたが、2014 年度の実質成長率はマイナス 0.5％になる見通しである。完全に失敗である」と指摘する[9]。

　こうした状況下で、安倍晋三首相は 2015 年 9 月 24 日、自民党総裁再選後の記者会見において、「アベノミクスは第 2 ステージに入った」との触れ込みとともに、新「3 本の矢」を打ち出した。新しい「3 本の矢」とは、希望を生み出す強い経済、夢を紡ぐ子育て支援、安心につながる社会保障のことであり、それぞれについて①2020 年ごろに名目 GDP を 600 兆円にする、②希望出生率 1.8 を 2020 年代初頭に実現する、③2020 年代中ごろには介護離職をゼロにする、という具体的な目標が掲げられた。

　新「3 本の矢」の特徴は、唐突感とまとまりのなさである。第 1 に指摘すべきは、大胆な金融緩和、機動的な財政政策、民間投資を喚起する成長戦略から成る旧「3 本の矢」の総括がいまだに済んでいないという点である。旧「3 本の矢」は、もともとデフレ脱却という目標に狙いを定めた政策パッケージであった。首相は「デフレ脱却はもう目の前だ」として、第 2 ステージ入りを宣言したが、足もとの消費者物価の上昇率はほぼゼロである。日銀が掲げる 2％のインフレ目標の実現はまだ遠い中にあって、なぜ唐突に新しい「3 本の矢」が出て来るのか、誰もが感じる疑問である。第 2 は、上記の①から③はいずれも目標であって、それを実現するための手段が示されていない。しかも旧「3 本の矢」は、デフレ脱却のために需要・供給双方から考え得る対策を総動員するという一応体系性を持った戦略であった。これに対し、新「3 本の矢」は 3 つの目標をバラバラに掲げたにすぎない。

　したがって、「③2020 年代中ごろには介護離職をゼロにする」という具体的な目標が掲げられてはいるが、実現できる感じがしない。

　「一億総活躍国民会議」は「一億総活躍社会の実現に向けて緊急に実施すべき対策——成長と分配の好循環の形成に向けて——」（2015 年 11 月 26 日）を発表し、「ニッポン一億総活躍プラン」に向けて検討すべき方向性を打ち出した。「安心につながる社会保障」のなかで、「『介護離職ゼロ』の実現に向けて、希望どおりの介護サービスを利用できない状況や、希望に反して介護のために離職せざるを得ない状況を改善するためには、ニーズに応じた介護サービスの供給確保、介護サ

ービスを必要とする人の目線に立った支援の推進、健康寿命の延伸を図ることが必要である」と述べている。そして、「必要な介護サービスの供給確保の観点から、ニーズに見合った介護施設・在宅サービスの整備、介護人材の育成・確保・待遇改善、介護事業の生産性向上に取り組む」という。

　しかし、介護離職ゼロの実現可能性を考えると、その公算は極めて小さい。①特養入所待機者の解消は期待薄ということである。本対策により現在の待機者のうち要介護3以上の35万人全員が特養に入所したとしても、2020年度時点で40万人の重度者が自宅などの特養以外で生活することが必要である。②サ高住はあくまで賃貸住宅であり、入所者が重度の要介護状態になった場合、退去を余儀なくされる懸念が大きい。③介護人材の不足については、介護サービスの利用拡大に対応できるだけの人材を確保できるか極めて不透明である[10]。

②社会保障費大幅抑制方針

　2015年6月閣議決定「経済財政政策運営と改革の基本方針2015」(骨太の方針2015)の社会保障費大幅抑制方針とそれの医療提供体制への影響は大きい。政府の社会保障の基本的な考え方として、今後5年間の社会保障関係費(一般会計の国庫負担)の抑制の数値目標・「目安」が明記された。「今後5年間の社会保障費の伸びは『高齢化による増加分に相当する伸び』(年間5,000億円。2016〜2020年度の5年間で合計2.5兆円)におさめる」ことをめざす。そこには、「骨太方針2014」ではまだ用いられていた「社会保障の機能強化」という表現は削除された。二木立の試算では5年間で1.9兆円となり、「骨太方針2006」(小泉政権時)の5年間で1.1兆円削減を7割も上回る(計算方法：過去3年間の「自然増」(2.66兆円)を5年分に換算すると4.43兆円。それから今後5年間の「高齢化による増加分」2.5兆円を除すると、削減額は1.9兆円)という。「社会保障関係費」(国庫負担)は「社会保障給付費」(国・自治体負担と保険料負担の合計。一般的には、これが「社会保障費」と呼ばれる)の約3割(2015年度当初予算で29.1%)にすぎない。この割合が一定のまま、社会保障関係費(国費)が5年間で1.9兆円抑制された場合、「レベレッジ」(テコの原理)が効いて、社会保障給付費はその約3.4倍(1/0.291)＝6.5兆円も抑制されると指摘する[11]。

　厚労省2016年度予算概算要求では「社会保障関係費(国庫負担)28兆7,126

億円（前年から＋6,748億円）である。来年度の社会保障関係費の伸びを「骨太方針2015」の「目安」どおり5,000億円に抑えるためには約1,700億円の削減が必要になり、仮にそれを診療報酬のマイナス改定で全額捻出するとした場合、医療費ベースで約6,800億円もの削減となる（『週刊社会保障』2015年9月14日）。

2015年5月成立の医療保険制度改革法では「都道府県医療費適正化計画」の見直しが明記されている。この計画は小泉政権時代の2006年に成立した医療制度改革関連法で制度化され、今回次の見直しが行われた。①医療費適正化の数値目標を従来の「見通し」から、国が示す算定式に沿った「目標」に変える、②都道府県はこの計画と地域医療構想を整合的に作成する、③都道府県は目標と実績が乖離した場合は、要因分析を行うとともに必要な対策を検討し講じるよう努める。この見直しにより都道府県には医療費適正化計画の目標を達成するために、「地域医療構想」で定める必要病床数を抑制する強い「インセンティブ」が働く。

「骨太方針2006」が社会保障費の増加要因に触れず、一律に抑制したのと異なり「骨太2015」は「高齢化による増加分」とそれ以外に区別して前者を許容しているため、一見ソフトに見える。しかし、「医療費増加の主因は人口高齢化ではなく医療技術の進歩である」ことは医療経済学の常識である。「技術進歩による医療費増加を認めない『骨太方針2015』は、史上最も厳しい医療費抑制方針」であると二木は指摘する[11]。例えば、厚労省「医療・介護に係る長期推計」中の「国民医療費の伸びの要因別内訳」（2011〜25年度の年平均伸び率）（18頁）（民主党政権時代の2011年6月作成）では、「高齢化の影響」は1.1％であり、「医療の高度化等」と「診療報酬改定等」の合計が2.3〜2.4％である。つまり高齢化影響の2.1倍〜2.2倍であり、医療費増加の主因は人口高齢化ではなく医療技術の進歩であることがわかる。

③国の政策と問題点

国の政策をあらためて見ると、医療・介護報酬、地域医療構想、地域包括ケアシステムの目標は、急性期大病院に資源を集中させ、慢性期病床を削減し、入院から速やかに外来、在宅にして、医療から介護、施設から居宅ということである。その問題点は、各病床種の機能に応じて居宅に向って円滑に流れることが前提である。おのおのの機能に対応して、患者は転棟・転院することが前提となっ

ている。しかし、高齢者の療養環境はできるだけ変えないほうが良い。慢性期心臓病や認知症の終末ケアは長く介護負担は大きい。地域医療構想、地域包括ケアシステムの構築には大きな障壁がある。病床数大幅削減は不可能である可能性が高い。

社会保障抑制方針は安倍政権の明確な方向転換である。第1に、近年の政府における医療政策立案の主導権が厚生労働省から官邸、財務省に移行したことを示している。第2に、福田・麻生政権時代からの社会保障政策転換でもある。社会保障政策に自助を強調し徐々に変わりつつあったが、「骨太方針2015」で流れが明確化した。地域医療崩壊危機に瀕する医療過疎地域、高度急性期過当競争地域は共倒れの可能性が高い。

以上のように、現在進められている「医療と介護の一体改革」のうち、医療改革の政治的側面と政策的可能性だけに目をやると、高齢者医療を含む医療改革も介護問題の改善も、国民・住民にとって厳しい環境であるように思われる。こういった中で、どうすれば高齢者が地域で自立して生活することができるのか、「住まいと地域ケアの課題」に視点を移して検討してみよう。

第2節 「エイジング・イン・プレイス（地域居住）」という考え方

1. エイジング・イン・プレイス

エイジング・イン・プレイスとは、「高齢者が、虚弱化とそれに伴う問題にもかかわらず、住み慣れた自分の家や地域でできるだけ長く住むこと。施設への入所を遅らせたり、避けたりすることができる」と定義されている。日本では、「住み慣れた地域で自分らしく（その人らしく）最期まで」と表現されることが多い。これは、人々が今いる場（地域）に良い居住環境と24時間ケアを整備していこうとする、パーソン・センタードのやり方であり、地域居住モデルと呼ばれる。このモデルでは、ケアは人に付き、地域に付く。

欧米諸国は、戦後の経済成長を背景に大規模施設を建設したが、1980年代には施設に代わる高齢者ケアの体系として「エイジング・イン・プレイス（地域居

住)」という概念が登場した。施設は、人を集中させることでサービスを効率的に提供できる合理的な装置である。しかし、1960年代初頭には、アメリカの社会学者アーヴィング・ゴッフマン（Goffman, Erving）やイギリスの社会学者ピーター・タウンゼント（Townsend, Peter）らは、施設に住む人間の社会心理的側面に光を当てて施設批判を展開した。

ゴッフマンは、1961年に *Asylums: Essays on the Social Situation of Mental Patients and Other Inmates* のなかで、「全制的施設（total institution）」の特徴として、「住人を集団として扱う」「官僚的に管理する」「コミュニケーションは統制的である」「家族人としての役割を剥奪する」「地域から遠ざける」と述べている[12]。「全制的施設」とは、「多数の類似の境遇にある個々人が、一緒に、相当期間にわたって包括的に社会から遮断されて、閉鎖的で形式的に管理された日常生活を送る居住と仕事の場所」と定義されている（p.v）。ゴッフマンは、アメリカの病院での入院患者の社会的世界を、患者が主観的に体験しているどおりに知りたいと、体育指導主任の助手という形で参与観察をした結果、上述した結論を得た（pp.14-130）。

タウンゼントは、1962年に *The Last Refuge: A survey of Residential Institutions and Homes for the Aged in England and Wales.*（最後の避難場所：イングランドとウェールズにおける居住施設と高齢者の自宅に関する調査）[13] を著した。このなかで、1948年に施行された「国民扶助法」の第3部で法的根拠が与えられた通称「パート3」と呼ばれる施設に1957年から5年間にわたって調査を行い、入所者は次第に自己決定能力を奪われていること（役割喪失、家族・友人・コミュニティと関係の喪失、入所者同士の人間関係の隔離、孤独と不安、プライバシーと自立の喪失」）を明らかにした。そして、「施設に入所している多くの人は、貧困、住宅困難、社会的孤立、親族・友人からの援助がないなどの理由で入所しているのであって、自分で望んでいるものではない」（pp.225-226）と警鐘を鳴らした。またタウンゼントは、「高齢者に適切な新しい住宅が必要である」と提案している。

エイジング・イン・プレイスの基盤となるのは自立型高齢者住宅である。日本では2005年に特別養護老人ホームの国庫補助が打ち切られ、2006年からは介護保険に地域密着型サービスが登場して、制度上は「エイジング・イン・プレイス」の道筋が開かれた。しかし、この概念に込められた「地域で自立して生きる」ための高齢者住宅の建設や、在宅24時間ケアの整備はなかなか進まないのが現状

である。

　それどころか、「日本創成会議」提言（2015年6月4日）は、東京と周辺3県（千葉、神奈川、埼玉）で高齢化が進み、2025年には介護施設が13万人分不足する見込みで、高齢者に対し医療介護体制が整っている全国41圏域への移住を促すという提言を行った[14]。また、日本版CCRC構想有識者会議「『生涯活躍のまち』構想（最終報告）」は、「東京圏をはじめとする地域の高齢者が、希望に応じ地方や『まちなか』に移り住み、地域住民や多世代と交流しながら健康でアクティヴな生活を送り、必要に応じて医療・介護を受けることができるような地域づくり」を目指すとして、「高齢者の希望の実現」とともに、「地方へのひとの流れの推進」と「東京圏の高齢化問題への対応」を構想の意義として挙げて[15]、「日本創成会議」提言に呼応した政策提言をしている。

　地方の介護施設や病院などのベッドが空いているから、縁もゆかりもない土地に行けというのはあまりにも乱暴すぎる。家族や親戚のいない土地へ急に移住して、それまでどおりの生活が出来るとは考えられない。そもそも国は、高齢者に住み慣れた地域で充実した医療・介護を提供する「地域包括ケアシステム」を提唱している。今回の提言とは明らかに矛盾している。「地方創生につながる」との意見もあるが、地方経済を活性化させるというなら、若年層が地方に行って働ける環境を整えることのほうが先決であろう。このような提言は、住み慣れた地域から人々を引き剥がして「ケアのある場（施設）」に引っ越しさせるサービス・センタードな手法の典型的な考え方である。これは施設モデルと呼ばれるものであり、ケアは住まいに付くことを示している。

　松岡洋子は、エイジング・イン・プレイスの4つのポイントを次のようにまとめている[16]。①高齢者の尊厳を守り、自立を支援する環境を守る、②「自宅に住み続けたい」という根源的な願望に応えて、「地域に住み続けること」、つまり最期まで（死ぬまで）地域での居住継続を保障していく、③そのためには、高齢者の変化するニーズに合わせて、住まいの要素とケアの要素を組み合わせていくことが必要である、④近隣やコミュニティの課題も含むダイナミックなコンセプトである。そして、エイジング・イン・プレイスの文脈に添う住まいとは高齢者住宅のことである。

2. デュアリズムとユニタリズム

　松岡がポイントして述べる、「②『自宅に住み続けたい』という根源的な願望に応えて、『地域に住み続けること』について、つまり最期まで（死ぬまで）地域での居住継続を保障していく」ことを若干説明すると、次のようになる。

　世界各国で様々な高齢者住宅が提供されているが、住宅としての根拠法を持ち、住む人にはそれなりの居住の質と賃貸契約によるテナントとしての居住権が保障される。ジム・ケメニーは「デュアリズム」と「ユニタリズム」という二つの類型を、公営住宅を代表とする、社会システムとして提供される賃貸住宅（社会賃貸セクター）と、民間の賃貸住宅（民間賃貸セクター）の関係で提示した[17]。「デュアリズム」は民間賃貸セクター中心に賃貸住宅の供給を考えてゆく政策で、社会賃貸セクターはそれを補うものとしてとらえられる。一方「ユニタリズム」は、民間賃貸セクターと社会賃貸セクターの統合による賃貸住宅供給をはかる。ヨーロッパでは、住宅政策が社会保障の基盤であるため、全国民を対象に普遍的に保障するユニタリズムの国（スウェーデン、デンマーク、ドイツ、フランス、オランダ、スイス、オーストリア）はもちろん、低所得者を分別して保障するデュアリズムの国（イギリス、アイルランド、アメリカ、カナダ、ニュージーランド、オーストラリア）でも、家賃補助を導入して居住保障を行っている。デュアリズムの国では持家の割合は高く、それに比べてユタリズムの国では持家率は低い。また、ケアの基盤は、地域24時間ケアである。施設と同様のケアが地域居住者にも提供されることが重要であり、レベルの差はあるが、各国では比較的よく整備されている。

　住宅は各自の努力によって取得するという持ち家政策が中心である日本人にとって、公営住宅は一部の人々に限定されたものである。よって、ユニタリズムの住宅政策を体系的に理解することがなかなか難しい。しかし、社会住宅や公営住宅はすべての国民に開かれており、所得が十分ではないために家賃を支払うことが困難な場合には家賃補助が支払われる。誰でも住めるので、公営住宅に住むことに社会的スティグマが伴われない。

　ユニタリズムの国の代表的事例として、デンマークを取り上げて説明する。
　1970年代末、政府内に組織された高齢者委員会によって、「高齢者を介護の対

象ではなく、生活の主体とみなす高齢者福祉」が勧告された。施設の弊害を改善し、高齢者三原則「自己決定の尊重」「自己資源の活用」「継続性の維持」に基づく福祉を実践するためには、在宅主義への移行が必要であり、そのためには施設に固定化された「住まい」機能と 24 時間の「ケア」機能を分離して、地域でより多くの人々が両機能を共有できるような制度改革の具体案が提言された。これは、「住まいとケアの分離」であり、1988 年以降高齢者施設の建設は禁止された[18]。

　分離された「住まい」は、高齢者・障害者住宅法（1987 年）によって高齢者住宅として建設され始めた。台所、バス・トイレを備え、居間と寝室が分離した 60m^2 面積の独立住宅である。また、分離された「ケア」は、在宅 24 時間ケアとして 1980 年代初頭から戦略的に整備され、1988 年には 85％を超える市町村で整備された[19]。

　現在、全ての市で在宅 24 時間ケアが整備され、自宅・高齢者住宅・施設など住む場に関係なく 24 時間ケアが保障され、「ケア付き地域」が実現している。在宅 24 時間ケアの基盤は、市内を人口 1 万人前後の規模で分けた福祉地区であり、この地区にはアクティビティ・ハウスと呼ばれる「つどいの場」があり、レストランやリハビリ室が設けられている。高齢者は食事、ビリヤード、ダンス、様々な趣味活動をしに日常的に集まってくる。市は場所とセンター長を派遣するが、ほとんどが高齢者のボランタリー活動により支えられている（2015 年調査より[20]）。

　高齢者住宅（自立型・介護型）は 65 歳以上高齢者の 10％レベルで、あらゆる自治体において整備されている。さらに 1997 年、高齢者住宅は「公営住宅法」へと組み入れられ、家族向け一般公営賃貸住宅と等価なものとして一元化された法律のもとに提供されている。これは、障害のある虚弱な高齢者は高齢者住宅でなくとも、在宅 24 時間ケアを受けながら一般公営住宅でも十分に居住継続できるということである。さらに家賃の支払いが困難な国民年金のみの受給層には家賃補助が支給され、アフォータビリティ（家賃の支払い可能性）が確保されている。高齢者住宅では 65％の世帯が家賃補助を受けている（2015 年調査より）。

3. 高齢者住宅とケア政策

　国立社会保障・人口問題研究所の出生中位・死亡中位推計によると、団塊の世代（1947〜1949 年生まれ）が後期高齢者となる 2025 年には、75 歳以上人口は

2,167万人、後期高齢化率は18.2％に達する。2005年時点（75歳以上人口1,164万人、後期高齢化率9.1％）に比べ、75歳以上人口は1,003万人増（年平均50万人増）となることから、後期高齢者の急増への迅速な社会的対応が現在求められている。また、認知症高齢者や高齢者単身・夫婦のみ世帯の増加は家族介護力を減少させ、年間死亡者数の増加、生産年齢人口の減少なども見込まれており、これら新たな課題をも含めた総合的対応策の検討が急務である。このような人口構造や社会構造の変化のなか、在宅医療や地域ケアの推進により、「住み慣れた地域で高齢者の生活を支えること（エイジング・イン・プレイス）」を重視する様々な政策が、医療・介護・住宅の各分野で現在展開されている。

ただし、社会保障財源の逼迫、療養病床数の削減、医療・介護従事者確保の困難化といった逆風のなか、これら地域包括ケア施策を実効ある形で具現化するためには、単に高齢者の多様な住まいを量的に確保すれば済むということではない。これらハード面と、後期高齢者が抱える様々な医療・介護・生活支援ニーズに柔軟かつ適切に対応できる仕組み作り（ソフト面）の一体的・総合的整備が実現できなければ、エイジング・イン・プレイスの実現はおろか、地域包括ケアシステムの構築も困難である。したがって、医療・介護サービス提供者だけでなく、制度設計担当者にも、制度や省庁という枠組みを超えた、利用者本位の包括的・総合的なサービス提供・制度設計が求められる時代になってきたとの認識が必要である。地域包括ケアシステムは、その意味では国・中央省庁のみならず地方自治体にとっても、高齢者の医療と介護をどうするかの試金石でもある。

このような日本の状況を踏まえ、諸外国の状況も参考にした上で、エイジング・イン・プレイス実現に向けた今後の課題を述べてみよう。第1に、「療養の継続性をできるだけ担保する」といった基本理念の徹底と、基本理念に即したケア・住宅政策の展開が図れるかどうかである。これまでは、施設の機能をまず決めた上で、その特性にあった高齢者を入院・入所させ、機能低下や対応困難な医療処置が必要になった場合にはほかの施設に移らせるのが基本的流れであった。今後は、施設の機能に高齢者を合わせるのではなく、高齢者の機能変化に応じて、必要時は外部からのサービスで補完しながら、できるだけ同じ場所で療養が継続できる仕組みに転換すべきである。

第2に、拡大する民間サービス事業者に対して、自治体の役割をどのように設

終章　医療・介護一体改革と住まい・地域ケア

定するかが重要である。現在、高齢者向け民間賃貸住宅の整備が進んでいるが、介護保険の特定施設の指定を受けた事業所は少ない。これは、①特定施設の届出を行えば、都道府県による管理・監督が強化されること、②特定施設の場合、要介護度に応じた包括点数となっているが、届出を行わず、在宅扱いで介護保険サービスを利用する形態をとれば出来高での請求が可能となるなどが影響している可能性が高い。これら事業所を、情報開示や外部監査が実施できる体制の中にいかに位置づけるか、報酬体系と併せた検討が必要であろう。

第3に、ケア・住宅政策担当部局、担当者の目標共有化と連携強化が図れるかが重要であろう。部局をまたがって、エイジング・イン・プレイスという共通の目標を担当者ベースで共有化するためには、彼らをマネジメントする機能の強化が必須である。担当部局ごとに作成している医療や介護の事業計画なども、担当者の意識改革を図るため、一本化していく必要があり、現在では医療と介護の一体的改革が進められている。

第4に、高齢者の生活を支えるための、保険外の様々なサービスをいかに確保できるかが重要である。高齢者の生活は保険内サービスだけでは支えきれない。保険外サービスの充実と、保険・保険外サービスの包括的マネジメントが今後の課題である。この点では、介護保険制度の保険者は市区町村であり、地域支援事業（後述）の実施も市区町村であることで、一体的にサービス提供体制を検討することが可能である。また、介護サービス従事者確保が困難な状況では、高齢者自身に保険外サービス提供者の一員として関与してもらう仕組み作りも必要である。高齢者が社会参加しやすいような環境の整備も求められる。

医療・介護・生活支援など、多岐にわたる社会ニーズを有する後期高齢者の急増は、医療・介護サービス提供体制だけでなく、住宅政策にも大きな影響を及ぼす。縦割りの意識が強いサービス専門職、および制度設計者が、事業所や組織の枠を超えて「利用者本位のサービス提供体制構築」の視点で、連携を図ることができるかが大きな課題である。

第3節　日本の住まいの実状と住宅政策のひずみ

1. 高齢者の住まいの状況

　特別養護老人ホーム、老人保健施設、療養型病床、グループホーム、有料老人ホームなど、「施設系」、「居住系」で128万戸（4.2％）があり、施設はそこそこ揃っているといえよう。しかし、シルバーハウジング（住宅施策と福祉施策の連携により、高齢者等の生活特性に配慮したバリアフリー化された公営住宅等と生活援助員（ライフサポートアドバイザー）による日常生活支援サービスの提供を併せて行う、高齢者世帯向けの公的賃貸住宅の供給事業）やサービス付き高齢者向け住宅（以下、「サ付き住宅」という）といった「住宅系」は合わせて13万戸（0.4％）にしかならない（2013年時点調査。現在は増加）。サ付き住宅は制度としては住宅だが、機能としては施設であるとの見方もある。今後、住宅系の充実が求められている。

　介護保険による「施設系」は不足し、グループホームなどの「居住系」は高額であり、サ付き住宅のような「住宅系」もまた高額である（後述）。安上がりの住宅を模索すると、貧困ビジネスのような事業者にも行き着くのが、現在の日本の高齢者の住まいの実状である。群馬県で起きた「たまゆら事件」[21]は、高齢者をターゲットにした貧困ビジネスとして社会に警鐘を鳴らした事件である。

　このような中、日本では2011年10月にサ付き住宅の登録が始まった。1戸につき100万円の助成（建設費の1/10、改修費の1/3について国の補助）を受けられることもあり、どんどん増えている状況である。特に、平成27年度補正予算の制度拡充があり、2015年12月21日～2016年3月25日までの間の緊急急募に関しては、夫婦型サ高住では100万円が135万円／戸、既存ストック型サ高住も100万円が150万円／戸、それ以外のサ高住でも100万円が120万円／戸、拠点サ高住の場合には1,000万が1,200万円／施設と増額助成された[22]。

　このようにサ高住は増加しているが、1戸当たり$25m^2$以上（東京都は$20m^2$以上）とヨーロッパと比べてかなり狭い（2015年調査より）。台所、浴室などを備えることなどが決められているが、共用設備がある場合は、$18m^2$以上（東京は

終章　医療・介護一体改革と住まい・地域ケア

13m² 以上）に緩和される。この点を改善すべきとの指摘もあるが、現在までに具体的な改善点は望めない。サービスとして、安否確認、生活相談を提供する。ケアの専門家が昼間は常駐している。今後の方向としては、有料老人ホームや高齢者専用賃貸住宅は全てサ付き住宅に統合していくこととしている。厚労省、国交省が一緒に管轄することとしたことは画期的なことであり、制度ができて1年半で12万戸を超え、2015年12月末日の登録住戸数は19万2,320戸まで増加している。このスピードは、グループホームのときよりも増えるスピードが速い。

2. 日本の住宅政策のひずみ

日本の住宅政策のひずみを考える。介護型住宅、自立型住宅とも量的に不足している状態である。特に自立型住宅の量的不足は否めない。そして、低所得者が入居できない家賃額が設定されており、住宅入居から事実上排除されている問題がある。例えば、東京都では、家賃補助が助成制度として設定されている区もある[23]。しかし入居の条件が決められており、そこに当てはまらない人は排除される。大阪市にも同様の家賃補助制度があるが、新婚世帯が条件であったり、年齢で区分されたり、所得で区分されたり、補助期間が決められているなど、万人が利用できる制度にはなっていない[24]。さらに、認知症、医療的なケアの必要な人、障害者、ホームレス、アルコール依存症、ドメステック・バイオレンス（DV）などが社会的に排除されている。

施設によって居住基準や居住費用が異なることも、日本の住宅政策のひずみの一つである。サ付き住宅はどんどん増設されるが、一方で空き家率が13％と上昇（2013年時点）していることも問題である。価値総合研究所の調査結果から、空き家となっている現在の状況をみると、「売却・譲渡先を募集している」9.8％、「賃貸住宅として借主を募集している」7.4％、「不動産業者に相談している」5.8％、「特に何もしていない」は72.0％にもなっている。その他が5.0％である[25]。「個人の住宅の賃貸流通の促進に関する検討会報告書」（国土交通省）は、第7章で「個人住宅の賃貸流通を促進するための指針〈Ⅲ〉（管理ガイドライン）」を提示した。その6は、「住まいの課題と地域づくり」である。「現在、人口減や少子高齢化に直面する地方の中には、自治体、民間、地域が一体となって定住促進やUIターン対策に取組み、多くの成果をあげている例が見られる」とした上で、

415

検討会の目的である「個人住宅の適切な管理や賃貸流通の促進による市場の活性化を進めるためには、単に住宅の視点のみならず、子育てや雇用、福祉等の公共サービスを含め、総合的な地域経営の観点から、地域の活性化に取り組むことが求められる」。そして、「空き家や定住対策といった住まいの課題解決を端緒として、官民が地域づくりに取り組むことが、住宅の適切な管理や市場の活性化に寄与するものと考えられる」と結論している。この文章で興味深いのは、「単に住宅の視点のみならず、子育てや雇用、福祉等の公共サービスを含め、総合的な地域経営の観点」ということと、「空き家や定住対策といった住まいの課題解決を端緒として、官民が地域づくりに取り組むこと」としている点である[26)]。このような提言は見識ある提言であり、方向性としては正しい。具体化が急がれると考える。しかも、公営・公社公団住宅の多くは、入居者が高齢化しているという問題もあり、その点の解決策も検討されている。「住生活基本計画（全国計画）」では、「公的賃貸住宅団地の建替え機会をとらえた高齢者世帯・子育て世帯等の支援に資する施設等の地域の拠点形成」を、高齢者が自立して暮らすことができる住生活の実現の1つとしていることは評価できる[27)]。

3. 住まいとケア政策

　地域包括ケアは、ニーズに応じた住宅が提供されることを基本としたうえで、生活上の安心・安全・健康を確保するために、医療や介護のみならず福祉サービスを含めた様々な生活支援サービスが日常生活圏域（概ね中学校区）で適切に提供できるような体制を作っていく方向である。「ニーズに応じた住宅が提供されることを基本」であることは重要である。その上で、医療や介護、生活支援サービスが日常生活圏域で提供されるということである。この方向は正しい方向である。

　医療・介護は既に制度があるが、一方で、見守り、安否確認、緊急コール、食事、移動支援、社会参加、電池交換・ごみ出しなどの雑多な生活支援を誰がして誰が費用負担をするかが今後の課題である。これは、2014年の国会で可決した「医療・介護総合確保推進法」に基づき、要支援1、2の訪問介護と通所介護を保険から外し、現在は市区町村のモデル事業で進められている地域支援事業が、2017年4月から全自治体で新総合事業としてスタートすることとなる。しかし国は、総合事業の伸び率を75歳以上の高齢者人口の伸び率（3～4％）以内に抑え込むよ

う規制をしている。その結果、2035年度には2,600億円の介護給付費の大幅削減になると推計している。

訪問介護看護の状況をみると、2012年4月から定期巡回・随時対応型訪問介護看護が始まっている。24時間対応で短時間でも毎日複数回の訪問をして、緊急時にはオペレーターが対応する。介護保険のような加算式ではなく、包括方式で設定報酬が設定された[28]。

そして、小規模多機能型居宅介護から看護小規模多機能型居宅介護へは、これまで、通い、訪問、ショートステイもできた小規模多機能型居宅介護から、医療依存度の高い高齢者が在宅・地域へと流れることを想定してつくられた制度である。いわば、訪問看護と小規模多機能を合体させたと考えるとわかりやすい。看護小規模多機能型居宅介護は、「居宅要介護者について、訪問介護、訪問入浴、訪問看護、訪問リハビリテーション、居宅療養管理指導、通所介護、通所リハビリテーション、短期入所生活介護、短期入所療養介護、定期巡回・随時対応型訪問介護看護、夜間対応型訪問介護、認知症対応型通所介護又は小規模多機能型居宅介護を二種類以上組み合わせることにより提供されるサービスのうち、一体的に提供されることが特に効果的かつ効率的な組合せにより提供されるサービスとして厚生労働省令で定められている、訪問看護及び小規模多機能居宅介護の組合せ」と定義されている。

日本における住まいとケアの分離について、住宅政策とケア政策それぞれについて、次のようにまとめることができる。

まず住宅政策として、量的拡大、家賃補助導入による「新しいセーフティネット」づくりが求められている。また、高齢者住宅でよいのか、$25m^2$でよいのかなどの課題も引き続き検討すべきである。よりよい住宅を供給するための「住宅総合法」なども考えるべきではないかとの意見もある。

ケア政策では、24時間対応の制度ができている自治体（横浜市、神戸市など）は限られている。市内のどこに住んでいても24時間の介護を受けられるシステムをつくる必要がある。これからは、ケアは住宅にではなく地域につく、「ケア付き地域」という発想で進んでいくべきであろう。住宅政策、ケア政策、地域政策、生活支援は、自治体に任せて自由にやる方がよいという意見があるが、これが今後どうなっていくか重要な要素である。

日本は高齢者住宅を整備する段階であるが、高齢者だけでなく国民全体を対象として住宅の質の向上を目指して、子供から大人まで生涯の住宅として考えていくべきである。ケアも生活支援を含めてエリアをどうしていくかが揃って、初めてエイジング・イン・プレイスと言える。年齢の壁を超える、障害の種別を越える、高齢者に特殊化するのではなく、普遍化・一元化するべきである。その意味でデンマークは進んでおり、大いに学ぶべき点がある。

第4節　地域の中で自分らしく安心して暮らすために

　本節では、「地域の中で自分らしく安心して暮らすために」何が必要かについて述べる。

　第1は、「自立と尊厳」である。高齢者を人生の主役とするのかどうかということである。生活の主体としてリスペクト（尊敬の気持ちを表す）する人間観が求められている。さらにそれに基づく「尊厳と自立」の実現が必要であろう。施設から地域へと住む場が変わったとしても、24時間ケアが地域に整ったとしても、また施設で職員が常にいて一体的にサービス提供してくれるように地域が可能になったとしても、エイジング・イン・プレイスは完成しない[29]。これらはあくまで手段である。

　高齢者が尊厳ある自立の主体として、自らの生き方を決定し、自分の暮らしの有り様を決め、まわりはその決定をかけがえのないことと尊重し、「私は幸せであった」と言って最期の時を迎えることができるよう、過不足のない生活を提供しつつ伴走する。過剰なケアが依存を促進し、危険すれすれの過不足のないケアが自立と幸福を育むことは1970年代に実証されている[30]。小手先の制度改革ではなく、「尊厳と自立」を尊重する人間観の変革に基づくものであることを認識すべきである。

　第2は、「居住保障」である。政策手法として「住まいとケアの分離」が進められてきた。施設に代わる居住の基盤は、住宅法に基づく新たな高齢者向け住宅である（自宅の改造も含む）。デンマークのように、一般公営住宅として統合的に提供される場合もある。いずれにしろ、家賃補助も含めてアフォータビリティ（家賃の支払い可能性）があり、広く万人に居住保障がなされるべきである。

日本の「地域包括ケア」において住まいが基盤となることが明確に述べられ、サービス付き高齢者向け住宅の登録が2011年10月からスタートし、補助金が受けられることなどから、すでに登録住戸数は19万2,320戸と順調すぎるほどに地域での居住基盤を形成しつつある（2015年12月末日現在）ことは既に述べた。しかし、サ付住宅の平均家賃は6万円を超えており（6万4,178円）、共益費・サービス費・食費を含めた支払い総額の平均が11万円弱（10万9,384円）であることから（高齢者住宅財団2013：17,25)[31]、無年金者はもちろん、国民年金のみの受給層は排除される形となっている。また、地価の最も高い東京都と全都道府県の中間の順位（23～25位：福井・高知・三重）のサ高住（夫婦2人）に係るコストを計算した結果をみると、東京（平均）は家賃が15万5,906円、共益費が2万4,697円、状況把握・生活相談費が7万857円で合計25万1,460円である。一方、地方（福井・高知・三重）平均はそれぞれの順に、8万161円、1万3,501円、3万2,001円で、合計12万5,663円である[32]。これらの結果からは、国民年金はもちろんのこと厚生年金受給層でさえ排除され、2015年10月に改正された、被用者年金一元化後の公的年金制度の体系[33]における旧公務員共済年金層でさえ厳しい状況と推測される。

　また、面積25m²未満の住宅が70.7%を占めて（同：13）、共用部の設備設置状況は台所・食堂・浴室が共用のものがそれぞれ59%・89%・83%であるところから（同：15）、介護型住宅が中心であることがわかる。

　さらにケア提供の方法として、「併設事業所の地域へのサービス提供実績」では、定期巡回・随時対応型訪問介護看護サービスの提供形態が、実態として住宅の住人にのみ提供しているものが63%（46件中29件）にも上る点から（同：158）、本来地域に展開すべき24時間ケアを住まいに固定している実態が窺える。

　広く万人に高齢期の住まいを保障するためには、現在順調に伸長しているサ付き住宅に家賃補助を導入してアフォーダブルな住宅とする、あるいは介護型住宅（サ付き住宅）を新たに建設して入居できない層を創出するよりは、人口減少時代において増えている空き家など地域の良質な遊休資源を活用（2015年より空き家規制が強化された）して地域の経済循環を促進しつつ、居住環境に配慮した住まいを創るほうが先決である。平均入居率（＝入居済居室数／全居室数）をみると、介護付きホームが88.1%、住宅型ホームが85.2%、サ付き住宅は78.2%で

ある（全国有料老人ホーム協会2014：43）[34]。サ付き住宅の2割強は未入居である。1戸につき100万円の補助金を付けたことを考えると、未入居であることは問題であり、原因をきちんと検討すべきであろう。単順計算すると、先述した19万2,320戸の2割で計算すると3万8,464戸が未入居となり、100万円を乗じると384億6,400万円となる。

第3は、「ケア保障と生活支援、つどい場」の問題である。

エイジング・イン・プレイスにおいて、ケアの骨格となるのは地域24時間ケア（介護・看護）である。もちろん、医療・リハビリとの連携も重要であるが、まず24時間ケアを重視すべきであろう。しかもこれまでの日本における訪問介護に見られるような、家族介護を前提とした週に2～3回の滞在型訪問介護ではなく、1日に複数回の短時間巡回型訪問介護看護が必要である。これは、2012年4月より制度化された「定期巡回・随時対応型訪問介護看護」が堅実に広がっている（2014年3月時点：434事業所から約6,800人に対して定期巡回・随時対応型訪問介護看護サービスが提供されている（厚労省資料））。横浜市のように、市内をエリアに分け、入札によって事業者を指定する「指定公募制」によって、市内にあまねくこの制度を普及させている自治体も徐々に増えつつある。

問題は、制度で保障されていないこまごました「生活支援」である。見守り、話し相手、ゴミ出し、通院介助、電球交換、室内模様替えなど、施設では一体的に提供されていた領域、在宅では家族が担っていたインフォーマル領域のサポートを、地域では誰が責任を持ち、誰が提供し、誰が支払い責任を持つのか、という問題である。「地域包括ケア」でも生活支援の重要性が指摘されており、これらを地域支援事業（新総合事業）として位置付けることが決定された（2014年「医療・介護総合確保推進法」）。しかし、具体的展開は今後の問題であり、この課題が解決されなければ、介護・リハビリ・看護・医療といったフォーマル・ケアが機能せず、施設入所を余儀なくされてしまう。例えば、全国老施協の調査「軽度要介護者（要介護1・2）に対するサービス提供等に関する意向調査〔報告〕」では、デイサービス利用者の平均要介護度が1.38から1.43に上がっている[35]。この調査の主旨は、財務省の「財政制度等審議会財政制度分科会」において、軽度要介護者（要介護1・2）の方に対する介護給付について、原則自己負担・一部補助とし、地域支援事業への移行を図ってはどうかとの提案がなされているところ

であり、こうした状況を踏まえ、要介護1・2の利用者へのサービス提供状況やその実態、困難事例の収集及び家族の負担感等を把握することにより、現場の実態に即した対応が図られるよう協議を求めるべく、調査が実施されたものである。

こうした中で、2015年9月に厚生労働省から公表された「誰もが支え合う地域の構築に向けた福祉サービスの実現」は注目すべき提言である。地域包括ケアシステムの新たな展開を政策化するものであり、「全世代対応型地域包括ケア支援センター」といった相談窓口を整備することを具体的施策とするなど、これまでの地域包括ケアシステムが高齢者を対象としていたのに対し、「育児、介護、障害、貧困など世帯全体の複合的・複雑化したニーズを捉え」「複合的なニーズに対応する様々な支援をコーディネートすることが求められる」と提言していることは画期的である[36]。

補助金を受けて住宅を建てたものを空き住戸が出たりすると、その補助金は効率的に使われたとは言えない。補助金は、建物に付けるよりも、家賃補助として住む人に付けた方が効率的である。「補助は建物から人へ」である。

また海外の事例から、社会交流や役割づくりなどの拠点となる「地域のリビング」ともいえる「つどいの場」の重要性も見えてくる。本来、生活支援は地域に住む人々の助け合い（互助）によって担われるが、そうした互助も「つどいの場」の人的交流から生まれる。

第4は、「自治体のイニシアティブ」である。施設機能をバラバラに分解して地域に広げた時、住まいとケア、生活を支援するだけではなく、多くの要素が転がり出てくる。こうした広義のケア保障を考える時、特定の住まいや地区、拠点の周辺のみへの固定的で限定的な提供だけではなく、市内全域を視野に入れた展開が重要である。そして、その計画を立て、調整を行い、実践を管理していく、つまり地域包括ケアを推進していくのは介護保険の保険者たる自治体である。分離された住まいとケアを地域でもう一度統合するには、自治体のイニシアティブが不可欠である。

第5は、「普遍性」である。エイジング・イン・プレイスとは「Aging」であるので、その対象を高齢者に限定した発想である。しかし、サービス提供の対象をより普遍的に捉え、サービス提供の網から落ちこぼれる人をなくすことが、長期的な視点として重要である。具体的には年齢区分、障害の区別をなくす。住宅で

いえば、高齢者住宅ではなく一般住宅、さらには人間が成長していく過程の変化に応じられるような生涯住宅の発想が求められる。また、ケアについては慢性疾患に苦しむ全ての人、緩和ケアを受ける全ての人、様々な障害とともに暮らしている人、怪我をした子供から急病で休んでいる大人まで、すべてを広く対象としているのがデンマークの在宅ケアである。対象を特定し、制度を固定化することで、そこから落ちこぼれる層が必ず生まれる。エイジング・イン・プレイスの将来には、「誰もがどこでもいつまでも暮らせる」普遍性がある。長期ゴールとして視野に入れ、まずは一歩を踏み出すことが大事であろう。

住宅（住まい）とはハードのみではなく、家賃も含めて住む人の暮らし全体を見守り支えて地域への根の張り方にも配慮を行う「住み方」支援やインフォーマル・パワーの育成が重要である。補助金を投入して数だけ増やしても、地域まるごとの「住まい方」支援がなされることにはならない。

●注・文献

1）厚労省は 2015 年 10 月 28 日、医療介護総合確保促進会議（田中滋座長）を開催した。①2014（平成26）年度地域医療介護総合確保基金（医療）の事業の実施状況及び事後評価、②総合確保基金の事業の評価指標の開発、③27 年度の総合確保基金の交付状況、④総合確保方針の改定について説明した。26 年度の基金の執行額は 419 億円で、計画の約 7 割だった。評価指標は早ければ 27 年度事業の評価から活用する意向を示した。総合確保方針は 28 年度中の改定を目指し、見直しの議論を進める。

平成 26 年度総合確保基金（医療分）は総額で 904 億円が交付決定された。26 年度の実施する事業は計画では 603 億円だったが、執行されたのは 419 億円で、執行率は 69.5％であった。基金を実施する都道府県計画・市町村計画の計画期間は原則 1 年だが、個別の事業は内容に応じて実施期間を複数年とすることも可能である。総額 904 億円の内訳は、地域医療構想の達成に向けた医療機関の施設または設備の整備（病床の機能分化・連携）174 億円、居宅等における医療の提供（在宅医療の推進）206 億円、医療従事者の確保 524 億円となっている。26 年度事業 603 億円の内訳と執行実績は**表終-3** のとおりである。

表終-3　2014（平成 26）年度　総合確保基金（医療分）

	計画	実績	執行率
Ⅰ　病床の機能分化・連携	95 億円	39 億円	40.5％
Ⅱ　在宅医療の推進	83 億円	46 億円	55.3％
Ⅲ　医療従事者の確保	425 億円	335 億円	78.7％
計	603 億円	419 億円	69.5％

2015(平成27)年度の総合確保基金の交付状況は27年度は介護分も始まり、医療・介護とも7割が民間機関に交付されている。医療分の基金の総額は国・都道府県をあわせて903.7億円である。1回目は610.8億円が配分され、そのうち国費分は407.2億円であった。407.2億円の内訳は、地域医療構想の達成に向けた医療機関の施設または設備の整備226.3億円、在宅医療の推進29.7億円、医療従事者の確保・養成151.2億円となった。

　交付先の割合は公的機関26.4％、民間機関66.8％、未定8.7％(27年9月現在)であった。医療分は、6月に閣議決定された骨太方針2015年で改革に取り組む都道府県を重点的に支援する観点から基金のメリハリある配分を行うことが指示されている。介護分の基金規模は総額724.2億円で、このうち国費の総額は482.8億円。このうち介護施設等の整備は634.4億円で、うち国費は422.9億円。介護事業者の確保は89.8億円で、うち国費は59.9億円となっている。

　総合確保方針の改定については2016(平成28)年度中を目指す。見直しの議論は平成28年内から29年初頭に取りまとめを行う意向を示した。平成30年度の第7次医療計画と第7期介護保険事業(支援)計画の同時改定に向け、医療計画基本方針と介護保険事業計画基本方針の改定が予定されている。総合確保方針の見直しは、これらを見据え地域医療構想や27年度からの第6期介護保険事業(支援)計画の進捗状況を踏まえつつ進めていく。

2) 二木立は、「地域包括ケアシステムの実態がネットワークであることは、2013年8月に発表された社会保障制度改革国民会議報告書が『地域包括ケアシステムというネットワーク』とのストレートな表現を用いて以来、行政内で広く認識されるようになっています。例えば、2015年6月に発表され、2025年までに病院病床を大幅削減する必要があると提言して大きな注目を集めた官邸の社会保障制度改革推進本部『医療・介護情報の活用による改革の推進に関する専門調査会第1次報告』は、地域包括ケアシステムと「医療・介護ネットワーク」をほとんど同じ意味で何度も用いています」と述べている(二木立『地域医療構想と地域医療連携』勁草書房、2015年10月、p.7)。

3) 厚生労働省老健局「地域包括ケアの実現に向けた地域ケア会議実践事例集〜地域の特色を活かした実践のために〜」2014年。及び、厚生労働省「地域包括ケアシステム構築へ向けた取組事例」 http://www.mhlw.go.jp/seisakunitsuite/bunya/hukushi_kaigo/kaigo_koureisha/chiiki-houkatsu/dl/model.pdf/2015年6月13日アクセス。

4) 財務省は2015年10月30日の財政制度等審議会財政制度分科会(吉川洋分科会長)で、平成28年度診療報酬改定は「本体のマイナス改定」が必要との考えを示した。また、改定の具体的な内容に踏み込み、急性期入院医療から慢性期、調剤報酬の適正化を提案した。財務省は賃金・物価の動向に対し、「診療報酬が高止まりしている。一定程度のマイナス改定が必要」と主張した。骨太方針2015に盛り込

まれた経済・財政再生計画で、医療費を主眼に社会保障費の抑制政策が示されたこ
とも背景にある。マイナス改定では、市場実勢価格にあわせた薬価改定だけでなく、
診療報酬本体の改定率をマイナスとする。その際、経済・財政再生改革に明記した
後発医薬品の使用促進や調剤報酬の見直しを反映させる。

　医科本体では、7対1入院基本料などで用いる「重症度、医療・看護必要度」の
項目を見直すとともに、病棟の15％以上の患者がその項目に一定数以上該当しな
ければならないとする要件について、その患者割合を大幅に引き上げることを主張
した。療養病棟入院基本料は、医療区分2・3の厳格化を進め、医療区分1の患者
が多い病床の報酬引き下げを求めた。外来については「かかりつけ医の普及がほと
んど進展していない」と指摘し、「個人が日常負担できる小額の定額負担を導入す
べき」とした。調剤報酬は、細部にわたる見直し案を提示した。

5）小磯明「病院完結型医療から地域完結型医療へ──倉敷市の地域医療への住民参
加の試み──」法政大学大原社会問題研究所・相田利雄編『法政大学大原社会問題
研究所叢書　サステイナブルな地域と経済の構想──岡山県倉敷市を中心に──』
御茶の水書房、2016年2月、pp.233-271。

6）前田由美子・福田峰「後期高齢者の死亡前入院医療費の調査・分析」日本医師会
総合政策研究機構『日医総研ワーキングペーパー』No.144、2007年7月2日、p.15。

7）地域包括ケア研究会「持続可能な介護保険制度及び地域包括ケアシステムのあり
方に関する調査研究事業報告書　地域包括ケアシステムの構築における今後の検討
のための論点」平成24年度厚生労働省老人保健事業推進費等補助金（老人保健健康
増進等事業分）、2013年3月、p.4。

8）首相官邸「3本の矢」（http://www.kantei.go.jp/jp/headline/seichosenryaku/sanbon
noya.html/2016年4月9日アクセス）。

9）2014年11月の物価上昇率は2.7％であるが、そのうち2％は消費税増税の影響に
よるもので、残りは0.7％である。これも円安による輸入物価の上昇によるものと
考えられる。実際、国際通貨基金（IMF）の試算によれば、円安の影響を除くと、
物価はほとんど上昇していない。つまり実体としては、輸入物価や消費税率上昇分
を除くと、物価はほとんど上昇していない。2013年半ば以降は、輸入物価の上昇
についていけず、実質賃金の低下が生じている。ボーナス期を除くと、実質賃金は
低迷し続け、所得が増えない結果、家計消費は減少し続けている。

　従来は円安になると輸出が増え、全国各地の工場への発注も増えて、やがて景気
が全国に及び、貿易黒字が増加し、その所得がまた回っていくという好循環が生ま
れた。しかし、2013年以降、むしろ貿易赤字が拡大している。円安が進んでも、
日本企業の国際競争力が低下し、地方の工場のアジア移転に伴って逆輸入が増加し、
化石燃料や原材料の輸入額も増加して、貿易収支を悪化させているためである。潤
うのは一部の輸出企業だけで、地域には波及せず、とりわけ原材料の値上げで中小

終章　医療・介護一体改革と住まい・地域ケア

企業は苦しく、輸入物価の上昇で家計消費も圧迫されているのである。

　このように、アベノミクスが意図どおりには経済の好循環を作り出せていないがゆえに、政府が労使関係に介入して賃金を上げるように要請し、あえて「地方創生」と言わざるを得ない状況に陥っていると金子勝は指摘する。こうした状況で、なおも量的金融緩和と規制緩和中心の「構造改革」を実施していけば、次第に格差を拡大させていくことになる。量的金融緩和は需要を喚起せず、株価や都心部の地価の上昇をもたらす。他方で、「岩盤規制」を壊すと称して、雇用や社会保障などの分野において規制緩和政策を実行していけば、非正規雇用を拡大させ、またそれを背景に、正社員も含めて過労死・過労自殺を引き起こすブラック企業を横行させ、老後破産や孤独死をもたらす。量的金融緩和と「構造改革」の政策的組み合わせは、地域格差も拡大させる。「岩盤規制」を壊せば、人口が少なく高齢化が進んだ地域には、民間企業は行かないからである。アベノミクスには肝心の産業戦略が欠けている。アベノミクスが目指す経済社会では日本の将来の姿が見えてこないと述べる（金子勝『資本主義の克服　「共有論」で社会を変える』集英社新書、2015年）。

10）飛田英子「《税・社会保障改革シリーズNo.23》　介護離職ゼロを考える――1億総活躍社会の盲点を突く（1）――」日本総研『Research Focus』No.2015-044、2016年1月13日。

11）二木立「第二期安倍政権の医療提供制度改革――『骨太方針2015』と医療提供体制改革を中心に」『月刊／保険診療』2015年11月、pp.54-59。

12）Goffman, Erving., *Asylums: Essays on the Social Situation of Mental Patients and Other Inmates*, Anchor Books, Doubleday & Company, Inc., 1961.（E・ゴッフマン／石黒毅訳『ゴッフマンの社会学3　アサイラム――施設被収容者の日常世界』誠信書房、1984年）。

13）Townsend, Peter., *The Last Refuge: A survey of Residential Institutions and Homes for the Aged in England and Wales*, London: Routledge and Kegan Paul Ltd, 1962.

14）日本創成会議首都圏問題検討分科会「東京圏高齢化危機回避戦略　一都三県連携し、高齢化問題に対応せよ」2015年6月4日。

15）日本版CCRC構想有識者会議「『生涯活躍のまち』構想（最終報告）」2015年12月11日、p.1。

16）松岡洋子『エイジング・イン・プレイス（地域居住）と高齢者住宅　日本とデンマークの実証的比較研究』新評論、2011年、pp.26-27。

17）Kemeny, Jim., Housing and Social, Theory, Routledge, a member of the Taylor & Francis Group, 1992.（ジム・ケメニー／祐成保志訳『ハウジングと福祉国家　居住空間の社会的構築』新曜社、2014年）。

18）デンマークでは1988年以降高齢者施設の建設は禁止されたが、日本では現在、一億総活躍国民会議が「必要な介護サービスの供給確保の観点から、ニーズに見

合った介護施設・在宅サービスの整備、介護人材の育成・確保・待遇改善、介護事業の生産性向上に取り組む」と述べるように、介護施設の建設のための規制緩和を進めようとしている。一億総括約国民会議「一億総括約社会の実現に向けて緊急に実施すべき対策——成長と分配の好循環にの形成に向けて——」（2015年11月26日）では、「用地確保が困難な都市部等において、賃料減額といった国有地の更なる活用や用地確保に係る負担を軽減するために支援を充実させ、併せて施設に係る規制を緩和することにより介護施設等の整備を促進する」と述べている（p.9）。これは「特に緊急対応」が必要であるとして、既存資源を有効活用するための建物の改修を支援することとしている。

19）松岡洋子『デンマークの高齢者福祉と地域居住』新評論、2005年。

20）2015年調査は、2015年8月末から9月初旬に行ったデンマーク調査である。ドラワー市とコペンハーゲンを調査した。小磯明「デンマーク・ドラワー市の地域包括ケア1　ドラワー市の高齢者政策」『文化連情報』No.452、2015年11月、pp.74-79。調査の概要は、次の文献を参照されたい。小磯明「デンマーク・ドラワー市の地域包括ケア2　健康増進・予防のアクティヴィティセンター」『文化連情報』No.453、2015年12月、pp.60-64。小磯明「デンマーク・ドラワー市の地域包括ケア3　リハビリに力を入れるプライエボーリ　インゴーン」『文化連情報』No.455、2016年2月、pp.84-87。小磯明「デンマーク・ドラワー市の地域包括ケア4　高齢者ケアの課題」『文化連情報』No.456、2016年3月、pp.70-73。

21）2009年3月19日深夜、群馬県渋川市にある「静養ホームたまゆら」で火事があり、入居者16名中10名が亡くなった。「静養ホーム」とは聞いたことのない名称だが、実態としては食事や生活上の世話を提供している有料老人ホームであった。もっとも、このホームを運営していたNPO法人理事長は、入居者の年齢制限はしていないと話しており、群馬県としては「もっぱら65歳以上の高齢者を入居させる」と規定されている有料老人ホームとしては把握していなかったようである。このホームは、報道でも大きく取り上げられ、様々な問題があった。例えば、実態としては有料老人ホームだが届け出が出されていなかった、都内から生活保護受給者が管轄の移管手続きをしないまま移住していた、移住させた都内の生保ケースワーカーは施設の運営実態を把握していなかった、施設は届け出なしに増改築を繰り返し、複雑な構造となっていた、別棟の3棟が連なる構造だったが、夜間の職員は宿直者1名のみだった、設置義務がないことからスプリンクラーはなく、消火設備は消火器1つだった、夜間徘徊する認知症者1名は、外から鍵をかけられ部屋に閉じこめられていた、曲がりくねった廊下には不要の家具等が置かれ、避難の妨げになっていた、引き戸の一部に棒が立てかけられ、外に出られないようにしてあった、等である。報道で大きく取り上げられ、問題視されたのは、都内からこうした近県の無届け施設に多数の生活保護受給者が移住させられていることであった。たいがいは生

終章　医療・介護一体改革と住まい・地域ケア

活保護管轄の移管手続きをせず、つまり都内の自治体から生活保護を受給しながら、暮らしているのは近県の施設というケースであった。
22）国土交通省「サービス付き高齢者向け住宅整備事業の緊急急募」2015 年。
23）「東京 23 区自治体の家賃補助・住宅購入サポート制度 2015 年度版」（http://suumo.jp/journal/2015/06/09/91788/2016.02.21 アクセス）参照。
24）大阪市ホームページ（http://www.city.osaka.lg.jp/toshiseibi/page/0000110107.html. 2016.02.21 アクセス）。
25）価値総合研究所「消費者（空き家所有者、空き家利用意向調査）アンケート結果概要」（2013 年 11 月 22 日〜25 日）。調査方法はインターネット WEB アンケート調査である。空き家所有者アンケート調査は、全国の 1 万 5,193 人を対象にスクリーニング調査を実施した。「現在の住まい以外」に「個人住宅を所有」し、それが「空き家」となっている方から 2,187 人を抽出し、本調査を実施した。空き家利用意向者アンケート調査は、全国の 7 万 3,435 人を対象にスクリーニングを実施した。「住替えを予定又は検討」し、「賃貸物件」を希望している方から 2,207 人を抽出し、本調査を実施した。
26）個人の住宅の賃貸流通の促進に関する検討会「個人の住宅の賃貸流通の促進に関する検討会報告書」2014 年 3 月、pp.45-48。
27）国土交通省「住生活基本計画（全国計画）」（パブコメ版からの変更）は、「住生活基本計画（全国計画）の変更について」として、2016 年 3 月 18 日に閣議決定された。
28）詳細は、厚生労働省「定期巡回・随時対応サービス（モデル事業の結果概要）」、及び、厚生労働省「24 時間対応の定期巡回・随時対応サービスの総説」を参照。
29）松岡洋子「住居とケアの将来と制度構想　第 3 回　地域居住（Aging in Place）と日本への視点」『社会保険旬報』No.2572、社会保険研究所、2014 年 7 月 1 日、pp.24-29。
30）Lawton, M. P., The Relative Impact of Congregate and Traditional Housing on Elderly Tenants, *The Gerontologist*, 16（3）, 1976, pp.237-242.
31）高齢者住宅財団『サービス付き高齢者向け住宅等の実態に関する調査研究』2013 年（平成 24 年度老人保健事業推進費等補助金　老人保健健康増進等事業）。
32）内閣官房「まち・ひと・しごと創生本部」事務局「『生涯活躍のまち』構想に関する手引き（第 2 版）」2015 年 12 月、p.19。原資料は、（一社）すまいづくりまちづくりセンター連合会「サービス付き高齢者向け住宅情報提供システム」（2015 年 3 月 3 日・4 日アクセス）及び国土交通省「平成 26 年都道府県地価調査」に基づき、内閣官房において作成。
33）地方公務員共済年金制度研究会『地共済版組合員向　共済年金は厚生年金に統一されます　平成 27 年 10 月から被用者年金が一元化されます』社会保険出版社、

2013 年 3 月。

34）全国有料老人ホーム協会『平成 25 年度有料老人ホーム・サービス付き高齢者向け住宅に関する実態調査研究事業報告書』2014 年（平成 25 年度老人保健事業推進費等補助金　老人保健健康増進等事業）。

35）全国老人施設協議会「軽度要介護者（要介護 1・2）に対するサービス提供等に関する意向調査〔報告〕」2015 年 12 月 7 日～12 月 18 日調査。

36）厚生労働省・新たな福祉サービスのシステム等のあり方検討プロジェクトチーム「誰もが支え合う地域の構築に向けた福祉サービスの実現——新たな時代に対応した福祉の提供ビジョン——」2015 年 9 月、pp.6-7。

あとがき

　本書は、学会誌・研究会誌等への投稿論文が8本で、雑誌等への掲載論文が7本、そして、はしがき、序章、第一章第1節、3節、4節、第二章第1節、4節、第七章第1節、4節、終章、あとがきが書き下ろしです。

　初出一覧をみただけではあまり臨場感がないのですが、1つ1つの章なり節を構成している論文の中には、かなり苦戦しながら執筆した論文もあります。その1つ1つについての物語を述べるつもりはありませんが、本書を構成する論文の必要最低限について、お世話になった方々のお名前を挙げさせていただきながら、述べさせていただきます。

　第一章の「日本の高齢者医療の歴史的展開」は、文献調査、資料調査をもとにしていますが、老人医療費無料化の文脈は、2000年以降実際に沢内村役場と沢内病院に断続的に調査に伺う中で論述したものです。沢内村の元村長の太田祖電氏にもインタビューも行い、当時の様子を詳しくお聞きしましたことにお礼申し上げます。

　第二章「第2節　介護保険制度改革と短時間巡回訪問介護看護」は、2011（平成23）年7月21日に東京で開催された、筆者が勤務する日本文化厚生連主催の「第15回厚生連病院と単協をつなぐ医療・福祉研究会」で発表した、「短時間巡回訪問介護方式・岐阜県方式〜在宅生活の継続を支える新生メディカルの取り組み〜インタビューを中心として（問題提起）」を大幅に加筆して、『福祉の協同研究』に寄稿した論文です。その後、2014（平成26）年5月1日に新生メディカル今村あおい氏を再訪問し、その後の取り組みの聴き取りをするとともに元論文に修正を加えて原稿にしました。快く掲載許可をいただきましたことにお礼申し上げます。

　また、「第3節　横浜市定期巡回・随時対応型訪問介護看護」は、『文化連情報』No.426、2013年8月号に掲載された論考です。横浜市定期巡回・随時対応型訪問介護看護事業者連絡協議会会長の羽田野政治氏を横浜市担当部局から紹介してもらい、数度訪問させていただき聴き取りさせていただくとともに、実際のコー

ルセンターの取り組みを視察できたことは大変勉強になりました。羽田野政治氏及び横浜市健康福祉局にお礼申し上げます。

「第4節　地域包括ケアシステムと訪問看護」は、全国訪問看護事業協会宮崎和加子事務局長の示唆に富む議論の展開です。宮崎事務局長にお礼申し上げます。

「第三章　高齢者介護の地域格差」は、2008年1月に法政大学に提出した博士論文『地域と高齢者医療福祉』の「第七章　高齢者医療福祉と地域間格差」を加筆修正して、日本保健医療学会『保健医療研究』第2号（2010年2月）に投稿したものです。

「第四章　施設から地域への政策転換——地域密着分散・小規模・多機能型ケアという戦略——」は、2010（平成22）年9月に、英国のLSE（London School of Economics and Political Science）で開催されたInternational Conference on Evidence-based Policy in Long-term Care：LTC2010（Long Term Care 2010）で、筆者と宮澤早苗さんで発表した"Japanese elderly care: policy shift from institutional care to home care"を、筆者の責任で論文にして『政策科学論集』（法政大学大学院政策科学研究科）に投稿したものです。LTCでは、私たちの発表への会場から質問に際して、その日のメイン講演者であった慶應義塾大学医学部教授（当時）の池上直己先生（現名誉教授）からご助言をいただきましたことに、心から感謝申し上げます。

第五章、六章は、有料老人ホームに関する論考で、全国有料老人ホーム協会から資料をいただくなど、ご協力いただきましたことにお礼申し上げます。

第七章の「高齢者住宅への政策転換」も、東京都、足立区から資料等の収集を行いました。

第八章の「在宅ケアの限界点をいかに高めるか」は、2005年のデンマーク、ドイツ、フランスの在宅ケア調査によるものです。コーディネーターをしてただきました山崎摩耶先生（日本訪問看護振興財団（当時）・現旭川大学特任教授）にお礼申し上げます。

終章は、2つの講演原稿を加筆修正しました。「第1節　医療と介護の一体改革」は、2015年11月23日に開催された八王子市の「めじろ台あんしんねっと講演会」での講演原稿「在宅での医療・介護は大丈夫か」を加筆修正したものです。第2節～4節は、2016年2月20日に開催された「介護の社会化を進める一万人市民委員会 in 八王子」での記念講演原稿「高齢者の終の住みかと暮らしに

あとがき

ついて考える〜地域の中で自分らしく安心して暮らすためには〜」を加筆修正したものです。どちらの講演会でもいただいた意見を反映させた形で原稿を書き直しましたので、初出一覧では「書き下ろし」としました。2つの講演会の主催者代表の嶺学先生（法政大学名誉教授）には、日頃から大変お世話になっています。今回の講演原稿が終章になるとは思ってもいませんでした。嶺先生はじめ講演会を主催された皆様に心から感謝申し上げます。

　政治的には、自民党政権から民主党政権に政権交代が起きて、社会保障分野においても国民の期待が大きく寄せられたという背景もあり、高齢者医療制度については、当時の様子をうかがい知ることができる内容となっています。

　また、フランス、ドイツ、デンマークの在宅ケアを視察してきた2005年当時のことが新生メディカルの短時間巡回訪問介護方式や横浜市の定期巡回・随時対応型訪問介護看護に反映されています。そして、デンマークで視察した高齢者住宅の知見は、日本の有料老人ホームとサービス付き高齢者向け住宅に反映されています。施設から地域への政策転換をテーマとした、地域密着分散・小規模・多機能型ケアという戦略に関しても、欧州視察からの知見をもとに執筆されています。

　このような意味でいえば、本書は、私の最初の著書『地域と高齢者の医療福祉』（御茶の水書房、2009年）に続き、2005年視察調査から今日まで約10年間のうち、博士論文執筆後のとりわけ2009年から2015年までのおよそ7年間の高齢者医療と介護看護、住まいと地域ケアについての論文・総説をまとめた著書です。本書の各論文執筆に際して、多くの方々にお世話になりましたことに重ねて感謝申し上げます。また、本書においては、小規模多機能型居宅介護については、紹介程度にとどまっており、深まった内容とはなっていません。そして、地域包括ケアシステムについても、私の考えを述べるに及んでいません。地域包括ケアシステムについては今後の政策・制度の中でより実証的に明らかになってくると考えます。別の機会に述べることができれば幸いと考えます。

　最後に、3冊目の研究書となる本書も、御茶の水書房の橋本盛作社長をはじめ、担当者の小堺章夫氏にお世話になりましたことに感謝申し上げます。

著者

初出一覧

はしがき
　　書き下ろし

序　章　本書の研究課題と概要
　　書き下ろし

　　　　　　　　Ⅰ　高齢者医療と介護看護

第一章　日本の高齢者医療の歴史的展開
　　　　――高齢者医療の政治経済学――
　第1節　戦後の医療保険制度の歴史的展開と高齢者医療
　　書き下ろし
　第2節　保険者間の財政調整に関する政策形成
　　（原題）「高齢者の医療に関する政策科学的研究――老人医療費無料化から有料化へ、保険者間の財政調整に関する政策形成――」法政大学大学院政策科学研究科『政策科学論集』第7号、2010年3月、pp.35-62。
　第3節　後期高齢者医療制度の創設
　　書き下ろし
　第4節　高齢者医療制度の原状と課題
　　書き下ろし

第二章　在宅訪問介護看護の展開
　　　　――2000～2014年までの訪問介護看護制度等の変遷――
　第1節　訪問看護制度（2000～2010年の動向）
　　書き下ろし
　第2節　介護保険制度改革と短時間巡回訪問介護看護
　　（原題）「介護保険制度改革と短時間巡回訪問介護看護――2011年改正介護保険法・

2012年介護報酬改定と新生メディカルの取り組み——」福祉の協同を考える研究会『福祉の協同研究』第5号、2012年7月、pp.15-42。

第3節　横浜市定期巡回・随時対応型訪問介護看護

（原題）「横浜市定期巡回・随時対応型訪問介護看護」日本文化厚生農業協同組合連合会『文化連情報』No.426、2013年8月、pp.60-63。

第4節　地域包括ケアシステムと訪問看護（2010～2014年）

書き下ろし

第三章　高齢者介護の地域格差
　　　——首都圏・中部地方・大都市の介護力指数の比較——

（原題）「高齢者介護の地域格差に関する研究——首都圏・中部地方・大都市の介護力指数の比較——」日本保健医療学会『保健医療研究』第2号、2010年2月、pp.41-59。

Ⅱ　高齢者の住まいと地域ケア

第四章　施設から地域への政策転換
　　　——地域密着分散・小規模・多機能型ケアという戦略——

（原題）「日本の介護保険　施設から地域への政策転換——地域密着分散・小規模・多機能型ケアという戦略——」法政大学大学院政策科学研究科『政策科学論集』第8号、2011年3月、pp.41-54。

第五章　高齢者の住まいと医療福祉
　　　——有料老人ホームの制度等の変遷と経済的入居条件の考察——

（原題）「高齢者の住まいと医療福祉に関する研究——有料老人ホームの制度等の変遷と経済的入居条件の考察——」日本医療福祉学会『医療福祉研究』第3号、2009年6月、pp.97-123。

第六章　有料老人ホームが終のすみかとなる可能性
　　　——東京都内ホームの経済的入居条件と保健医療の考察——

（原題）「有料老人ホームが終のすみかとなる可能性——東京都内ホームの経済的入居条件と保健医療の考察——」日本保健医療学会『保健医療研究』第1号、2009

年6月、pp.19-37。

第七章　高齢者住宅への政策転換
　　　——サービス付き高齢者向け住宅の考察——
第1節　問題の所在
　書き下ろし
第2節　高齢者の住まい法改正とサービス付き高齢者向け住宅
　（原題）「高齢者の住まい法改正とサービス付き高齢者向け住宅　上・下」『文化連情報』No.438、2014年9月、pp.23-27、及び、No.439、2014年10月、pp.40-43。
第3節　東京都のサービス付き高齢者向け住宅に対する取り組み
　（原題）「東京都のサービス付き高齢者向け住宅に対する取り組み」『文化連情報』No.426、2013年9月、pp.34-38。
第4節　高齢者住宅・介護施設への住み替え
　書き下ろし

第八章　在宅ケアの限界点をいかに高めるか
　　　——欧州の地域ケア調査からの示唆——
第1節　フランスの24時間在宅ケアシステム
　（原題）「フランスの24時間在宅ケアシステムを支える訪問看護——パリ公立病院協会所属在宅入院連盟と在宅看護・介護事業所の活動から」『文化連情報』No.339、2006年6月、pp.56-58。
第2節　ドイツの在宅ケアと介護保険改革
　（原題）「まだ未成熟に思えるドイツの『介護の社会化』」日本看護協会『COMMUNITY CARE』Vol.08、No.03、2006年3月、pp.59-61。
　（原題）「苦悩するドイツの介護保険——バイエルン州MDKの視察と最近の動向から——」『福祉の協同研究』No.1、2007年7月、pp.42-49。
　（原題）「ドイツにおける介護保険改革構想——介護保険導入から12年を経て、人材養成の動向を中心に——」『福祉の協同研究』No.2、2007年11月、pp.31-37。
第3節　デンマークの高齢者福祉
　（原題）「デンマークの24時間在宅ケアシステムにおける施設・在宅、看護・介護の統合——ホームケアセッティング（在宅ケアセンター）の活動から——」日

本文化厚生農業協同組合連合会『くらしと健康』No.72、2006年9月、pp.14-19。
（原題）「デンマークの24時間在宅ケアシステムにおける看護師の役割——リュンビイ・チューベック・コムーネのプライエム・バウネホイ併設ホームケアセッティングの活動から——」『文化連情報』No.343、2006年10月、pp.51-53。

終　章　医療・介護一体改革と住まい・地域ケア
　　　——地域で自分らしく安心して暮らすために——
　書き下ろし

あとがき
　書き下ろし

こ

小泉純一郎　83, 85, 384
古城隆雄　78, 102
児玉善郎　240, 267
ゴッフマン，アーヴィング　408, 425
後藤清　240, 268, 285, 295
小林月子　185
近藤克則　263, 266, 270

さ

斎藤邦吉　62, 63
斉藤昇　51
齊藤正俊　184
坂口力　83, 85
櫻井よしこ　102
佐藤栄作　49
澤田如　270

し

椎貝達夫　205, 212
篠崎次男　92, 103
篠田浩　147, 149, 185
シュルテ，オートウィン　23, 377, 378, 379, 382
ジョイ，ロルフ　360, 362, 364

す

杉本浩章　266

せ

関野哲也　150

そ

袖井孝子　244, 247, 267
園田直　45, 46, 63, 65

た

タウンゼント，ピーター　408, 425
高木剛　377, 382, 395
高橋聡　184
高橋紘一　207, 212
高橋紘士　191, 210, 211, 291
高橋行憲　184
滝上宗次郎　240, 268, 272, 285, 291, 295
竹下登　59, 61
竹中平蔵　83
武見太郎　51, 71, 82
武谷美奈子　291
田中角栄　51, 85
田中滋　422
田村貞一　134

つ

辻哲夫　79, 102
土屋有　291
堤修三　104

て

寺田明彦　184
テルニシエン，マーチン　354

と

土佐和男　79, 102
飛田英子　425

人名索引

あ

秋山哲男　267
芥川崇仁　184
飛鳥田一雄　46
安倍晋三　80, 404
有岡二郎　43, 44, 100
アロヨ，グロリア　384
アンデルセン，ハンス・クリスチャン　386

い

五十嵐さち子　240, 268
池上直己　430
石川満　187
石原美智子　139, 144, 185, 187
伊藤周平　187
今井一男　75
今村あおい　135, 147, 148, 149, 185, 429
岩渕豊　100
印南一路　78, 102

う

内田勝一　240, 268
内田常雄　49

お

大河内一男　75
太田祖電　100, 429
岡田テル子　144, 185

奥田碩　83
小沢辰夫　56, 57, 58
尾辻秀久　84, 85
小畑勇二郎　46
尾身信一　133, 147

か

角瀬保雄　104
加藤邦夫　43
香取眞恵子　184
香取幹　184
金子勝　403, 425
河合克義　346
川崎二郎　85

き

岸本和博　291
北村俊幸　135
キルケゴール，セーレン・オービエ　386

く

久野万太郎　240, 267

け

ケメニー，ジム　410, 425

な

内藤勝一　285, 295
永井敦子　226, 234
中井清美　190, 211
中曽根康弘　70, 85
長妻昭　230
中村寿美子　270
成富正信　264

に

二木立　405, 406, 423, 425
丹羽雄哉　83

の

野村秀和　212
野呂恭一　59, 61

は

橋本龍太郎　57, 58, 85
馬袋秀男　133, 183
羽田野政治　159, 160, 161, 162, 163, 185, 430
ハック，クリスティーナ　360, 370, 372, 373, 374, 375, 376
濱田孝一　267
バング　389, 390, 391, 392, 393
伴信太郎　104

ひ

樋口恵子　240, 244, 267

ふ

深澤晟雄　43
福島善之助　240, 267
福田赳夫　85
福田峰　424
福田康夫　80, 85

ほ

ホーランダー，レネ　385, 386, 387, 390, 392, 393, 394, 395
ホグランド，J・デイヴィッド　267
細川律夫　123

ま

前田信雄　43
前田由美子　184, 424
舛添要一　81, 85
マズロー，アブラハム　141
松岡洋子　409, 425, 426, 427
松永真弓　150
丸山英気　240, 268, 285, 295

み

三浦文夫　267
三上裕司　127
三木武夫　54
水野肇　82
嶺学　234, 240, 267, 268, 431
美濃部亮吉　47
宮垣早苗　149, 150
宮崎和加子　166, 185, 186, 171, 172, 173, 175, 177, 178, 179, 180, 430
宮澤早苗　430

む

村上正泰　231, 234, 269
村上美晴　184
村山達雄　70

も

本沢一善　296
森毅　184

や

柳沢伯夫　85
山口純夫　240, 268, 285, 295
山崎摩耶　430
山田雄三　55

よ

横内理乃　150
吉岡充　269
吉川洋　423

吉原健二　100, 101

ら

ローベルサック，ガブリエル　354

れ

レペーレ，ダニエレ　351, 353

ろ

ロートガン，ハインツ　364, 366, 367, 368, 369
Lawton, M.P.　427

わ

若新雄純　6
渡辺美智雄　65
渡邉芳樹　40, 60, 61, 100
渡部恒三　85
和田勝　101

事項索引

アルファベット

ALS（amyotrophic lateral sclerosis） 352
Altempfleger 382, 383
ARH 351, 357
Association pour le développement des services de soins infirmiers à domicile 349
BPSD（Behavioral and Psychological Symptoms of dementia） 160
Chemotherapy 352
Diplom-Sozialarbeit 383
Gesundheits 383
Gesundheits-und KinderKrankenpfleger 383
Gesundheits-und Krankenpfleger 382, 383
GP（General Practitioner） 387
HAD（L'hospitalisation à domicile） 349, 350, 351, 356
Home Care Setting 385, 389
International Conference on Evidence-based Policy in Long-term Care 430
Japanese elderly care: policy shift from institutional care to home care 430
Krnakenpfleger 382, 383
LSE（London School of Economics and Political Science） 430
Lyngby Taarbæk Kommune 385, 389
MDK（Medizinicher Dienst der Krankenversicherung） 361, 362, 369, 370, 376, 381, 382
NHS 57
Plejehjem BaunehØj 385, 389
soins infirmiers à domicile 349, 350, 354
Sozialarbeiter 382, 383, 384
Sozialstation 360
WAMNET 123

あ

秋田県 46, 47, 101
空き家率 415
アジェンダ2010 378, 379, 395
足立区 17, 430
アフォータビリティ 411, 418
安倍政権の3本の矢 403
新たな看護のあり方に関する検討会報告書 117
新たな福祉サービスのシステム等のあり方検討プロジェクトチーム（厚生労働省） 428

い

いざなぎ景気 51
医師の指示についての規定の見直し 117
一億総活躍国民会議 14, 23, 404, 425, 426
一億総活躍社会の実現に向けて緊急に実施すべき対策 14, 23, 404, 426
医療介護総合確保推進法 397, 398, 401, 416, 420
医療介護総合確保促進会議 422
医療・介護難民 6, 16, 259
医療・介護ネットワーク 423
医療・介護連携強化 154
医療制度改革関連法案 84

医療制度改革大綱　84
医療と介護の一体改革　400, 407, 413
医療の「現物給付」化　47
医療費効率化　78, 79
医療費国民負担論議　30
医療費削減政策　93
医療費適正化（計画）　78, 79, 80, 85, 282, 402
医療費の自己負担　29
医療費の世帯合算　32
医療費抑制　79, 80, 400
医療費抑制システム　93
医療扶助　27
医療保険者間の共同事業　32
医療保険者間の財政調整的機能　31
医療保険審議会の創設　37
医療保険制度改革要綱試案　50
医療保険制度における国と地方の役割分担　34
医療保険制度の抜本改正　28
岩戸景気　45
いわゆる行革国会（第95国会）　70, 71
いわゆる14項目（「医療保険制度改革の基本的考え方について」と題する14項目の約束）　56

う

ウイズネット　132, 134, 147
姥捨て山　94

え

エイジング・イン・プレイス（地域居住）　407, 408, 409, 412, 413, 418, 420, 421, 422
NPO法人校舎のない学校　187

お

応益負担　87, 103, 385
欧州モデル　379
応能負担　87, 103, 385
大蔵省三案　57
岡山県倉敷市　400
小沢構想（私案）　56, 57, 58, 59, 60, 62, 63, 65
オペレーションセンター　132

か

開業訪問看護師　350
会計検査院　123
介護基盤の緊急整備特別対策事業　146, 147
介護給付の抑制政策　258
介護サービスと看護サービスの一体的提供　124
介護サービスの基盤強化のための介護保険法等の一部を改正する法律案　125
介護従事者処遇改善に係る各サービス共通の見直し　118
介護従事者等の人材確保のための介護従事者の処遇改善に関する法律　118
介護従事者の処遇改善のための緊急特別対策　118
介護職員等によるたんの吸引等の実施のための制度の在り方について（中間まとめ）　127
介護職員のたんの吸引　128
介護専用型有料老人ホームの設置運営指針について　246
介護付き有料老人ホーム　239, 295, 334, 338, 339, 340, 343, 344
介護難民　233
介護ビジネス　250

介護ビジネスという市場原理が導入　248, 258
介護費用調整問題　269
介護保険「混合介護市場」の可能性　144
介護保険制度見直しに関する意見　217, 231, 234
介護離職ゼロの実現可能性　405
介護療養型老人保健施設（介護老人保健施設）　282, 294
介護予防・日常生活支援総合事業（総合事業）　127
皆年金　29
外部サービス利用型特定施設　239
かかりつけ医　92
各保険者の共同事業　33
各保険者の制度間財政調整　57, 58
価値総合研究所　415, 427
加入者按分率　31, 34, 69, 69, 72
カリタス　370, 371, 372, 375, 377
加齢過程における福祉研究会　234
簡易保険郵便年金福祉事業団　242
看護小規模多機能　178, 179
看護小規模多機能型居宅介護　181, 417
患者追い出し　15, 16
患者の一部負担の導入　59
患者の状態に応じた訪問看護の充実　120

き

基準超過医療費共同負担制度の創設　34, 35
機能強化型訪問看護ステーション（事業所）　107, 169, 171, 172
機能強化型訪問看護療養費　169
岐阜シティ・タワー43　137
給付と負担の公平化　32
協会けんぽ　98
共産党　73

居宅における療養上の管理及びその療養に伴う世話その他の看護　38
緊急訪問看護加算　113

け

ケア付き高齢者住宅政策　243
ケア付き終身利用権型有料老人ホーム　242
ケアミニマム　140, 141, 142, 143
ケアモジュール化　141, 142
経過型介護療養型医療施設　294
経済財政諮問会議　83
経済財政諮問会議専門調査会「選択する未来」委員会　4
経済財政諮問会議専門調査会『未来への選択』　6, 23
経済財政政策運営と改革の基本方針2015（骨太の方針2015）　405
現役世代の負担軽減　82, 84
健康保険法改正（1978年）　65, 66
健康保険法改正（1992年）　37
健康保険法等改正（1984年）　30, 32
健康保険法等改正（1994年）　37
健康保険法等の一部を改正する法律（2006年）　75, 94
現行老人保健医療対策の問題点　62

こ

高医療費市町村に係る運営の安定化措置等　30
公営住宅法　411
公益委員　75
高額医療費共同事業　35
高額療養費支給制度　53
高額療養費制度（の創設）　29, 32, 33
高額療養費多数該当世帯の負担軽減　32

後期高齢者　　81, 87, 88, 93, 94, 104
後期高齢者医療　　91, 94, 104
後期高齢者医療制度　　18, 27, 50, 75, 76, 77, 81, 82, 88, 94, 95, 96, 98, 104
後期高齢者医療制度「支援金」の上下10％の査定　　85
後期高齢者医療制度準備に対する緊急要望　　81
後期高齢者医療制度廃止　　97
後期高齢者医療制度を含む医療制度構造改革試案　　84
後期高齢者医療の診療報酬体系の骨子　　92
後期高齢者医療の診療報酬体系の骨子（案）のたたき台　　91
後期高齢者医療費　　84, 90
後期高齢者医療保険担当係（課）　　91
後期高齢者広域連合　　96
後期高齢者支援金　　98
後期高齢者終末期相談支援料　　96
後期高齢者診療料　　76, 77, 96
厚生省社会局老人福祉課シルバーサービス振興指導室　　245
厚生省老人保健医療対策本部　　100
厚生労働省介護制度改革本部　　217
厚生労働省介護制度改革本部「介護保険制度の見直しについて」　　234
拘束マニュアル　　287
後発医薬品の使用促進　　424
公費負担主義　　67
公費抑制　　126
公募制と協議制　　132
公明党　　59, 72, 80, 95, 97
向陽会サンメディック　　242
公立みつぎ総合病院　　399
高齢者医療制度　　27, 50, 56, 80, 93, 94, 95, 97, 98
高齢者医療制度改革　　104

高齢者医療制度改革会議　　95
高齢者医療制度の見直し　　95, 97
高齢者医療凍結プロジェクトチーム　　80
高齢者医療の無料化　　18
高齢者医療費　　73, 86, 94, 100
高齢者円滑入居賃貸住宅（高円賃）　　236, 295, 301, 302
高齢者介護研究会「2015年の高齢者」　　122, 182
高齢社会をよくする女性の会　　244
高齢者居住安定確保計画　　301, 302
高齢者住宅　　411
高齢者住宅財団　　427
高齢者・障害者住宅法（1987年）　　411
高齢者専用住宅　　265
高齢者専用賃貸住宅（高専賃）　　236, 239, 265, 301, 302, 334, 415
高齢者担当医（仮称）制度　　92
高齢者の医療の確保に関する法律　　78, 94
高齢者の医療費問題　　29
高齢者の居住の安定確保に関する法律　　236, 264, 265, 295
高齢者の居住の安定確保に関する法律の一部を改正する法律　　301, 303
高齢者のための新たな医療制度等について（最終とりまとめ）　　95, 97
高齢者の利用ニーズに対応した介護サービス基盤整備の確保　　14
高齢者保健医療制度　　59
高齢者保健福祉推進十か年戦略（ゴールドプラン）　　35
高齢者向け優良賃貸住宅（高優賃）　　236, 301, 302
高齢者理事会　　388
コーディネーション看護師　　352, 353
国土交通省・厚生労働省共通管理制度　　301
国保の療養給付費（医療費）に対する国庫補

助導入　27
国民皆年金　242
国民皆保険（皆保険）制度　27, 28, 39, 40, 44, 76
国民健康保険組合連合会　70
国民健康保険税制度の創設　27
国民健康保険中央会　67
国民健康保険法改正　34
国民生活センター　240, 268, 272, 291, 292, 295
国民負担（論議）　30, 73
国民保険法等改正　30
個人の住宅の賃貸流通の促進に関する検討会報告書　415, 427
コムスン　133, 135, 250, 345
コムスン事件　250
コモン・システム　116, 118
今後の高齢化社会に対応する老人保険医療対策の基本方針（白紙諮問）　61

さ

サービス付き高齢者向け住宅（サ付き住宅）　13, 17, 18, 22, 133, 147, 150, 154, 172, 299, 301, 303, 305, 306, 307, 308, 309, 310, 311, 312, 313, 314, 315, 323, 324, 325, 326, 327, 328, 334, 335, 337, 338, 339, 340, 342, 343, 344, 400, 403, 405, 414, 415, 419, 431
サービス付き高齢者向け住宅の供給促進　309
サービス付き高齢者向け住宅の供給促進のための支援措置　309
サービス付き高齢者向け賃貸住宅融資　309
財政安定化基金　128
財政制度審議会　58
財政制度等審議会財政制度分科会　420, 423

財政調整政策　27
財政調整方式　57
在宅介護「限界」7割　347
在宅介護支援センター　35
在宅介護の限界レベル　329
在宅総合ケアステーション　179, 180
在宅ターミナルケア加算　115
在宅で365日24時間の安心　122
在宅時々入院　401
在宅入院　349, 350, 351, 352, 353, 358
在宅療養支援診療所　113, 236, 237, 265, 266, 291, 298, 297
サ高住　414, 419
サマーレビュー　57
沢内病院　43, 429
沢内村　43, 44, 429
参議院社会労働委員会における附帯決議　71
三K赤字　28
三多摩格差　274
三方一両損　83

し

しあわせランド　247
資格証明書　90, 91, 96
自公民路線　75
指定公募制　420
指定訪問看護制度の創設　106
指定老人訪問看護事業者（老人訪問看護ステーション）　36
信濃毎日新聞社　264, 266, 297
死亡難民　402
自民党（自由民主党）　72, 80, 83, 95, 97
自民党「国民医療対策大綱」　50
自民党社会部会　41
社会党　59, 72, 73

社会福祉士及び介護福祉士法　243
社会福祉士及び介護福祉士法等の一部を改正する法律案　384
社会福祉施設緊急整備5か年計画　74
社会保険審議会　46, 48, 63, 67, 68, 69, 75
社会保険審議会の答申　69
社会保険審議会への「白紙諮問」　60
社会保険診療報酬支払基金　67
社会保障国民会議サービス保障（医療・介護・福祉）分科会　300
社会保障審議会　77
社会保障審議会医療保険部会　95
社会保障審議会介護給付費分化会　118, 148
社会保障審議会介護保険部会　145, 159, 217, 231
社会保障・税一体改革　303
社会保障・税一体改革関連法案　97
社会保障・税一体改革大綱　95
社会保障・税一体改革に関する確認書　95, 97
社会保障制度改革　97, 98
社会保障制度改革国民会議　95, 97, 159
社会保障制度改革国民会議報告書　95, 97, 401, 423
社会保障制度改革推進法　95, 97
社会保障制度審議会　46, 48, 50, 61, 63, 67, 68, 69, 75, 101
社会保障制度審議会中間意見　67
社会保障長期計画懇談会意見書「今後の社会保障制度のあり方について」　54, 55
社会保障と税の一体改革　95
社会保障費大幅抑制方針　405
社会保障費抑制政策　238, 424
社会連帯　378, 379, 385
社団法人シルバーサービス振興会　244
ジャパンケア　132, 133, 147, 150
衆議院社会労働委員会における附帯決議　70, 71
重症度、医療・看護必要度　424
終身介護型の有料老人ホーム　247
終身借家権　295
終身賃貸事業の認可制度　301
終身利用権　238, 285
住生活基本計画　300
住生活基本計画（全国計画）　416, 427
住宅金融支援機構　301
住宅総合法　417
10年後の東京　275, 294
「10年後の東京」への実行プログラム2008　276, 294
出産育児一時金の創設　38
出生率目標　6
準市場　239
小規模多機能　179
小規模多機能化　218
小規模（・）多機能型居宅介護　217, 222, 225, 226, 227, 231, 232, 233, 417, 431
小規模多機能型居宅介護サービス　222, 223, 225
小規模多機能型居宅介護事業所　164, 218, 222, 228, 233
小規模（・）多機能型サービス　217, 218
小規模多機能ホーム薬師堂　21, 222, 225, 226, 227, 234
昭和62年度厚生白書　245
シルバーサービス　246
シルバーサービスに関する行政勧告　246
シルバー産業　249
シルバーハウジング　414
シルバーピア　236
（新）国民健康保険法制定　27
新「3本の矢」　404
新自由クラブ（衆議院）　72
新生会　137, 139

新生病院　137
新生メディカル　17, 105, 121, 132, 135, 136, 137, 138, 139, 140, 147, 148, 149, 150, 151, 164, 185, 187, 188, 429, 431
新総合事業　416, 420
身体0（身体介護20分未満の算定用件）　148, 149
神武景気　45
診療報酬の引き上げ　28

せ

生活支援サービス費　341
生活保護（法）制度　27
成長を続ける21世紀のために「ストップ少子化・地方元気戦略」　23
政管健保の医療費給付費に対する国庫負担導入　27
政管健保の保険料率の引き上げ　29
制限診療の撤廃　28
制度間調整　30, 32, 33, 34
制度間の財政調整方式　58
制度間の不公平　31
成年後見法　248
政務調査会審議会　41
静養たまゆら　426
静養ホーム　426
世界幸福度調査　386
折衷案方式　62
前期高齢者　86, 94
前期高齢者医療費の保険間負担調整　94
前期高齢者の医療費　93
全国共済農業協同組合連合会　189
全国消費生活情報ネットワーク・システム PIO-NET　292
全国町村会　71
全国訪問看護事業協会　17, 109, 110, 111, 112, 114, 115, 118, 164, 166, 172, 181, 186, 430
全国有料老人ホーム介護・医療体制調査　241, 254, 255, 256, 257, 268, 273, 280, 292
全国有料老人ホーム協会　17, 240, 243, 245, 246, 249, 258, 260, 261, 267, 269, 419, 428, 430
全国有料老人ホーム協会『20年のあゆみ』　268
全国老人施設協議会　428
全世代対応型地域包括ケア支援センター　421
セントケア・ホールディグ　134

そ

ソーシャルステーション　360, 372
総額請負方式　57, 65
総合的な地域経営の観点　416
総合的に診るとりくみを行う医師　93
増税なき財政再建　32
総枠予算制度　356
措置制度　104
園田構想　45, 46

た

ターミナル療養費　115
第1回都市部の高齢化対策に関する検討会資料　327, 346
第1次オイルショック　30, 73
退院支援指導加算　115
退院時共同指導加算　115
退院前訪問・退院日訪問　114
退職者医療制度　30, 32, 33
たまゆら事件　414
誰もが支え合う地域の構築に向けた福祉サー

ビスの実現　421
団塊の世代　121, 122, 123
短期保険証　90, 91
短時間巡回型訪問介護サービス　136
短時間巡回サービス　141
短時間巡回訪問介護看護　121, 420
短時間巡回訪問介護方式・岐阜県方式　136, 140, 141, 143, 185, 429, 431
短時間訪問介護サービス　136, 137

ち

地域医療構想　397, 400, 401, 406, 407, 422, 423
地域医療構想調整会議　398
地域医療構想策定ガイドライン　398
地域医療計画　180
地域介護・福祉空間整備推進交付金（ソフト交付金）　123
地域介護・福祉空間整備等施設整備交付金（ハード交付金）　123
地域介護力　191
地域看護師　387
地域ケア　18
地域支援事業　402, 416, 420
地域住宅特別措置法　301
地域・職域連携検討会　103
地域・職域連携推進協議会　85, 103
地域における医療及び介護の総合的な確保を推進するための関係法律の整備等に関する法律（案）　14, 397
地域分散構造　6
地域包括ケア　16, 154, 178, 180, 181, 182, 398, 399, 412, 416, 419, 420
地域包括ケア研究会　424
地域包括ケア研究会報告書　183, 221, 234, 403

地域包括ケアシステム　19, 129, 153, 159, 163, 164, 172, 397, 398, 399, 400, 401, 402, 403, 406, 407, 409, 412, 421, 424, 431
地域包括ケアシステムというネットワーク　423
地域包括ケアシステムと訪問看護　105
地域包括ケアシステムの構築　181, 182, 221, 412
地域包括ケアステーション　179
地域包括ケア病棟　400
地域密着型サービス　123, 129, 132, 152, 164, 217, 218, 219, 222, 231, 233, 408
地域密着分散・小規模・多機能型ケア　217, 218
地方公務員共済年金制度研究会　427
地方分権の推進を図るための関係法律の整備等に関する法律　248
中央社会福祉審議会　45, 46, 49
中央社会保険医療協議会（中医協）　72, 237, 265, 297
中央社会保険医療協議会（中医協）基本問題小委員会　297
中央社会保険医療審議会　70, 101
中間施設　34
長期高額疾病患者の負担軽減の制度　32
調剤報酬の見直し　424
長時間訪問看護加算　115

て

定期巡回・随時対応型訪問介護看護　126, 128, 129, 154, 417, 420
定期巡回・随時対応型訪問介護看護Ⅰ（一体型）　129
定期巡回・随時対応型訪問介護看護Ⅱ（連携型）　129
定期巡回・随時対応型訪問介護看護サービス

163, 419, 420
定期巡回・随時対応型訪問介護看護事業　159
定期巡回・随時対応サービス　128, 129, 130, 131, 132, 135, 146, 147, 160
定期巡回・随時対応サービス事業者（所）　132, 133, 134, 146, 147
適合高齢者専用賃貸住宅（適合高専賃）　236, 265
出来高払い　92
デュアリズム　410

と

東京一極集中　6
東京大学高齢社会総合研究機構　188
東京都　47, 49, 101, 146, 147, 235, 237, 246, 264, 274, 283, 284, 290, 294, 324, 325, 430
東京都「高齢者の生活実態調査」　316
東京都高齢者保健福祉計画（平成15年度～19年度）　297
東京都高齢者保健福祉計画（平成18年度～20年度）　293
東京都高齢者保健福祉計画（平成21年度～23年度）中間のまとめ　275, 276, 293
東京都地域ケア体制整備構想　276, 282, 293
東京都表示条例による表示　246
東京都福祉保健局　17, 145, 185
東京都保健医療計画　274, 293
東京都保健医療計画（平成20年3月改定）　293
東京都有料老人ホーム設置運営指導指針　290
東京の超高齢化　6
東京の福祉保健2005年度　297
東京の福祉保健の新展開2007　273, 294
東京の福祉保健の新展開2008　293, 294

東京モデル1　323
東京モデル2「都型ケアハウス」　324
東京モデル3「シルバー交番設置事業」　324
東京モデル「ケア付き住まい」都市型経費老人ホーム　346
登録人頭払い制　57, 65
トータルケアサポート　250
特定施設入居者生活介護　236, 239, 247, 265
特定除外制度　164, 176
特定療養費制度の創設　33
特別訪問看護指示書　115, 120
特別養護老人ホームの入所申込者の状況　122
特養型の有料老人ホーム　249
都道府県医療費適正化計画　406
都民生活に関する世論調査　296

な

ナイトケア　125, 161
7対1看護　175
7対1看護一般病棟入院基本料　164
7対1病床　14

に

ニチイ学館　135
日医総研（日本医師会総合政策研究機構）　403
日常生活圏域　125
日比経済連携協定に基づく看護師・介護福祉士候補者の受け入れ関係　384
ニッポン一億総活躍プラン　404
日経ヘルスケア　132, 133, 134, 135, 146, 150, 265
日本医師会　57, 58, 59, 69, 82, 127, 266, 297
日本看護協会　113, 181, 186, 358

日本創生会議　6, 409
日本創生会議首都圏問題検討分科会「東京圏高齢化危機回避戦略」　425
日本創生会議人口問題検討分科会　6, 23
日本版CCRC構想有識者会議『『生涯活躍のまち』構想（最終報告）」　409, 425
入院の短期化　15
入院時食事療養費の創設　38
入居契約の混合契約説　285
乳児医療の自己負担無料化　45
乳幼児の死亡率　45
乳幼児等への訪問看護の推進　120
「21世紀型（2025年）モデル」の社会保障　98
24時間365日短時間型訪問介護サービス　139
24時間体制加算　106
24時間対応の定期巡回・随時対応サービス　163
24時間対応の定期巡回・随時対応型訪問サービスのあり方に関する調査研究事業報告書　139
24時間地域巡回型訪問介護サービス　124
24時間地域巡回型訪問介護看護サービス　139
24時間地域巡回型訪問サービスのあり方検討会　124, 183
24時間定期巡回・随時対応型サービス　125
24時間定期巡回・随時対応型訪問介護看護（事業）　121, 150, 151
24時間短時間巡回型在宅サービスの強化　183
24時間短時間巡回型在宅生活サービス　183
24時間短時間巡回型の訪問看護・介護サービス　183
24時間連絡体制加算　113
2006年診療報酬改定　237

2006年の老人福祉法の改正　271
2008年診療報酬改定　282
2009年介護報酬改定　237
2012年診療報酬・介護報酬同時改定　164
2014年度診療報酬改定　105, 164
2020年のプライマリーバランスの黒字化　402
日本訪問看護財団　108, 181, 186
日本訪問看護振興財団　17, 430
任意後見（契約後見）制度　248
認知症ケアマニュアル　287
認知症高齢者グループホーム　266

ね

寝たきり老人　31
年齢による差別　96

の

望ましい退職年齢　6
野村総合研究所　188
のれん償却費用　135

は

バイエルン州MDK　22, 360, 361, 362
はしご受診　54, 82
橋本構想（私案）　57, 58, 59, 60, 62
ハッピー　133
花あかり角館　250
パリ公立病院協会所属在宅入院連盟　349

ひ

日雇労働者健康保険法　33
病院完結型医療から地域完結型医療へ　20,

400, 401
「病院完結型」から「地域完結型」の医療提供体制へのシフト　164
病院のサロン化　30, 54
被用者保険の被扶養者の7割給付の実施　29
標準介護専用型入居契約書　246
病床再編計画　15
漂流高齢者　16
貧困ビジネス　414

ふ

複合型サービス　154, 164
複合型事業所　178
福祉関係三審議会合同企画分科会　243
福祉元年　29, 50, 74, 82
福祉・健康都市東京ビジョン　275, 294, 297
福祉人材確保指針の見直しの概要　384
福祉の医療化　74
福祉八法改正　35
複数名訪問看護加算　120
富士吉田市　113
プライエボーリ　387, 391
プライエム　387, 389, 390, 391, 393
プライエム・バウネホイ　23
ふるさと雇用基金事業　136
ふれあい相談員事業　324

ほ

包括定額払い方式　125
包括的な医療保健サービスの提供　56
包括払い（定額制）　92, 126
法政大学大原社会問題研究所　101, 234, 267, 424
訪問看護アクションプラン2025　181, 186
訪問看護管理療養費　120
訪問看護指示書　124, 161
訪問看護ステーションの収益構造　109
訪問看護制度　105, 106
訪問看護ターミナルケア療養費　120
訪問看護におけるターミナルケアに係る評価の見直し　120
訪問看護の推進について　120
訪問看護療養費　120
ホームケアセッティング　23
補完性の原則（補足性の原則）　369, 372, 377
保険医協会　76
保険医総辞退　40, 51
保健医療サービスの提供　31
保健・医療・福祉の連携・総合化と機能分化　35
保険基盤安定制度の創設　35
保健者間の財政調整　39, 55, 74
保険者協議会　85
保険料滞納世帯　91
補足給付　15
ボローニャ宣言　382, 383

ま

マイナス・シーリング方式　32
まち・ひと・しごと創生本部（内閣官房）　427

み

三菱UFJリサーチ＆コンサルティング　124, 144, 147, 150, 183, 185, 188
港区政策創造研究所　346
ミュンヘン・カリタス・ゾチアルスタチオン　360, 370

「民間事業者の質を高める」全国介護事業者協議会　139
民社党　59, 72
民主党　95, 97

む

無届け有料老人ホーム　263, 270
無保険者　91

め

メタボリックシンドローム（内臓脂肪症候群）　80
メタボリックシンドロームの予備群者数（特定保健指導の実施対象者数）　80

も

モニタリング・アセスメント　161
モーニングケア　125, 161

や

夜間対応型訪問介護　123, 124
夜間対応型訪問介護ステーション　123, 146
やさしい手　132, 133, 147, 150

ゆ

郵政選挙　83
有料老人ホーム　18, 21, 22, 213, 227, 229, 235, 238, 239, 240, 241, 242, 243, 244, 245, 246, 247, 248, 249, 250251, 254, 257, 258, 259, 260, 262, 263, 264, 265, 267, 268, 269, 271, 272, 276, 281, 282, 283, 285, 287, 288, 289, 290, 291, 292, 293, 295, 296, 301, 302, 303, 307, 332, 333, 334, 335, 415, 426, 430, 431
有料老人ホーム情報センター　251, 269, 290
有料老人ホーム設置運営指導指針　242, 248
有料老人ホーム設置運営指導指針の全面改正　246
有料老人ホーム等に関する不当な表示　249
有料老人ホーム等のあり方に関する検討会　247
有料老人ホーム等のあり方に関する検討会報告書　247
有料老人ホーム入居ガイド輝16号　247
有料老人ホームの健全育成と利用者保護に関する当面の改善策について　242
有料老人ホームの設置運営指導指針の改正　249, 268
有料老人ホームの表示に関する検討会「有料老人ホームの表示の適正化に向けて」　269
有料老人ホーム標準指導指針　246, 248
有料老人ホーム問題懇談会　242
有料老人ホームをめぐる消費者問題に関する研究会　291
豊かな老後のための国民会議　49
ユニタリズム　410

よ

要介護3以上に重点化　13
要介護者の在宅生活の限界点を引き上げる　160
よこはま24地域ネット　156, 185
横浜市　46, 105, 113, 121, 151, 152, 154, 164
横浜市健康福祉局　17, 154, 159, 430
横浜市定期巡回・随時対応型訪問介護看護　105, 152, 154, 429, 431
横浜市定期巡回・随時対応型訪問介護看護事

業者連絡協議会　17, 159, 429
横浜市の24時間サービス　154, 159
予算関連非法案　41, 66
予算関連法案　41

ら

乱診乱療　82

り

リバースモゲージ（死亡時一括償却型融資）
　　301, 309
リュンビュー・トーベック・コムーネ　23
良心的兵役拒否者　373
療養給付改善特別補助金　53
臨時行政調査会第1次答申（臨調第1次答申）
　　70
臨時財政調整交付金　53

れ

レベレッジ（テコの原理）　405

ろ

老人医療対策臨時調整補助金（老人臨調）制度　53
老人医療費　32, 33, 52, 54, 58, 73, 75, 82
老人医療費支給制度　43, 50
老人医療費支給制度見直し　52, 56
老人医療費の共同負担制度の導入　31
老人医療費の急増に関する実態調査　54
老人医療費の軽減・無料化政策　47
老人医療費の急増　52
老人医療費の財政調整案　58
老人医療費（の）無料化（制度）　20, 29, 30, 40, 43, 45, 46, 48, 49, 50, 51, 52, 54, 58, 73, 82, 101
老人医療費の有料化　59
老人医療費の抑制　82
老人医療費への（本人）一部負担の導入
　　54, 59, 62
老人医療費無料化計画　47
老人医療費無料化政策　73
老人医療費無料化制度　73
老人医療費無料化の見直し　54
老人医療費無料から有料化へ　74
老人医療保健制度　59
老人うば捨て山構想　82
老人家庭奉仕員（ホームヘルパー）　74
老人対策大綱　48
老人の医療費負担軽減　46
老人の切り捨て　57
老人の人権無視　69
老人福祉法（制定）　241, 249, 301, 302
老人福祉法（の改正）　29, 48, 49, 51, 58, 73
老人福祉法の一部を改正する法律案　51
老人福祉法等の一部を改正する法律　245
老人福祉法を含む福祉8法の改正　245
老人訪問看護事業　38
老人訪問看護制度（の創設）　36, 105, 117
老人訪問看護療養費　36
老人保健医療機関　56
老人保健医療制法（仮称）　63
老人保健医療制度（制定）　56, 57, 65
老人保健医療制度についての厚生・大蔵両大臣の合意　65
老人保健医療制度大綱案　62
老人保健医療制度準備室　56, 62
老人保健医療対策に関する基本方策　62
老人保健医療対策本部　60, 62, 63, 64
老人保健医療費政策の全般の見直し　55
老人保健医療問題懇談会意見書「今後の老人

保健医療対策のあり方について」　55,
　　57
老人保健拠出金　94
老人保健事業（ヘルス事業）　31
老人保健施設（の創設）　34, 36, 73
老人保健施設療養費　34
老人保健審議会　66, 68, 70, 71, 72, 82
老人保健制度（創設）（策定）　18, 20, 30, 31,
　　32, 33, 34, 40, 49, 50, 55, 56, 60, 66, 72, 73,
　　75, 82, 83, 96
老人保健福祉マップ　192
老人保健法案　69, 70, 71
老人保健法案骨子（案）　66
老人保健法案に関する申し入れ　71
老人保健法案に関する要望　71
老人保健法案要綱　67, 68, 69
老人保健法案要綱試案　66, 67
老人保健法改正　34, 36, 72

老人保健法（の）制定　30, 31, 34, 43, 68, 73,
　　75, 101, 102, 105
老人問題に関する総合的諸施策について
　　46
労働基準法　27
労働災害保険制度　27
労働災害補償保険法　27
老齢者対策検討状況の中間報告　51
老齢者対策プロジェクトチーム　48
老齢者保険特別制度構想　54
老齢福祉年金受給者　47
老齢保険制度　59
老齢保険制度（構想）　45, 46, 50

わ

わが街健康プロジェクト　400

著者紹介

小　磯　明（こいそ　あきら）
　1960年生まれ
　2008年3月　法政大学大学院政策科学研究科博士後期課程修了
　政策科学博士（法政大学）、専門社会調査士（社会調査協会）、医療メディエーター（日本医療メディエーター協会）

《現在》
日本文化厚生農業協同組合連合会『文化連情報』編集部編集長
法政大学現代福祉学部兼任講師（医療政策論）
法政大学大学院公共政策研究科兼任講師（社会調査法1、5、公共政策論文技法2）
法政大学大学院政策科学研究所特任研究員
法政大学地域研究センター客員研究員
法政大学大原社会問題研究所嘱託研究員（労働政策研究会）
東京都消費生活調査員、災害時緊急調査員
日本医療メディエーター協会首都圏支部理事、ほか

《単書》
『地域と高齢者医療福祉』日本博士論文登録機構、雄松堂出版、2008年8月
『地域と高齢者の医療福祉』御茶の水書房、2009年1月
『医療機能分化と連携』御茶の水書房、2013年4月
『「論文を書く」ということ』御茶の水書房、2014年9月
『ドイツのエネルギー協同組合』同時代社、2015年4月
『イタリアの社会的協同組合』同時代社、2015年10月

《共著》
法政大学大原社会問題研究所編『社会労働大事典』旬報社、2011年2月
平岡公一ほか監修・須田木綿子ほか編『研究道：学的探求の道案内』東信堂、2013年4月
由井文江編『ダイバシティ経営処方箋』全国労働基準関係団体連合会、2014年1月
法政大学大原社会問題研究所・相田利雄編『法政大学大原社会問題研究所叢書：サステイナブルな地域と経済の構想——岡山県倉敷市を中心に』御茶の水書房、2016年2月

《論文》
「急性期入院加算取得病院と地域特性調査による医療連携の分析」日本遠隔医療学会『日本遠隔医療学会雑誌』第2巻第2号、2006年。「小規模・高齢化集落の高齢者と地域福祉」福祉社会学会『福祉社会学研究』第8号、2011年。「ドイツのエネルギーと環境の融合政策」地方財務協会『公営企業』第45巻第4号、2013年。ほか多数。

高齢者医療と介護看護——住まいと地域ケア
（こうれいしゃ いりょう　かいごかんご　　す　　　ちいき）

2016年6月20日　第1版第1刷発行

　　　　　　　　　　　著　者　小　磯　　　明
　　　　　　　　　　　発行者　橋　本　盛　作

　　　　　　　〒113-0033　東京都文京区本郷5-30-20
　　　　　　　発 行 所　株式会社　御茶の水書房
　　　　　　　　　　　　　　　　　　電話　03-5684-0751

Printed in Japan　　　　　組版・印刷／製本：シナノ印刷㈱
ISBN978-4-275-02037-6　C3036

医療機能分化と連携——地域と病院と医療連携	小磯 明 著	菊判・六一二頁 価格 七六〇〇円
地域と高齢者の医療福祉	小磯 明 著	A5判・三三〇頁 価格 四六〇〇円
高齢者の住まいとケア——自立した生活、その支援と住環境	嶺 学 編著	A5判・三三〇頁 価格 四二〇〇円
高齢者のコミュニティケア——医療を要する住宅療養者の生活の質の向上を目指して	嶺 学 他著	A5判・二六四頁 価格 三八〇〇円
サステイナブルな地域と経済の構想——岡山県倉敷市を中心に	松原日出子 著	A5判・二八八頁 価格 五八〇〇円
在宅福祉政策と住民参加型サービス団体——横浜市ホームヘルプ協会と調布ゆうあい福祉公社の設立過程	法政大学大原社会問題研究所／相田利雄 編	A5判・二七〇頁 価格 四八〇〇円
タイの医療福祉制度改革	河森正人 著	A5判・二三〇頁 価格 四八〇〇円
インドネシアの地域保健活動と「開発の時代」——カンポンの女性に関するフィールドワーク	齋藤綾美 著	菊判・四二〇頁 価格 八〇〇〇円
「貧困」の社会学——労働者階級の状態	鎌田とし子 著	菊判・四二〇頁 価格 八六〇〇円
世界と日本の格差と貧困——社会保障と税の一体改革	香川正俊 著	A5判・二三四頁 価格 三六〇〇円
高齢在日韓国・朝鮮人——大阪における「在日」の生活構造と高齢福祉の課題	庄谷怜子・中山徹 著	A5判・五一四頁 価格 七八〇〇円
介護老人福祉施設の経営成果と組織管理	呉 世雄 著	A5判・二三〇頁 価格 四六〇〇円

御茶の水書房
（価格は消費税抜き）